广告

削技术的领导者

磨削设备供应

传承精细

共享磨削成果

共创市场价值

H234系列数控磨削成套设备

H300汽轮机、压气机专用磨床

H202数控高效开槽磨床

MKE1620经济型端面外圆磨床

MK8432数控精密轧辊磨床

MK84300重型精密轧辊磨床

5483006（总机） 销售中心：021-65494608 传真：021-65340757 微信公众号：SMTW1146 http://www.smt.com

宁江机床

NINGJIANG

MACHINE TOOLS

四川普什宁江机床有限公司由宁江机床集团公司和五粮液普什集团公司共同出资设立，是中国精密数控机床研发、制造、销售的大型骨干企业。公司产品服务于航空、航天、军工、船舶、核电、汽车、模具以及仪器仪表和家电五金等行业。

主导产品

精密卧式加工中心系列

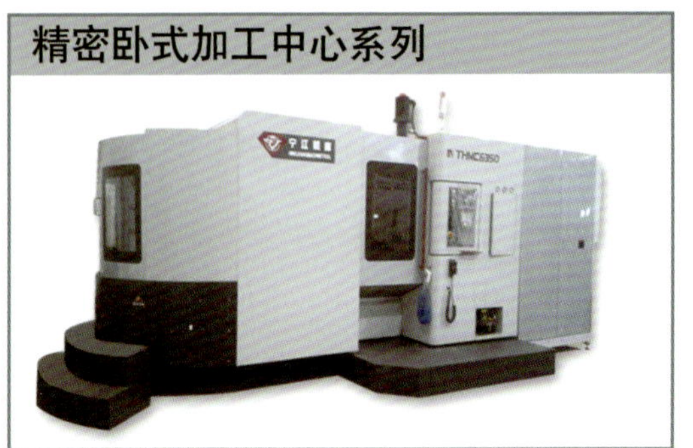

高速卧式加工中心系列

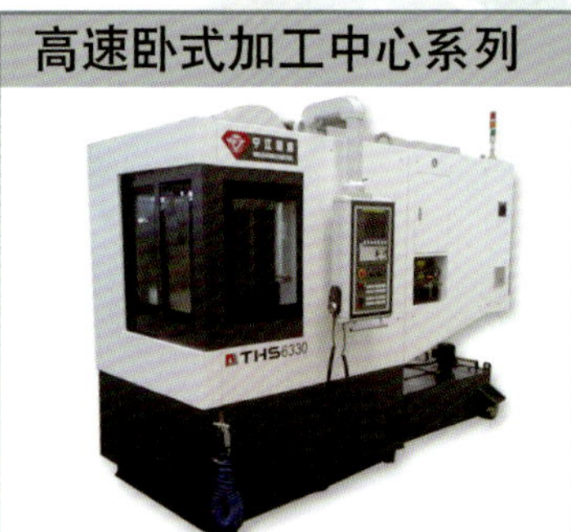

五轴加工中心系列

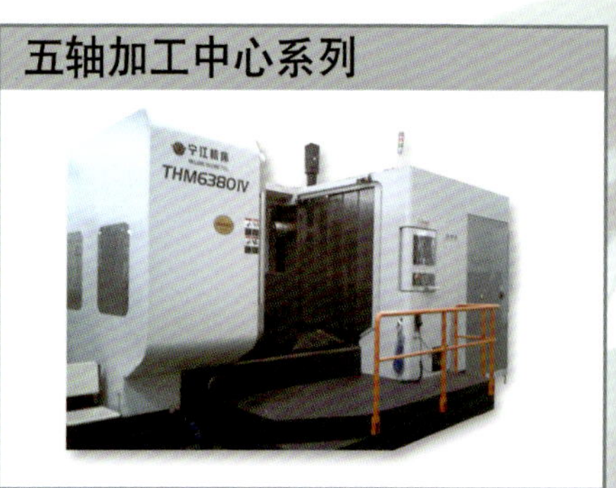

坐标磨床／镗床系列

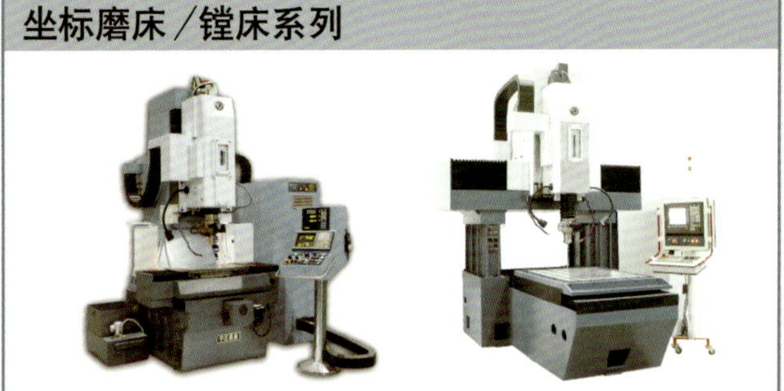

数控及凸轮控制纵切自动车床系列

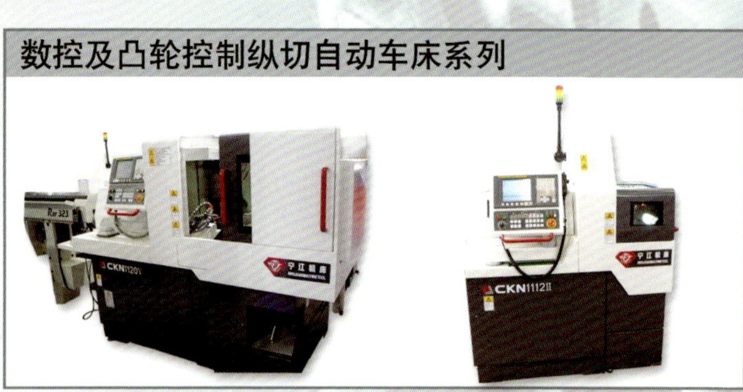

自动组装线及生产线

四川普什宁江机床有限公司

PUSH NINGJIANG MACHINE TOOL CO., LTD.

地址：四川省都江堰市永安大道南一段　　邮编：611830
电话：028-87132411 87132477
传真：028-87132467 87111767
销售部（本部）：028-87132411-582 87132477
87127878
http://www.ningjiang.com

广告

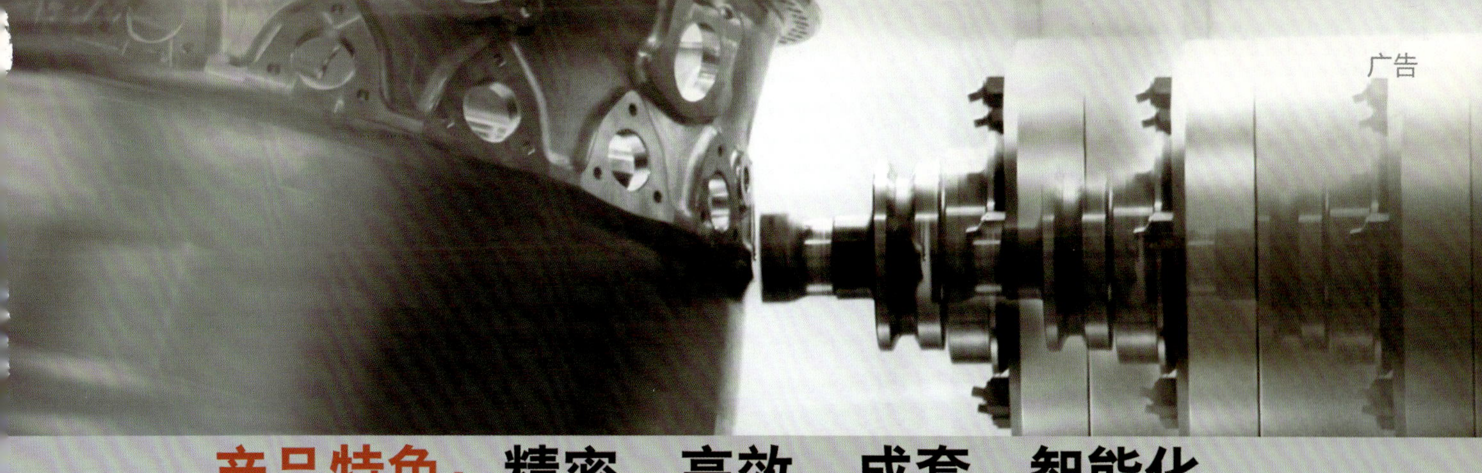

产品特色：精密、高效、成套、智能化

□ 宁江牌商标为中国驰名商标　宁江牌精密数控机床、宁江牌小模数数控卧式滚齿机床为四川省名牌产品

□ 国家一级计量单位　省级企业技术中心　国家博士后流动工作站

□ 通过 ISO9001:2008质量管理体系、ISO 14001:2004环境管理体系和OHSAS 18001职业健康安全管理体系认证

滚齿机系列

数控车床系列

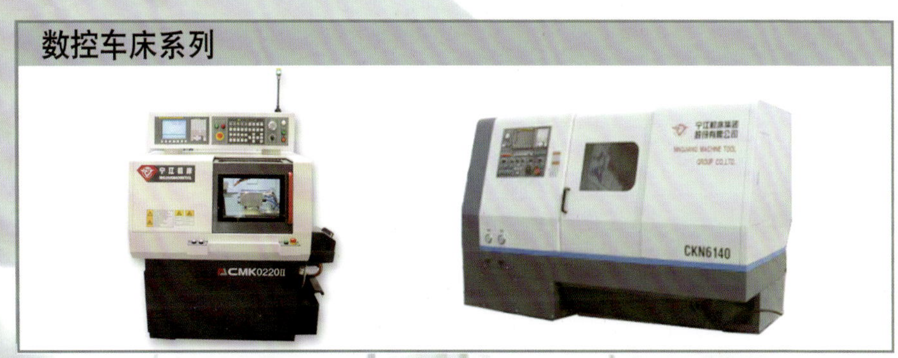

专用组合机床系列（深孔钻床）

柔性制造系统

上海销售服务处：021-65381278
南京销售服务处：025-84404846
广州销售服务处：020-83827011
宁波销售服务处：0574-87166609
重庆销售服务处：023-68666497
天津销售服务处：022-23692975
西安销售服务处：029-85211457
外　贸　分　部：028-87229738

50年风雨历程，铸就行业品牌

传感精诚，惟有禹衡

长春禹衡光学有限公司（原长春一光，以下简称禹衡光学）是光栅编码器及光学仪器行业的龙头企业。2008年落成的产业科技园占地面积30 000m²，建筑面积16 000m²。 现有员工400人，主导产品光栅编码器的年生产能力100万台。 禹衡光学是中国光学协会理事单位，中国机床工具工业协会数显分会理事长单位，全国量具量仪标准化技术委员会数显装置分技术委员会（SAC/TC132/SC3）委员单位。已全面实施ERP企业资源计划系统，建立了产、销、存、财务、技术网络信息化管理架构。

As a leading manufacturer of grating encoders and optical instruments, Yuheng Optics Co., Ltd. (Changchun) is a specialist in the field of industrial sensor technology with an extensive range of products. Our Industrial Science and Technology Park was landed in 2008 covering 30 000m².With the rapid development, our annual production capacities of grating encoders have reached over 1 million units. Meanwhile, our production standards are granted the certification of CE、RoHS and ISO 9001:2008. To meet the highest quality standard, our company has established an overall information management system. All our employees have the professional knowledge to your application needs and we will try our best to meet your requirements sincerely.

广告

长春禹衡光学有限公司
Yuheng Optics Co.,Ltd.(Changchun)
地址：吉林省长春市高新区飞跃东路333号　　邮编：130012
电话：0431-85543700　88684373　传真：0431-88634119
E-mail: sales@yu-heng.cn
http: //www.yu-heng.cn　www.encoders.com.cn

嘉泰数控
J-TECH CNC

主营产品:

- 五轴联动加工中心
- 数控镗铣加工中心
- 龙门加工中心
- 立式加工中心
- 高速数控钻攻中心
- 智能玻璃加工机
- 卧式加工中心
- 精密功能部件

JT-TL510

JT-DG7030

JT-VL850

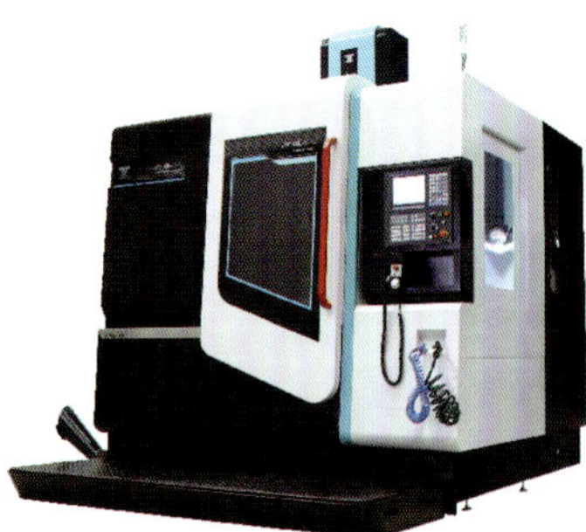
JT-GL8-V

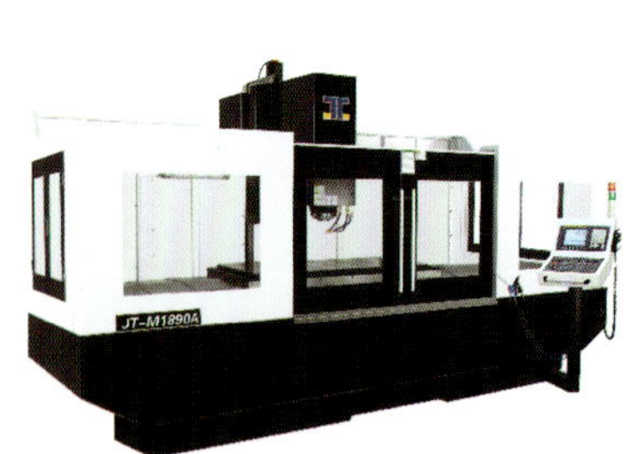
JT-M1890A

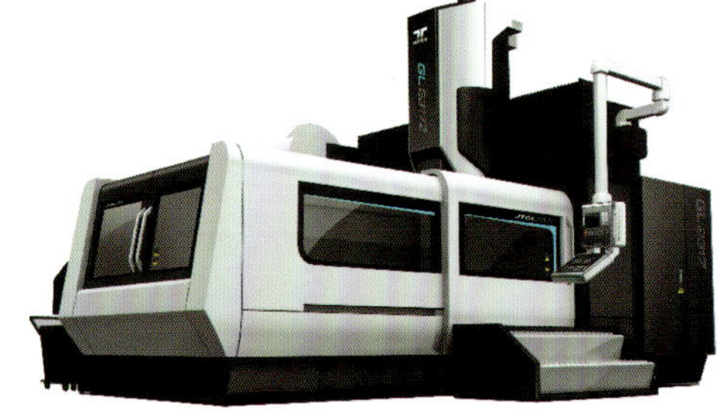
JT-GL2317Z

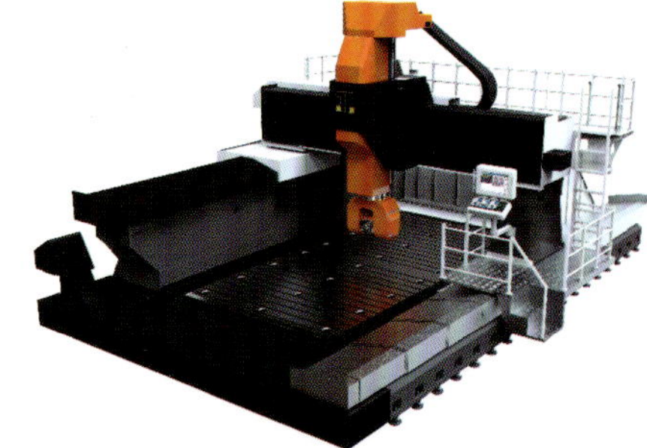
JT-BC6038

广告

BRIEF INTRODUCTION

企业简介

嘉泰数控科技股份公司是一家专业从事自动化、智能化精密加工设备的研发、生产、销售和服务的高新技术企业，以数字化制造技术为核心，产品渗透到机械加工各个方面，主要面向航天航空、军工、汽车、船舶、轨道交通、风能发电、消费电子、3C通信、医疗器械、五金及工装模具等行业提供以高速精密CNC加工中心机为主的各类高端智能数控装备，并提供整体解决方案和全过程支持服务。

公司创立于1997年，位于泉州市丰泽区；为实现公司持续创新发展，于2010年在洛江区朝阳片区投资建设嘉泰数控科技产业园，园区总占地面积18万㎡，一期用地9.33万㎡、二期用地8.67万㎡。一期工程已投入3亿多元，已完成6万多㎡的厂房、办公楼和研发中心建设，并于2012年秋季投入使用；二期工程将于近期投建并投产；力争打造国内知名的高端数控机床及核心功能部件的研发制造中心。

嘉泰数控科技股份公司
J-TECH CNC TECHNOLOGY CO., LTD.

地址:福建省泉州市洛江区双阳西环路朝阳片区嘉泰产业园
电话:86-595-22388381　传真:86-595-22397381
邮箱:jiatai_yxzx@163.com　网址:www.j-techcnc.com

免费服务电话
400 8385 881

广告

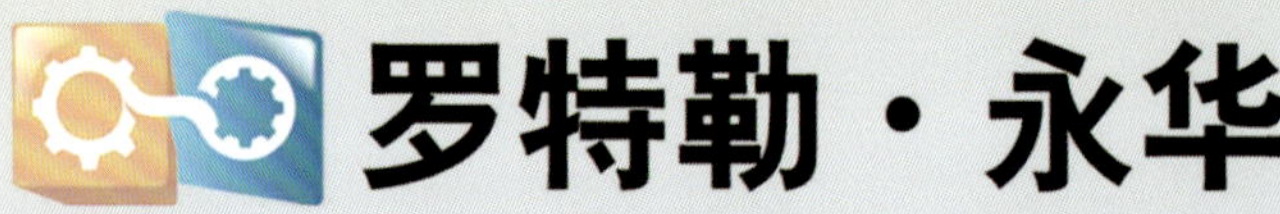

ROTTLER
YONGHUA

打造一流的金属加工解决方案供应商
German Quality Made in China Serving for Made in China 2025

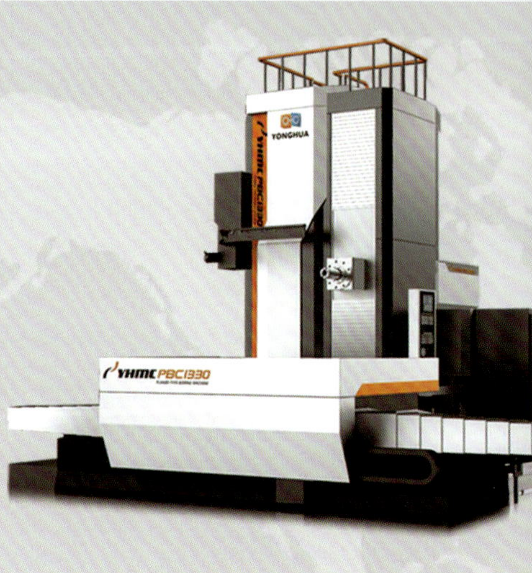

German Quality Made in China Serving for Made in China 2025

德国品质　中国制造

服务中国制造2025

销售服务热线
400-113-6699

中德ROTTLER · YONGHUA
（中国）机床制造基地

地址：山东省兖州经济开发区永安路北
网址：http://www.sdyhjx.cn

扫描二维码以了解更多资讯

中国机械工业年鉴系列

中国机床工具工业年鉴

2015

中国机械工业年鉴编辑委员会
中国机床工具工业协会　编

《中国机床工具工业年鉴》2015年刊设置产业概况、产业运行、市场概况、产品与技术、特色企业和附录等栏目，集中反映机床工具行业的产业运行状况、产销情况、技术水平及发展趋势，全面系统地提供了机床工具行业的经济指标。

《中国机床工具工业年鉴》主要发行对象为政府决策机构、机械工业相关企业决策者和从事市场分析、企业规划的中高层管理人员以及国内外投资机构、贸易公司、银行、证券、咨询服务部门和科研单位的机电项目管理人员等。

图书在版编目（CIP）数据

中国机床工具工业年鉴．2015/中国机械工业年鉴编辑委员会，中国机床工具工业协会编．—北京：机械工业出版社，2016.7

（中国机械工业年鉴系列）

ISBN 978-7-111-54185-1

Ⅰ．①中… Ⅱ．①中… ②中… Ⅲ．①机床—金属加工工业—中国—2015—年鉴 Ⅳ．①F426．41-54

中国版本图书馆CIP数据核字（2016）第153238号

机械工业出版社（北京市西城区百万庄大街22号　邮政编码 100037）

责任编辑：袁士华

北京宝昌彩色印刷有限公司印制

2016年6月第1版第1次印刷

210mm×285mm·11印张·26插页·440千字

定价：320.00元

凡购买此书，如有缺页、倒页、脱页，由本社发行部调换

购书热线电话（010）68326643、68997962

封面无机械工业出版社专用防伪标均为盗版

中国机械工业年鉴系列

作为『工业发展报告』

记录企业成长的每一阶段

中国机械工业年鉴

编辑委员会

名誉主任　于　珍　何光远

主　　任　王瑞祥　第十一届全国政协提案委员会副主任、中国机械工业联合会会长

副 主 任
- 薛一平　中国机械工业联合会执行副会长
- 陈　斌　中国机械工业联合会执行副会长
- 于清笈　中国机械工业联合会执行副会长
- 杨学桐　中国机械工业联合会执行副会长
- 赵　驰　中国机械工业联合会执行副会长兼秘书长
- 宋晓刚　中国机械工业联合会执行副会长
- 张克林　中国机械工业联合会执行副会长
- 王文斌　中国机械工业联合会副会长、机械工业信息研究院院长、机械工业出版社社长

委　　员（按姓氏笔画排列）
- 石　勇　机械工业信息研究院副院长
- 刘安江　中国联合装备集团公司总经理
- 孙青松　中国华电工程（集团）有限公司董事长
- 苏　波　中纪委驻中央统战部纪检组组长
- 李　冶　国家能源局总经济师
- 李海燕　中国机械工业联合会组织联络部主任
- 邹大挺　国家科学技术奖励工作办公室主任
- 汪志来　中国航空工业集团公司政策与法律事务部部长
- 张卫华　国家统计局工业统计司司长
- 陈惠仁　中国机械工业联合会副会长、中国机床工具工业协会常务副理事长兼秘书长
- 周卫东　中国国际贸易促进委员会机械行业分会副会长
- 赵　明　中国航天科工集团公司办公厅副局级巡视员
- 赵新敏　中国机械工业联合会副秘书长
- 郭　锐　机械工业信息研究院副院长、机械工业出版社副社长
- 徐锦玲　中国船舶工业集团公司办公厅新闻处处长
- 隋永滨　中国机械工业联合会顾问
- 董中江　中国船舶重工集团公司政策研究室主任
- 路明辉　中国航天科技集团公司办公厅副主任

中国机床工具工业年鉴

『鉴』证行业发展

共建制造强国

中国机床工具工业年鉴
执行编辑委员会

名誉主任　王　旭　北京北一机床股份有限公司董事长

关锡友　沈阳机床（集团）有限责任公司董事长

张志刚　济南二机床集团有限公司董事长

龙兴元　秦川机床工具集团股份公司董事长

主　　任　陈惠仁　中国机械工业联合会副会长、中国机床工具工业协会常务副理事长兼秘书长

总 顾 问　于成廷　中国机床工具工业协会名誉理事长

吴柏林　中国机床工具工业协会名誉理事长

副 主 任　王黎明　中国机床工具工业协会执行副理事长

毛予锋　中国机床工具工业协会执行副理事长

马伟良　齐重数控装备股份有限公司董事长

马俊庆　大连机床集团有限责任公司总裁

石　光　上海机床厂有限公司总经理

叶　军　苏州电加工机床研究所有限公司董事长

朱　峰　郑州磨料磨具磨削研究所有限公司董事长

刘炳业　北京机床研究所所长

刘家旭　济南铸造锻压机械研究所有限公司董事长

杜立群　汉川数控机床股份公司董事长

杜琢玉　武汉重型机床集团有限公司董事长

李　屏　株洲钻石切削刀具股份有限公司总经理

李保民　山东博特精工股份有限公司董事长

吴　日　天津市天锻压力机有限公司总经理

何敏佳　广州数控设备有限公司董事长

张明智　重庆机床（集团）有限责任公司董事长

陈吉红　武汉华中数控股份有限公司董事长

罗　勇　成都工具研究所有限公司董事长

周　辉　齐齐哈尔二机床（集团）有限责任公司总经理

姜　华　四川普什宁江机床有限公司总经理

潘云虎　扬州锻压机床股份有限公司董事长

魏华亮　哈尔滨量具刃具集团有限责任公司董事长

委　　员（按姓氏笔画排列）

王　永　磨料磨具分会秘书长

王兴麟　机床附件分会秘书长

王明远　涂附磨具分会秘书长

叶　钧　锯床分会秘书长

刘庆乐　组合机床分会秘书长

刘春时　钻镗床分会秘书长

刘宪银　滚动功能部件分会秘书长

李志宏　超硬材料分会秘书长

李宪凯　车床分会秘书长

李继运　中国机床工具工业协会行业部副主任

肖　明　数控系统分会秘书长

吴建民　夹具分会秘书长

中国机床工具工业年鉴

『鉴』证行业发展
共建制造强国

中国机床工具工业年鉴
执行编辑委员会

何耀天　木工机械分会秘书长
陈德忠　特种加工机床分会秘书长
武　平　数显装置分会秘书长
范小会　齿轮机床分会秘书长
胡红兵　工具分会秘书长
钟　洪　主轴功能部件专业委员会秘书长
夏　萍　磨床分会秘书长
徐　刚　锻压机械分会秘书长
徐宁安　重型机床分会秘书长
郭　俊　插拉刨床分会秘书长
郭长城　中国机床工具工业协会行业部主任
高克超　小型机床分会秘书长
符祚钢　中国机床工具工业协会行业部
董华根　机床电器分会秘书长
魏而巍　铣床分会秘书长

执委会办公室

主　　任　陈惠仁
成　　员　郭长城　娄晓钟　李继运　符祚钢

中国机床工具工业年鉴
编辑出版工作人员

总　编　辑　郭　锐
主　　　编　李卫玲
副　主　编　刘世博　曹　军
执行主编　任智惠
责任编辑　袁士华
编　　　辑　魏素芳　董智利

地　　　址　北京市西城区百万庄大街 22 号（邮编 100037）
编　辑　部　电话（010）68997962　传真（010）68997966
发　行　部　电话（010）68326643　88379823
传真（010）88379825
E-mail:cmiy@vip.163.com
http://www.cmiy.com

中国机床工具工业年鉴

『鉴』证行业发展
共建制造强国

中国机床工具工业年鉴特约顾问单位特约顾问

（按姓氏笔画排列）

特约顾问单位	特约顾问
大连光洋科技工程有限公司	于德海
秦川机床工具集团股份公司	龙兴元
宇环数控机床股份有限公司	许世雄
北京恩锡致远数控机械技术有限公司	阮志坚
嘉泰数控科技股份公司	苏亚帅
上海机床厂有限公司	吴晓健
济南铸造锻压机械研究所有限公司	张　波
重庆机床集团有限公司	张明智
山东永华机械有限公司	陈　舟
长春禹衡光学有限公司	林长友
保定向阳航空精密机械有限公司	单英杰
四川普什宁江机床有限公司	姜　华
北京精雕科技集团有限公司	蔚　飞
江苏金方圆数控机床有限公司	潘红卫
哈尔滨量具刃具集团有限责任公司	魏华亮

中国机床工具工业年鉴

『鉴』证行业发展
共建制造强国

中国机床工具工业年鉴
特约顾问单位特约编辑

（按姓氏笔画排列）

特约顾问单位	特约编辑
上海机床厂有限公司	王汉萍
大连光洋科技工程有限公司	田兆强
嘉泰数控科技股份公司	兰　猛
山东永华机械有限公司	刘卫国
哈尔滨量具刃具集团有限责任公司	李雪冬
北京精雕科技集团有限公司	宋小飞
宇环数控机床股份有限公司	易　丁
江苏金方圆数控机床有限公司	孟兆胜
北京恩锡致远数控机械技术有限公司	顾晓丹
济南铸造锻压机械研究所有限公司	徐　刚
四川普什宁江机床有限公司	高克超
秦川机床工具集团股份公司	郭　劼
保定向阳航空精密机械有限公司	黄宇龙
长春禹衡光学有限公司	董　岩
重庆机床集团有限公司	曾陆放

前　言

《中国机床工具工业年鉴》（以下简称《年鉴》）作为全面、系统、准确记录机床工具行业年度发展状况和技术进步的资料性工具书，已经连续出版了13期。13年来，《年鉴》伴随着机床工具行业发展，以详实的信息和数据，真实准确地记录了我国机床工具行业的发展和进步，得到了国内外业界的普遍关注。

为了更好地适应行业转型调整的发展新常态，应广大读者的普遍要求，我们从2015年开始对《年鉴》进行了全新改版。改版后的《年鉴》，信息结构更趋科学合理，信息内容更加丰富详实，全面性、系统性和权威性特点更为突出。改版过程中还剔除了一些与行业发展进步关联不紧密的其他冗余信息。希望我们的努力能为行业发展提供更加有效的服务，为广大读者带来更好的使用体验。

2014年，是我国机床工具行业进一步经受巨大考验的一年。经历了连续三年多的经济下行之后，机床工具市场需求总量下降，需求结构升级的特征更加明显。针对这一变化，全行业不断调整，不断创新，走过了艰难的一年。

统计数据显示，2014年中国机床工具行业中，金属加工机床产出1 500亿元，同比下降1.1%；消费额318.3亿美元，同比下降0.3%，占世界机床总消费额的42.1%；进口108.3亿美元，同比增长10.8%。金属加工机床进口额占金属加工机床消费额的34.02%。

2014年，全行业共有25个研发项目荣获 “中国机械工业科学技术奖”，其中，特等奖1项、一等奖2项、二等奖10项、三等奖12项。

2015年，在应对以“需求总量明显减少、需求结构加速升级”为主要特征的持续市场变化过程中，行业企业还将承受更大的下行压力，需要不断调整产品结构，沉着应对，坚持创新，勇于开拓。

作为行业发展进步的信息窗口，《年鉴》将继续关注行业发展的新变化，并与广大用户和关心机床工具行业发展的读者一起，共同见证中国机床工具行业转型升级、持续创新的发展历程！

中国机床工具工业协会将继续履行“提供服务、反映诉求、规范行为”三大核心职能，坚持创新务实的服务理念和作风，为我国机床工具行业的长期持续健康发展提供更加优质的服务！

中国机床工具工业协会常务副理事长兼秘书长

2016年5月

索

引

『鉴』证行业发展
共建制造强国

广告索引

企业风采专栏

专题索引

封面故事

机床工具行业
名优企业Logo集锦

2014年度中国机床工具工业协会先进会员企业

自主创新十佳

企业名称	产品型号及名称
大连机床集团有限责任公司	DLMH16精密数控车削中心
大连科德数控有限公司	VGW800-U五轴立式加工中心
广东奔朗新材料股份有限公司	164/134×62×13/7-MK10新型金刚石磨块
广东高新凯特精密机械股份有限公司	LGS系列导轨副
合肥合锻机床股份有限公司	ZS-YH18-5000钢轨道岔全自动锻造液压机生产线
济南二机床集团有限公司	BL-2.8×2000全自动数控落料线
齐齐哈尔二机床（集团）有限责任公司	CXK5463×50/150水室封头专用数控龙门移动式铣加工中心
齐重数控装备股份有限公司	RG300×150/260L-NC数控重型轧辊磨床
山东鲁南机床有限公司	TS40车铣柔性复合制造单元
四川普什宁江机床有限公司	NJ-SX038/039汽车空调压缩机活塞生产线

注：以企业名称汉语拼音首字母排序

产品质量十佳

企业名称	产品型号及名称
北京北一机床股份有限公司	XKA2850数控龙门桥式镗铣床
成都普瑞斯数控机床有限公司	PL800A立式加工中心
东莞市南兴家具装备制造股份有限公司	NP330F电脑裁板锯
江苏亚威机床股份有限公司	HPI-3058-36LA2数控转塔冲床
南京工艺装备制造有限公司	FFZD4006滚珠丝杠副
陕西秦川机械发展股份有限公司	YK7230数控蜗杆砂轮磨齿机
四川普什宁江机床有限公司	YK3610IV数控卧式滚齿机
宜昌长机科技有限责任公司	YKS5120数控插齿机
浙江海德曼机床制造有限公司	T55高精度数控车床
郑州磨料磨具磨削研究所有限公司	C-D磨LED砂轮

注：以企业名称汉语拼音首字母排序

股票代码：000837

QCMT&T

秦川机床工具集团股份公司
QINCHUAN MACHINE TOOL&TOOL GROUP CORP.

技术领先
模式取胜

Y7032A碟形双砂轮磨齿机获得国家科技进步一等奖
Y7125A大平面砂轮磨齿机获国家科技进步二等奖
SCJ230塑料挤出吹塑中空成型机获国家科技进步二等奖
SCJC500 x 6多层共挤塑料中空成型机国内领先
2030飞剪机获国家科技进步二等奖
YH2240螺旋伞齿轮加工中心获得“九五”国家技术创新优秀新产品奖
VTM180龙门式车铣镗复合加工中心 在2004北京国际机械装备展览会上被专家誉为“镇馆之宝”
YK73125大规格数控成型磨齿机被列入国家攻关计划
YK7250蜗杆砂轮磨齿机(数控八轴五联动)在国际机床博览会上被有关专家誉为“具有国际水平的机床”
YK7230数控蜗杆砂轮磨齿机全新的结构布局、先进的传动、驱动、自动对刀、自动上下料、高速磨削技术，采用多头蜗轮进行高速磨削，配置自动上下料机构，高效率、高精度、高可靠性标志着中国齿轮磨床已达到国际先进水平。
YK73200、YK75200数控成形砂轮磨齿机用于冶金、矿山、机车、轮船、化工、电力、军工、航空航天
VTM260龙门式车铣镗复合加工中心一次装夹中完成车削平面、内外圆柱、台阶、各种旋转曲面、铣平面零件的高效率、高质量加工
QMK001数控叶片磨床五坐标数控磨削用于各种复杂曲面的精密磨削及抛光加工
YK72系列数控蜗杆砂轮磨齿机获得国家科技进步二等奖
YKC31200数控滚齿机用于风电设备、船舶工业、汽车、石油机械、港口机械及工程机械等行业
QJK002锥齿铣、QMK009锥齿磨、QLC001齿轮量仪、QMK001叶片磨床等国家重大专项获第十三届上海国际工业博览会
适用于大批量精密齿轮磨削的数控蜗杆砂轮磨齿机技术及产品获中国工业大奖项目表彰奖
航空发动机关键零部件生产线获第十三届上海国际工业博览会银奖

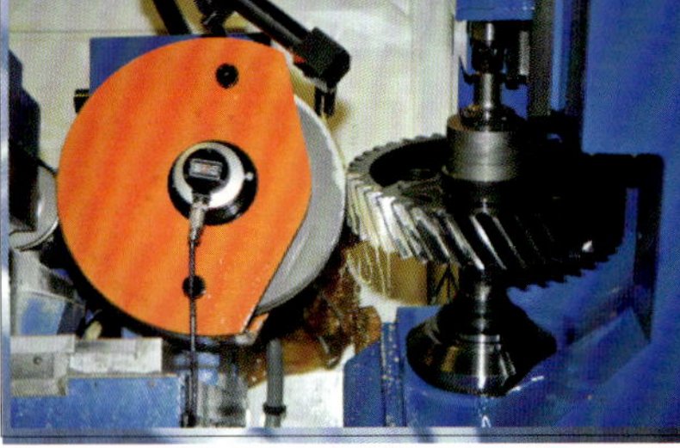

汉江工具
汉江工具有限公司

公司本部：陕西宝鸡市姜谭路22号 邮编：721009 电话：0917-3670665 传真

广告

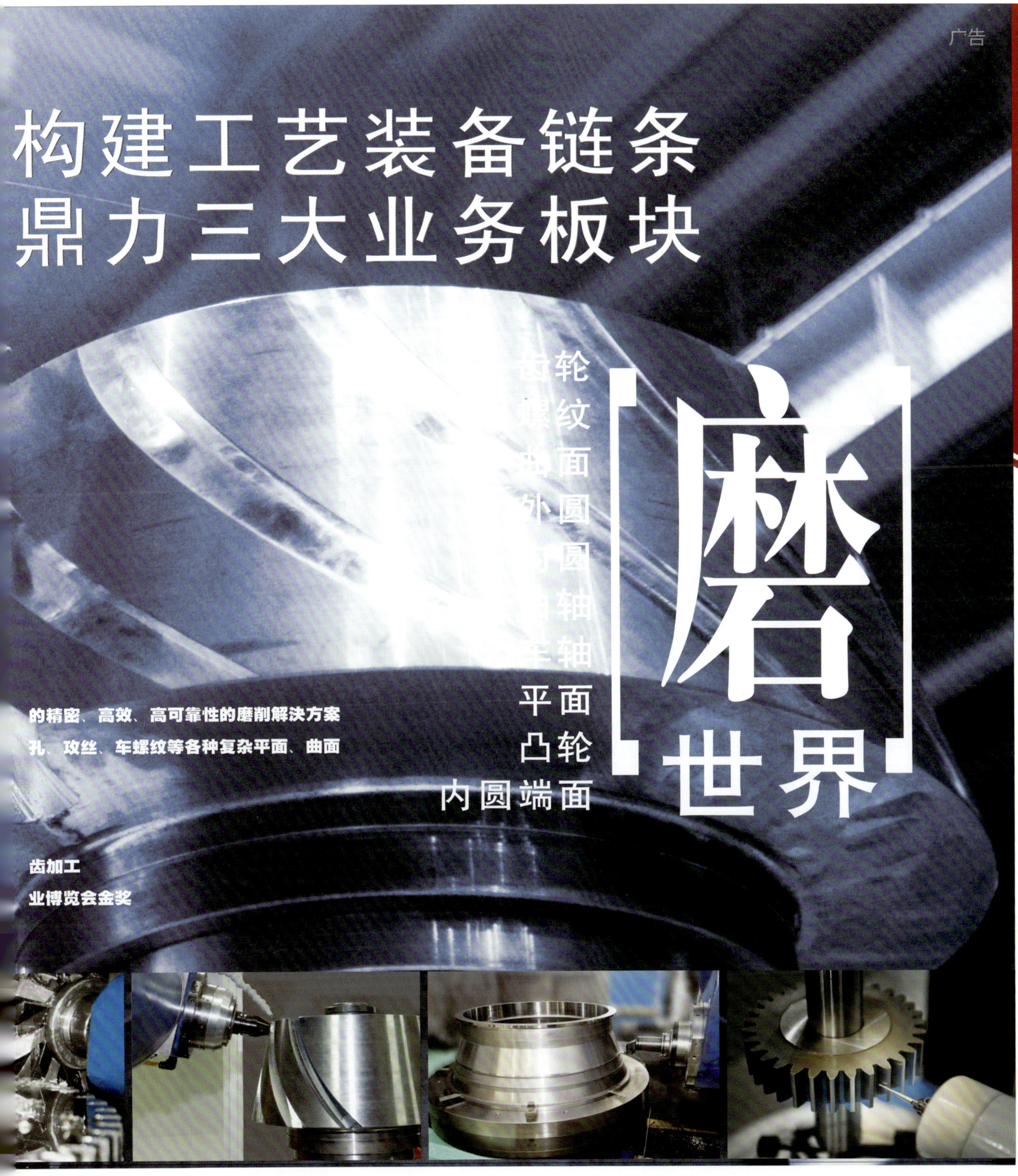

构建工艺装备链条
鼎力三大业务板块

齿轮
螺纹
曲面
外圆
内圆
曲轴
凸轮轴
平面
凸轮
内圆端面

磨世界

的精密、高效、高可靠性的磨削解决方案

孔、攻丝、车螺纹等各种复杂平面、曲面

齿加工

业博览会金奖

7-3390960 Http：//www.qinchuan.com E-mail：qinchuan@qinchuan.com

重庆机床(集团)有限责任公司

品质，决定于每一次细微的碰撞，在万里挑一的选择中，我们受到世界56个国家及地区用户的青睐。为用户提供更精细高效的制齿设备，帮助他们成为更优秀的企业，是我们的目标和梦想。

作为全球性的机床生产企业，重庆机床(集团)有限责任公司始建于1940年，是中国机床行业“十八罗汉”企业之一、中国齿轮加工机床行业标准制定者，目前拥有总资产21亿元，在岗职工约4 600人，各类专业技术人员1 200余人；是以专业生产齿轮加工机床为主，产品涵盖车床、加工中心、复杂刀具、汽车零配件、螺杆制造等于一体的大型国有企业；建有国家技术中心、院士专家工作站、博士后科研工作站和重庆机床&PTG欧洲机床研发中心；已连续13次被评为“重庆工业企业50强”，获得了国家科技进步奖一、二等奖，重庆市质量管理奖，国家一级安全质量标准化企业等众多荣誉。

作为世界上优秀的齿轮加工机床制造商，我们雕琢每一个细节，缔造一项项精品，为中国建立起了一座全球化的成套制齿加工装备研发制造基地，切实践行着“装备中国、服务世界”的企业使命。

数控高效滚齿机

大型六轴数控滚齿机

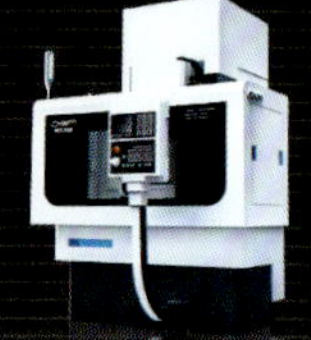

数控剃齿机

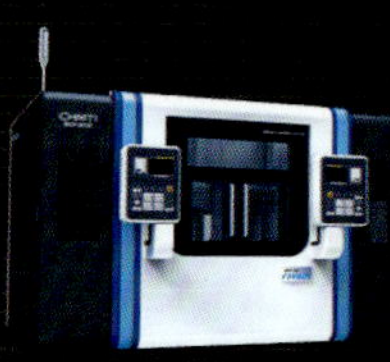

高效车削中心（双主轴）

复杂刀具

广告

CHINA • CHONGQING
MACHINE TOOL
INTERNATIONAL

先进会员企业专栏

细节改变未来

The Future Driven by Detail

数控高速干切滚齿机

数控万能磨齿机

自动生产线

重庆机床(集团)有限责任公司
CHONGQING MACHINE TOOL(GROUP) CO., LTD.

地址:重庆市南岸区江溪路6号
邮编:400072
电话:023-62555280 62555290
传真:023-62551452
E-mail:scyxb@chmti.com
http://www.chmti.com

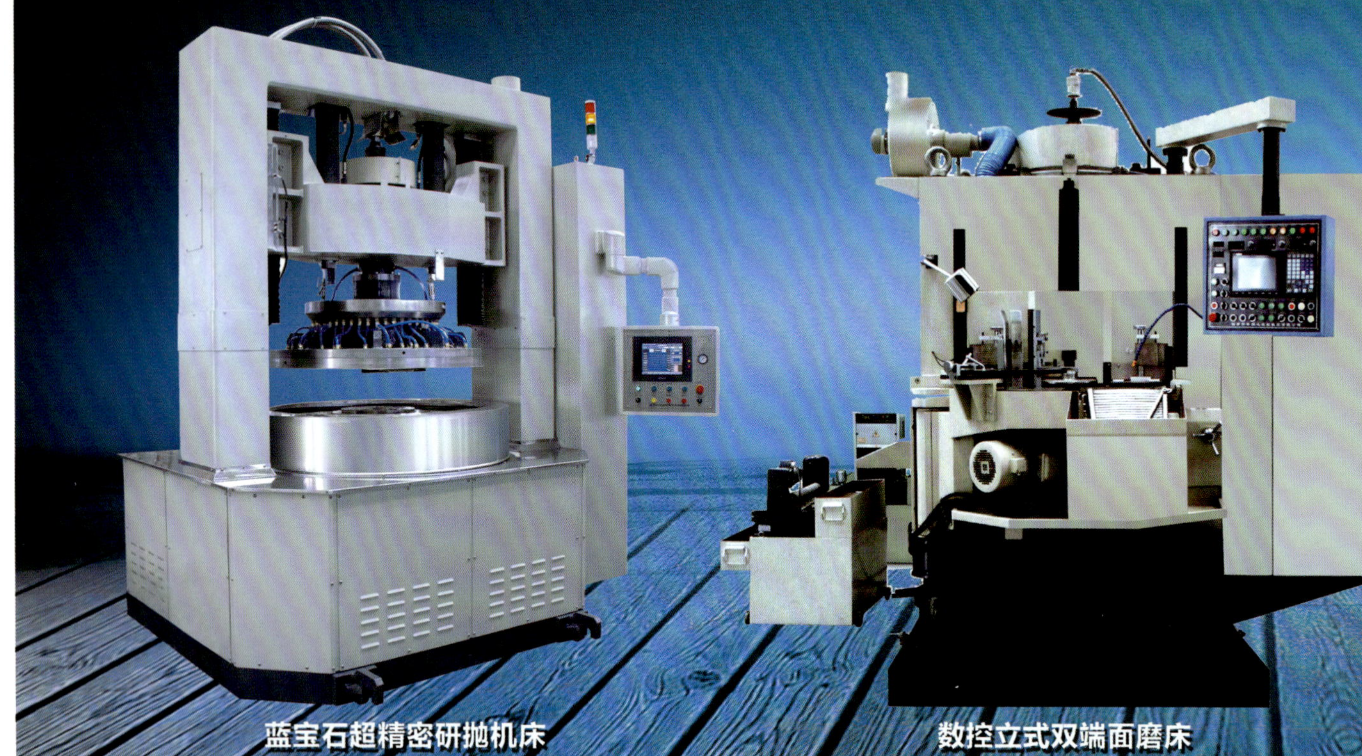

全自动数控气门磨床

立式单面扫磨机

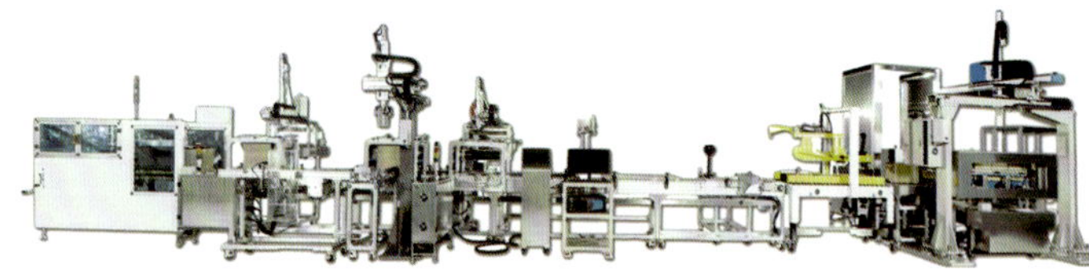
全自动装箱码垛后包装生产线

宇环数控机床股份有限公司是一家专业研发、制造、销售精密高效数控磨床及工业机器人、智能装备的国家高新技术企业，是中国机械工业联合会会员单位、国家科技支撑计划项目和国家火炬计划项目承担单位。公司现拥有数控磨床、数控研磨抛光机、智能成套设备、活塞环专用加工设备等四大类数十种主机产品。产品广泛应用于汽车、IT电子、航空航天、军工、医药、包装、智能装备等国民经济各主要领域，产品畅销包括台湾在内的全国二十多个省、市、自治区及美国、俄罗斯、巴西、韩国、墨西哥、东南亚地区等海外十余个国家和地区。

未来，公司将继续秉承“责任为本、创新为谋、发展为恒、奉献为荣”的经营宗旨，以振兴民族工业为己任，致力于“精密化、信息化、智能化”先进装备的中国制造，使中国品牌的高端装备制造屹立于世界民族之林！

广告

技术方案专业提供商

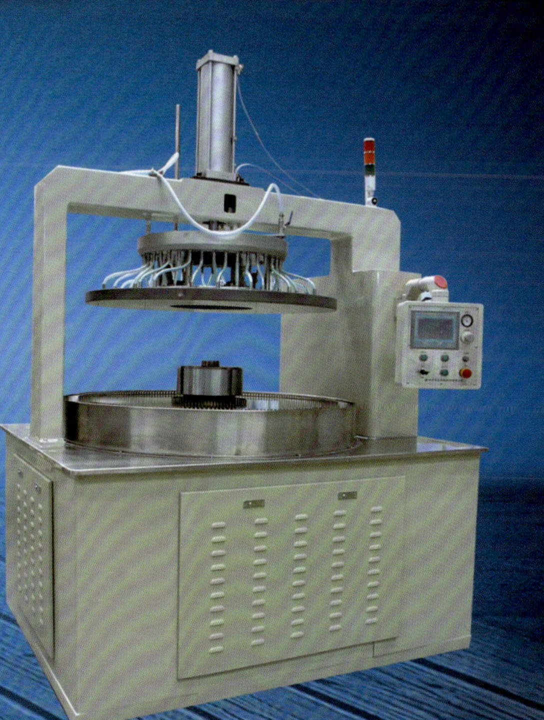

数控凸轮轴磨床

高精度立式双面研磨(抛光)机

智能化双平面加工成套设备

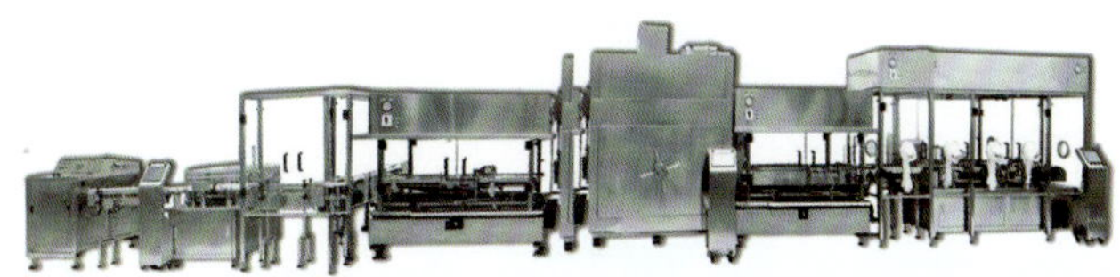

塑料瓶（滴眼剂）联动生产线

宇环数控机床股份有限公司

地址：中国.湖南省长沙市浏阳制造产业基地永阳路9号
电话：0086-731-83201588
http：//www.yh-cn.com
E-mail：yxb@yh-cn.com

更多信息
尽在宇环微信公众平台

科技改变世界

螺旋锥齿轮铣齿机

数控立式装刀机

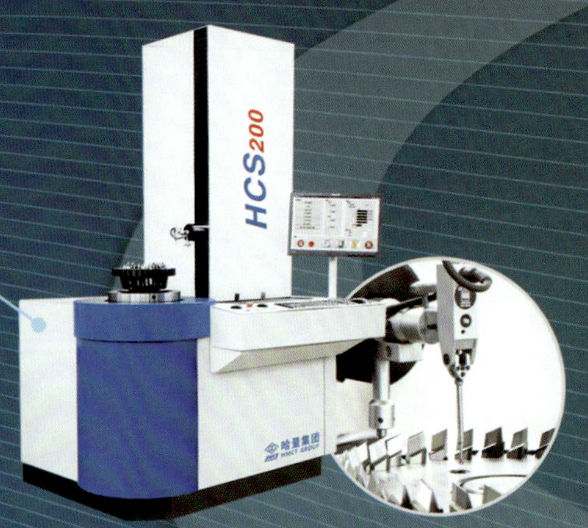

螺旋锥齿轮数字化、网络化

延伸外摆线等高齿锥齿轮铣刀盘

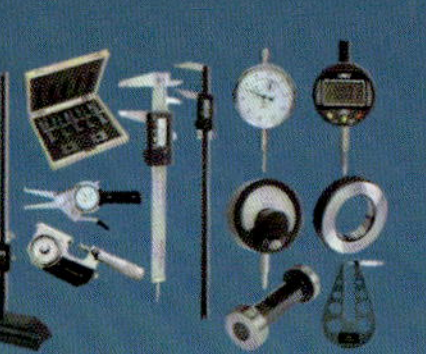
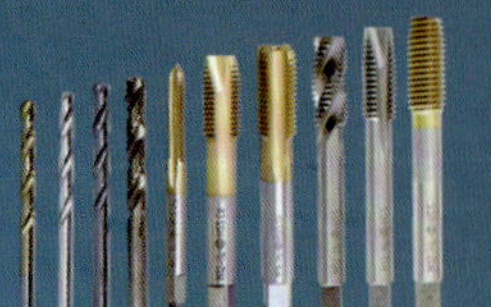
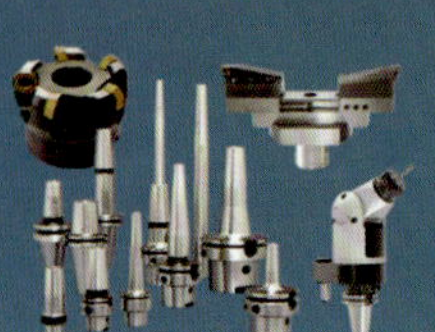

广告

优秀企业风采

创新 引领未来

螺旋锥齿轮磨齿机

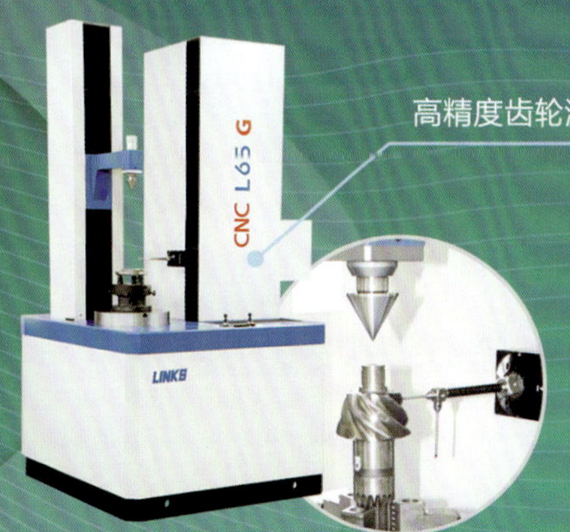

高精度齿轮测量中心

智能化的集成制造

MCTM
中国工量具商城
www.mctmall.cn

客服热线：400-8866-996

手机访问商城 商城微信公众号

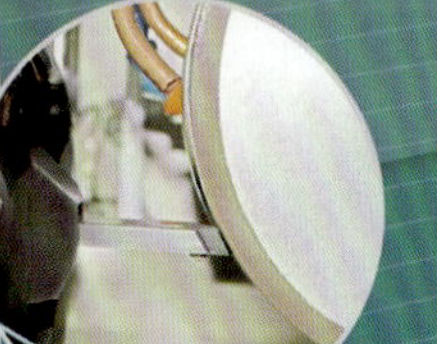
五轴数控刀条磨床

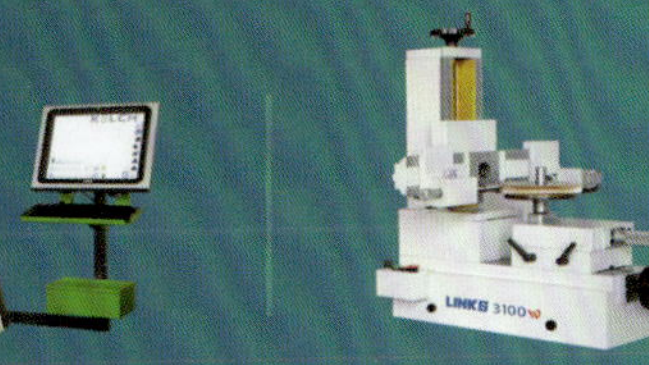

哈尔滨量具刃具集团有限责任公司
Harbin Measuring & Cutting Tool Group Co.,Ltd.
地址：哈尔滨市香坊区和平路44号 邮编：150040
服务热线：0451-86792588 0451-86792589
电子商务：0451-86792590
http://www.links-china.com E-mail:links@links-china.com

公司简介
COMPANY SDFKESDFCS

保定向阳航空精密机械有限公司隶属于中国航空工业集团公司，始建于1964年，位于保定市区，国家大二型、高新技术企业，国内大型的精密组合工艺装备研制生产厂家，中航工业系统专业生产组合工艺装备的企业和精密数控机床修理改造技术归口单位。“中航工业柔性智能工艺装备研制中心”和“中航工业数控机床再制造及备件中心”就设在公司，公司通过了ISO9001:2008国际质量体系认证。

公司主要产品有柔性智能工艺装备、精密数控机床再制造及备件服务、金属带锯床、骨科医疗器械、功能部件和航空产品等六大系列。产品覆盖航空、航天、机械、铁路、船舶等行业，并远销欧美等国家和地区。

保定向阳航空精密机械有限公司

Baoding Xiangyang Aviation Precision Machinery Co.,Ltd.

P 产品展示 RODUCTS

齿轮箱体保压夹具

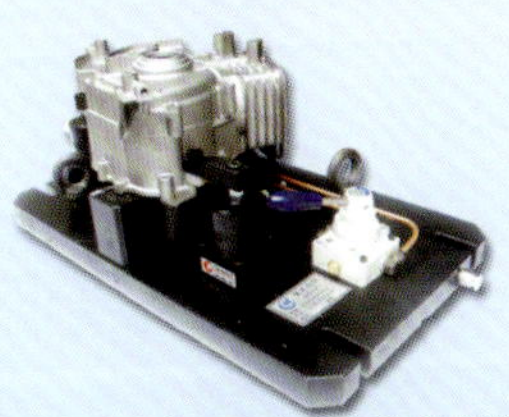

缸头气动夹具

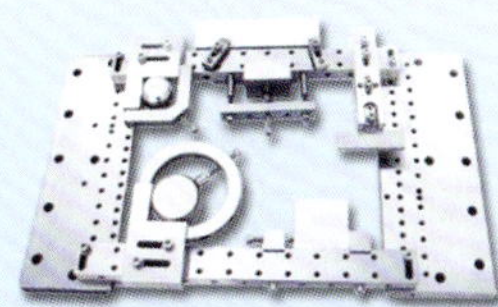

电加工夹具

真空夹具

电永磁夹具

锥孔定位机床托板

光面夹具

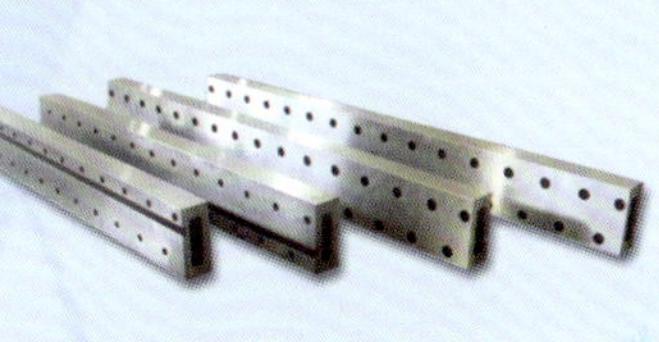

机床导轨

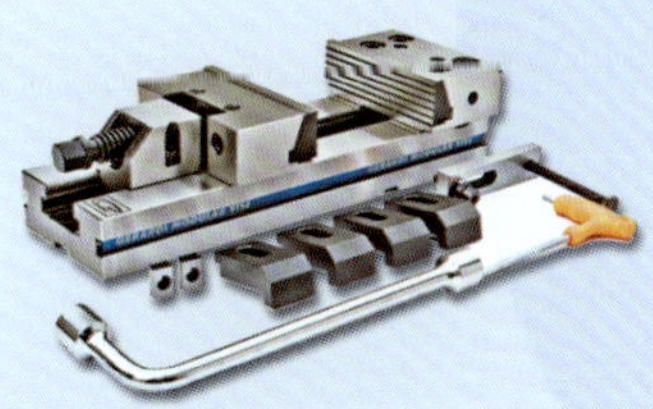

系列平口钳

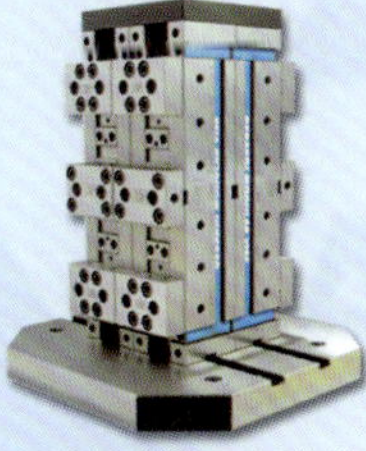

精密平口钳系列

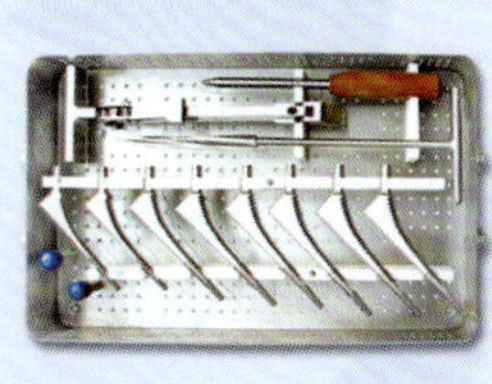

髋关节手术器械

GZ4225B 金属带锯床

孔系组合夹具

槽系组合夹具

精密机床修理改造

地址：河北省保定市向阳北大街88号
邮编：071051
电话：0312-3099898　3099818
传真：0312-3099999
http://www.xiangyang.com.cn

Add：No.88 Xiangyang North Road,Baoding,Hebei,China
P.C：071051
Tel：0312-3099898　3099818
Fax：0312-3099999
E-mail：hyl_9999@126.com

济南铸造锻压机
JINAN FOUNDRY & METALFORMING

济南铸造锻压机械研究所始建于1956年，是机械工业部门直属的专业从事铸造机械、锻压机械、液压技术等多专业综合性应用技术研究、开发和行业归口管理的一类科研机构。

1999年7月转制为科技型企业，成为中国机械工业集团有限公司的成员单位。

2009年12月，由中国机械工业集团有限公司和宝钢集团有限公司、中国重型机械研究院有限公司、中国浦发机械工业股份有限公司、机械工业第三设计研究院共同发起，以增资扩股方式，将济南铸造锻压机械研究所改制为济南锻压机械研究所有限公司。

公司现有员工1 000余人。其中，从事研发设计、工艺研究人员300余人，具有高级专业技术职务的人员90余人，拥有一批享受国家特殊津贴的专家和学科带头人。

公司主要从事铸造机械及铸造工程机械化、自动化成套技术及装备，锻压机械及锻压工程机械化、自动化成套技术及装备，数控锻压和激光加工技术及设备、数控板材加工成套设备，各种大型闭式通用和专用机械压力机、液压机及自动化生产线，液压元件及系统的新技术和新产品开发、设计、制造；铸造锻压机械产品质量检测；相关技术的咨询服务。

公司还承担着全国铸锻机械行业技术组织和技术服务工作。公司设有国家铸造锻压机械质量监督检验中心、国家铸锻机械标准化技术委员会、中国机床工具工业协会铸造机械分会和锻压机械分会、中国机械工程学会塑性分会锻压设备学术委员会以及国家数控成形冲压装备产业技术创新战略联盟等行业机构，并面向国内外公开发行《中国铸造装备与技术》《锻压装备与制造技术》等行业知名而权威的科技核心期刊。

目前公司已累计完成国家和省市等科技项目3 100余项，其中科研与新产品开发项目达1 500多项，获国家批准专利180余项，有170多项成果获得国家、省部级科技进步奖和发明奖。

公司秉承“为顾客创造价值，为卓越不懈追求”的经营理念，以发展高端铸锻机械成套装备为目标，以振兴中国制造业装备为己任，竭诚为国内外新老用户提供铸造机械、数控锻压机械和板材加工领域完整的解决方案及成套加工装备，致力于绿色环保、节能降耗和铸锻机械行业可持续发展。

地址：山东省济南市长清区凤凰路500号
邮编：250306
电话：0531-87979108
传真：0531-87964055
http://www.zds.com.cn

广告

械研究所有限公司
MACHINERY RESEARCH INSTITUTE CO.,LTD.

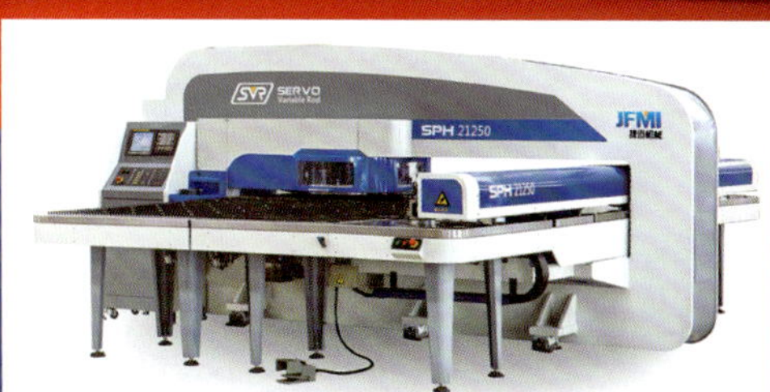

数控转塔冲床

数控激光切割机

清洁高效绿色铸造成套装备

高档数控开卷校平生产线

高端汽车纵梁成套装备

高档中大型冲(锻)压设备

数控冲剪折设备

数控激光加工设备

行稳致远浴火重生 勇抢行业制高点

——济南铸造锻压机械研究所有限公司

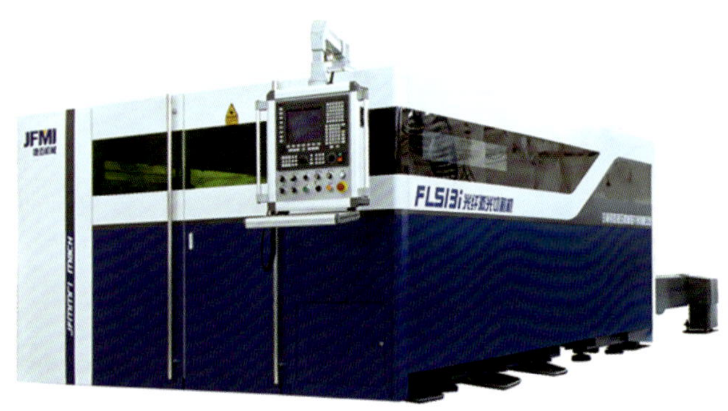

济南铸造锻压机械研究所有限公司（简称济南铸锻所）始建于 1956 年，机械工业部门直属的专业从事铸造机械、锻压机械、液压技术等多专业综合性应用技术研究、开发和行业归口管理的一类科研机构；1999 年 7 月转制为科技型企业，现为中国机械工业集团有限公司的成员单位。作为一个享有盛誉的老牌研究所，一个累计完成国家和省市等科技项目3 100余项，其中科研与新产品开发项目达 1 500余项，获国家批准专利 180 余项，有 170 多项成果获得国家和省部级科技进步奖和发明奖的高科技孵化器类型企业，济南铸锻所的历史见证了中国铸造锻压机械设备从无到有、从弱小到强大的历史进程。目前，面对不断深化的市场经济形势，济南铸锻所作为国家铸锻行业的代表，如何在日益激烈的竞争环境中争取更大发展，是一个值得深思的话题。

“我们要坚持科技领跑，高端先行！最终成为一个科技领先、管理高效、文化和谐、收入较高，员工自豪、适度规模的科技型企业。”济南铸锻所有限公司董事长、总经理张波表示，“铸锻所要谋求发展，浴火重生，当务之急就是要快速转身！最重要的问题是在下一步工作中如何发挥好自己的优势，在经济转型的新常态中，使公司更好地、有质量地发展。当前，企业要想增强行业话语权、提高企业抗风险能力、谋求长远发展，根本所在就是充分发挥已有优势，对外积极寻求与国际先进技术合作的机会，加强与集团内相关企业的协同合作；对内调整机构，盘活资产，创新激励，加强运营，提高效率，实现新的跨越。

当前，济南铸锻所面临的形势是机遇与挑战并存。面对多方考验，济南铸锻所将不断进行产品结构调整，以抓市场订单为首要任务，以控制项目执行过程为手段，以强化降本增效为目标做好各项工作；加快模式创新，实现从制造到创造，从价格竞争到价值竞争的转变。

一、苦练内功、厚积薄发

产品研制走在市场的前头，才能确保济南铸锻所的产品优势所在。作为一个拥有近 60 年历史的国家专业性研究所，济南铸锻所具有建所时间长、科研条件完善、科技力量雄厚等特点，经过几代人的努力，铸锻所已经演化为一个集科技、生产、设计开发和对外贸易于一体的具有相当规模的综合类单位，共有各类专业技术人员 300 余人，拥有一批享受国家特殊津贴的专家和行业学术带头人。济南铸锻所还承担着全国铸锻机械行业技术组织和技术服务工作，设有国家铸造锻压机械质量监督检验中心、全国铸造机械标准化技术委员会、全国锻压机械标准化技术委员会、中国机床工具工业协会铸造机械分会和锻压机械分会等行业机构，能从行业高度把握国家铸造锻压行业的发展方向，具有丰富的底蕴。

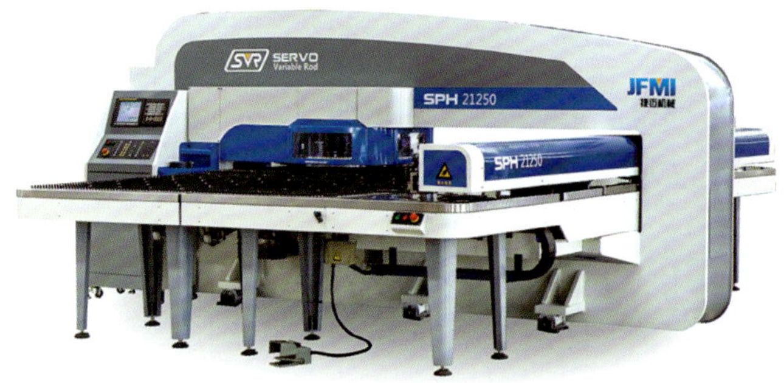

济南铸锻所高度重视技术工作，深深知道技术创新、技术领先是企业的立身之本；以技术价值转化为市场价值，提高竞争能力，是企业前进的指南。2014 年济南铸锻所取得了如下技术成就：

科技成果奖励 7 项，其中国家重点新产品 1 项，省部级科技进步奖 4 项，济南市科技进步奖 1 项，中国数控机床展 CCMT2014 春燕奖 1 项。

2014 年新申报专利 24 项，其中发明专利 10 项。获授权专利 22 项，其中授权发明专利 11 项，实用新型专利 10 项，外观设计专利 1 项。

主持制修订行业标准 21 项，参与制修订行业标准 35 项。由公司独立起草制定的国家标准 GB 28759—2012《粘土砂混砂机 安全要求》获得“国家标准制定单位奖”。“高端金属板材成形装备创新团队”荣获济南市优秀创新团队奖。

2014 年国家科技重大专项项目验收工作取得长足进步，经过课题承担部门、课题组及科技发展部的共同努力，大型辗环机、可靠性两项课题的变更申请顺利通过了工业和信息化部门的批准。国家科技重大专项项目“30 000-65 000kN 全闭环高精度伺服折弯机”和“WEF11K-40×23000 超大型数控船用卷板机 ”两个项目顺利通过了最终验收。

“轿车铝合金缸盖低压铸造装备研制及产业化”项目被列为 2014 年度科研院所技术开发专项资金项目。

2014 年公司进一步加强《科技发展基金项目管理办法》《科研项目经费使用管理办法》和《科技成果奖励办法》的实施。经公司科研项目考核委员会评审，总经理办公会批准，下达第二批 6 项科技发展基金项目。

加强自身造血功能，提高技术储备，苦练内功。济南铸锻所要发展壮大，要做行业排头兵，就必须依靠自己丰厚的技术累积，在现有技术的基础上以创新为主线，苦练内功；同时在产品质量上下功夫，超越自我，提升企业价值；超越对手，创造客户价值；协同共赢，提升行业价值。

二、深海突围、高端先行

在广泛适应市场的基础上，济南铸锻所以领先行业的技术水平得到了客户的认可，为不断拓宽市场奠定了坚实的基础。责任为立企之本。作为国企，济南铸锻所自觉承担社会责任，做优秀的企业公民；身为管理者，积极承担企业有品牌、产业有前途、工作环境有活力、员工有成就感的责任。公司确定了以高端技术支撑高端产品，以高端产品服务高端客户，以高端客户引领高端市场的战略规划。公司静压自动造型生产线、大型数控辗环机、数控板材开卷校平剪切生产线、数控汽车纵梁加工成套装备、数控伺服转塔冲床、数控激光加工设备以及二通插装阀、电液一体化成套系统等诸多产品具有独特的技术优势，技术水平处于国际先进、国内领先地位。

近年来，随着经济下行压力的增加，铸造锻压行业出现了产品技术创新能力差，产品质量水平低，品种多、缺乏特色、市场占有率低等问题。某些企业照搬照抄别人的图样和技术，吃现成饭。“一个模样”造成了全行业产品同构化、同质化，并成为价格战愈演愈烈的根源。低价位形成的低利润又反作用于质量，导致安全性、可靠性、精度保持性等产品质量的下滑。不少企业走大而全、小而全产品发展之路，缺乏特色，市场占有率低，风险大。

面对困境，如何发挥自己的优势深海突围，做行业的先行者？济南铸锻所管理层进行了认真的思考之后，决定集中力量，突破一点，带动一面。面对未来，张波董事长满怀

广告

信心，他说，济南铸锻所将继续创新技术，升级结构，不断满足国民经济发展对“两高”（高端、高可靠性）、“两成”（成线、成套）产品的需求，使公司产品持续处于高端，引领潮流。一是完善产品成熟度，技术人员要强化为产品服务、为用户服务的思想，努力提高已有产品可靠性、成熟度，同时加强设计降本、细化等工作；二是坚持进行各产品方向先进技术研发工作，保证技术领先，核心技术新产品研发成功推向市场前，必须通过公司科技部门组织的完整检测鉴定，并到用户现场验证性能，上报审批后实施。

济南铸锻所还将实施“互联网 +”战略，对公司出产的设备做到远程监控、实时监控，真正为用户排忧解难。

三、风物长宜、合作共赢

济南铸锻所要进一步发展，必须紧盯短板，强化市场导向。针对市场导向意识弱的短板，济南铸锻所将推进内部多个产业公司间的产业联动、协同作战，以紧跟市场，响应客户。同时，在面临国家实施“走出去”战略的最佳时期，将切实加大国际市场研判力度，努力提高国际市场布局的深度、广度和效率。合作共赢，是企业发展的理想途径。济南铸锻所将加强与集团内部企业之间优先协作、积极协同，智者借力而行，同时帮助客户及合作伙伴实现利益最大化。济南铸锻所期待在自身不断进步创新的同时，与相关企业相互合作，取长补短，建立良好的合作关系，实现合作共赢。

中国机械工业集团公司作为济南铸锻所的母公司，具有丰富的资源优势，在其集团总部 2015 年的整体部署中，把加强企业之间合作列为重要内容。济南铸锻所将发挥自己的技术实力优势，与贸易型企业、制造类企业合作，实施走出去战略，把外贸工作做为发展的重要基石，为济南铸锻所的再次腾飞创造条件。

风物长宜放眼量，期待济南铸锻所的明天会更好！

北京精雕
BEIJING JINGDIAO

广告

精雕CNC雕刻机

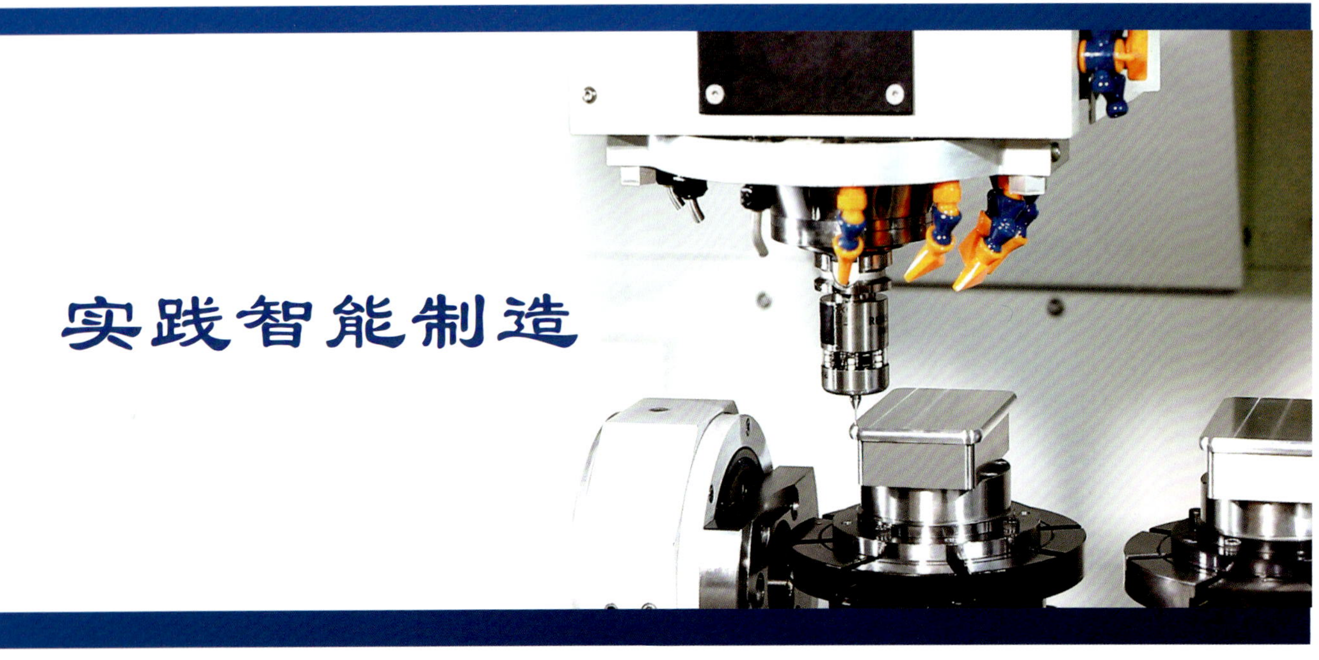

成立于1994年的北京精雕，是一家集研发、生产和销售数控机床为一体的国家火炬计划重点高新技术企业。集团自主研发、生产和销售精雕CNC雕刻机——精雕机、数控系统、精密高速电主轴、雕刻CAD/CAM软件和高精度力矩转台，其中拳头产品为精雕机，主要用于3C产品五金件、精密模具等产品的加工，总销量已超过70 000台。

二十多年来，北京精雕累计投资10多亿元，分别在北京石龙经济开发区、廊坊经济技术开发区建成了占地面积22万㎡，建筑面积20万㎡的科研生产基地。到2015年年底，北京精雕拥有在职员工4 000多人，可年产中型精雕机10 000多台，年产值超过30亿元。

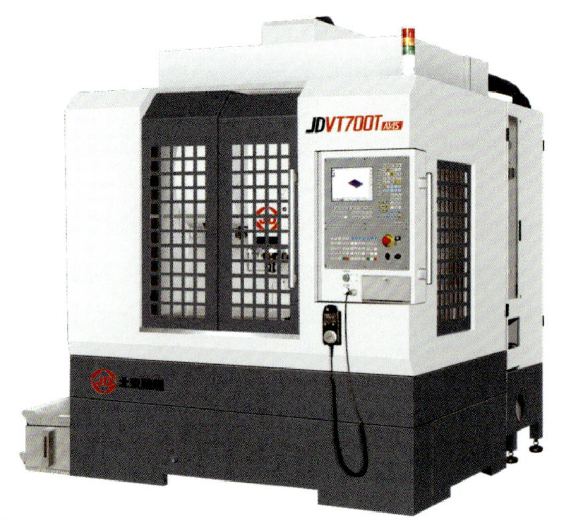

欢迎关注北京精雕官方微信

咨询热线：400-6789-532　　网址：www.jingdiao.com

广告

江苏金方圆数控机床有限公司

Jiangsu JinFangYuan CNC Machine Co.,Ltd.

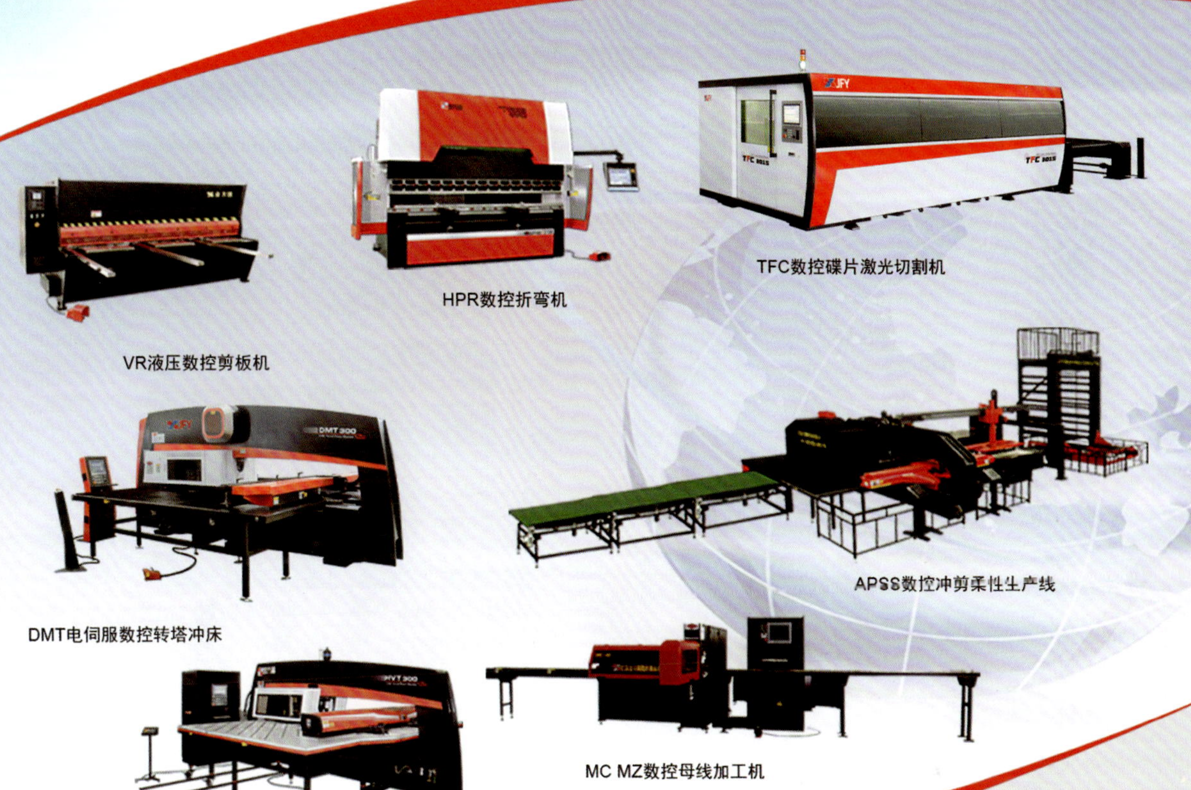

www.jinfangyuan.com

江苏金方圆数控机床有限公司(简称金方圆)，国家高新技术企业，地处扬州高新技术开发区。公司产品通过ISO9001质量体系及CE认证。

2013年9月，金方圆与德国通快集团合资。金方圆在国内数控钣金加工领域具有较高的知名度和品牌优势，德国通快是国际数控板材加工行业的领先品牌，也是世界机床行业名列前茅的企业。两个企业合资强强联合、优势互补，合资后的金方圆将以更高起点致力于数控板材加工设备的研制、生产和销售，在该领域内做强做长做大，在拓展国内市场的同时更加注重国际市场营销网络的建设，加速金方圆的转型升级，使金方圆品牌更快更好地走向国际市场。

公司生产的主要产品有：DMT/MT系列电伺服式、HVT/VT系列液压式、ET系列机械式数控转塔冲床，TFC系列碟片式、HFC/FC系列光纤式、HC系列二氧化碳式激光切割机，MC/MZ系列母线加工机，HPR/PR系列液压式、PE系列电伺服式数控折弯机，VR、VRZ系列数控液压闸式剪板机，HML系列冲激复合机，APSS/EPSS数控冲剪复合柔性加工生产线，AMCP系列汽车纵梁生产线和PB系列数控汽车平板冲孔机等钣金加工产品。

地址：江苏省扬州市邗江工业园区银柏路19号
电话：0514-80522333 80522448
传真：0514-87871336 80522331
E-mail：sale@jinfangyuan.com

广告

大连光洋科技集团致力于打造中国智能制造新模式
用智能制造装备+互联网 助推《中国制造2025》

积木的道理是，积木单元品种越多，搭建的积木建筑风格越丰富

10块积木单元

50块积木单元

100块以上积木单元

同样道理，智能制造产业的基础部件越丰富，可制造的智能化装备的产品越多样化。

大连光洋科技集团控股11家专业化、股权多元化的子公司，生产以下产品：

大连光洋科技工程有限公司

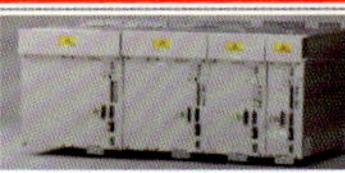

GNC61 光纤总线数控系统 | GDU光纤总线式伺服驱动系统 | GNC61 数控系统二次开发平台 | 机器人主控制器 | 6关节机器人集成驱动器

大连光洋铸石床身有限公司

KMC800系列加工中心铸石床身 | KToolG3515五轴工具磨床铸石床身 | 铸石床身已广泛应用于各类机床

大连光洋传感器有限公司

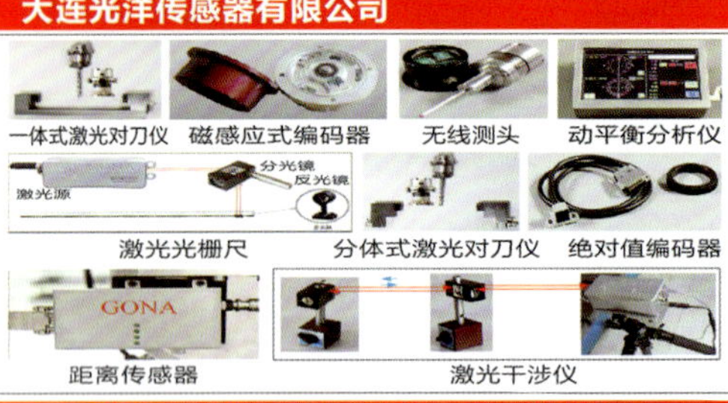

一体式激光对刀仪 | 磁感应式编码器 | 无线测头 | 动平衡分析仪 | 激光栅尺 | 分体式激光对刀仪 | 绝对值编码器 | 距离传感器 | 激光干涉仪

大连光洋伺服电机有限公司

高速力矩电动机 | 低速力矩电动机 | 交流伺服电动机 | 主轴驱动电动机 | 轮毂电动机 | 直线电动机 | 永磁制动器

大连科德数控有限公司 功能部件事业部

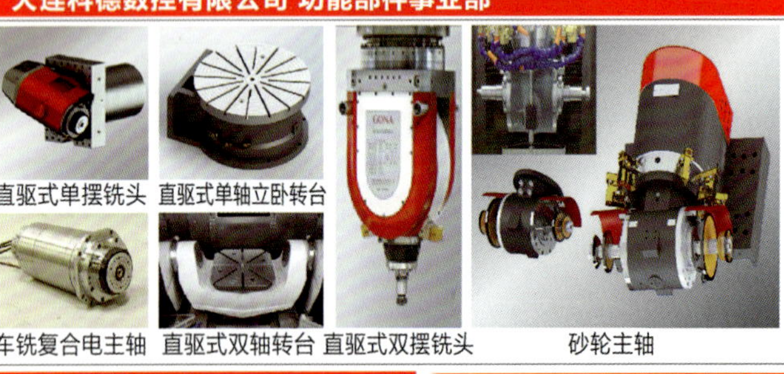

直驱式单摆铣头 | 直驱式单轴立卧转台 | 车铣复合电主轴 | 直驱式双轴转台 | 直驱式双摆铣头 | 砂轮主轴

大连光洋自动化液压系统有限公司

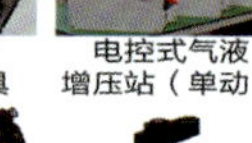
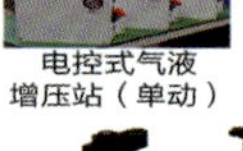

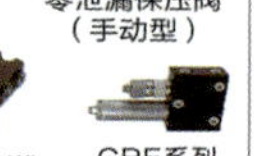

无动力夹紧器 | 转向节液压夹具 | 电控式气液增压站（单动） | 三回路气液增压站 | GVE系列零泄漏顺序阀 | 零泄漏保压阀（手动型） | GVR系列零泄漏减压阀 | GVS-HM系列零泄漏保压阀 | 双动型连杆式夹紧器 | 双动型螺旋式夹紧器 | 双动型连杆式夹紧器 | GVD-HC系列零泄漏保压阀 | 双动型推拉式夹紧器 | GRE系列顺序减压阀组 | 模具底座液压四轴夹具 | GVS-AC系列零泄漏保压阀 | 手控单动泵站 | 单动型直线夹紧器 | 双动方型推拉式夹紧器 | GVS-AC-Z1系列阀组

大连科德数控有限公司

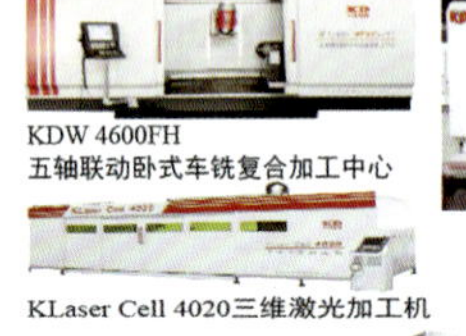
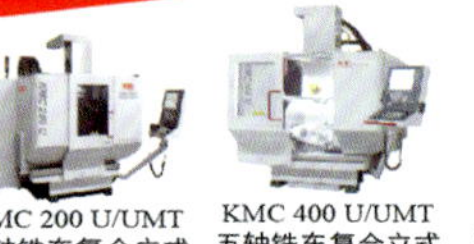

KDW 4600FH 五轴联动卧式车铣复合加工中心 | KTurboM3000 五轴卧式叶片铣削加工中心 | TG3515A 五轴工具磨床 | KMC 200 U/UMT 五轴铣车复合立式加工中心 | KMC 400 U/UMT 五轴铣车复合立式加工中心 | KMC 600 U/UMT 五轴铣车复合立式加工中心 | KLaser Cell 4020三维激光加工机

KMC200 UG *Linear* 高精度五坐标磨削中心 | KMC400 UG *Linear* 高精度五坐标磨削中心 | KMC600 UG *Linear* 高精度五坐标磨削中心 | KMC800 UG *Linear* 高精度五坐标磨削中心 | KMC1250 UG *Linear* 高精度五坐标磨削中心 | KMC 800 U/UMT 五轴铣车复合立式加工中心 | KMC 1250 U/UMT 五轴铣车复合立式加工中心

大连光洋机器人有限公司

六关节焊接机器人 | 六关节打磨抛光机器人 | 三维铣削加工机器人 | 六关节搬运机器人 | 七关节机器人 | 六关节折弯机器人

GONA 生产液压油缸的柔性数字化工厂 | GONA 生产汽车刹车盘零部件的柔性数字化工厂 | GONA 生产机器人的机械臂零部件的柔性数字化工厂 | 配直驱轮毂电机四驱四变向电动车

用户工艺是舵手，所有智能化制造单元及智能化无人工厂需求来自用户，用户工艺是智能化制造的舵手

大连光洋科技集团有限公司

地址:中国大连市经济技术开发区龙泉街6号 电话：0411-82179333 62783333转6009 传真：0411-87615548 82179332 http://www.dlgona.com

综合索引

机床年鉴微信

中国工业年鉴出版基地

中国机械工业年鉴系列

《中国机械工业年鉴》

《中国电器工业年鉴》

《中国工程机械工业年鉴》

《中国机床工具工业年鉴》

《中国通用机械工业年鉴》

《中国机械通用零部件工业年鉴》

《中国模具工业年鉴》

《中国液压气动密封工业年鉴》

《中国重型机械工业年鉴》

《中国农业机械工业年鉴》

《中国石油石化设备工业年鉴》

《中国塑料机械工业年鉴》

《中国齿轮工业年鉴》

《中国磨料磨具工业年鉴》

《中国机电产品市场年鉴》

《中国热处理行业年鉴》

《中国机械工业集团年鉴》

编辑说明

一、《中国机械工业年鉴》是由中国机械工业联合会主管、机械工业信息研究院主办、机械工业出版社出版的大型资料性、工具性年刊，创刊于 1984 年。

二、根据行业需要，1998 年中国机械工业年鉴编辑委员会开始出版分行业年鉴，逐渐形成了中国机械工业年鉴系列。该系列现已出版了《中国电器工业年鉴》《中国工程机械工业年鉴》《中国机床工具工业年鉴》《中国通用机械工业年鉴》《中国机械通用零部件工业年鉴》《中国模具工业年鉴》《中国液压气动密封工业年鉴》《中国重型机械工业年鉴》《中国农业机械工业年鉴》《中国石油石化设备工业年鉴》《中国塑料机械工业年鉴》《中国齿轮工业年鉴》《中国磨料磨具工业年鉴》《中国机电产品市场年鉴》《中国热处理行业年鉴》，以及《中国机械工业集团年鉴》。

三、《中国机床工具工业年鉴》于 2002 年创刊，2015 年为第 14 期。该年鉴由产业概况、产业运行、市场概况、产品与技术、特色企业及附录内容构成，集中反映了机床工具行业的产品状况、技术水平、产销情况及发展趋势，全面系统地提供了机床工具行业的主要经济指标。

四、统计资料中的数据由中国机床工具工业协会提供，数据截止到 2014 年 12 月 31 日。

五、《中国机床工具工业年鉴》主要发行对象为政府决策机构、机械工业相关企业决策者和从事市场分析、企业规划的中高层管理人员以及国内外投资机构、贸易公司、银行、证券、咨询服务部门和科研单位的机电项目管理人员等。

六、在编纂过程中得到了中国机床工具工业协会及多年从事机床工具工业研究的专家、学者和企业的大力支持和帮助，在此表示衷心感谢。

七、未经中国机械工业年鉴编辑部的书面许可，本书内容不得以任何形式转载。

八、由于水平有限，难免出现错误及疏漏，敬请批评指正。

中国机械工业年鉴编辑部

2016 年 5 月

目　　录

产业概况

产业运行

市场概况

产品与技术

特色企业

附　　录

Contents

General Situation of the Industry

Industrial Operation

General Situation of the Market

Product and Technology

Enterprises with Special Features

Appendix

中国机床工具工业年鉴2015

产业概况

回顾总结2014年机床工具产业发展情况，分析产业结构变化

产业概况

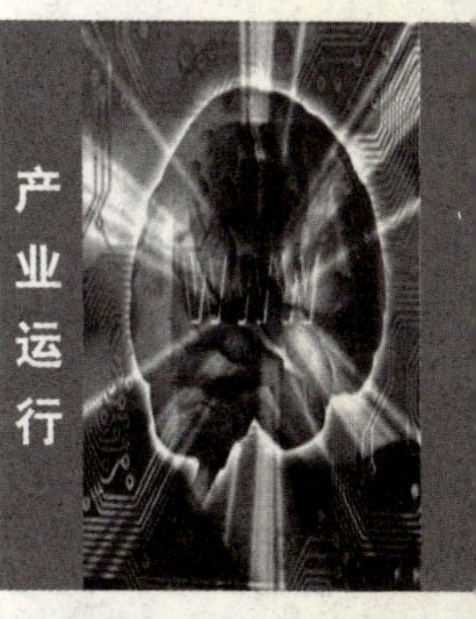

产业运行

市场概况

产品与技术

特色企业

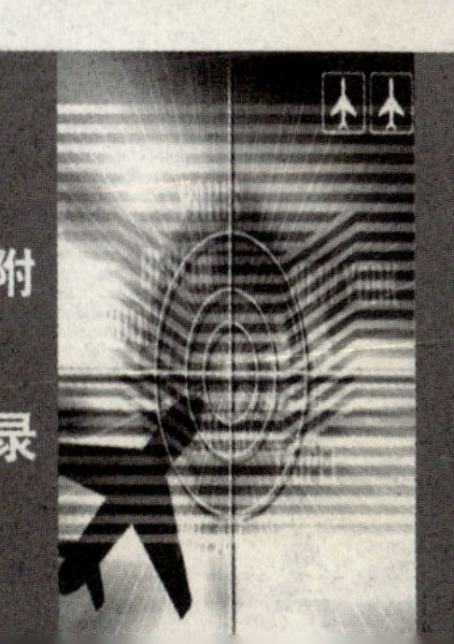

附录

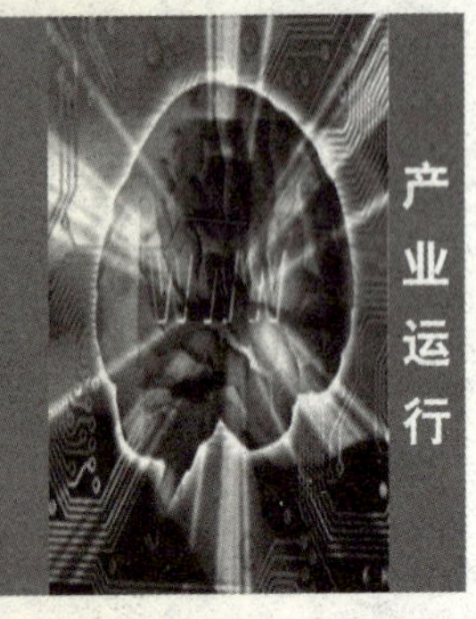

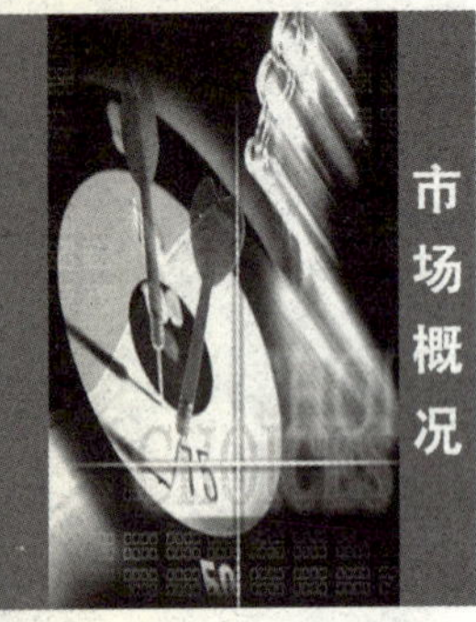

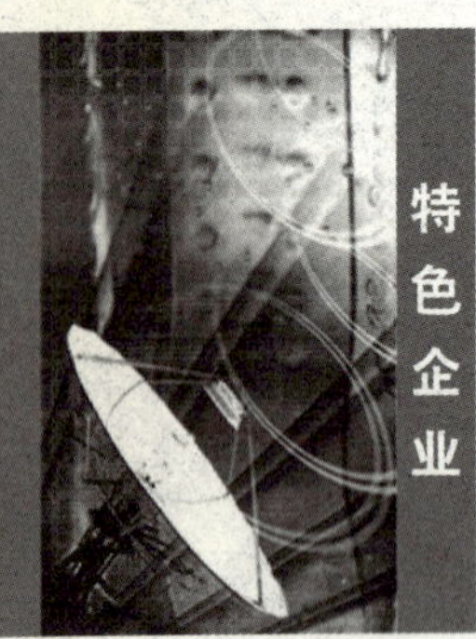

产业概况

2014 年中国机床工具产业发展现状

受中国经济和国内外市场环境变化的影响，中国机床工具产业结束了连续 10 年左右的高速增长，自 2011 年下半年开始进入下行区间。中国机床工具产业发展也随之发生了多方面的深刻变化，产业主体形成新的结构，产业下行压力持续加大，产业分化日益明显，部分企业经营困难，产业转型升级处于关键时期。

中国机床工具产业经过 60 余年的发展，目前已经形成涵盖金属切削机床、金属成形机床、铸造机械、木工机床、数控装置、功能部件、工具及量具量仪、机床电器和磨料磨具等分行业的完备的机床工具产业体系，完全具备自主发展的产业基础，部分产品技术领域达到和接近国际先进水平，初步形成具有国际影响力的企业品牌和产业集群，为国民经济建设和中国装备制造业的持续发展提供战略支撑。

根据国家统计局 2014 年中国机床工具产业统计数据显示，中国机床工具产业规模以上企业共有 5 400 家，其中国有控股、集体控股、私人控股、港澳台商控股、外商控股和其他类型的企业占比分别为 3.5%、2.1%、80.6%、4.1%、5.9% 和 3.8%，与上年同期相比分别变化了 -0.5、-0.3、1.8、-0.1、-1.0 和 0.1 个百分点。总体上看，中国机床工具产业结构呈现新的变化，民营经济继续保持活跃的发展势头。2014 年中国机床工具产业企业构成按所有制性质分类情况见表 1。

表 1　2014 年中国机床工具产业企业构成按所有制性质分类情况

所有制性质	企业数（家）	占比（%）	上年同期企业数（家）	占比（%）
合计	5 400	100.0	5 283	100.0
国有控股	187	3.5	212	4.0
集体控股	115	2.1	126	2.4
私人控股	4 354	80.6	4 163	78.8
港澳台商控股	220	4.1	220	4.2
外商控股	318	5.9	363	6.9
其他类型	206	3.8	199	3.7

注：由于国家统计局未提供数控装置和机床电器分行业的统计数据，因此表中不含上述两个分行业。

按中国机床工具产业分行业的分类分析，金属切削机床、金属成形机床、铸造机械、木工机床、功能部件、工具及量具量仪和磨料磨具等分行业的企业比例分别为 13.5%、10.1%、11.4%、2.8%、7.3%、12.6% 和 30.0%，与上年同期相比分别变化了 -0.6、-0.2、-0.3、-0.2、0.3、0.0 和 0.8 个百分点。总体上看，产业中的主机类分行业呈现萎缩趋势。2014 年中国机床工具产业企业构成按分行业分类情况见表 2。

表 2　2014 年中国机床工具产业企业构成按分行业分类情况

分行业名称	企业数（家）	占比（%）	上年同期企业数（家）	占比（%）
合计	5 400	100.0	5 283	100.0
金属切削机床	731	13.5	743	14.1
金属成形机床	545	10.1	545	10.3
铸造机械	617	11.4	616	11.7
木工机床	154	2.8	160	3.0
功能部件	392	7.3	371	7.0
工具及量具量仪	680	12.6	666	12.6
磨料磨具	1 618	30.0	1 541	29.2
其他金属加工机械	663	12.3	641	12.1

注：由于国家统计局未提供数控装置和机床电器分行业的统计数据，因此表中不含上述两个分行业。

以上数据所反映出的中国机床工具产业结构最新变化情况，间接印证了2014年中国机床工具产业总体处于承压运行的状态，且运行压力进一步加大。

〔撰稿人：中国机床工具工业协会杜智强〕

2014年中国机床工具产业结构情况

随着产业内外部发展环境和影响因素的变化，中国机床工具产业也随之在不同方面和不同层次发生结构性分化。首先是产业主体发生了变化。据国家统计局和海关2014年中国机床工具产业统计数据显示，原来产业结构的“国有、私人和外资”三大主体三分天下的格局，如今已演变成为“私人企业绝对主体，国有和外资不分伯仲”的局面。私人控股企业在全行业主营业务收入和企业数量方面的占比高达77.8%和80.6%。与之对应，国有控股企业（含集体控股）的占比较少，甚至在金属切削机床分行业的利润总额占比中为-11.7%。以上情况反映出，经济不断下行的环境不利于国有体制优势的发挥。2014年中国机床工具产业及主要分行业经济运行指标按企业所有制性质分布情况见表1。

表1　2014年中国机床工具产业及主要分行业经济运行指标按企业所有制性质分布情况

行业分类	指标名称	私人控股（%）	境外控股（含港澳台）（%）	国有控股（含集体）（%）	其他（%）
全行业	主营业务收入	77.8	9.1	10.3	2.8
	利润总额	82.7	11.6	3.0	2.7
	出口	55.3	25.8	10.5	8.4
	企业数量	80.6	10.0	5.6	3.8
	资产	63.0	11.4	21.3	4.2
金属加工机床	主营业务收入	69.5	12.4	15.2	3.0
	利润总额	79.5	17.3	0.6	2.6
	出口	57.3	23.0	14.1	5.6
	企业数量	75.0	13.1	7.7	4.2
	资产	50.2	11.7	33.8	4.3
其中：金属切削机床	主营业务收入	65.2	12.1	21.0	1.7
	利润总额	92.2	20.2	-11.7	-0.6
	出口	53.8	26.7	13.9	5.6
	企业数量	70.9	13.9	10.8	4.4
	资产	46.7	11.0	39.3	3.0
金属成形机床	主营业务收入	73.7	12.6	9.4	4.3
	利润总额	67.0	14.4	12.8	5.8
	出口	64.2	15.5	14.4	5.9
	企业数量	79.1	12.3	4.6	4.0
	资产	59.0	16.1	16.2	8.8
工具及量具量仪	主营业务收入	74.5	14.9	7.7	2.9
	利润总额	71.5	16.2	8.2	4.1
	出口	46.5	32.5	11.1	9.9
	企业数量	74.3	17.0	5.0	3.7
	资产	60.0	20.0	16.0	4.0

将2014年与2011年中国机床工具产业结构数据相比较，“国有、私人和外资”三大主体在产业构成中占比的变化大体呈现同一规律，即“私人企业占比增加幅度与国有企业下降幅度相当，外资企业占比变化不大”。事实上，在四年来市场变化过程中受冲击最大的基本是两类企业群体，即长期占据市场主导地位的大企业和处于产业价值链最低端的小企业。与此相对，部分优秀民营企业却表现为逆势上扬，显示强劲的增长动力。中国机床工具产业主要经济数据占比变化情况（2014年与2011年同期比较）见表2。

表2　中国机床工具产业主要经济数据占比变化情况

（2014年与2011年同期比较）

（单位：个百分点）

行业分类	指标名称	国有控股（含集体）	境外控股（含港澳台）	私人控股
全行业	企业数量	-10.9	-1.7	11.4
	主营收入	-5.9	-2.8	8.5
	利润总额	-10.0	-3.6	13.5
金属加工机床	企业数量	-3.8	-2.2	4.6
	主营收入	-12.8	-1.2	12.4
	利润总额	-22.5	2.4	23.6
其中：金属切削机床	企业数量	-5.1	-2.2	6.0
	主营收入	-14.9	0.4	13.6
	利润总额	-34.4	3.7	33.3
金属成形机床	企业数量	-2.3	-2.2	2.7
	主营收入	-4.6	-5.4	7.6
	利润总额	-3.0	-13.7	11.7
工具及量具量仪	企业数量	-2.0	-2.4	4.9
	主营收入	-3.4	-0.6	3.2
	利润总额	-4.8	-3.6	6.5

注：其他经济成分的变化未计入，因此各部分占比变化值合计不为零。

当前这种新的产业结构变化趋势是中国机床工具产业在市场倒逼作用下的积极变化，对构建产业发展内生动力和利用市场机制优化资源配置具有重要意义，是产业顺应市场发展和提升服务市场能力的集中反映，将会奠定中国机床工具产业持续健康发展的基础。

〔撰稿人：中国机床工具工业协会杜智强〕

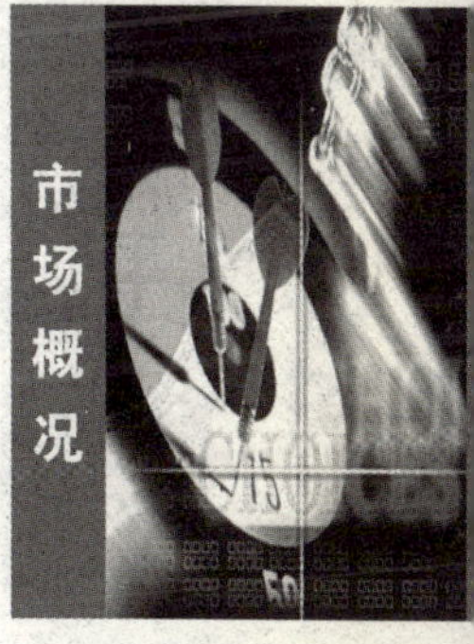

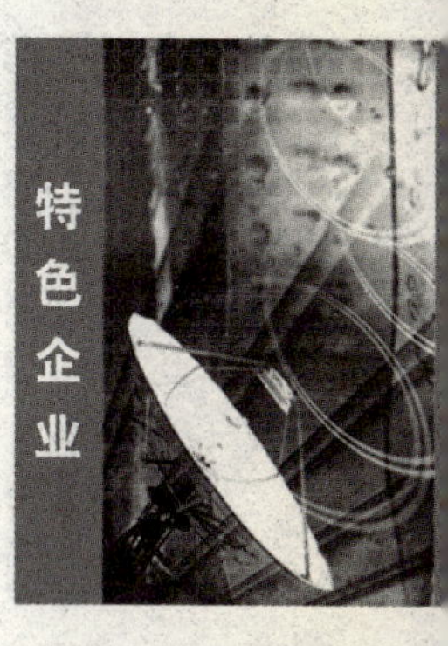

产业运行

从生产运行、出口等方面阐述机床工具产业及典型产品领域运行情况

BUSINESS

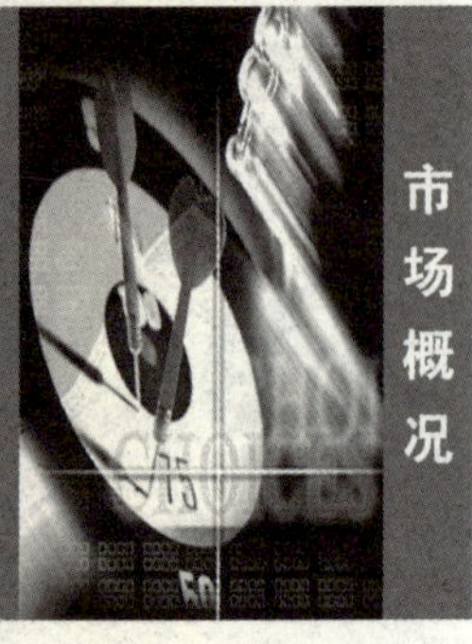

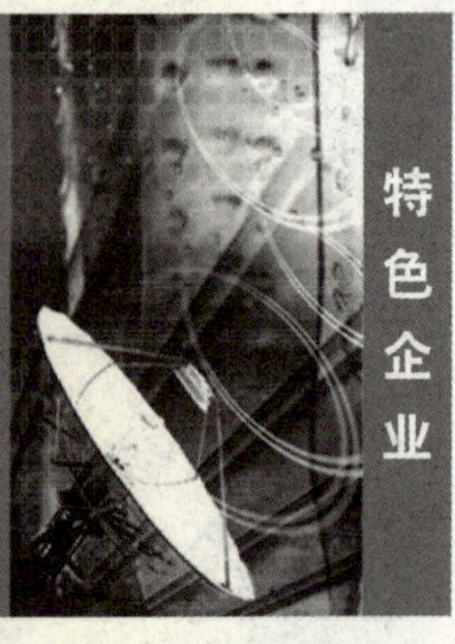
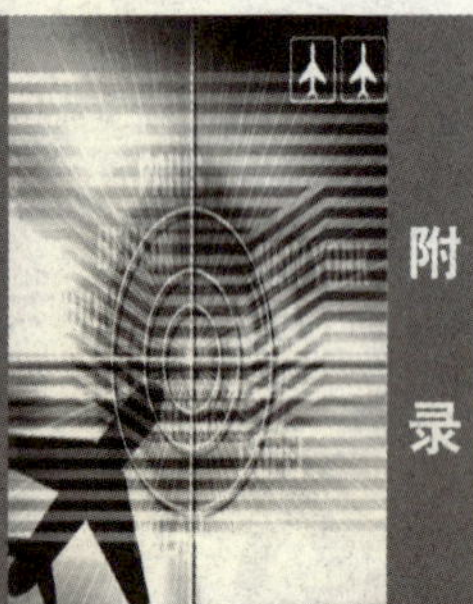

2014 年中国机床工具产业运行综述

一、中国机床工具产业运行基本情况

2014 年中国机床工具产业中，金属加工机床产出 1 500亿元，同比下降 1.1%。其中，金属切削机床 824 亿元，同比下降 8.2%；金属成形机床 676 亿元，同比增长 9.2%。工具及量具量仪产出 388 亿元，同比增长 0.3%。2014 年中国机床工具产业生产和出口情况见表 1。

表 1　中国机床工具产业生产和出口情况

指标名称	金额（亿元）	同比增长（%）	增速提高（百分点）
金属加工机床生产	1 500	-1.1	8.7
其中：金属切削机床	824	-8.2	11.0
金属成形机床	676	9.2	0.8
金属加工机床出口	209	18.8	14.4
其中：金属切削机床	140	20.6	19.3
金属成形机床	69	15.3	4.6
工具及量具量仪生产	388	0.3	/
工具及量具量仪出口	172	12.9	/

注：生产值是测算值，出口值来自海关数据。

二、重点联系网络企业运行情况

2014 年，中国机床工具工业协会信息统计重点联系网络企业共有 233 家，共完成工业总产值 1 157 亿元，同比增长 3.1%。2014 年中国机床工具工业协会信息统计重点联系网络情况见表 2。

表 2　中国机床工具工业协会信息统计重点联系网络情况

行业	合计	金属切削机床	金属成形机床	机床电器	机床附件	工量具	磨料磨具	滚动功能部件	数控装置
工业总产值（亿元）	1 157.0	683.4	135.2	13.6	13.2	76.5	208.7	4.9	21.5
同比增长（%）	3.1	1.2	1.3	4.2	-5.1	2.2	9.7	5.0	25.7
企业数（家）	233	124	24	9	17	30	16	6	7
占比（%）	100.0	53.2	10.3	3.9	7.3	12.9	6.9	2.6	3.0

注：由于四舍五入，表中合计数有微小出入。

为了有效评估行业企业运行质量，提高行业运行分析、企业综合评价的准确性和科学性，营造公平、合理的行业发展氛围，中国机床工具工业协会编制了“中国机床工具行业运行综合评价指数”体系。该综合评价指数是综合衡量行业企业在销售规模、运行质量和发展速度等方面数量上总体水平的一种特殊相对数，是反映企业在规模、质量、速度方面的综合性总量指标。

综合评价指数是以各单项经济指标报告期内实际数值分别除以该项指标的全行业标准值并乘以各自权数，合计后再除以总权数求得。综合评价指数由工业产品销售率、主营业务收入、总资产贡献率、成本费用利润率、主营业务利润率、资本保值增值率、流动资产周转率、应收账款周转率、人均主营业务收入、主营业务收入增长率、资产负债率、流动比率 12 项指标组成。指标的选择和设置，反映了企业在产销能力、获利能力、运营质量、偿债能力等方面的情况。

计算公式为：综合评价指数 = Σ（某项指标报告期数值 ÷ 该项指标全行业标准值 × 该项指标权数） ÷ 总权数。

为了兼顾行业规模、质量和发展，体现对企业实现“做强”方面的综合评价，指数中权数基本按照“销售规模：运行质量：发展速度 = 4：5.5：0.5”的比例设置。标准值的测算依据为 2006 年至 2013 年企业年报实际数据。根据“中国机床工具行业运行综合评价指数”测算方法，对 2014 年度行业主要企业的经济运行情况进行综合评价。2014 年中国机床工具行业及各分行业经济运行综合评价情况（平均水平）见表 3。

表3　中国机床工具行业及各分行业经济运行综合评价情况（平均水平）

所属领域	综合评价指数	主营业务收入平均水平（亿元）
机床工具行业	1.382	5.3
金属成形机床	1.809	7.4
磨料磨具	1.614	3.4
金属切削机床	1.484	6.6
数控装置	1.354	3.0
工具及量具量仪	1.252	2.9
机床电器	1.058	1.7
功能部件	0.695	0.8

从表3不难看出，2014年中国机床工具产业中金属成形机床分行业的运行最好，功能部件分行业的运行情况最差。从主营业务收入的平均值上看，金属成形机床分行业的行业集中度最高，功能部件分行业中小企业较多。主机产品领域中，在企业平均规模相差不大的前提下（平均相差0.8亿元），金属成形机床分行业的运行情况要远好于金属切削机床分行业，综合评价指数前者比后者高了0.325。

2014年中国机床工具工业协会信息统计重点联系网络主要经济指标情况见表4。

表4　2014中国机床工具工业协会信息统计重点联系网络主要经济指标情况

行业名称	主营业务收入		利润总额		产成品存货		机床产量		其中：数控机床产量	
	2014年（亿元）	同比增长（%）	2014年（亿元）	同比增长（%）	2014年（亿元）	同比增长（%）	2014年（万台）	同比增长（%）	2014年（万台）	同比增长（%）
机床工具行业合计	1 117	2.0	47	11.4	180	-6.5				
金属切削机床	663	0.3	10	14.9	116	-0.6	26	-1.7	15	18.8
金属成形机床	135	2.4	12	2.9	18	3.1	5	-3.3	0.7	2.5
机床电器	13	1.7	1	-6.0	3	6.1				
机床附件	13	-6.3	0.3	-52.5	5	-0.2				
工具及量具量仪	68	0.3	6	11.4	18	-43.4				
磨料磨具	201	7.8	16	14.2	14	9.3				
滚动功能部件	5	-0.1	-0.05	38.1	2	8.2				
数控装置	20	16.9	2	97.8	4	2.9				

注：1. 由于四舍五入，表中合计数有微小出入。

2. 功能部件分行业中的机床附件和滚动功能部件分别统计。

通过对2014年中国机床工具工业协会信息统计重点联系网络数据和海关出口情况分析，可以看出机床工具产业运行具有如下特征。

1. 需求持续低迷，销售低位波动

2014年，金属加工机床新增订单同比下降2.7%，在手订单同比下降0.6%。其中，金属切削机床新增订单同比下降3.5%，在手订单同比下降1.5%；金属成形机床新增订单同比增长0.4%，在手订单同比增长1.8%。

2014年，全行业产品销售收入同比增长2.0%，金属加工机床产品销售收入同比增长0.7%。其中，金属切削机床产品销售收入同比增长0.3%，金属成形机床产品销售收入同比增长2.4%。

2. 生产逐渐收缩，库存高位微降

2014年，金属加工机床产量同比下降2.0%。其中，金属切削机床产量同比下降1.7%，金属成形机床产量同比下降3.3%。

2014年，全行业产成品存货同比下降6.5%，金属加工机床产成品存货同比下降0.1%。其中，金属切削机床产成品存货同比下降0.6%，金属成形机床产成品存货同比增长3.1%。

3. 利润低位回升，亏损面处于高位

2014年，全行业利润总额同比增长11.4%，金属加工机床利润总额同比增长8.1%。其中，金属切削机床利润总额同比增长14.9%，金属成形机床利润总额同比增长2.9%。

2014年，全行业亏损企业占比为31.9%，金属加工机床亏损企业占比为36.7%。其中，金属切削机床亏损企业占比为42.7%，金属成形机床亏损企业占比4.3%。

4. 出口保持稳定高速增长

2014年，中国机床工具商品出口总额116.3亿美元，同比增长22.1%。金属加工机床出口额34.0亿美元，同比增长18.8%。其中，金属切削机床出口额22.7亿美元，同比增长20.6%；金属成形机床出口额11.2亿美元，同比增长15.3%。2014年中国机床的出口依存度是13.9%，工具的出口依存度是44.4%。出口居前三位的分别是切削刀具（26.2亿美元）、金属切削机床（22.7亿美元）和磨料磨具（21.8亿美元）。2014年中国机床工具商品出口情况见表5。

表5　2014年中国机床工具商品出口情况

	完成				其中：数控			
	出口量（万台/万件）	同比增长（%）	出口额（亿美元）	同比增长（%）	出口量（万台/万件）	同比增长（%）	金额（亿美元）	同比增长（%）
机床工具总计			116.3	22.1				
金属加工机床	831	9.5	33.9	18.8	8	32.3	14.7	29.2
其中：金属切削机床	778	8.5	22.7	20.6	7	26.1	11.4	23.6
金属成形机床	53	26.9	11.2	15.3	1	94.1	3.3	53.5
铸造机	0.2	15.6	0.9	7.2				
木工机床	663	19.8	15.3	73.8				
机床夹具、附件	3 476	3.9	2.7	12.0				
机床零件、部件	33 347	34.4	7.9	25.1				
数控装置	20 011	10.9	5.7	-0.4				
切削刀具	22 491	6.2	26.2	12.9				
量具量仪			1.8	10.3				
磨料磨具			21.8	22.9				

注：由于四舍五入，表中合计数有微小出入。

出口去向上，美国排在第一位（16.6亿美元），同比增长11.6%，越南高速上升，跃居第二位（11.4亿美元），同比增长231.7%；日本位居第三（9.7亿美元），同比增长24.6%。2014年中国机床工具商品出口去向前10位国家（地区）情况见表6。

出口企业中，私人企业占比持续增加（55.5%），外资企业（31.5%）和国有（含集体）企业（13.0%）的占比呈现下降。华东（50.1亿美元）、华南（21.5亿美元）和华北（20.6亿美元）等东部沿海地区出口居前三位，同比分别增长12.2%、42.6%和14.7%。贸易方式反映一般贸易（85.0%）占比增加，外商投资（13.4%）占比下降。2014年中国机床工具商品出口按企业性质分列情况见表7。2014年中国机床工具商品出口按省、自治区、直辖市分列情况见表8。

表6　2014年中国机床工具商品出口去向前10位国家（地区）情况

序号	国家（地区）	出口量（万台/万件）	出口量同比增长（%）	出口量占比（%）	出口额（亿美元）	出口额同比增长（%）	出口额占比（%）
	总计	47 819	14.6	100.0	116.3	22.1	100.0
1	美国	11 724	14.9	24.5	16.6	11.6	14.3
2	越南	443	46.6	0.9	11.4	231.7	9.8
3	日本	4 504	32.2	9.4	9.7	24.6	8.3
4	德国	1 300	14.8	2.7	7.4	12.0	6.4
5	印度	6 258	11.9	13.1	6.6	23.8	5.7
6	韩国	3 795	12.1	7.9	4.8	7.9	4.1
7	俄罗斯	673	-6.7	1.4	3.9	9.4	3.4
8	中国台湾	1 332	7.5	2.8	3.6	14.3	3.1
9	中国香港	3 236	31.6	6.8	3.1	0.9	2.7
10	泰国	838	15.9	1.8	2.8	7.2	2.4

表7　中国机床工具商品出口按企业性质分列情况

企业性质	出口量（万台/万件）	出口量同比增长（%）	出口量占比（%）	出口额（亿美元）	出口额同比增长（%）	出口额占比（%）
总计	478 194	14.6	100.0	116.3	22.1	100.0
私人企业	287 489	20.5	60.1	64.3	39.4	55.3
外商独资企业	45 569	19.8	9.5	30.0	12.4	25.8
国有企业	35 560	-1.1	7.4	12.2	-1.1	10.5
中外合资企业	12 104	8.8	2.5	6.4	-5.8	5.5
集体企业	96 728	4.2	20.2	2.9	-1.9	2.5
中外合作企业	175	15.8	0.04	0.3	2.7	0.3
个体工商户	568	8.4	0.1	0.3	70.6	0.2

注：由于四舍五入，表中合计数有微小出入。

表8　中国机床工具商品出口按省、自治区、直辖市分列情况

省、自治区、直辖市	出口量（万台/万件）	出口量同比增长（%）	出口量占比（%）	出口额（亿美元）	出口额同比增长（%）	出口额占比（%）
总计	478 194	14.6	100.0	116.3	22.1	100.0
江苏省	30 996	9.1	6.5	22.6	11.8	19.5
浙江省	17 448	15.4	3.6	13.9	15.0	12.0
广东省	42 228	30.0	8.8	13.0	26.6	11.2
山东省	16 319	9.0	3.4	11.5	16.4	9.9
上海市	20 732	7.1	4.3	10.6	5.0	9.2
辽宁省	12 961	13.2	2.7	6.1	22.4	5.2
广西区	927	82.6	0.2	4.9	188.2	4.2
河南省	173 010	9.8	36.2	4.4	7.6	3.8
北京市	4 950	35.1	1.0	3.9	5.7	3.3
福建省	15 161	16.4	3.2	3.3	17.7	2.9
河北省	14 661	37.7	3.1	2.6	17.7	2.2
天津市	6 788	4.6	1.4	2.4	23.2	2.0
四川省	7 358	144.7	1.5	2.2	115.2	1.9
黑龙江省	2 668	-59.8	0.6	1.9	95.8	1.6
重庆市	9 627	20.4	2.0	1.8	98.8	1.5
湖北省	4 617	-3.3	1.0	1.7	26.6	1.4
安徽省	9 049	35.3	1.9	1.6	21.6	1.4
江西省	6 460	85.8	1.4	1.4	55.8	1.2
湖南省	45 793	6.7	9.6	1.2	13.9	1.0
贵州省	4 456	2.8	0.9	1.1	177.4	1.0
云南省	2 591	480.2	0.5	1.0	76.2	0.9
陕西省	678	-24.5	0.1	0.7	9.8	0.6
宁夏区	5 099	-0.9	1.1	0.6	5.6	0.5
新疆区	585	70.1	0.1	0.6	33.9	0.5
吉林省	518	-29.3	0.1	0.4	13.0	0.4
甘肃省	1 942	27.6	0.4	0.3	32.0	0.3
海南省	18 443	50.1	3.9	0.2	-7.2	0.2

（续）

省、自治区、直辖市	出口量（万台/万件）	出口量同比增长（%）	出口量占比（%）	出口额（亿美元）	出口额同比增长（%）	出口额占比（%）
内蒙古区	1 071	15.6	0.2	0.2	89.3	0.2
山西省	537	-37.5	0.1	0.1	-47.4	0.1
青海省	493	-2.3	0.1	0.1	59.8	0.1
西藏区	28	-67.0	0.01	0.03	-27.2	0.02

注：由于四舍五入，表中合计数有微小出入。

三、中国机床行业在全球机床制造业中的定位

根据美国Gardner商业媒体公司提供的全球机床制造业运行数据显示，2014年全球机床产出819亿美元，同比下降2.3%。其中，中国机床行业产出244亿美元，同比下降1.1%，在全球机床制造业中的排名处于第一位。产出位列第2至5位的国家分别是：德国（130亿美元，同比下降15.1%）、日本（128亿美元，同比增长13.2%）、韩国（56亿美元，同比增长9.3%）和意大利（51亿美元，同比下降7.3%）。2014年全球机床产出前10位国家（地区）情况见表9。

表9　2014年全球机床产出前10位国家（地区）情况

序号	国家（地区）	2014年（亿美元）	同比增长（%）	在全球中的占比（%）	金属切削机床占比（%）	上年同期（亿美元）
	全球	819	-2.3			839
1	中国	244	-1.1	29.8	55	247
2	德国	130	-15.1	15.9	71	153
3	日本	128	13.2	15.6	83	113
4	韩国	56	9.3	6.8	74	52
5	意大利	51	-7.3	6.2	51	55
6	美国	49	-1.1	6.0	75	50
7	中国台湾	47	3.6	5.7	82	45
8	瑞士	31	-4.0	3.8	84	32
9	奥地利	11	-9.5	1.3	51	12
10	西班牙	11	-15.7	1.3	60	13

2014年，全球机床制造业产出前10位国家（地区）中，运行呈现同比显著增长的有日本和韩国，运行增速微弱变化的有中国、美国、中国台湾地区和瑞士，运行增速显著下降的有德国、意大利、奥地利和西班牙。从全球产业运行的结构性变化中可以看出，2014年东亚地区传统机床制造业的运行情况要普遍好于欧洲传统机床制造业。东亚地区处于当前最具规模和发展潜力的制造产业集聚带（中国、东盟和印度等）和全球最大消费市场以及经济体（美国和中国）之间，在美国制造业回流、新兴制造业分流和中国经济转型升级的共同刺激下呈现井喷式增长，进而导致全球机床制造的重心进一步东移。2014年，中国机床产出占全球的份额接近30%，中国机床行业对全球机床制造业运行和发展具有举足轻重的影响。

四、中国机床工具产业的运行趋势预测

中国经济处于承压调整的过程中，经济结构调整和发展动力转换正在进行，传统产业和市场需求不断萎缩，新兴产业和市场需求正在快速增长。但是应注意到，新兴产业和市场所占比重还比较小，对经济的推动力和持续性还有待提高；国际主要经济体复苏乏力，运行分化加剧，国际市场需求仍较疲软。这些外部因素会直接影响到中国机床工具产业的运行。鉴于上述调整和应对需要一定的时间，预计2015年及之后一段时期内，中国机床工具产业将呈现阶段下行的趋势。

2014年中国机床工具产业典型产品领域运行情况

据2014年中国机床工具工业协会年报的产销存统计和海关出口贸易数据，对加工中心、数控车床、磨床、齿轮加工机床、重型机床、特种加工机床、金属成形机床、数控装置、功能部件、工具及量具量仪、磨料磨具11个机床工具产业典型产品领域的生产运行和出口情况进行分析，共涉及企业344家。由于2014年年报对产销存统计产品目录进行了调整，细化了产品分类，提高了统计分类的准确性，与2013年的产品分类有较大变化，所以只能提供部分产品的同比数据。

加工中心

一、基本情况

2014年，中国机床工具行业年报统计中生产加工中心产品的企业共计46家。加工中心总体呈现高速增长趋势，产量25 057台，同比增长15.4%；销售产值106亿元，同比增长29.5%；期间产成品库存增加3 017台，同比增长1 465.2%。从产品结构看，立式加工中心产品保持高速增长。从销售数据看，加工中心产品销量同比下降，但金额同比增长，加工中心单台价格呈现上升趋势。2014年加工中心产品产销存情况见表1。

二、生产运行

2014年，加工中心产品的产销总体保持增长态势，主要是立式加工中心快速增长拉动，卧式加工中心和龙门加工中心呈现下降趋势，特别是龙门加工中心的产销大幅下降。

表1 2014年加工中心产品产销存情况

产品名称	生产				销售				期间产成品库存			
	数量（台）	同比增长（%）	金额（亿元）	同比增长（%）	数量（台）	同比增长（%）	金额（亿元）	同比增长（%）	数量（台）	同比增长（%）	金额（亿元）	同比增长（%）
加工中心合计	25 057	15.4	106	29.5	22 040	-0.5	97	13.3	3 017	1 465.2	10	655.8
立式加工中心	23 239	19.2	77	70.6	20 200	2.1	67	44.6	3 039	2 675.4	9	1 516.2
卧式加工中心	1 105	-6.1	17	0.01	1 167	-8.1	18	-4.2	-62	40.9	0.3	143.9
龙门式加工中心	683	-34.3	12	-39.9	645	-41.3	12	-44.1	38	164.4	0.3	150.4
其中：超重型龙门式加工中心	6		0.1		5		0.2		1		-0.1	
重型龙门式加工中心	87		3		80		3		7		0.2	
大型龙门式加工中心	275		5		278		5		-3		-0.05	
中小型龙门式加工中心	315		4		282		3		33		0.2	
其他	30		0.5		28		0.4		2		0.1	

另一方面，受需求整体下滑和供需波动影响，加工中心产品整体呈现库存大幅增加的情况。特别需要引起注意的是，2014年立式加工中心的产成品库存激增，库存台数增加3 039台，同比增长2 675.4%。反映出该产品受供需变化影响，可能存在产出过剩的情况。

三、出口情况

根据海关统计数据，2014年加工中心出口总额2.1亿美元，同比增长32.0%。其中，立式加工中心出口额

1.2亿美元，同比下降0.6%；卧式加工中心出口额0.3亿美元，同比增长22.8%；龙门式加工中心出口额0.6亿美元，同比增长435.5%；铣车复合加工中心出口额0.005亿美元。2014年加工中心出口情况见表2。

表2　2014年加工中心出口情况

产品名称	出口量（台）	同比增长（%）	占比（%）	出口额（亿美元）	同比增长（%）	占比（%）	单价（万美元/台）	同比增长（%）
加工中心合计	3 502	45.6	100.0	2.1	32.0	100.0	6	-9.4
立式加工中心	2 309	14.7	65.9	1.2	-0.6	55.5	5	-13.3
卧式加工中心	139	41.8	4.0	0.3	22.8	12.4	19	-13.4
龙门式加工中心	886	918.4	25.3	0.6	435.5	29.8	7	-47.4
铣车复合加工中心	8		0.2	0.005		0.2	6	
未列名加工中心	160		4.6	0.04		2.0	3	

注：由于四舍五入，表中合计数有微小出入。

从出口量和出口额上看，立式加工中心的占比都居首位；从单价上看，卧式加工中心的单价最高。从出口趋势上看，加工中心在出口量和出口额上基本保持增长趋势，但出口量增速要明显高于出口额的增速，因此加工中心的单价呈现同比显著下降的趋势。

在加工中心出口去向上，越南迅猛增长，排在第一位，出口额同比增长2 521.7%；美国小幅下降，处于第二位，同比下降6.1%；中国香港大幅下降，位居第三，同比下降44.0%。2014年加工中心出口去向前10位国家（地区）情况见表3。

表3　2014年加工中心出口去向前10位国家（地区）情况

序号	国家（地区）	出口量（台）	同比增长（%）	占比（%）	出口额（百万美元）	同比增长（%）	占比（%）	单价（万美元/台）
1	越南	906	1 338.1	25.9	55	2 521.7	26.3	6
2	美国	278	29.9	7.9	17	-6.1	8.3	6
3	中国香港	237	-58.1	6.8	15	-44.0	7.0	6
4	日本	225	-13.5	6.4	14	-24.2	6.6	6
5	德国	137	-38.0	3.9	12	-27.6	5.7	9
6	印度	80	6.7	2.3	12	91.4	5.7	15
7	韩国	344	882.9	9.8	11	256.3	5.4	3
8	俄罗斯	137	33.0	3.9	9	55.5	4.1	6
9	伊朗	186	615.4	5.3	8	701.7	3.7	4
10	荷兰	51	2.0	1.5	8	10.5	3.7	15

注：由于四舍五入，表中合计数有微小出入。

加工中心出口企业中，按出口额占比排序，外资企业占43.0%，私人企业占42.8%，国有企业占14.2%。在出口企业所在地区中，按出口额占比排序，华北（36.6%）、华东（27.7%）和东北（16.7%）居前三位，同比分别增长256.8%、89.6%和下降28.8%。2014年加工中心出口按企业性质分列情况见表4。2014年加工中心出口按企业所在地区分列情况表5。

表4 2014加工中心出口按企业性质分列情况

企业性质	出口量（台）	同比增长（%）	占比（%）	出口额（百万美元）	同比增长（%）	占比（%）	单价（万美元/台）
合计	3 502	45.6		208	32.0		6
外资企业	1 201	-13.7	34.3	90	-10.4	43.0	8
私人企业	1 711	149.4	48.9	88	-8.2	42.8	5
国有企业	590	80.4	16.8	30	226.3	14.2	5

注：由于四舍五入，表中合计数有微小出入。

表5 2014年加工中心出口按企业所在地区分列情况

序号	地区	出口量（台）	同比增长（%）	占比（%）	出口额（百万美元）	同比（%）	占比（%）	单价（万美元/台）
	合计	3 502	45.6		208	32.0		6
1	华北	1 418	460.5	40.5	76	256.8	36.6	5
2	华东	814	-22.9	23.2	58	89.6	27.7	7
3	东北	555	111.0	15.8	35	-28.8	16.7	6
4	华南	623	-14.2	17.8	30	42.4	14.6	5
5	华中	18	-43.8	0.5	4	3.8	1.8	21
6	西南	22	-42.1	0.6	3	-19.5	1.5	14
7	西北	52	40.5	1.5	2	98.3	1.0	4

注：由于四舍五入，表中合计数有微小出入。

四、企业信息

参加2014年加工中心产品年度统计的企业（按企业名称汉语拼音的字母排序）见表6。

表6 参加2014年加工中心产品年度统计的企业（按企业名称汉语拼音的字母排序）

序号	企业名称	网址
1	宝鸡机床集团有限公司	http：//www. bjmtw. com/
2	北京北一机床股份有限公司	http：//ftp. byjc. com. cn/index. asp
3	北京精雕科技集团有限公司	http：//www. jingdiao. com/
4	成都普瑞斯数控机床有限公司	http：//www. precisecnc. com. cn/
5	大连机床集团有限责任公司	http：//www. dmtg. com/
6	大连科德数控有限公司	http：//www. dlkede. com/
7	东风汽车有限公司设备制造厂	http：//www. dfmtp. com. cn/
8	福建省三明机床有限责任公司	http：//www. fjsmjc. com/
9	广州市诺信数字测控设备有限公司	http：//www. sino - ld. com/
10	桂林机床股份有限公司	http：//www. glmtc. com. cn/
11	汉川数控机床股份公司	http：//www. cnhlmt. com/
12	杭州光大机械有限公司	http：//www. guoliang. com. cn/
13	杭州友佳精密机械有限公司	http：//www. feeler. com. cn/
14	黄山皖南机床有限公司	http：//www. wannan. com. cn/
15	济南二机床集团有限公司	http：//www. jiermt. com/
16	江苏新瑞重工科技有限公司	http：//www. shinri. cn/
17	南通国盛机电集团	http：//www. ntgsjd. com/

（续）

序号	企业名称	网址
18	南通科技投资集团股份有限公司	http：//www. tontec. cn/www/
19	宁波海天精工股份有限公司	http：//www. hision. com. cn/
20	宁夏银川大河数控机床有限公司	http：//www. nxdahe. com. cn/
21	齐齐哈尔二机床（集团）有限责任公司	http：//www. q2jc. com. cn/
22	齐重数控装备股份有限公司	http：//www. qfmtw. com. cn/
23	秦川机床工具集团股份公司	http：//www. qinchuan. com/
24	青海一机数控机床有限责任公司	http：//www. qyskjc. com/
25	瑞远机床集团有限公司	http：//www. ruiyuanchina. com/
26	山东临沂金星机床有限公司	http：//www. jinxingjichuang. com/
27	山东鲁南机床有限公司	http：//lunanmachine. com/
28	山东威达重工股份有限公司	http：//www. weidamc. com/
29	上海第三机床厂	http：//www. h3mt. com/
30	深圳市捷甬达实业有限公司	http：//www. jointcn. com/
31	沈阳机床（集团）有限责任公司	http：//www. syjcc. com/
32	四川普什宁江机床有限公司	http：//www. ningjiang. com/
33	苏州市宝玛数控设备有限公司	http：//www. bmnc. cn/
34	苏州怡信精密量测科技有限公司	http：//szyxjmlc. cn. china. cn/
35	太原第一机床厂	http：//tydyjcc. cn. china. cn/
36	天津第一机床总厂	http：//www. tmtw. com/cn/index. asp
37	天通吉成机器技术有限公司	http：//www. tdgmt. com/
38	威海华东数控股份有限公司	http：//www. huadongcnc. com/
39	无锡开源机床集团有限公司	http：//www. k－yuan. com. cn/
40	武汉重型机床集团有限公司	http：//www. whhdmt. com/
41	新乡日升数控轴承装备股份有限公司	http：//www. xxrs. com/
42	亿达日平机床有限公司	http：//www. ync－china. com/
43	云南CY集团有限公司	http：//www. cy－ymtw. com/
44	长沙金岭机床有限责任公司	http：//www. jinling. net. cn/
45	浙江凯达机床股份有限公司	http：//www. zjmtw. com/
46	浙江联强数控机床股份有限公司	http：//www. lj－machinetool. com/

数控车床

一、基本情况

2014年，中国机床工具行业年报统计中生产数控车床产品的企业共计40家。数控车床总体呈现较快增长趋势，产量84 374台，同比增长16.2%；销售产值137.4亿元，同比增长11.6%；期间产成品库存减少147台，同比增长93.5%。从数控车床产品结构上看，数控卧式车床产品的比重最大。2014年数控车床产品产销存情况见表7。

二、生产运行

2014年，数控车床产品的产销总体保持增长态势。从细分产品结构上看，产销量占比最大的仍然是数控中小型卧式车床，数控超重型立式车床和卧式车床的占比最小。这些细分产品运行情况间接反映了市场需求的变化。

表7 2014年数控车床产品产销存情况

产品名称	生产				销售				期间产成品库存			
	数量（台）	同比增长（%）	金额（亿元）	同比增长（%）	数量（台）	同比增长（%）	金额（亿元）	同比增长（%）	数量（台）	同比增长（%）	金额（亿元）	同比增长（%）
数控车床	84 374	16.2	137.8	11.4	84 521	12.8	137.4	11.6	-147	93.5	-0.001	-100.1
数控卧式车床	77 500		120.7		77 763		120.0		-263		0.40	
其中：数控超重型卧式车床	50		1.1		51		1.4		-1		-0.23	
数控重型卧式车床	32		0.6		28		0.4		4		0.13	
数控大型卧式车床	594		8.7		654		9.0		-60		-0.27	
数控中小型卧式车床	76 824		110.3		77 030		109.2		-206		0.77	
数控立式车床	1 845		12.0		1 943		12.5		-98		-0.57	
其中：数控超重型立式车床	8		0.7		9		0.8		-1		-0.06	
数控重型立式车床	130		1.5		136		1.5		-6		-0.06	
数控大型立式车床	189		2.2		220		2.5		-31		-0.42	
数控中小型立式车床	1 518		7.6		1 578		7.7		-60		-0.03	
其他	5 029		5.1		4 815		4.9		214		0.17	

从库存数据看，数控车床总体上处于消化库存的状态。但对比产成品库存数量和金额的同比变化趋势，可以发现库存数量同比增长，库存金额同比下降。这反映出库存增长的主要产品属于低价值的机床，并间接反映出数控车床市场需求正在升级。

三、出口情况

根据海关统计数据，2014年数控车床出口总额3.5亿美元，同比增长22.8%。其中，数控卧式车床出口额3.1亿美元，同比增长16.1%；其他数控车床（含数控立式车床）出口额0.4亿美元，同比增长108.5%。2014年数控车床出口情况见表8。

表8 2014年数控车床出口情况

产品名称	出口量（台）	同比增长（%）	占比（%）	出口额（亿美元）	同比增长（%）	占比（%）	单价（万美元/台）	同比增长（%）
合计	9 866	6.1	100.0	3.5	22.8	100.0	4	15.7
数控卧式车床	9 076	1.6	92.0	3.1	16.1	87.7	3	14.2
其他数控车床	790	114.1	8.0	0.4	108.5	12.3	6	-2.6
其中：数控立式车床	314	0.01		0.37	105.8		12	

注：由于四舍五入，表中合计数有微小出入。

从出口量和出口额上看，数控卧式车床的占比都居首位；从单价上看，数控立式车床的单价最高。从出口趋势上看，其他数控车床（含数控立式车床）保持高速增长趋势，但出口量增速要明显高于出口额的增速，因此其他数控车床（含数控立式车床）的单价呈现同比显著下降的趋势。

在数控车床出口去向上，日本排在第一位，出口额同比增长 37.6%；美国处于第二位，同比增长 39.6%；德国位居第三，同比增长 33.1%。2014 年数控车床出口去向前 10 位国家（地区）情况见表 9。

表 9　2014 年数控车床出口去向前 10 位国家（地区）情况

序号	国家（地区）	出口量（台）	同比增长（%）	占比（%）	出口额（百万美元）	同比增长（%）	占比（%）	单价（万美元/台）
1	日本	3 122	37.7	31.6	114	37.6	32.3	4
2	美国	607	19.7	6.2	33	39.6	9.3	5
3	德国	274	-8.1	2.8	31	33.1	8.9	11
4	荷兰	398	48.0	4.0	22	38.6	6.2	6
5	印度	763	2.8	7.7	18	40.6	5.0	2
6	泰国	390	-16.0	4.0	14	-5.3	4.1	4
7	中国台湾	316	56.4	3.2	14	69.9	3.9	4
8	印度尼西亚	787	22.2	8.0	14	12.8	3.9	2
9	俄罗斯	360	-11.1	3.7	12	5.5	3.4	3
10	马来西亚	357	-47.0	3.6	10	-26.8	2.7	3

注：由于四舍五入，表中合计数有微小出入。

数控车床出口企业中，按出口额占比排序，外资企业占 67.7%，私人企业占 26.3%，国有企业占 6%。在出口企业所在地区中，按出口额占比排序，华东（47.9%）、东北（34.0%）和华北（6.6%）居前三位，同比分别增长 31.0%、17.7% 和 9.0%。2014 年数控车床出口按企业性质分列情况见表 10。2014 年数控车床出口按企业所在地区分列情况见表 11。

表 10　2014 年数控车床出口按企业性质分列情况

序号	企业性质	出口量（台）	同比增长（%）	占比（%）	出口额（百万美元）	同比增长（%）	占比（%）	单价（万美元/台）
	合计	9 866	6.1		352	22.8		4
1	外资企业	5 041	30.0	51.1	238	33.6	67.7	5
2	私人企业	4 149	-10.5	42.1	93	9.3	26.3	2
3	国有企业	676	-13.8	6.9	21	-10.8	6.0	3

注：由于四舍五入，表中合计数有微小出入。

表 11　2014 年数控车床出口按企业所在地区分列情况

序号	地区	出口量（台）	同比增长（%）	占比（%）	出口额（百万美元）	同比增长（%）	占比（%）	单价（万美元/台）
	合计	9 866	6.1		352	22.8		4
1	华东	4 993	15.0	50.6	168	31.0	47.9	4
2	东北	2 621	14.2	26.6	119	17.7	34.0	5
3	华北	586	-10.8	5.9	23	9.0	6.6	4
4	华南	579	-39.1	5.9	13	7.0	3.8	2
5	西南	635	18.0	6.4	12	20.7	3.5	2
6	西北	276	-33.2	2.8	8	-17.7	2.1	3
7	华中	176	66.0	1.8	7	123.9	2.1	4

注：由于四舍五入，表中合计数有微小出入。

四、企业信息

参加2014年数控车床产品年度统计的企业（按企业名称汉语拼音的字母排序）见表12。

表12　参加2014年数控车床产品年度统计的企业（按企业名称汉语拼音的字母排序）

序号	企业名称	网址
1	安阳鑫盛机床股份有限公司	http：//www. ayxsjc. cn/
2	宝鸡机床集团有限公司	http：//www. bjmtw. com/
3	北京北一机床股份有限公司	http：//ftp. byjc. com. cn/index. asp
4	大连机床集团有限责任公司	http：//www. dmtg. com/
5	广州市珠江机床厂有限公司	http：//www. prmt. com. cn/
6	汉川数控机床股份公司	http：//www. cnhlmt. com/
7	杭州光大机械有限公司	http：//www. guoliang. com. cn/
8	杭州友佳精密机械有限公司	http：//www. feeler. com. cn/
9	江苏齐航数控机床有限责任公司	http：//www. china－qhcnc. com/
10	马鞍山万马机床制造有限公司	http：//www. wanmajc. com/
11	牡丹江迈克机床制造有限公司	http：//www. mdjmec. com/
12	南京第一机床厂有限公司	http：//www. nj－jcc. com/
13	南通科技投资集团股份有限公司	http：//www. tontec. cn/www/
14	宁波海天精工股份有限公司	http：//www. hision. com. cn/
15	宁夏新瑞长城机床有限公司	http：//www. shinri. cn/about_ 23. html
16	齐齐哈尔二机床（集团）有限责任公司	http：//www. q2jc. com. cn/
17	齐重数控装备股份有限公司	http：//www. qfmtw. com. cn/
18	秦川机床工具集团股份公司	http：//www. qinchuan. com/
19	青海华鼎重型机床有限责任公司	http：//www. qhzx. cn/
20	瑞远机床集团有限公司	http：//www. ruiyuanchina. com/
21	山东临沂金星机床有限公司	http：//www. jinxingjichuang. com/
22	山东鲁南机床有限公司	http：//lunanmachine. com/
23	山东普利森集团有限公司	http：//www. dzjc. com/
24	上海第三机床厂	http：//www. h3mt. com/
25	上海机床厂有限公司	http：//www. smtw. com/cn/
26	沈阳机床（集团）有限责任公司	http：//www. syjcc. com/
27	四川普什宁江机床有限公司	http：//www. ningjiang. com/
28	太原第一机床厂	http：//tydyjcc. cn. china. cn/
29	天水星火机床有限责任公司	http：//www. sparkcnc. com/
30	芜湖恒升重型机床股份有限公司	http：//www. whhmtw. com/
31	武汉重型机床集团有限公司	http：//www. whhdmt. com/
32	新乡日升数控轴承装备股份有限公司	http：//www. xxrs. com/
33	云南CY集团有限公司	http：//www. cy－ymtw. com/

（续）

序号	企业名称	网址
34	长沙金岭机床有限责任公司	http：//www. jinling. net. cn/
35	浙江海德曼机床制造有限公司	http：//www. headman. cn/
36	浙江金火机床有限公司	http：//www. jinhuo. net/
37	浙江凯达机床股份有限公司	http：//www. zjmtw. com/
38	浙江联强数控机床股份有限公司	http：//www. lj－machinetool. com/
39	重庆机床（集团）有限责任公司	http：//www. chmti. com
40	重庆市第二机床厂有限责任公司	http：//www. cqej. com/

磨　床

一、基本情况

2014 年，中国机床工具行业年报统计中生产磨床产品的企业共计 31 家。磨床生产总体呈现大幅下降趋势，产量 11 923万台，同比下降 10.7%；销售产值 19.3 亿元，同比下降 13.4%；期间产成品库存减少 330 台，同比增长 36%。从磨床销售结构看，数控磨床产品金额的比重接近一半，其下降幅度要大于全部磨床的降幅。2014 年磨床产品产销存情况见表 13。

二、生产运行

2014 年磨床产品的产销总体呈现大幅负增长的态势。从细分产品结构上看，产销量占比最大的仍然是平面磨床和外圆磨床，其中外圆磨床的数控化率要高于平面磨床。数控磨床运行下滑的趋势与全行业结构升级的总体趋势相悖，反映出磨床产品领域的升级力度在进一步弱化。

表 13　2014 年磨床产品产销存情况

产品名称	生产				销售				期间产成品库存			
	数量（台）	同比增长（%）	金额（亿元）	同比增长（%）	数量（台）	同比增长（%）	金额（亿元）	同比增长（%）	数量（台）	同比增长（%）	金额（亿元）	同比增长（%）
磨床	11 923	－10.7	19.92	－18.5	12 253	－11.8	19.3	－13.4	－330	36.0	0.347	322.6
其中：数控磨床	2 268	－13.3	9.3	－10.1	2 377	－18.2	8.8	－22.6	－109	59.2	0.53	192.0
平面磨床	4 524		4.9		4 728		4.9		－204		－0.06	
其中：数控	190		0.6		219		0.7		－29		－0.05	
导轨磨床	13		0.2		14		0.3		－1		－0.01	
其中：数控	12		0.2		13		0.2		－1		－0.01	
外圆磨床	4 156		7.9		3 986		7.1		170		0.61	
其中：数控	818		4.1		674		3.3		144		0.61	
内圆磨床	243		0.4		272		0.4		－29		－0.04	
其中：数控	42		0.1		61		0.2		－19		－0.03	
坐标磨床	4		0.02		3		0.01		1		0.003	
其中：数控	0		0.0		0		0.0		0		0.00	
立式磨床	3		0.1		0		0.0		3		0.05	
其中：数控	3		0.1		0		0.0		3		0.05	
曲轴、凸轮磨床	122		1.2		121		1.1		1		0.10	
其中：数控	39		0.8		42		0.9		－3		－0.06	
轧辊磨床	15		0.2		22		0.3		－7		－0.05	

（续）

产品名称	生产				销售				期间产成品库存			
	数量（台）	数量同比（%）	金额（亿元）	金额同比（%）	数量（台）	数量同比（%）	金额（亿元）	金额同比（%）	数量（台）	数量同比（%）	金额（亿元）	金额同比（%）
其中：数控	5		0.2		6		0.2		-1		-0.01	
工具磨床	400		0.4		380		0.4		20		0.06	
其中：数控	91		0.2		106		0.1		-15		0.03	
金属珩磨机床	30		0.2		35		0.2		-5		-0.01	
其中：数控	28		0.2		33		0.2		-5		-0.01	
其他	2 413		4.4		2 692		4.7		-279		-0.29	
其中：数控	1 040		2.9		1 223		3.0		-183		-0.14	

从2014年磨床产成品库存的数据变化也能反映出行业发展弱化的情况。2014年产成品存货中，无论是磨床还是数控磨床，数量和金额均保持同比增长，且金额的增速远高于数量的增速。这一情况反映出存货中高价值产品的比重在增加，中高档产品可能存在滞销的情况。

三、出口情况

根据海关统计数据，2014年磨床出口总额0.93亿美元，同比增长14.0%。其中，位居前三位的产品是：平面磨床出口额0.25亿美元，同比增长1.7%；外圆磨床出口额0.21亿美元，同比下降3.2%；其他磨床出口额0.20亿美元，同比增长9.0%。2014年磨床产品出口情况见表14。

表14　2014年磨床产品出口情况

产品名称	出口量（台）	同比增长（%）	占比（%）	出口额（亿美元）	同比增长（%）	占比（%）	单价（万美元/台）	同比增长（%）
合计	5 259	34.9		0.93	14.0		2	-15.5
平面磨床	2 236	5.5	42.5	0.25	1.7	26.8	1	-3.6
曲轴磨床	12		0.2	0.01		0.7	5	
外圆磨床	1 644	252.0	31.3	0.21	-3.2	22.3	1	-72.5
内圆磨床	108	77.0	2.1	0.07	128.4	7.7	7	29.0
轧辊磨床	14	-61.1	0.3	0.01	22.2	1.4	9	214.4
数控工具磨床	573	32.0	10.9	0.17	1.3	17.9	3	1.3
珩磨、研磨机	192	-17.6	3.7	0.02	82.5	2.3	1	121.5
其他磨床	480	-12.6	9.1	0.20	9.0	21.0	4	24.7

注：由于四舍五入，表中合计数有微小出入。

从出口量和出口额上看，平面磨床的占比都居首位；从单价上看，轧辊磨床的单价最高。从出口趋势上看，磨床出口虽然呈现增长趋势，但出口单价呈现下降趋势。其中，外圆磨床出口量增速较高，但出口额呈现负增长。因此，外圆磨床出口单价降幅最大，达到72.5%。

在磨床出口去向上，德国排在第一位，出口额同比下降3.4%；越南处于第二位，同比下降25.2%；拉脱维亚快速升至第三位。2014年磨床出口去向前10位国家（地区）情况见表15。

表15　2014年磨床出口去向前10位国家（地区）情况

序号	国家（地区）	出口数量（台）	同比增长（%）	占比（%）	出口额（百万美元）	同比增长（%）	占比（%）	单价（万美元/台）
1	德国	327	-7.1	6.2	9	-3.4	9.6	3
2	越南	352	1.1	6.7	8	-25.2	8.3	2
3	拉脱维亚	116		2.2	8		8.2	7

（续）

序号	国家（地区）	出口数量（台）	同比增长（%）	占比（%）	出口额（百万美元）	同比增长（%）	占比（%）	单价（万美元/台）
4	中国台湾	379	9.5	7.2	7	45.4	7.0	2
5	印度	1 302	1 814.7	24.8	6	-15.2	6.3	0.4
6	日本	134	52.3	2.5	5	-15.1	5.1	4
7	美国	297	-22.0	5.6	4	18.0	4.7	2
8	韩国	272	-20.9	5.2	4	11.3	4.2	1
9	巴西	88	-34.3	1.7	3	154.3	3.4	4
10	俄罗斯	149	10.4	2.8	3	42.5	3.2	2

注：由于四舍五入，表中合计数有微小出入。

磨床出口企业中，按出口额占比排序，私人企业占47.1%，外资企业占32.4%，国有企业占20.5%。在出口企业所在地区中，按出口额占比排序，华东（56.7%）、华北（16.1%）和华南（14.5%）居前三位，同比分别增长21%、14.2%和下降3.3%。2014年磨床产品出口按企业性质分列情况见表16。2014年磨床产品出口按企业所在地区分列情况见表17。

表16　2014年磨床产品出口按企业性质分列情况

企业性质	出口量（台）	同比增长（%）	占比（%）	出口额（百万美元）	同比增长（%）	占比（%）	单价（万美元/台）
合计	5 259	34.9		93	14.0		2
私人企业	2 388	33.7	45.4	44	27.0	47.1	2
外资企业	1 198	-15.6	22.8	30	18.2	32.4	3
国有企业	1 673	141.4	31.8	19	-11.8	20.5	1

注：由于四舍五入，表中合计数有微小出入。

表17　2014年磨床产品出口按企业所在地区分列情况

序号	所在地区	出口量（台）	同比增长（%）	占比（%）	出口额（百万美元）	同比增长（%）	占比（%）	单价（万美元/台）
	合计	5 259	34.9		93	14.0		2
1	华东	3 279	58.3	62.4	53	21.0	56.7	2
2	华北	771	8.1	14.7	15	14.2	16.1	2
3	华南	618	6.6	11.8	13	-3.3	14.5	2
4	东北	129	53.6	2.5	4	98.4	4.5	3
5	华中	120	-23.1	2.3	3	-18.3	2.9	2
6	西南	134	119.7	2.5	3	87.9	2.9	2
7	西北	208	-10.7	4.0	2	-45.3	2.4	1

注：由于四舍五入，表中合计数有微小出入。

四、企业信息

参加2014年磨床产品年度统计的企业（按企业名称汉语拼音的字母排序）见表18。

表18　参加2014年磨床产品年度统计的企业（按企业名称汉语拼音的字母排序）

序号	企业名称	网址
1	宝鸡机床集团有限公司	http：//www.bjmtw.com/
2	北京第二机床厂有限公司	http：//www.bemtw.com/
3	北京市电加工研究所	http：//www.biem.com.cn/
4	大连科德数控有限公司	http：//www.dlkede.com/

（续）

序号	企业名称	网址
5	桂林桂北机器有限责任公司	http：//www. glmbc. com/
6	汉江机床有限公司	http：//www. hjmtc. cn/
7	杭州杭机股份有限公司	http：//www. hzmtg. com/
8	湖南海捷精密工业有限公司	http：//www. hdhjjg. com/
9	济南四机数控机床有限公司	http：//www. j4m. cn/
10	江西杰克机床有限公司	http：//www. jackmt. com/
11	南通科技投资集团股份有限公司	http：//www. tontec. cn/www/
12	宁夏银川大河数控机床有限公司	http：//www. nxdahe. com. cn/
13	青海第二机床制造有限责任公司	http：//www. qh2j. com/
14	山东普利森集团有限公司	http：//www. dzjc. com/
15	陕西秦川格兰德机床有限公司	http：//www. qcgrinder. com/
16	上海第三机床厂	http：//www. h3mt. com/
17	上海机床厂有限公司	http：//www. smtw. com/
18	深圳市捷甬达实业有限公司	http：//www. jointcn. com/
19	四川普什宁江机床有限公司	http：//www. ningjiang. com/
20	天津第一机床总厂	http：//www. tmtw. com/
21	天津市第二机床有限公司	http：//www. tmtw2. com/
22	天津市津机磨床有限公司	http：//www. tianjin－machine. com. cn/
23	天水星火机床有限责任公司	http：//www. sparkcnc. com/
24	天通吉成机器技术有限公司	http：//www. tdgmt. com/
25	威海华东数控股份有限公司	http：//www. huadongcnc. com/
26	无锡开源机床集团有限公司	http：//www. k－yuan. com. cn/
27	武汉机床厂	http：//www. whjcc1951. com/
28	新乡日升数控轴承装备股份有限公司	http：//www. xxrs. com/
29	营口冠华机床有限公司	http：//www. ykghjc. com/
30	宇环数控机床股份有限公司	http：//www. yhcnc. com. cn/
31	长沙金岭机床有限责任公司	http：//www. jinling. net. cn/

齿轮加工机床

一、基本情况

2014 年，中国机床工具行业年报统计中生产齿轮加工机床产品的企业共计 14 家。齿轮加工机床总体呈现量跌价升的趋势，产量 2 636 台，同比下降 10. 3%；销售产值 11. 2 亿元，同比增长 23. 8%；期间产成品库存增加 58 台，同比增长 140. 8%。从齿轮加工机床产品结构上看，数控产品大幅增长，运行状况要好于普通齿轮加工机床产品。2014 年齿轮加工机床产品产销存情况见表 19。

二、生产运行

2014 年齿轮加工机床产品的产销总体呈现量跌价升的态势，反映出产品结构升级效果正在显现。从细分产品结构上看，滚齿机的产销量占比最大，其中重大型产品比例很小，中小型产品比重最大。

表 19　2014 年齿轮加工机床产品产销存情况

产品名称	生产				销售				期间产成品库存			
	数量（台）	同比增长（%）	金额（亿元）	同比增长（%）	数量（台）	同比增长（%）	金额（亿元）	同比增长（%）	数量（台）	同比增长（%）	金额（亿元）	同比增长（%）
齿轮加工机床	2 636	-10.3	11.5	25.7	2 578	-16.1	11.2	23.8	58	140.8	0.091	641.4
其中：数控	1 304	-15.0	8.5	37.1	1 353	-5.1	8.4	47.5	-49	-151.0	0.13	-76.8
滚齿机	1 438		2.5		1 341		2.4		97		0.15	
其中：数控滚齿机	530		1.3		534		1.2		-4		0.12	
其中：数控大型滚齿机	10		0.02		11		0.03		-1		-0.004	
数控中小型滚齿机	520		1.3		523		1.2		-3		0.13	
插齿机	301		1.6		345		1.7		-44		-0.02	
其中：数控	266		1.6		304		1.6		-38		-0.01	
磨齿机	306		5.3		306		5.3		0		0.0	
其中：数控	306		5.32		306		5.32		0		0.0	
剃齿机	171		0.3		195		0.3		-24		-0.004	
其中：数控	130		0.2		154		0.2		-24		-0.004	
成形铣齿机	270		1.5		266		1.3		4		-0.04	
成形磨齿机	3		0.1		3		0.1		0		0.0	
其他齿轮加工机床	147		0.2		122		0.2		25		-0.01	
其中：数控	72		0.1		55		0.1		17		0.01	

从 2014 年齿轮加工机床产成品库存数据看，总的库存在大幅增加，但数控产品的库存在快速下降。结合数控产品销售增长的情况分析，齿轮加工机床产品也呈现低端需求下降，需求结构快速升级的趋势。

三、出口情况

根据海关统计数据，2014 年齿轮加工机床出口总额 0.21 亿美元，同比下降 5.8%。其中，数控产品出口额 0.14 亿美元，同比增长 22.3%。从出口量和出口额上看，数控齿轮加工机床均呈现大幅增长；从单价上看，数控产品同比大幅下降，达到 -52%。2014 年齿轮加工机床出口情况见表 20。

表 20　2014 年齿轮加工机床出口情况

产品名称	出口量（台）	同比增长（%）	占比（%）	出口额（亿美元）	同比增长（%）	占比（%）	单价（万美元/台）	同比增长（%）
齿轮加工机床	16 245	-12.6		0.21	-5.8		0.1	7.8
其中：数控	1 235	154.6		0.14	22.3		1	-52.0

注：由于四舍五入，表中合计数有微小出入。

在齿轮加工机床出口去向上，韩国快速增长，排在第一位，出口额同比增长 135.6%；缅甸激增，处于第二位，同比增长 652.4%；印度显著下降，位居第三，同比下降 47.1%。2014 年齿轮加工机床出口去向前 10 位国家（地区）情况见表 21。

表21 2014年齿轮加工机床出口去向前10位国家（地区）情况

序号	国家（地区）	出口量（台）	同比增长（%）	占比（%）	出口额（百万美元）	同比增长（%）	占比（%）	单价（万美元/台）
1	韩国	115	-82.5	0.7	4.2	135.6	20.0	4.0
2	缅甸	10	42.9	0.1	4.0	652.4	19.0	40.0
3	印度	551	4.4	3.4	1.6	-47.1	7.6	0.2
4	巴西	3 147	-7.3	19.4	1.5	-29.6	7.0	0.1
5	泰国	260	-26.8	1.6	1.2	-27.8	5.5	0.4
6	德国	180	-52.9	1.1	1.1	353.9	5.3	0.6
7	中国台湾	29	-23.7	0.2	0.9	-26.9	4.2	3.0
8	马来西亚	1 513	175.1	9.3	0.8	44.5	3.7	0.1
9	俄罗斯	1 346	-47.6	8.3	0.8	-59.1	3.6	0.1
10	越南	36	-83.6	0.2	0.6	0.0	3.0	2.0

注：由于四舍五入，表中合计数有微小出入。

齿轮加工机床出口企业中，按出口额占比排序，私人企业占59.2%，国有企业占33.3%，外资企业占7.5%。在出口企业所在地区中，按出口额占比排序，华北（49.2%）、华东（23.6%）和华南（9.8%）居前三位，同比分别增长101.4%、下降36.4%和下降52.6%。2014年齿轮加工机床出口按企业性质分列情况见表22。2014年齿轮加工机床出口按企业所在地区分列情况见表23。

表22 2014年齿轮加工机床出口按企业性质分列情况

企业性质	出口量（台）	同比增长（%）	占比（%）	出口额（百万美元）	同比增长（%）	占比（%）	单价（万美元/台）
合计	16 245	-12.6		21	-5.8		0.1
私人企业	12 649	-15.8	77.9	12	-10.5	59.2	0.1
国有企业	3 307	35.2	20.4	7	20.0	33.3	0.2
外资企业	289	-74.2	1.8	2	-38.7	7.5	0.5

注：由于四舍五入，表中合计数有微小出入。

表23 2014年齿轮加工机床出口按企业所在地区分列情况

序号	所在地区	出口量（台）	同比增长（%）	占比（%）	出口额（百万美元）	同比增长（%）	占比（%）	单价（万美元/台）
	合计	16 245	-12.6	100.0	21	-5.8	100.0	0.1
1	华北	2 689	10.3	16.6	10	101.4	49.2	0.4
2	华东	6 173	-30.2	38.0	5	-36.4	23.6	0.1
3	华南	6 594	-1.5	40.6	2	-52.6	9.8	0.03
4	华中	534	543.4	3.3	2	73.9	7.6	0.3
5	西南	206	-25.6	1.3	1	-32.7	4.4	0.5
6	东北	19	-88.4	0.1	1	-44.1	3.0	3.0
7	西北	30	-64.7	0.2	1	-68.3	2.5	2.0

注：由于四舍五入，表中合计数有微小出入。

四、企业信息

参加2014年齿轮加工机床产品年度统计的企业（按企业名称汉语拼音的字母排序）见表24。

表24 参加2014年齿轮加工机床产品年度统计的企业（按企业名称汉语拼音的字母排序）

序号	企业名称	网址
1	南京第二机床厂有限公司	http：//www. nmt2. cn/
2	南京第一机床厂有限公司	http：//www. nj－jcc. com/
3	南京二机齿轮机床有限公司	http：//www. nmt2. com/
4	南京工大数控科技有限公司	http：//www. njut－nc. com/
5	秦川机床工具集团股份公司	http：//www. qinchuan. com/
6	青海第二机床制造有限责任公司	http：//www. qh2j. com/
7	四川普什宁江机床有限公司	http：//www. ningjiang. com/
8	天津第一机床总厂	http：//www. tmtw. com/
9	天津精诚机床股份有限公司	http：//www. tj－jcmt. com/
10	武汉国威重型机床股份有限公司	http：//www. whgwmt. com/
11	宜昌长江科技有限责任公司	http：//www. cjmt. com. cn/
12	营口冠华机床有限公司	http：//www. ykghjc. com/
13	浙江众昊机床有限公司	http：//www. cn－zohao. com/
14	重庆机床（集团）有限责任公司	http：//www. chmti. com/

重型机床

一、基本情况

2014年，中国机床工具行业年报统计中生产重型机床产品的企业共计20家。重型机床总体呈现低位运行和消化库存的状态，产量605台，销售632台，期间产成品库存减少27台，销售产值21.9亿元。从重型机床产品结构上看，重型车床的销量最高（占比35.4%），重型龙门铣床的销售额最高（占比52.1%）。2014年重型机床产品产销存情况见表25。

二、生产运行

2014年，重型机床产品的产销总体以消化存量库存为主，这与重型机床市场需求低迷和相关用户领域投资持续下降密切相关。从细分产品的销售产值上看，占比前3位是重型龙门铣床、重型车床和重型落地式铣镗床。从销售量上看，占比前3位是重型车床、重型落地式铣镗床和重型龙门铣床。降库存最大的是重型落地式铣镗床，占全部去库存量的81.5%。

表25 2014年重型机床产品产销存情况

产品名称	生产		销售		期间产成品库存	
	数量（台）	金额（亿元）	数量（台）	金额（亿元）	数量（台）	金额（亿元）
重型金属切削机床	605	20.2	632	21.9	－27	－1.48
其中：数控	594	20.1	615	21.7	－21	－1.44
重型龙门式加工中心	93	3.3	85	3.1	8	0.13
重型车床	220	3.9	224	4.2	－4	－0.23
其中：数控	220	3.9	224	4.2	－4	－0.23
重型卧式车床	82	1.7	79	1.9	3	－0.10
其中：数控重型卧式车床	82	1.7	79	1.9	3	－0.10
重型立式车床	138	2.2	145	2.3	－7	－0.13
其中：数控重型立式车床	138	2.2	145	2.3	－7	－0.13
重型落地式铣镗床	136	2.1	158	2.6	－22	－0.46
其中：数控	136	2.1	158	2.6	－22	－0.46

（续）

产品名称	生产		销售		期间产成品库存	
	数量（台）	金额（亿元）	数量（台）	金额（亿元）	数量（台）	金额（亿元）
重型龙门铣床	128	10.4	129	11.4	-1	-0.86
其中：数控	128	10.4	129	11.4	-1	-0.86
轧辊磨床	15	0.2	22	0.3	-7	-0.05
其中：数控	5	0.2	6	0.2	-1	-0.01
导轨磨床	13	0.2	14	0.3	-1	-0.01
其中：数控	12	0.2	13	0.2	-1	-0.01

三、出口情况

根据海关统计数据，2014年重型机床出口总额1.2亿美元，同比增长171.4%。其中，龙门式加工中心出口额0.6亿美元，同比增长435.5%；数控立式车床出口额0.4亿美元，同比增长105.8%；镗铣床出口额0.19亿美元，同比增长41.0%；轧辊磨床出口额0.01亿美元，同比增长22.2%。2014年重型机床出口情况见表26。

表26　2014年重型机床出口情况

产品名称	出口量（台）	同比增长（%）	占比（%）	出口额（亿美元）	同比增长（%）	占比（%）	单价（万美元/台）	同比增长（%）
合计	1 766	229.5		1.2	171.4		7	-17.6
龙门式加工中心	886	918.4	50.2	0.6	435.5	50.0	7	-47.4
数控立式车床	314	0.0	17.8	0.4	105.8	33.3	12	-3.0
镗铣床	552	108.0	31.2	0.19	41.0	15.8	6	-21.3
轧辊磨床	14	-61.1	0.8	0.01	22.2	0.9	9	214.4

注：由于四舍五入，表中合计数有微小出入。

从出口量和出口额上看，龙门式加工中心的占比都居首位；从单价上看，数控立式车床的单价最高。从出口趋势上看，龙门式加工中心在数量和金额上均保持最高的增速；整体上重型机床的单价呈现大幅走低，其中只有占比极小的轧辊磨床单价大幅上升。

在重型机床出口去向上，越南迅猛增长，排在第一位，出口额同比增长8 394.4%；德国大幅增长，处于第二位，出口额同比增长338.6%；美国大幅增长，位居第三位，同比增长277.5%。2014年重型机床出口去向前10位国家（地区）情况见表27。

表27　2014年重型机床出口去向前10位国家（地区）情况

序号	国家（地区）	出口量（台）	同比增长（%）	占比（%）	出口额（百万美元）	同比增长（%）	占比（%）	单价（万美元/台）
1	越南	850	2 641.9	48.1	53	8 394.4	44.1	6
2	德国	104	395.2	5.9	13	338.6	10.9	13
3	美国	37	146.7	2.1	6	277.5	5.0	16
4	西班牙	1	-66.7	0.1	5	324.7	4.0	477
5	印度	28	0.0	1.6	5	289.0	3.8	16
6	土耳其	33	135.7	1.9	4	219.3	3.6	13
7	缅甸	15	-44.4	0.8	4	-51.1	2.9	24
8	日本	32	39.1	1.8	2	-1.3	2.0	7
9	俄罗斯	36	-16.3	2.0	2	-23.2	1.9	6
10	泰国	49	113.0	2.8	2	-1.4	1.8	4

注：由于四舍五入，表中合计数有微小出入。

重型机床出口企业中，按出口额占比排序，私人企业占68.2%，外资企业占19.3%，国有企业占12.5%。在出口企业所在地区中，按出口额占比排序，华北（52.3%）、华东（21.0%）和东北（14.2%）居前三位，同比分别增长306.9%、136.4%和50.7%。2014年重型机床出口按企业性质分列情况见表28。2014年重型机床出口按企业所在地区分列情况见表29。

表28　2014年重型机床出口按企业性质分列情况

企业性质	出口量（台）	同比增长（%）	占比（%）	出口额（百万美元）	同比增长（%）	占比（%）	单价（万美元/台）
合计	1 766	229.5	100.0	120	171.4	100.0	7
私人企业	1 439	386.1	81.5	82	350.8	68.2	6
外资企业	183	161.4	10.3	23	182.4	19.3	13
国有企业	144	-15.3	8.2	15	-16.0	12.5	10

注：由于四舍五入，表中合计数有微小出入。

表29　2014年重型机床出口按企业所在地区分列情况

序号	所在地区	出口量（台）	同比增长（%）	占比（%）	出口额（百万美元）	同比增长（%）	占比（%）	单价（万美元/台）
	合计	1 766	229.5	100.0	120	171.4	100.0	7
1	华北	935	720.2	52.9	63	306.9	52.3	7
2	华东	341	103.0	19.3	25	136.4	21.0	7
3	东北	109	-5.2	6.2	17	50.7	14.2	16
4	华中	22	266.7	1.2	6	791.5	4.6	25
5	西南	200	244.8	11.3	5	31.8	4.3	3
6	华南	143	150.9	8.1	4	119.2	3.2	3
7	西北	16	-11.1	0.9	1	-16.7	0.3	3

注：由于四舍五入，表中合计数有微小出入。

四、企业信息

参加2014年重型机床产品年度统计的企业（按企业名称汉语拼音的字母排序）见表30。

表30　参加2014年重型机床产品年度统计的企业（按企业名称汉语拼音的字母排序）

序号	企业名称	网址
1	北京北一机床股份有限公司	http：//www. byjc. com. cn/
2	北京第二机床厂有限公司	http：//www. bemtw. com/
3	济南二机床集团有限公司	http：//www. jiermt. com/
4	江苏齐航数控机床有限责任公司	http：//www. china-qhcnc. com/
5	江苏新瑞重工科技有限公司	http：//www. shinri. cn/
6	齐齐哈尔二机床（集团）有限责任公司	http：//www. q2jc. com. cn/
7	齐重数控装备股份有限公司	http：//www. qfmtw. com. cn/
8	青海华鼎重型机床有限责任公司	http：//www. qhhdsy. com/
9	山东宏康机械制造有限公司	http：//www. hongkang. com/
10	山东普利森集团有限公司	http：//www. dzjc. com/
11	山东威达重工股份有限公司	http：//www. weidamc. com/
12	上海机床厂有限公司	http：//www. smtw. com/
13	沈阳机床（集团）有限责任公司	http：//www. syjcc. com/

（续）

序号	企业名称	网址
14	天水星火机床有限责任公司	http://www.sparkcnc.com/
15	威海华东数控股份有限公司	http://www.huadongcnc.com/
16	无锡开源机床集团有限公司	http://www.k-yuan.com.cn/
17	芜湖恒升重型机床股份有限公司	http://www.whhmtw.com/
18	武汉国威重型机床股份有限公司	http://www.whgwmt.com/
19	武汉重型机床集团有限公司	http://www.whhdmt.com/
20	浙江联强数控机床股份有限公司	http://www.lj-machinetool.com/

特种加工机床

一、基本情况

2014年，中国机床工具行业年报统计中生产特种加工机床产品的企业共计10家。特种加工机床结构性升级趋势明显，总体呈现量跌价升的趋势，产量4 674台，同比下降29.9%；销售产值17.5亿元，同比增长40.4%；期间产成品库存增加29台，同比下降90%。2014年特种加工机床产品产销存情况见表31。

二、生产运行

2014年，特种加工机床产品的产销额大幅增长，产品结构升级趋势明显。从细分产品结构上看，激光加工机床的销售额比重最大，占比达到62.9%。期间的产成品库存大幅下降，分行业调整效果正在显现。

表31　2014年特种加工机床产品产销存情况

产品名称	生产				销售				期间产成品库存			
	数量（台）	同比增长（%）	金额（亿元）	同比增长（%）	数量（台）	同比增长（%）	金额（亿元）	同比增长（%）	数量（台）	同比增长（%）	金额（亿元）	同比增长（%）
特种加工机床	4 674	-29.9	17.3	34.0	4 645	-30.0	17.5	40.4	29	-90.0	0.045	-94.7
其中：数控	4 656	-30.0	17.3	34.1	4 627	-30.1	17.5	40.5	29	-89.9	0.04	-94.7
激光、相关光子束加工机床	629		11.0		626		11.0		3		0.05	
其中：数控	629		11.0		626		11.0		3		0.05	
放电加工机床	4 042		6.3		4 016		6.5		26		-0.01	
其中：数控	4 042		6.3		4 016		6.5		26		-0.01	
线切割加工机床	2 520		4.1		2 553		4.3		-33		-0.03	
其中：数控	2 520		4.1		2 553		4.3		-33		-0.03	
成形加工机床	636		1.7		612		1.7		24		0.02	
其中：数控	636		1.7		612		1.7		24		0.02	
小孔加工机床	854		0.4		819		0.4		35		0.01	
其中：数控	854		0.4		819		0.4		35		0.01	
其他放电加工机床	15		0.0		15		0.0		0		0.00	
其中：数控	15		0.0		15		0.0		0		0.00	
化学、电化学（电解）加工机床	3		0.0		3		0.0		0		0.00	
其中：数控	2		0.0		2		0.0		0		0.00	

三、出口情况

根据海关统计数据，2014 年特种加工机床出口总额 5.7 亿美元，同比增长 15.5%。其中，用激光、其他光或光子束处理材料的加工机床出口额 3.1 亿美元，同比增长 37.2%；用放电处理各种材料的加工机床出口额 1.5 亿美元，同比下降 5.5%；等离子弧切割机、水射流切割机出口额1.0亿美元，同比增长 3.5%；其他特种加工机床出口额 0.2 亿美元。2014 年特种加工机床出口情况见表 32。

表 32　2014 年特种加工机床出口情况

产品名称	出口量（台）	同比增长（%）	占比（%）	出口额（亿美元）	同比增长（%）	占比（%）	单价（万美元/台）	同比增长（%）
合计	177 327	8.1	100.0	5.7	15.5	100.0	0.3	6.9
用激光、其他光或光子束处理材料的加工机床	48 763	26.9	27.5	3.1	37.2	53.5	0.6	8.1
用超声波处理材料的加工机床	3 072	1 560.5	1.7	0.05	123.0	0.9	0.2	-86.6
用放电处理各种材料的加工机床	4 448	12.6	2.5	1.5	-5.5	26.3	3.4	-16.1
等离子弧切割机、水射流切割机	114 270	-0.1	64.4	1.0	3.5	16.6	0.1	3.5
其他化学、电子、离子束或等离子弧加工机床	6 774	-4.8	3.8	0.2	-18.4	2.6	0.2	-14.3

注：由于四舍五入，表中合计数有微小出入。

从出口额上看，用激光、其他光或光子束处理材料的加工机床的占比居首位，用放电处理各种材料的加工机床位居第二；从单价上看，整体呈现小幅增长，其中用放电处理各种材料的加工机床单价最高。从出口趋势上看，用激光、其他光或光子束处理材料的加工机床和用超声波处理材料的加工机床保持大幅增长趋势，用放电处理各种材料的加工机床同比小幅下降。

在特种加工机床出口去向上，美国微弱下降，仍排在第一位，出口额同比下降 0.5%；中国香港大幅增长，处于第二位，同比增长 77.2%；印度大幅增长，位居第三，同比增长 44.6%。2014 年特种加工机床出口去向前 10 位国家（地区）情况见表 33。

表 33　2014 年特种加工机床出口去向前 10 位国家（地区）情况

序号	国家（地区）	出口量（台）	同比增长（%）	占比（%）	出口额（百万美元）	同比增长（%）	占比（%）	单价（万美元/台）
1	美国	39 543	22.5	22.3	64	-0.5	11.2	0.2
2	中国香港	2 996	0.5	1.7	49	77.2	8.6	2
3	印度	4 793	22.4	2.7	33	44.6	5.7	0.7
4	越南	4 512	6.4	2.5	29	-17.3	5.1	0.6
5	德国	5 556	32.0	3.1	28	7.0	4.9	0.5
6	日本	2 805	-29.2	1.6	28	21.2	4.8	1
7	韩国	1 844	6.3	1.0	27	-14.9	4.8	2
8	巴西	5 449	-43.9	3.1	22	-6.2	3.9	0.4
9	泰国	6 419	0.9	3.6	19	16.0	3.3	0.3
10	中国台湾	1 552	40.5	0.9	19	37.0	3.3	1

注：由于四舍五入，表中合计数有微小出入。

在特种加工机床出口企业中，按出口额占比排序，私人企业占 46.9%，外资企业占 35.5%，国有企业占 17.5%。在出口企业所在地区中，按出口额占比排序，华南（32.4%）、华东（24.7%）和华北（18.4%）居前三位，同比分别增长 30.3%、10.5%和下降 9.6%。2014 年特种加工机床出口按企业性质分列情况见表 34。2014 年特种加工机床出口按企业所在地区分列情况见表 35。

表34　2014 特种加工机床出口按企业性质分列情况

企业性质	出口量（台）	同比增长（%）	占比（%）	出口额（百万美元）	同比增长（%）	占比（%）	单价（万美元/台）
合计	177 327	8.1	100.0	571	15.5	100.0	0.3
私人企业	141 403	7.6	79.7	268	27.1	46.9	0.2
外资企业	21 115	5.5	11.9	203	-4.5	35.5	1
国有企业	14 809	17.4	8.4	100	41.2	17.5	0.7

注：由于四舍五入，表中合计数有微小出入。

表35　2014 年特种加工机床出口按企业所在地区分列情况

序号	所在地区	出口量（台）	同比增长（%）	占比（%）	出口额（百万美元）	同比增长（%）	占比（%）	单价（万美元/台）
	合计	177 327	8.1	100.0	571	15.5	100.0	0.3
1	华南	58 995	30.5	33.3	185	30.3	32.4	0.3
2	华东	78 256	-0.9	44.1	141	10.5	24.7	0.2
3	华北	28 343	-6.6	16.0	105	-9.6	18.4	0.4
4	东北	3 755	82.1	2.1	70	6.1	12.3	2
5	华中	2 565	40.0	1.4	45	50.6	7.8	2
6	西南	3 014	-29.2	1.7	19	120.2	3.3	0.6
7	西北	2 399	83.8	1.4	6	54.2	1.0	0.2

注：由于四舍五入，表中合计数有微小出入。

四、企业信息

参加 2014 年特种加工机床产品年度统计的企业（按企业名称汉语拼音的字母排序）见表 36。

表36　参加 2014 年特种加工机床产品年度统计的企业（按企业名称汉语拼音的字母排序）

序号	企业名称	网址
1	北京阿奇夏米尔工业电子有限公司	http：//www. gfms. com/
2	北京市电加工研究所	http：//www. biem. com. cn/
3	大连科德数控有限公司	http：//www. dlkede. com/
4	汉川数控机床股份公司	http：//www. cnhlmt. com/
5	杭州华方数控机床有限公司	http：//www. hzhf. com/
6	深圳市捷甬达实业有限公司	http：//www. jointcn. com/
7	苏州电加工机床研究所有限公司	http：//www. sino - edm. com/
8	苏州三光科技股份有限公司	http：//www. ssgedm. com/
9	苏州市宝玛数控设备有限公司	http：//www. bmnc. cn/
10	武汉华工激光工程有限责任公司	http：//www. hglaser. com/

金属成形机床

一、基本情况

2014 年，中国机床工具行业年报统计中生产金属成形机床产品的企业共计 27 家。金属成形机床总体呈现下降的趋势，产量 63 392 台，同比下降 10.5%；销售产值 127.9 亿元，同比下降 9.9%；期间产成品库存减少 49 台，同比下降 97.6%。2014 年金属成形机床产品产销存情况见表 37。

二、生产运行

2014 年，金属成形机床产品的产销额小幅下降。从细分产品结构上看，金属加工压力机的销售额比重最大，占比达到 71.6%；数控产品销售产值占比为 49.9%。期间的产成品库存量微弱减少，但库存同比大幅增长。通过对数据的对比分析可以看出，数控产品销售下降要小于普通产品，同时普通产品库存大幅增加。

表 37　2014 年金属成形机床产品产销存情况

产品名称	生产				销售				期间产成品库存			
	数量（台）	同比增长（%）	金额（亿元）	同比增长（%）	数量（台）	同比增长（%）	金额（亿元）	同比增长（%）	数量（台）	同比增长（%）	金额（亿元）	同比增长（%）
金属成形机床	63 392	-10.5	126.8	-11.7	63 441	-13.1	127.9	-9.9	-49	-97.6	-1.6	-953.4
其中：数控	7 161	0.7	59.1	-13.3	7 319	1.8	63.8	-7.0	-158	-111.2	-4.2	-460.3
锻造机及冲压机	795		3.4		785		3.2		10		0.2	
其中：数控	66		0.9		64		0.8		2		0.09	
金属加工压力机	53 168		89.3		53 213		91.6		-45		-2.57	
其中：数控	1 819		35.6		1 931		39.7		-112		-4.39	
其中：液压式压力机	1841		13.6		1 977		14.9		-136		-1.20	
机械式压力机	51 256		75.6		51 236		76.6		20		-1.37	
弯曲、折叠、矫直或矫平机床	5143		16.6		5 060		16.9		83		0.43	
其中：数控	3 270		10.7		3 265		11.2		5		-0.05	
剪切机床	2 515		4.8		2 524		4.58		-9		0.246	
其中：数控	895		3.1		940		2.9		-45		0.27	
冲床	1 469		7.6		1 459		7.6		10		0.09	
其中：数控	1 095		7.4		1 084		7.3		11		0.09	
其他金属成形机床	275		4.7		363		3.5		-88		0.14	
其中：数控	26		1.4		35		1.6		-9		-1.11	
激光、相关光子束加工机床	27		0.4		37		0.6		-10		-0.12	
其中：数控	27		0.4		37		0.6		-10		-0.12	

三、出口情况

根据海关统计数据，2014 年金属成形机床出口总额 11.2 亿美元，同比增长 15.3%。其中，出口额前三名的产品是：成形折弯机 2.7 亿美元，同比增长 18.6%；其他金属成形机床 2.1 亿美元，同比增长 10.2%；液压压力机 1.8 亿美元，同比增长 22.3%。2014 年金属成形机床出口情况见表 38。

表 38　2014 年金属成形机床出口情况

产品名称	出口量（台）	同比增长（%）	占比（%）	出口额（亿美元）	同比增长（%）	占比（%）	单价（万美元/台）	同比增长（%）
合计	534 339	26.9	100.0	11.2	15.3	100.0	0.2	-9.1
锻造和冲压机床	6 990	-1.5	1.3	1.2	19.4	11.1	2	21.2
成形折弯机	206 323	20.1	38.6	2.7	18.6	24.0	0.1	-1.2
剪切机床	42 026	29.1	7.9	1.6	35.1	14.1	0.4	4.7
冲床	13 332	253.0	2.5	0.7	33.8	6.6	0.6	-62.1
液压压力机	191 544	18.9	35.8	1.8	22.3	15.8	0.09	2.9
机械压力机	53 767	113.9	10.1	1.1	-18.8	9.6	0.2	-62.1
其他金属成形机床	20 357	4.1	3.8	2.1	10.2	18.8	1	5.9

注：由于四舍五入，表中合计数有微小出入。

从出口量和出口额上看，成形折弯机的占比都居首位；从单价上看，整体上出口产品单价同比小幅下降，其中锻造和冲压机床的平均单价最高，且保持同比大幅提高。从出口趋势上看，除机械压力机同比下降以外，其他产品均保持同比显著增长趋势。

在金属成形机床出口去向上，印度快速增长排在第一位，出口额同比增长56.6%；美国大幅下降，处于第二位，同比下降32.9%；越南大幅增长，位居第三，同比增长69.5%。2014年金属成形机床出口去向前10位国家（地区）情况见表39。

表39　2014年金属成形机床出口去向前10位国家（地区）情况

序号	国家（地区）	出口量（台）	同比增长（%）	占比（%）	出口额（百万美元）	同比增长（%）	占比（%）	单价（万美元/台）
1	印度	5 244	26.7	1.0	95	56.6	8.4	2
2	美国	166 999	23.3	31.3	79	-32.9	13.7	0.05
3	越南	7 410	111.4	1.4	73	69.5	77.4	1
4	印度尼西亚	7 707	-11.9	1.4	67	24.7	85.1	1
5	俄罗斯	32 428	3.8	6.1	59	9.8	80.3	0.1
6	马来西亚	19 060	231.7	3.6	57	57.2	85.3	0.3
7	泰国	3 777	-24.9	0.7	56	13.9	96.1	1
8	巴西	4 032	4.7	0.8	35	-29.7	61.4	1
9	英国	26 011	72.8	4.9	30	328.6	53.5	0.1
10	土耳其	1 861	-16.9	0.3	28	16.6	78.4	1

注：由于四舍五入，表中合计数有微小出入。

在金属成形机床出口企业中，按出口额占比排序，私人企业占64.2%，外资企业占19.7%和国有企业占16.1%。在出口企业所在地区中，按出口额占比排序，华东（50.2%）、华北（17.4%）和华南（17.2%）居前三位，同比分别增长12.0%、下降15.6%和增长38.3%。2014年金属成形机床出口按企业性质分列情况见表40。2014年金属成形机床出口按企业所在地区分列情况见表41。

表40　2014年金属成形机床出口按企业性质分列情况

企业性质	出口量（台）	同比增长（%）	占比（%）	出口额（百万美元）	同比增长（%）	占比（%）	单价（万美元/台）
合计	534 339	26.9	100.0	1 125	15.3	100.0	0.2
私人企业	409 645	31.8	76.7	723	39.8	64.2	0.2
外资企业	72 158	7.3	13.5	221	-0.9	19.7	0.3
国有企业	52 535	22.4	9.8	181	-23.0	16.1	0.3

注：由于四舍五入，表中合计数有微小出入。

表41　2014年金属成形机床出口按企业所在地区分列情况

序号	所在地区	出口量（台）	同比增长（%）	占比（%）	出口额（百万美元）	同比增长（%）	占比（%）	单价（万美元/台）
	合计	534 339	26.9	100.0	1 124	15.3	100.0	0.2
1	华东	320 802	24.9	60.0	564	12.0	50.2	0.2
2	华北	167 952	27.5	31.4	196	-15.6	17.4	0.1
3	华南	17 655	63.2	3.3	193	38.3	17.2	1
4	西南	11 806	79.0	2.2	55	170.5	4.9	0.5
5	华中	9 077	20.9	1.7	51	23.4	4.6	0.6
6	东北	2 410	33.9	0.5	39	79.4	3.5	2
7	西北	4 637	-18.6	0.9	26	63.0	2.3	0.6

注：由于四舍五入，表中合计数有微小出入。

四、企业信息

参加2014年金属成形机床产品年度统计的企业（按企业名称汉语拼音的字母排序）见表42。

表42 参加2014年金属成形机床产品年度统计的企业（按企业名称汉语拼音的字母排序）

序号	企业名称	网址
1	安阳锻压机械有限公司	http：//www. ayduanya. com/
2	广东锻压机床厂有限公司	http：//www. wanshun. com/
3	合肥合锻机床股份有限公司	http：//www. hfpress. com/
4	湖北三环锻压机床有限公司	http：//www. hsdy. com. cn/
5	济南二机床集团有限公司	http：//www. jiermt. com/
6	江苏金方圆数控机床有限公司	http：//www. jinfangyuan. com/
7	江苏省徐州锻压机床厂有限公司	http：//www. xuduan. com. cn/
8	江苏亚威机床股份有限公司	http：//www. yawei. cc/cn/
9	江苏扬力集团有限公司	http：//www. yangli. com/
10	辽阳锻压机床股份有限公司	http：//www. liaoduan. com/
11	南京第一机床厂有限公司	http：//www. nj－jcc. com/
12	齐齐哈尔二机床（集团）有限责任公司	http：//www. q2jc. com. cn/
13	青岛青锻锻压机械有限公司	http：//www. qingduan. com/
14	荣成锻压机床有限公司	http：//www. weide. com. cn/
15	山东高密高锻机械有限公司	http：//www. gaoduan. com/
16	山东宏康机械制造有限公司	http：//www. hongkang. com/
17	山东鲁南机床有限公司	http：//www. lunanmachine. com/
18	上海机床厂有限公司	http：//www. smtw. com/
19	泰安华鲁锻压机床有限公司	http：//www. taianduanya. cn/
20	天津市天锻压力机有限公司	http：//www. tjdy. com/
21	天水锻压机床有限公司	http：//www. tsdyc. com/
22	沃得精机（中国）有限公司	http：//www. worldgroup. com. cn/
23	西安西锻机床有限公司	http：//www. xiduan2014. icoc. cc/
24	扬州锻压机床集团有限公司	http：//www. duanya. com. cn/
25	营口锻压机床有限责任公司	http：//www. ykdy. com/
26	浙江锻压机械集团有限公司	http：//www. zheduan. com/
27	浙江萧山金龟机械有限公司	http：//www. jingui. com. cn/

数控装置

一、基本情况

2014年，中国机床工具行业年报统计中生产数控装置产品的企业共计8家。总体行业呈现降库存的状态，产值21.9亿元，销售产值21.5亿元，期间产成品库存减少28 974台（套）。2014年数控装置产品产销存情况见表43。

表43　2014年数控装置产品产销存情况

产品名称	生产		销售		期间产成品库存	
	数量（台）	金额（亿元）	数量（台）	金额（亿元）	数量（台）	金额（亿元）
数控系统	118 388	14.8	118 109	14.0	279	0.361
数控机床用伺服驱动单元	69 026	1.9	68 834	1.8	-15 808	0.08
主轴伺服驱动单元	4 698	0.3	3 862	0.3	836	0.06
进给伺服驱动单元	64 328	1.6	64 972	1.5	-644	0.02
数控机床用电机	96 886	4.5	97 534	4.2	-648	0.28
主轴电机	8 698	0.4	8 162	0.4	536	0.05
伺服电机	88 188	4.0	89 372	3.8	-1 184	0.23
数显装置	727 168	1.5	739 965	1.5	-12 797	0.07
直线位移传感器	15 038	0.3	15 564	0.4	-526	-0.01
光栅尺	13 131	0.0	13 567	0.1	-436	0.00
磁栅尺	1 907	0.3	1 997	0.31	-90	-0.013
角位移传感器	707 428	1.1	719 544	1.1	-12 116	0.08
圆光栅编码器	707 428	1.1	719 544	1.1	-12 116	0.08
其他数显装置	4 702	0.1	4 857	0.1	-155	0.00

注：由于四舍五入，表中合计数有微小出入。

二、出口情况

根据海关统计数据，2014年数控装置出口总额5.7亿美元，同比下降0.4%。其中，可编程序控制器出口额3.7亿美元，同比下降4.2%；数控系统出口额2.0亿美元，同比增长7.9%。2014年数控装置出口情况见表44。

表44　2014年数控装置出口情况

产品名称	出口量（台）	同比增长（%）	占比（%）	出口额（亿美元）	同比增长（%）	占比（%）	单价（千美元/台）	同比增长（%）
合计	20 006 679	10.9	100.0	5.7	-0.4	100.0	0.03	-10.2
可编程序控制器	7 025 051	1.8	35.1	3.7	-4.2	64.9	0.05	-5.9
数控系统	12 981 628	16.6	64.9	2.0	7.9	35.1	0.02	-7.5

注：由于四舍五入，表中合计数有微小出入。

从出口数量上看，数控系统的占比最大；从单价上看，整体上价格处于下降状态，可编程序控制器的单价最高。从出口趋势上看，整个数控装置产品出口呈现微弱下降趋势。

在数控装置出口去向上，德国小幅下降，排在第一位，出口额同比下降7%；芬兰微弱下降，处于第二位，同比下降0.1%；荷兰大幅增长，位居第三，同比增长36.6%。2014年数控装置出口去向前10位国家（地区）情况见表45。

表45　2014数控装置出口去向前10位国家（地区）情况

序号	国家（地区）	出口量（台）	同比增长（%）	占比（%）	出口额（百万美元）	同比增长（%）	占比（%）	单价（万美元/台）
1	德国	2 049 586	8.3	10.2	58	-7.0	10.2	0.03
2	芬兰	402 410	10.1	2.0	15	-0.1	2.6	0.04
3	荷兰	282 324	21.6	1.4	15	36.6	2.6	0.05
4	美国	2 696 764	24.2	13.5	75	0.5	13.2	0.03
5	日本	3 808 420	17.1	19.0	89	26.7	15.8	0.02
6	瑞典	499 305	9.4	2.5	25	6.1	4.4	0.05
7	中国台湾	623 964	34.1	3.1	26	35.2	4.6	0.04
8	中国香港	2 644 521	-13.4	13.2	39	-45.4	6.9	0.01
9	伊朗	447 336	252.1	2.2	17	447.5	3.0	0.04
10	印度	445 587	25.5	2.2	23	13.1	4.1	0.05

注：由于四舍五入，表中合计数有微小出入。

在数控装置出口企业中，按出口额占比排序，外资企业占67.1%，私人企业占20.8%，国有企业占12.1%。在出口企业所在地区中，按出口额占比排序，华东（50.2%）、华南（23.3%）和华北（19.1%）居前三位，同比分别增长3%、下降6.8%和下降2.6%。2014年数控装置出口按企业性质分列情况见表46。2014年数控装置出口按企业所在地区分列情况见表47。

表46　2014年数控装置出口按企业性质分列情况

企业性质	出口量（台）	同比增长（%）	占比（%）	出口额（百万美元）	同比增长（%）	占比（%）	单价（万美元/台）
合计	20 006 679	10.9	100.0	566	-0.4	100.0	0.03
外资企业	10 895 162	4.3	54.5	380	-2.1	67.1	0.03
私人企业	3 376 071	28.4	16.9	118	22.0	20.8	0.03
国有企业	5 735 446	15.6	28.7	69	-18.2	12.1	0.01

注：由于四舍五入，表中合计数有微小出入。

表47　2014年数控装置出口按企业所在地区分列情况

序号	所在地区	出口量（台）	同比增长（%）	占比（%）	出口额（百万美元）	同比增长（%）	占比（%）	单价（万美元/台）
	合计	20 006 679	10.9	100.0	566	-0.4	100.0	0.03
1	华东	7 739 824	12.4	38.7	284	3.0	50.2	0.04
2	华南	7 503 096	10.4	37.5	132	-6.8	23.3	0.02
3	华北	1 855 571	26.2	9.3	108	-2.6	19.1	0.06
4	东北	2 726 279	7.5	13.6	21	25.6	3.8	0.01
5	西南	67 180	10.4	0.3	8	-30.7	1.4	0.12
6	西北	42 206	-21.0	0.2	7	8.0	1.3	0.18
7	华中	72 523	-68.0	0.4	6	16.7	1.0	0.08

注：由于四舍五入，表中合计数有微小出入。

三、企业信息

参加2014年数控装置产品年度统计的企业（按企业名称汉语拼音的字母排序）见表48。

表48　参加2014年数控装置产品年度统计的企业（按企业名称汉语拼音的字母排序）

序号	企业名称	网址
1	北京凯奇数控设备成套有限公司	http://www.catch-cnc.com/
2	大连光洋科技集团有限公司	http://www.dlgona.com/
3	广州数控设备有限公司	http://www.gsk.com.cn/
4	南京华兴数控技术有限公司	http://www.wxcnc.com/
5	上海平信机电制造有限公司	http://spmat.iyazhu.com/
6	苏州怡信精密量测科技有限公司	http://szyxjmlc.cn.china.cn/
7	武汉华中数控股份有限公司	http://www.huazhongcnc.com/
8	长春禹衡光学有限公司	http://www.yu-heng.cn/

功能部件

一、基本情况

2014年，中国机床工具行业年报统计中生产功能部件产品的企业共计16家。功能部件产品产值10.8亿元，销售产值11.1亿元；期间产成品库存减少0.46亿元。2014年功能部件产品产销存情况见表49。

二、生产运行

2014年功能部件细分产品结构上，销售产值占比居前三位的是数控机床功能部件（42.3%）、工具夹具（31.5%）和其他功能部件（19.8%）。期间产成品库存呈现下降趋势。

表49　2014年功能部件产品产销存情况

产品名称	生产		销售		期间产成品库存	
	数量（件/套）	金额（亿元）	数量（件/套）	金额（亿元）	数量（件/套）	金额（亿元）
功能部件合计	1 639 349	10.8	1 756 110	11.1	-116 761	-0.46
工具夹具	956 717	3.3	962 595	3.5	-5 878	-0.18
卡盘	336 570	2.8	368 574	3.0	-32 004	-0.17
夹头	605 000	0.3	575 000	0.3	30 000	0.00
车床刀架	4 980	0.0	4 892	0.0	88	0.00
铣头、插头、镗头	1 276	0.0	1 190	0.0	86	0.00
刀杆（刀柄）	3 038	0.0	6 226	0.0	-3 188	-0.02
机械回转工作台	5 853	0.1	6 713	0.1	-860	0.00
工件夹具	237 515	0.6	345 574	0.6	-108 059	0.00
吸盘	2 689	0.1	2 508	0.1	181	0.01
其他工件夹具	234 826	0.5	343 066	0.49	-108 240	-0.01
特殊辅助装置	4 283	0.2	4 065	0.2	218	-0.05
分度头	4 283	0.2	4 065	0.2	218	-0.05
其中：机械分度头	3 305	0.1	3 156	0.1	149	-0.04
数控分度头	978	0.1	909	0.1	69	-0.02

（续）

产品名称	生产		销售		期间产成品库存	
	数量（件/套）	金额（亿元）	数量（件/套）	金额（亿元）	数量（件/套）	金额（亿元）
数控机床功能部件	339 164	4.6	336 557	4.7	2 607	-0.23
电主轴	2 425	0.1	2 132	0.1	293	-0.01
滚珠丝杠副	118 197	1.9	120 269	1.9	-2 072	-0.05
滚动导轨副	36 964	0.5	40 538	0.5	-3 574	-0.02
直线导轨副	107 846	0.1	104 909	0.1	2 937	-0.03
机械主轴	10 708	0.1	9 254	0.1	1 454	0.00
数控刀架	131 803	2.6	127 826	2.6	3 977	-0.12
数控动力刀架	1 736	0.1	1 739	0.1	-3	-0.02
数控转台	830	0.3	869	0.3	-39	-0.01
数控平旋盘	15	0.0	20	0.0	-5	-0.03
其他功能部件	101 670	2.1	107 319	2.2	-5 649	0.01

三、出口情况

根据海关统计数据，2014 年功能部件出口总额 10.6 亿美元，同比增长 21.4%。其中，机床夹具、附件出口额 2.7 亿美元，同比增长 12%；机床零件、部件出口额 7.9 亿美元，同比增长 25.1%。2014 年功能部件出口情况见表 50。

表 50　2014 年功能部件出口情况

产品名称	出口量（台）	同比增长（%）	占比（%）	出口额（亿美元）	同比增长（%）	占比（%）	单价（万美元/台）	同比增长（%）
合计	368 243 813	30.7	100.0	10.6	21.4	100.0	0.003	-7.1
机床夹具、附件	34 764 755	3.9	9.4	2.7	12.0	25.8	0.008	7.9
机床零件、部件	333 479 058	34.4	90.6	7.9	25.1	74.2	0.002	-6.9

注：由于四舍五入，表中合计数有微小出入。

在功能部件出口去向上，日本大幅增长，排在第一位，出口额同比增长 48.5%；美国大幅增长，处于第二位，同比增长 30.8%；德国大幅增长，位居第三，同比增长 24.4%。2014 年功能部件出口去向前 10 位国家（地区）情况见表 51。

表 51　2014 年功能部件出口去向前 10 位国家（地区）情况

序号	国家（地区）	出口量（件/套）	同比增长（%）	占比（%）	出口额（百万美元）	同比增长（%）	占比（%）	单价（万美元/件）
1	日本	125 266 396	70.0	34.0	273	48.5	25.7	0.002
2	美国	80 698 795	40.0	21.9	203	30.8	19.2	0.003
3	德国	21 081 891	18.6	5.7	82	24.4	7.8	0.004
4	中国台湾	35 237 326	13.5	9.6	80	19.9	7.5	0.002
5	韩国	40 927 824	7.6	11.1	61	0.6	5.8	0.001
6	意大利	6 736 354	28.8	1.8	27	16.1	2.6	0.004
7	中国香港	1 792 940	-12.1	0.5	24	-2.7	2.3	0.014
8	英国	6 202 819	10.1	1.7	22	-2.4	2.1	0.004
9	印度	2 669 204	-12.7	0.7	22	20.5	2.0	0.008
10	新加坡	6 680 106	12.4	1.8	21	18.3	2.0	0.003

注：由于四舍五入，表中合计数有微小出入。

在功能部件出口企业中，按出口额占比排序，外资企业占51.6%，私人企业占36.9%，国有企业占11.5%。在出口企业所在地区中，按出口额占比排序，华东(42.7%)、华北（24%）和东北（17.9%）居前三位，同比分别增长12.8%、17.6%和69.1%。2014年功能部件出口按企业性质分列情况见表52。2014年功能部件出口按企业所在地区分列情况见表53。

表52　2014年功能部件出口按企业性质分列情况

企业性质	出口量（件/套）	同比增长（%）	占比（%）	出口额（百万美元）	同比增长（%）	占比（%）	单价（千美元/件）
合计	368 243 813	30.7	100.0	1 059	21.4	100.0	0.003
外资企业	199 510 951	35.1	54.2	546	23.6	51.6	0.003
私人企业	134 321 681	29.8	36.5	390	25.3	36.9	0.003
国有企业	34 411 181	12.9	9.3	122	3.2	11.5	0.004

注：由于四舍五入，表中合计数有微小出入。

表53　2014年功能部件出口按企业所在地区分列情况

序号	所在地区	出口量（件/套）	同比增长（%）	占比（%）	出口额（百万美元）	同比增长（%）	占比（%）	单价（千美元/件）
	合计	368 243 813	30.7	100.0	1 059	21.4	100.0	0.003
1	华东	124 164 540	19.2	33.7	452	12.8	42.7	0.004
2	华北	103 942 165	23.6	28.2	254	17.6	24.0	0.002
3	东北	97 121 591	77.6	26.4	189	69.1	17.9	0.002
4	华南	17 036 499	6.0	4.6	91	12.2	8.6	0.005
5	华中	12 449 492	53.4	3.4	28	23.8	2.7	0.002
6	西北	11 322 972	-12.5	3.1	24	-5.3	2.3	0.002
7	西南	2 206 554	44.2	0.6	20	45.7	1.9	0.009

注：由于四舍五入，表中合计数有微小出入。

四、企业信息

参加2014年功能部件产品年度统计的企业（按企业名称汉语拼音的字母排序）见表54。

表54　参加2014年功能部件产品年度统计的企业（按企业名称汉语拼音的字母排序）

序号	企业名称	网址
1	保定向阳航空精密机械有限公司	http：//www. xiangyang. com. cn/
2	常州市宏达机床数控设备有限公司	http：//www. hd - machine. com/
3	常州市新墅机床数控设备有限公司	http：//czsxsjcs. cn. china. cn/
4	广东高新凯特精密机械股份有限公司	http：//www. htpm. com. cn/
5	呼和浩特众环集团有限责任公司	http：//www. c - chuck. com. cn/
6	南京工艺装备制造有限公司	http：//www. njyigong. cn/

（续）

序号	企业名称	网址
7	曲阜市崇德精密机械有限公司	http：//www. qufuchongde. cn/
8	三河市同飞制冷设备有限公司	http：//www. tfzl. com/
9	山东博特精工股份有限公司	http：//www. jsinfo. com. cn/
10	陕西航空宏峰精密机械工具公司	http：//www. hfmtc. com. cn/
11	瓦房店永川机床附件有限公司	http：//www. wfdjichuang. com/
12	威海天诺数控机械有限公司	http：//www. whpack. com/
13	烟台艾格瑞精密机械有限公司	http：//www. cn – sanjing. com/
14	烟台环球机床附件集团有限公司	http：//www. yantai – universal. com/
15	烟台市开发区博森机床辅机有限公司	http：//www. bosen – fuji. com/
16	浙江人和机械有限公司	http：//www. diancixipan. cn/

工具及量具量仪

一、基本情况

2014 年，中国机床工具行业年报统计中生产工具及量具量仪产品的企业共计 90 家。从工具及量具量仪产品细分情况看，量具产值 9. 7 亿元，同比增长 7. 2%；量仪产值 5. 3 亿元，同比增长 190%；切削刀具 88. 7 亿元，同比下降 25. 9%。期间产成品库存均呈现不同程度的增加。2014 年工具及量具量仪产品产销存情况见表 55。

表 55　2014 年工具及量具量仪产品产销存情况

产品名称	生产				销售				期间产成品库存
	数量（件）	同比增长（%）	金额（亿元）	同比增长（%）	数量（件）	同比增长（%）	金额（亿元）	同比增长（%）	数量（件）
量具	1 135	0. 7	9. 7	7. 2	1 119	−2. 7	9. 9	3. 3	16
卡尺	250	−6. 5	2. 4	−2. 8	258	−9. 7	2. 5	−8. 6	−8
量块及量规	299	4. 3	1. 8	30. 8	269	−1. 7	1. 7	32. 9	31
测微螺杆类量具	160	3. 0	1. 4	0. 8	152	−4. 7	1. 5	−3. 8	8
量表	162	1. 8	1. 7	5. 4	155	−6. 3	1. 7	−0. 4	8
角度和平直度量具	9	6. 2	0. 1	−0. 2	9	6. 2	0. 1	15. 7	0
电子数显量具	176	−4. 5	2. 0	−0. 2	177	−3. 2	2. 0	1. 7	−2
辅助测量器具	49	−12. 5	0. 2	−11. 0	48	−17. 6	0. 2	−14. 2	1
其他量具	31	190. 6	0. 2	363. 6	53	194. 4	0. 2	686. 0	−22
量仪	72 746	4. 7	5. 3	190. 0	69 649	1. 2	5. 0	174. 9	3 097
通用长度量仪	2 040	1. 1	0. 4	86. 0	1 650	−6. 2	0. 4	36. 9	390
通用角度量仪	373	−29. 9	0. 0	−8. 5	373	−29. 9	0. 0	−10. 1	0

（续）

产品名称	生产				销售				期间产成品库存
	数量（件）	同比增长（%）	金额（亿元）	同比增长（%）	数量（件）	同比增长（%）	金额（亿元）	同比增长（%）	数量（件）
形状和位置误差量仪	378	3.6	0.0	9.1	364	4.3	0.0	-0.1	14
表面质量量仪	63	-60.9	0.1	-56.0	93	-7.0	0.1	-1.0	-30
三坐标测量仪	537	—	2.6	—	590	14 650.0	2.5	18 712.0	-53
齿轮量仪	321	-20.5	0.8	26.3	373	13.0	0.8	23.8	-52
螺纹量仪	279	—	0.1	—	375	—	0.1	—	-96
气动、电动、主动量仪检验机	19 220	82.0	0.3	233.8	16 576	52.4	0.2	99.8	2 644
其他量仪	49 535	-10.7	0.9	41.5	49 255	-10.3	0.9	44.1	280
切削刀具	92 071	-50.8	88.7	-25.9	89 843	-51.5	82.0	-27.9	2 228
高速钢刀具	69 152	-58.6	47.5	-44.8	68 404	-58.7	48.0	-44.5	748
硬质合金刀具	22 458	14.4	35.3	20.0	21 004	7.9	28.0	22.0	1 454
立方氮化硼刀具	26	7.1	0.9	14.2	26	-1.2	0.9	12.5	0
金刚石刀具小计	22	-12.0	0.8	-8.1	22	-3.1	0.8	-2.0	0
工具系统小计	215	51.4	3.0	83.9	185	556.0	2.3	86.2	30
其他切削刀具小计	198	239.8	1.2	21.8	202	1.5	1.9	52.3	-4

二、出口情况

根据海关统计数据，2014年工具及量具量仪出口总额28亿美元，同比增长12.7%。其中，切削刀具出口额26.2亿美元，同比增长12.9%；量具出口额1.3亿美元，同比增长4.3%；量仪出口额0.5亿美元，同比增长29.7%。2014年工具及量具量仪出口情况见表56。

表56　2014年工具及量具量仪出口情况

产品名称	金额（亿美元）	同比（%）	占比（%）
合计	28.0	12.7	100.0
切削刀具	26.2	12.9	93.4
量具	1.3	4.3	4.8
量仪	0.5	29.7	1.8

注：由于四舍五入，表中合计数有微小出入。

在工具及量具量仪出口去向上，美国大幅增长排在第一位，出口额同比增长10.2%；德国小幅增长，处于第二位，同比增长9.3%；印度微弱增长，位居第三，同比增长1.5%。2014年工具及量具量仪出口去向前10位国家（地区）情况见表57。

在工具及量具量仪出口企业中，按出口额占比排序，私人企业占46.7%，外资企业占40.1%，国有企业占13.2%。在出口企业所在地区中，按出口额占比排序，华东（55%）、华南（16.3%）和华北（16.3%）居前三位，同比分别增长12.2%、15.5%和8.5%。2014年工具及量具量仪出口按企业性质分列情况见表58。2014年工具及量具量仪出口按企业所在地区分列情况见表59。

表57　2014年工具及量具量仪出口去向前10位国家（地区）情况

序号	国家（地区）	出口额（百万美元）	同比增长（%）	占比（%）
1	美国	527	10.2	18.8
2	德国	258	9.3	9.2
3	印度	163	1.5	5.8
4	越南	149	69.9	5.3
5	日本	137	15.6	4.9
6	韩国	136	13.3	4.9
7	荷兰	109	35.9	3.9
8	俄罗斯	109	-4.7	3.9
9	中国香港	98	11.4	3.5
10	英国	90	37.9	3.2

注：由于四舍五入，表中合计数有微小出入。

表58　2014年工具及量具量仪出口按企业性质分别情况

企业性质	出口额（百万美元）	同比增长（%）	占比（%）
合计	2 800	12.7	100.0
私人企业	1 308	17.6	46.7
外资企业	1 122	9.4	40.1
国有企业	369	6.8	13.2

注：由于四舍五入，表中合计数有微小出入。

表59　2014年工具及量具量仪出口按企业所在地区分列情况

序号	所在地区	出口额（百万美元）	同比增长（%）	占比（%）
	合计	2 800	12.7	100.0
1	华东	1 540	12.2	55.0
2	华南	457	15.5	16.3
3	华北	457	8.5	16.3
4	华中	157	9.7	5.6
5	东北	84	15.9	3.0
6	西南	76	36.4	2.7
7	西北	29	24.5	1.0

注：由于四舍五入，表中合计数有微小出入。

三、企业信息

参加2014年工具及量具量仪产品年度统计的企业（按企业名称汉语拼音的字母排序）见表60。

表60　参加2014年工具及量具量仪产品年度统计的企业（按企业名称汉语拼音的字母排序）

序号	企业名称	网址
1	北工雄峰机床工具有限责任公司	
2	本溪工具有限责任公司	http：//www. liontool. com. cn/
3	常熟量具刃具厂	http：//www. cslrj. com. cn/
4	常州西夏墅工具研究所有限公司	http：//www. xxsgj. com/ch/
5	成都邦普合金材料有限公司	
6	成都成量工具集团有限公司	http：//www. chinachengliang. com/
7	成都成林数控刀具有限公司	http：//www. kilowood. cn/
8	成都岷江精密刀具有限公司	http：//www. cdmjdj. cn/
9	大连富士工具有限公司	http：//www. dfg. com. cn/
10	大连恒瑞精机有限公司	http：//www. hrjj. com. cn/
11	大连远东工具有限公司	http：//www. tdc－tools. com/
12	东风汽车有限公司刃量具厂	http：//www. dfl. com. cn/
13	贵阳华工工具注塑有限公司	http：//www. gzhuagong. cn/
14	贵阳新天光电科技有限公司	http：//www. chfoic. com/
15	贵州西南工具（集团）有限公司	http：//www. swt. com. cn/
16	桂林迪吉特电子有限公司	http：//www. dijite. com/
17	桂林广陆数字测控股份有限公司	http：//www. guanglu. com. cn/
18	桂林量具刃具有限责任公司	http：//www. sinoshan. com/
19	哈尔滨第二工具科技有限责任公司	
20	哈尔滨第一工具制造有限公司	http：//www. chntool. cn/
21	哈尔滨量具刃具集团有限责任公司	http：//www. links－china. com/

（续）

序号	企业名称	网址
22	汉江工具有限责任公司	http：//www. htw. diytrade. com/
23	汉中市智海精密机械工具有限公司	http：//www. zhjm. cn/
24	汉中万目仪电有限责任公司	http：//www. wanmu. net/
25	杭州杭工工具有限公司	http：//www. hztools. cn/
26	河南一工钻业有限公司	http：//www. hygzt. com/
27	河冶住商工模具有限公司	http：//www. hsstool. com/
28	恒锋工具股份有限公司	http：//www. esttools. com/
29	衡阳衡量数控刀具制造有限公司	
30	湖南泰嘉新材料科技股份有限公司	http：//www. bichamp. com/
31	嘉兴精工工量具集团有限公司	
32	江苏飞达钻石股份有限公司	http：//www. feida - china. net/
33	江苏建民工具有限公司	
34	江苏天工工具有限公司	http：//www. gaintool. com/
35	江西江钨硬质合金有限公司	http：//www. jxjtc. com/
36	江阴市工具厂	http：//ali_ jyggc. cctw. cc/
37	靖江量具有限公司	http：//jmtc. cn/cn/
38	兰州兰量工具股份有限公司	
39	牡丹江工具有限责任公司	
40	南昌市恒鑫工具有限责任公司	
41	宁波利浦刃具有限公司	http：//www. liputool. com/
42	青岛优先出锐工具有限公司	http：//www. qnct. cn/
43	青海量具刃具有限责任公司	http：//www. qlr. com. cn/
44	青海新青工具有限公司	
45	三门峡中原精密有限公司	http：//www. zyjm. com/
46	三门峡中原量仪股份有限公司	
47	森泰英格（成都）数控刀具有限公司	http：//www. egnc. com. cn/
48	厦门金鹭特种合金有限公司	http：//www. gesac. com. cn/
49	山东工具制造有限公司	http：//www. sdtools. cn/
50	山东泰丰宝源数控机床附件有限公司	
51	陕西关中工具制造有限公司	http：//www. gztool. com. cn/
52	陕西航空宏峰精密机械工具有限公司	http：//www. hfmtc. com. cn/
53	陕西航空硬质合金工具公司	http：//www. tools - cn. com/
54	陕西渭河精密工模具有限公司	http：//www. weihetools. com. cn/
55	上海工具厂有限公司	http：//www. stwc. cn/

（续）

序号	企业名称	网址
56	上海机轫工具有限公司	
57	上海量具刃具厂有限公司	http：//www. smctw. com. cn/
58	上海刃具厂有限公司	http：//www. shrj. net/
59	上海山田刀具有限公司	http：//www. yamadachina. com/
60	上海申利螺纹工具有限工具	http：//www. sltt. com. cn/
61	上海松德数控刀具制造有限公司	http：//www. sunder - tools. com/
62	上海杨浦硬质合金工具厂	
63	上海自九量具有限公司	http：//www. zijiu - tools. com/
64	四川天虎工具有限责任公司	http：//scthgj. com/
65	四平博尔特工艺装备有限公司	http：//www. siping. chinatool. net/
66	苏州阿诺精密切削技术股份公司	http：//www. ahno - tool. com/
67	苏州纬正精密工具有限公司	http：//www. wztools. com/
68	台州赛诺克机械科技有限公司	
69	台州市精工刀具有限公司	
70	台州威龙数控刀刃具制造有限公司	http：//www. wl - tools. com/
71	台州中天工具有限公司	http：//www. tzzht. cn/
72	太原工具厂	
73	泰安泰山福神齿轮箱有限责任公司	http：//www. tsfsclx. cn/
74	泰兴工具厂	
75	威海量具厂有限公司	http：//www. wmt. com. cn/
76	无锡方寸工具有限公司	http：//www. fctools. com/
77	无锡国宏硬质合金模具刃具有限公司	http：//wxgh. com. cn/
78	西安爱德华测量设备有限公司	http：//www. china - aeh. com/
79	西安品鼎数控工业有限公司	
80	扬州江宇刃具有限公司	http：//www. jytaps. com/
81	一拖（洛阳）汇德工装有限公司	http：//www. ythdgz. net/
82	浙江汉纳机械科技有限公司	http：//heiner - tools. com/
83	浙江汤溪工具制造有限公司	http：//www. zjtanggong. com/
84	浙江欣兴工具有限公司	http：//www. alfra. cn/
85	浙江易立刀具有限公司	
86	郑州市钻石精密制造有限公司	http：//www. zhengzuanchina. com/
87	重庆工具厂有限责任公司	http：//www. chtgo. com/
88	株洲华锐硬质合金工具有限责任公司	http：//www. zzhrhj. com/
89	株洲钻石切削刀具股份有限公司	http：//www. zccct. com/

磨料磨具

一、基本情况

2014年，中国机床工具行业年报统计中生产磨料磨具产品的企业共计111家。从磨料磨具产品细分情况看，磨具产值27.5亿元，同比增长8.1%；磨料产值55.6亿元，同比下降12.2%。期间产成品库存均呈现同比下降状态。2014年磨料磨具产品产销存情况见表61。

二、出口情况

根据海关统计数据，2014年磨料磨具出口总额21.83亿美元，同比增长22.9%。其中，出口额占比前三位的是：人造刚玉出口额5.97亿美元，同比增长14.0%；其他粘聚磨料制砂轮、石磨、石碾出口额4.94亿美元，同比增长38.9%；碳化硅出口额3.54亿美元，同比增长12.3%。2014年磨料磨具出口情况见表62。

表61　2014年磨料磨具产品产销存情况

产品名称	生产				销售				期间产成品库存			
	数量（t）	数量同比增长（%）	金额（亿元）	金额同比增长（%）	数量（t）	数量同比增长（%）	金额（亿元）	金额同比增长（%）	数量（t）	数量同比增长（%）	金额（亿元）	金额同比增长（%）
磨具	234 517	5.9	27.5	8.1	229 928	6.3	27.0	8.6	4 589	-83.2	0.33	-89.7
磨料	1 055 611	-11.0	55.6	-12.2	1 019 311	-10.1	53.4	-15.2	36 300	-61.9	2.73	-49.7

表62　2014年磨料磨具出口情况

产品名称	出口额（亿美元）	同比增长（%）	占比（%）
合计	21.83	22.9	100.0
天然刚玉	0.12	7.7	0.6
人造刚玉	5.97	14.0	27.4
碳化硅	3.54	12.3	16.2
碳化硼	0.33	24.1	1.5
碾磨或磨浆用石磨、石碾	0.01	5.8	0.1
合成或天然金刚石制石磨、石碾	1.33	65.9	6.1
其他粘聚磨料制砂轮、石磨、石碾	4.94	38.9	22.6
天然石料制砂轮、石磨、石碾	0.15	1.8	0.7
手工油石、磨石	0.75	79.5	3.4
砂布	1.51	15.0	6.9
砂纸	1.29	12.8	5.9
以其他材料为底的研磨料	0.39	58.9	1.8
经加工的工业钻石	0.08	22.6	0.4
天然、人工合成的钻石粉末	1.40	9.3	6.4

注：由于四舍五入，表中合计数有微小出入。

在磨料磨具出口去向上，美国大幅增长，排在第一位，出口额同比增长21.5%；日本大幅增长，处于第二位，同比增长11.5%；印度大幅增长，位居第三，同比增长32.3%。2014年磨料磨具出口去向前10位国家（地区）情况见表63。

在磨料磨具出口企业中，按出口额占比排序，私人企业占69.9%，外资企业占15.3%，国有企业占14.8%。在出口企业所在地区中，按出口额占比排序，华东（29.0%）、华南（23.2%）和华中（17.8%）居前三位，同比分别增长18.6%、74.4%和6.0%。2014年磨料磨具出口按企业性质分列情况见表64。2014年磨料磨具出口按企业所在地区分列情况见表65。

表63　2014年磨料磨具出口去向前10位国家（地区）情况

序号	国家（地区）	出口额（百万美元）	同比增长（%）	占比（%）
1	美国	262	21.5	12.0
2	日本	248	11.5	11.4
3	印度	200	32.3	9.2
4	韩国	167	8.7	7.7
5	越南	151	198.0	6.9
6	中国台湾	108	6.6	5.0
7	泰国	64	6.7	3.0
8	德国	62	22.1	2.8
9	印度尼西亚	56	25.4	2.6
10	俄罗斯	50	27.9	2.3

注：由于四舍五入，表中合计数有微小出入。

表64　2014年磨料磨具出口按企业性质分列情况

企业性质	出口额（百万美元）	同比增长（%）	占比（%）
合计	2 183	22.9	100.0
私人企业	1 526	31.8	69.9
外资企业	334	10.1	15.3
国有企业	323	2.6	14.8

注：由于四舍五入，表中合计数有微小出入。

表65　2014年磨料磨具出口按企业所在地区分列情况

序号	所在地区	出口额（百万美元）	同比增长（%）	占比（%）
	合计	2 183	22.9	100.0
1	华东	633	18.6	29.0
2	华南	507	74.4	23.2
3	华中	388	6.0	17.8
4	华北	293	13.2	13.4
5	西南	185	68.4	8.5
6	东北	102	-31.9	4.7
7	西北	75	11.6	3.4

（续）

注：由于四舍五入，表中合计数有微小出入。

三、企业信息

参加2014年磨料磨具产品年度统计的企业（按企业名称拼音的字母排序）有：白鸽磨料磨具有限公司、常熟市巨力砂轮有限公司、成都砂轮有限公司、大连浩发磨具制造有限公司、大连星海砂轮有限公司、丹江口弘源碳化硅有限公司、第三砂轮厂、二砂深联有限公司、峰航邯郸砂轮制品公司 、福州双屹砂轮公司、广东创汇实业有限公司、贵阳云雾磨料有限公司、贵州达众第七砂轮有限责任公司、贵州三山研磨有限公司、河北双羊砂轮制造有限公司、河南伊龙高新材料有限公司、湖南金诚新材料科技有限公司、济宁通用砂轮有限公司、江门市双益磨具有限公司、江苏华东砂轮有限公司、江苏乐园新材料集团有限公司、江苏苏北砂轮厂有限公司、江苏苏砂砂轮有限公司、江西奥星砂轮有限公司、江西冠亿砂轮有限公司、焦作市山阳亚白刚玉厂、莒南县金鹏磨料磨具有限公司、宽甸满族彤宽金刚砂厂、兰州河桥硅电资源有限公司、廊坊菊龙五金磨具有限公司、连云港花果山磨料有限公司、辽宁程瑞砂轮有限公司、辽宁黄海砂轮制造公司、临沭县正宇碳化硅厂、临沂市大鹏五金磨具有限公司、临沂市金蒙碳化硅有限公司、洛阳鑫祥刚玉有限公司、宁波大华砂轮有限公司、宁波树脂砂轮厂、青岛四砂泰益研磨有限公司、三门峡明珠电冶有限公司、沙县恒升碳化硅有限公司、山东八三碳化硅热件厂、山东济宁运河金刚砂厂、山东鲁信高技术产业股份有限公司、山东升华磨料磨具公司、山东省博兴华冠磨料磨具公司、山西沁新能源集团公司刚玉事业部、上海树脂砂轮厂、沈阳盛世磨料磨具有限公司、四川乐山天然磨料公司、苏州远东砂轮有限公司、滕州圣诺研磨有限公司、通化宏信研磨材有限责任公司、瓦房店轴承砂轮制造公司、潍坊六合微粉有限公司、武汉熊峰磨具公司、西峡正弘单晶刚玉公司、新疆龙海硅业有限公司、新疆双源新材料有限公司、邢台砂轮有限责任公司、扬州东方砂轮有限公司、伊川锐石投资有限公司、伊川县东风磨料磨具有限公司、伊川县协会（37家）、永康市白马砂轮厂、郓城伟业达磨业有限公司、郑州宏基特耐有限公司、郑州平原磨料有限公司、郑州市永泰磨料磨具有限公司、郑州烨达高新材料有限公司、郑州玉发磨料有限公司、重庆博赛矿业集团有限公司、珠海大象磨料磨具有限公司、淄博晶山刚玉厂。

〔撰稿人：中国机床工具工业协会杜智强〕

市场概况

概述中国机床工具消费市场结构，从进出口、主要用户行业运行情况、主要用户行业固定资产投资情况等方面分析机床工具市场需求

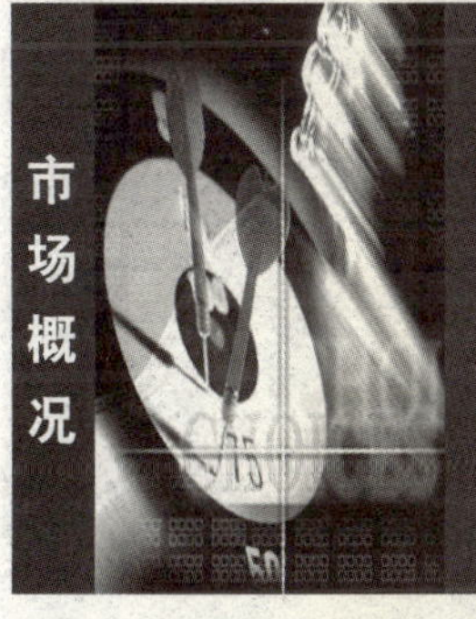

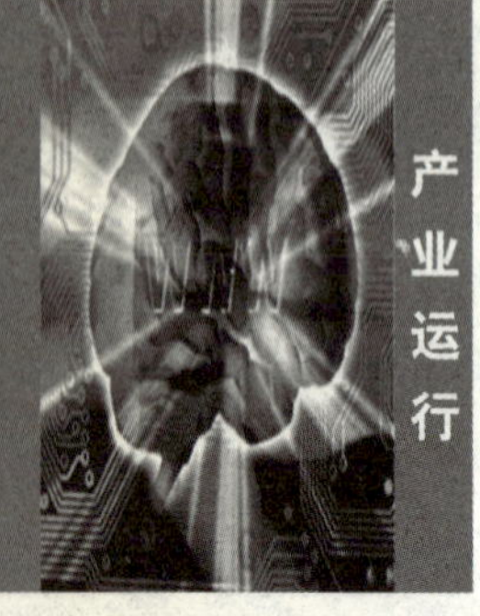

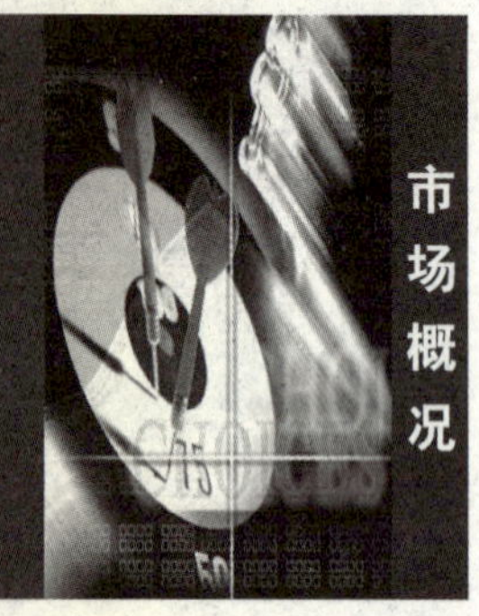

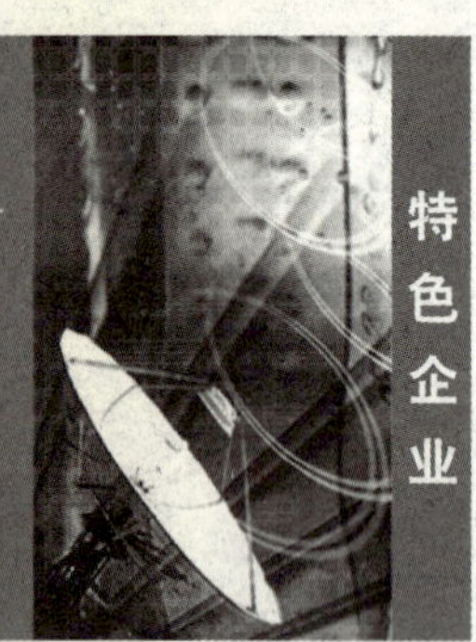

市场概况

2014年中国机床工具消费市场综述

近年来，中国经济逐步进入“新常态”，增长速度、经济结构和增长动力均已发生显著变化。受其影响，中国机床工具市场也随之发生新的变化。2014年，中国机床工具消费市场继续呈现“需求总量下降，需求结构升级”的基本特征，且程度有所加大。

一、市场结构总体分析

2014年中国机床工具消费市场主要呈现以下三个方面的变化：

1. 市场基本特征——“总量下降，结构升级”

从2010年开始，国内固定资产投资完成额累计增速持续下降，2014年固定资产投资完成额累计增速为15.7%，与2010年相比下降8.8个百分点。由于国内机床市场需求主要依靠投资拉动，所以固定资产投资增速的下降直接导致国内机床市场规模持续下降。2014年中国机床市场消费额318.3亿美元，同比下降0.3%。

另一方面，国内机床工具市场结构也在快速升级。2014年，进口机床在全部机床消费额中的占比为34.0%，较2010年提高0.9个百分点。2014年国内数控机床消费额占比为76.7%，较2010年提高6.9个百分点。未来中国机床市场结构升级将向自动化、客户化和换档升级方向发展。

2. 市场最新变化——“动力转换，市场需求变化”

中国经济的重化工业高速发展阶段趋于结束，与之相关的固定资产投资增速不断下降，进而影响面向该领域的相关机床工具商品销售。比较典型的例子，从2011年开始重型机床商品生产和进口呈现负增长。2014年国内重型机床制造企业生产销售平均水平仅相当于2011年的51.0%，2014年国内主要重型机床进口额相当于2011年的75.0%。

中国经济动力正在发生变化，2011年以来消费逐步超越投资成为经济增长的首要动力。受此影响，面向消费品制造的机床工具商品生产和消费情况要明显好于与投资相关的机床工具商品。比如，与投资相关的金属切削机床消费出现下降，而面向消费品制造的金属成形机床保持增长。另外，2014年为智能手机、平板电脑等消费电子产品制造服务的立式加工中心机床，进口量（同比增长141.0%）和产量（同比增长37.3%）保持高速大幅增长。

3. 进口呈现快速反弹式增长

2014年，机床工具进口总额177.8亿美元，同比增长10.8%。其中，金属加工机床进口额108.3亿美元，同比增长7.6%；金属切削机床进口额88.4亿美元，同比增长11.1%；金属成形机床进口额19.9亿美元，同比下降5.8%。进口居前3位的是金属切削机床（88.4亿美元）、金属成形机床（19.9亿美元）、数控装置（16.5亿美元）。总体看，2014年进口增速远高于上年同期（-20.2%）。

进口来源中，日本位居第一（51.6亿美元），同比增长23.6%；德国排名第二（42.9亿美元），同比下降0.8%；中国台湾名列第三（23.1亿美元），同比增长18.0%。

进口企业中，外资企业、私人企业和国有（含集体）企业的占比分别为63.6%、20.2%和16.2%。与2013年同期相比，私人企业占比增加2.3个百分点，国有（含集体）企业占比下降2.9个百分点。进口企业集中在华东（83.7亿美元，同比增长7.6%）、华北（34.3亿美元，同比增长10.8%）和华南（30.6亿美元，同比增长24.5%）等东部沿海地区。从贸易方式可以看出，一般贸易（71.7%）比重增加，外商投资（27.5%）比重下降。

二、机床消费市场结构分析

2014年，中国机床消费市场的变化可以概括为“金属切削机床消费持续低迷，金属成形机床消费高位趋缓”，且金属切削机床和金属成形机床消费趋势分化日趋明显。下面对机床产品生产和进口情况进行分析，来梳理机床消费市场的变化情况。2014年中国机床消费市场及生产、进出口情况见表1。

表1　2014年中国机床消费市场及生产、进出口情况

指标名称	数额（亿美元）	同比增长（%）	增速提高（百分点）
机床市场消费额	318.3	-0.3	16.3
其中：金属切削机床	199.7	-3.6	20.8
金属成形机床	118.6	5.9	3.1
机床生产（销售）额	244.0	-1.1	8.7

（续）

指标名称	数额（亿美元）	同比增长（%）	增速提高（百分点）
其中：金属切削机床	134.0	-8.2	11
金属成形机床	110.0	9.2	0.8
机床出口额	34.0	18.8	14.4
其中：金属切削机床	22.7	20.6	19.3
金属成形机床	11.3	15.3	4.6
机床进口额	108.3	7.6	33.6
其中：金属切削机床	88.4	11.1	39.5
金属成形机床	19.9	-5.8	9.7

1. 金属加工机床

2014年，中国金属加工机床消费额318.3亿美元，同比下降0.3%。其中，金属切削机床消费额199.7亿美元，同比下降3.6%；金属成形机床消费额118.6亿美元，同比增长5.9%。与2013年同期相比，消费额增速分别提高了16.3、20.8和3.1个百分点。

从消费额变化趋势看，2014年机床消费总量仍然呈现下行趋势，金属切削机床和金属成形机床的消费走势发生分化，金属切削机床的消费总量继续小幅下降，金属成形机床的消费总量保持小幅增长。另一方面，从增速变化看，金属切削机床的消费下行速度有所回升，呈现进入底部运行的态势；金属成形机床的消费增速进一步下降，进入高位趋缓的状态。

2. 金属切削机床

2014年，中国金属切削机床消费额199.7亿美元，同比下降3.6%。其中，国产金属切削机床（扣除出口后的国内消费部分）111.3亿美元，同比下降12.5%；进口金属切削机床88.4亿美元，同比增长11.1%。从上述数据可以看出，2014年进口的大幅增长弥补了国产下滑对国内消费的影响，同时也体现出国内金属切削机床消费需求结构在快速提升。

3. 金属成形机床

2014年，中国金属成形机床消费额118.6亿美元，同比增长5.9%。其中，国产金属成形机床（扣除出口后的国内消费部分）98.7亿美元，同比增长8.6%；进口金属成形机床19.9亿美元，同比下降5.8%。从上述数据看出，进口产品放缓拉低了消费增长，同时也反映出国产金属成形机床产品正在提升。

三、工具消费市场结构分析

2014年，中国工具消费市场的变化呈现冲高回落的趋势。下面对工具产品生产和进口情况进行分析，来梳理工具消费市场的变化情况。2014年中国工具消费市场及生产、进出口情况见表2。

表2 2014年中国工具消费市场及生产、进出口情况

指标名称	数额（亿美元）	同比增长（%）
工具市场消费额	51.2	-2.4
工具生产（销售）额	63.1	0.3
工具出口额	28.0	12.9
工具进口额	16.1	11.8

从表2中可以看出，2014年中国工具消费额51.2亿美元，同比下降2.4%。其中，国产工具（扣除出口后的国内消费部分）35.1亿美元，同比下降7.9%；进口工具16.1亿美元，同比增长11.8%。国内工具制造企业加大了开拓海外市场的力度，出口情况好于国内运营。同时，进口工具的大幅增长说明国内工具消费的结构也在不断升级。

四、中国机床消费市场及对外贸易在国际上的定位

根据美国Gardner商业媒体公司提供的全球机床消费和进出口贸易数据显示，2014年全球机床消费756.4亿美元，同比增长0.3%。其中，中国机床消费市场318.3亿美元，同比下降0.3%，在全球机床消费市场中的排名处于第一位。位列第2至5位的国家分别是：美国（80.6亿美元，同比增长0.1%）、德国（67.6亿美元，同比下降10.8%）、日本（51.5亿美元，同比增长39.4%）和韩国（48.9亿美元，同比增长13.2%）。2014年全球机床消费前10位国家（地区）情况见表3。

表3　2014年全球机床消费前10位国家（地区）情况

序号	国家（地区）	消费额（亿美元）	同比增长（%）	在全球中的占比（%）
	全球	756.4	0.3	100.0
1	中国	318.3	-0.3	42.1
2	美国	80.6	0.1	10.7
3	德国	67.6	-10.8	8.9
4	日本	51.5	39.4	6.8
5	韩国	48.9	13.2	6.5
6	意大利	22.7	8.0	3.0
7	俄罗斯	20.3	-1.2	2.7
8	墨西哥	17.1	-11.2	2.3
9	中国台湾	16.9	3.6	2.2
10	印度	14.2	5.9	1.9

2014年全球机床消费前10位的国家（地区）中，呈现同比显著增长的有日本和韩国，增速小幅增长的有意大利、印度、中国台湾和美国，增速下降的有中国、俄罗斯、德国和墨西哥。从全球机床消费的结构性变化中可以看出，2014年日本在国内产业政策的支持下，机床消费呈现井喷状态；美国则受益于经济复苏而稳步回升；而传统制造国家受国际需求下降和经济下行的拖累，机床消费不断下降。2014年中国机床消费占全球的份额超过40%，中国机床消费市场的影响力举足轻重。

全球机床进出口贸易方面，2014年全球机床进口359.5亿美元，同比增长0.1%。其中，中国机床进口108.3亿美元，同比增长7.6%，在全球的排名处于第1位。位列第2至5位的国家分别是：美国（52.4亿美元，同比下降0.5%）、德国（27.8亿美元，同比下降7.6%）、俄罗斯（18.7亿美元，同比下降2.8%）和墨西哥（16.6亿美元，同比下降13.2%）。2014年全球机床进口前10位国家（地区）情况见表4。

表4　2014年全球机床进口前10位国家（地区）情况

序号	国家（地区）	进口额（亿美元）	同比增长（%）	在全球中的占比（%）	占消费的比例（%）
	全球	359.5	0.1	100.0	47.5
1	中国	108.3	7.6	30.1	34.0
2	美国	52.4	-0.5	14.6	65.1
3	德国	27.8	-7.6	7.7	41.2
4	俄罗斯	18.7	-2.8	5.2	92.1
5	墨西哥	16.6	-13.2	4.6	96.9
6	韩国	15.0	7.9	4.2	30.6
7	意大利	10.2	2.9	2.8	45.0
8	土耳其	9.9	-4.6	2.8	80.6
9	比利时	9.1	6.3	2.5	412.1
10	加拿大	9.0	0.2	2.5	73.0

2014年全球机床出口422.2亿美元，同比下降6.1%。其中，中国机床出口34.0亿美元，同比增长18.8%，在全球的排名处于第5位。位列第1至4位的国家分别是：德国（89.8亿美元，同比下降16.1%）、日本（84.0亿美元，同比增长0.2%）、意大利（38.3亿美元，同比下降12.4%）和中国台湾（37.5亿美元，同比增长5.8%）。2014年全球机床出口前10位国家（地区）情况见表5。

表5　2014年全球机床出口前10位国家（地区）情况

序号	国家（地区）	出口额（亿美元）	同比增长（%）	在全球中的占比（%）	占生产的比例（%）
	全球	422.2	-6.1	100.0	
1	德国	89.8	-16.1	21.3	69.3
2	日本	84.0	0.2	19.9	65.4
3	意大利	38.3	-12.4	9.1	75.4
4	中国台湾	37.5	5.8	8.9	79.9
5	中国	34.0	18.8	8.1	13.9
6	瑞士	26.1	-6.7	6.2	84.0
7	韩国	22.4	0.9	5.3	39.7
8	美国	20.9	-4.2	4.9	42.6
9	西班牙	9.5	-19.5	2.3	88.0
10	比利时	9.4	-4.1	2.2	371.8

从进出口贸易量看，全球机床贸易整体呈现走弱的趋势，全部机床进口额增速仅增长0.1%，全部机床出口额同比下降6.1%。其中，中国机床进出口额不仅在全球处于第1位，同时仍然保持增长态势。

五、变化趋势

综合中国机床工具消费市场各项数据的变化趋势，以及未来市场需求变化的可能，预计未来一段时期内，中国机床消费市场的规模还会进一步收缩，消费结构将进一步升级；由于加工量下降，国内工具消费市场规模会下降，同时中国制造业升级导致加工需求提高，进而带动高端工具消费提升。

2014年中国机床工具市场对外贸易分析

一、进出口整体情况

2014年，机床工具类商品进口总额呈现恢复性增长，出口总额呈现持续性大幅增长。机床工具商品进出口总额294.0亿美元，同比增长14.8%。其中，出口额116.3亿美元，同比增长22.1%；进口额177.8亿美元，同比增长10.8%；贸易逆差61.5亿美元，同比下降6.3%。

出口方面。2014年，出口总额116.3亿美元，同比增长22.1%；其中金属加工机床出口额34.0亿美元，同比增长18.8%；金属加工机床中，金属切削机床出口额22.7亿美元，同比增长20.6%；金属成形机床出口额11.2亿美元，同比增长15.3%。金属切削机床的出口额保持大幅增长，增速大大提高。出口去向中，美国和越南持续增长，反映了发达国家制造业回流和新兴发展中国家制造业分流的趋势明显增强。另外，私人和外资企业占据绝对主体地位，东部沿海地区的企业出口要领先于中西部地区的企业。

进口方面。2014年，进口总额177.8亿美元，同比增长10.8%；其中金属加工机床进口额108.3亿美元，同比增长7.6%。金属加工机床中，金属切削机床进口额88.4亿美元，同比增长11.1%；金属成形机床进口额19.9亿美元，同比下降5.8%。金属加工机床的进口额和增速保持稳定回升。进口来源中，日本和中国台湾呈现大幅增长，德国呈现小幅下降，这反映出中国机床工具消费市场需求的结构性变化，消费正在逐步取代投资在经济增长中的主导作用。在进口企业性质中，私人企业的进口额已经超越国有企业，东部沿海地区的企业进口要多于中西部地区的企业。

二、进口贸易

1. 加工中心

根据海关统计数据，2014年加工中心进口总额43.4亿美元，同比增长29.9%。其中，立式加工中心进口额24亿美元，同比增长81.9%；卧式加工中心进口额15亿美元，同比下降5.1%；龙门式加工中心进口额3亿美元，同比下降8.9%。2014年加工中心进口情况见表1。

表1 2014年加工中心进口情况

产品名称	进口量（台）	同比增长（%）	占比（%）	进口额（亿美元）	同比增长（%）	占比（%）	单价（万美元/台）	同比增长（%）
合计	44 436	115.1		43	29.9	100.0	10	-39.6
立式加工中心	41 020	141.5	92.3	24	81.9	55.6	6	-24.7
卧式加工中心	2 608	-9.4	5.9	15	-5.1	33.9	56	4.8
龙门式加工中心	562	-11.5	1.3	3	-8.9	7.2	56	2.9
铣车复合加工中心	147		0.3	1		1.8	52	
未列名加工中心	99	-38.5	0.2	1	-46.2	1.4	63	-12.5

注：由于四舍五入，表中合计数有微小出入。

从进口量和进口额上看，立式加工中心的占比都居首位。从进口趋势上看，加工中心在进口量和进口额上基本保持大幅增长趋势，但进口平均单价呈现大幅下降的趋势。

在加工中心进口来源上，日本迅猛增长，排在第1位，进口额同比增长83.7%；德国小幅下降，处于第2位，同比下降7.2%；中国台湾大幅增长，居第3位，同比增长13.7%。2014年加工中心进口来源前10位国家（地区）情况见表2。

表2 2014年加工中心进口来源前10位国家（地区）情况

序号	来源国家（地区）	进口量（台）	同比增长（%）	占比（%）	进口额（百万美元）	同比增长（%）	占比（%）	单价（万美元/台）
1	日本	34 226	202.4	77.0	2 293	83.7	52.9	7
2	德国	1 038	-17.8	2.3	877	-7.2	20.2	85
3	中国台湾	4 921	19.9	11.1	407	13.7	9.4	8
4	韩国	1 676	1.9	3.8	204	-20.7	4.7	12
5	意大利	141	-13.0	0.3	155	-6.9	3.6	110
6	美国	1 408	-3.3	3.2	104	14.7	2.4	7
7	瑞士	139	63.5	0.3	68	57.7	1.6	49
8	西班牙	44	-10.2	0.1	60	-14.0	1.4	137
9	法国	64	-8.6	0.1	53	-6.4	1.2	83
10	新加坡	180	11.8	0.4	27	-0.6	0.6	15

注：由于四舍五入，表中合计数有微小出入。

在加工中心进口企业中，按进口额的占比排序，外资企业占62.7%，私人企业占19.2%，国有企业占18.2%。进口企业所在地区按进口额占比排序，华东（41.2%）、华南（24.9%）和华北（15.5%）居前3位，同比分别增长24.4%、134%和下降9.6%。2014年加工中心进口按企业性质分列情况见表3。2014年加工中心进口按企业所在地区分列情况见表4。

表3 2014年加工中心进口按企业性质分列情况

企业性质	进口量（台）	同比增长（%）	占比（%）	进口额（百万美元）	同比增长（%）	占比（%）	单价（万美元/台）
合计	44 436	115.1	100.0	4 335	29.9	100.0	10
外资企业	32 707	127.1	73.6	2 717	41.1	62.7	8
私人企业	9 236	110.1	20.8	831	36.6	19.2	9
国有企业	2 493	33.8	5.6	787	-1.9	18.2	32

注：由于四舍五入，表中合计数有微小出入。

表4 2014年加工中心进口按企业所在地区分列情况

序号	所在地区	进口量（台）	同比增长（%）	占比（%）	进口额（百万美元）	同比增长（%）	占比（%）	单价（万美元/台）
	合计	44 436	115.1	100.0	4 335	29.9	100.0	10
1	华东	17 286	75.8	38.9	1 787	24.4	41.2	10
2	华南	18 458	309.0	41.5	1 081	134.0	24.9	6
3	华北	4 090	8.5	9.2	671	-9.6	15.5	16
4	东北	575	41.3	1.3	326	51.8	7.5	57
5	华中	3 342	105.9	7.5	255	26.0	5.9	8
6	西南	612	57.7	1.4	179	-16.8	4.1	29
7	西北	73	-43.4	0.2	35	-42.6	0.8	49

注：由于四舍五入，表中合计数有微小出入。

2. 数控车床

根据海关统计数据，2014年数控车床进口总额8亿美元，同比下降4.4%。其中，数控卧式车床进口额5亿美元，同比下降1.4%；数控立式车床进口额2亿美元，同比下降11.5%。2014年数控车床进口情况见表5。

表5 2014年数控车床进口情况

产品名称	进口量（台）	同比增长（%）	占比（%）	进口额（亿美元）	同比增长（%）	占比（%）	单价（万美元/台）	同比增长（%）
合计	5 863	9.0		8	-4.4		13	-12.3
数控卧式车床	4 665	12.5	79.6	5	-1.4	68.0	11	-12.3
其他数控车床	1 198	-2.6	20.4	2	-10.1	32.0	20	-7.7
其中：数控立式车床	1 171	0.0		2	-11.5		19	

注：由于四舍五入，表中合计数有微小出入。

从进口量和进口额看，数控卧式车床的占比均较大。从进口趋势上看，数控车床进口额呈现小幅下降的趋势，进口平均单价呈现大幅下降的趋势。

在数控车床进口来源上，中国台湾小幅增长，排在第一位，进口额同比增长8.2%；日本微弱下降，处于第二位，同比下降0.9%；德国大幅下降，位居第三，同比下降21.8%。2014年数控车床进口来源前10位国家（地区）情况见表6。

表6 2014年数控车床进口来源前10位国家（地区）情况

序号	来源国家（地区）	进口量（台）	同比增长（%）	占比（%）	进口额（百万美元）	同比增长（%）	占比（%）	单价（万美元/台）
1	中国台湾	2 684	10.3	45.8	219	8.2	29.2	8
2	日本	1 347	9.7	23.0	209	-0.9	27.8	15
3	德国	221	-23.5	3.8	136	-21.8	18.1	62
4	韩国	884	17.9	15.1	70	-1.4	9.3	8
5	意大利	128	-1.5	2.2	43	-13.6	5.8	34
6	美国	265	10.4	4.5	21	-7.2	2.8	8
7	瑞士	35	59.1	0.6	9	78.7	1.2	26
8	西班牙	15	-28.6	0.3	8	-56.9	1.1	56
9	捷克	6		0.1	7		1.0	123
10	泰国	109	22.5	1.9	6	8.0	0.9	6

注：由于四舍五入，表中合计数有微小出入。

在数控车床进口企业中，按进口额占比排序，外资企业占63.6%，私人企业占19.9%，国有企业占16.5%。

进口企业所在地区按进口额占比排序，华东（56.5%）、华北（20.3%）和华南（13.1%）居前三位，同比分别增长9.2%、下降19.2%和下降10.8%。2014年数控车床进口按企业性质分列情况见表7。2014年数控车床进口按企业所在地区分列情况见表8。

表7 2014年数控车床进口按企业性质分列情况

企业性质	进口量（台）	同比增长（%）	占比（%）	进口额（百万美元）	同比增长（%）	占比（%）	单价（万美元/台）
合计	5 863	9.0	100.0	752	-4.4	100.0	13
外资企业	3 575	7.8	61.0	478	1.2	63.6	13
私人企业	1 602	20.2	27.3	150	-12.7	19.9	9
国有企业	686	-5.9	11.7	124	-12.8	16.5	18

注：由于四舍五入，表中合计数有微小出入。

表8 2014年数控车床进口按企业所在地区分列情况

序号	所在地区	进口量（台）	同比增长（%）	占比（%）	进口额（百万美元）	同比增长（%）	占比（%）	单价（万美元/台）
	合计	5 863	9.0	100.0	752	-4.4	100.0	13
1	华东	3 483	17.9	59.4	425	9.2	56.5	12
2	华北	998	6.2	17.0	153	-19.2	20.3	15
3	华南	1 015	-4.9	17.3	99	-10.8	13.1	10
4	东北	214	-14.1	3.7	47	-0.5	6.2	22
5	华中	103	80.7	1.8	16	-31.3	2.2	16
6	西南	29	-65.9	0.5	10	-46.8	1.3	34
7	西北	21	-16.0	0.4	3	-70.0	0.3	12

注：由于四舍五入，表中合计数有微小出入。

3. 磨床

根据海关统计数据，2014年磨床进口总额11.7亿美元，同比下降8.2%。其中，其他磨床进口额2.6亿美元，同比下降6.8%；外圆磨床进口额2.6亿美元，同比下降37.2%；珩磨、研磨机进口额2.2亿美元，同比增长9.5%。2014年磨床进口情况见表9。

表9 2014年磨床进口情况

产品名称	进口量（台）	同比增长（%）	占比（%）	进口额（亿美元）	同比增长（%）	占比（%）	单价（万美元/台）	同比增长（%）
合计	6 083	-17.0	100.0	11.7	-8.2	100.0	19	10.8
其他磨床	677	7.6	11.1	2.6	-6.8	22.1	38	-13.4
外圆磨床	770	-6.1	12.7	2.6	-37.2	22.1	34	-33.1
珩磨、研磨机	1 893	16.4	31.1	2.2	9.5	18.4	11	-78.1
工具磨床	1 338	-53.6	22.0	1.8	-3.2	15.0	13	-51.4
曲轴磨床	111		1.8	1.2		10.6	112	
平面磨床	1 054	-4.3	17.3	0.7	-27.9	6.4	7	-24.7
内圆磨床	233	-10.7	3.8	0.6	-40.5	5.1	26	-33.3
轧辊磨床	7	40.0	0.1	0.0	49.6	0.0	4	6.8

注：由于四舍五入，表中合计数有微小出入。

从进口额上看，其他磨床和外圆磨床的占比并列居首位。从进口趋势上看，磨床整体呈现小幅下降的趋势，但进口平均单价呈现大幅上升的趋势。

在磨床进口来源上，德国大幅下降，排在第一位，进口额同比下降15.1%；日本大幅下降，处于第二位，同比下降15.2%；意大利大幅下降，位居第三，同比下降33.1%。2014年磨床进口来源前10位国家（地区）情况见表10。

表10　2014年磨床进口来源前10位国家（地区）情况

序号	来源国家（地区）	进口量（台）	同比增长（%）	占比（%）	进口额（百万美元）	同比增长（%）	占比（%）	单价（万美元/台）
1	德国	880	23.2	14.5	348	-15.1	29.8	39
2	日本	1 154	2.9	19.0	229	-15.2	19.6	20
3	意大利	175	-1.7	2.9	110	-33.1	9.4	63
4	中国台湾	1 983	10.3	32.6	84	10.4	7.2	4
5	瑞士	237	17.3	3.9	79	14.9	6.7	33
6	美国	336	2.4	5.5	77	-16.6	6.6	23
7	捷克	149	217.0	2.4	60	245.2	5.2	41
8	英国	74	-36.2	1.2	57	-35.0	4.9	77
9	泰国	335	14.3	5.5	35	53.1	3.0	10
10	韩国	333	44.2	5.5	29	30.0	2.5	9

注：由于四舍五入，表中合计数有微小出入。

在磨床进口企业中，按进口额占比排序，外资企业占51.9%，国有企业占30.6%，私人企业占17.6%。进口企业所在地区按出口额占比排序，华东（41.2%）、华北（21.2%）和华南（15.4%）居前三位，同比分别下降10.4%、增长23.8%和下降4.4%。2014年磨床进口按企业性质分列情况见表11。2014年磨床进口按企业所在地区分列情况见表12。

表11　2014年磨床进口按企业性质分列情况

企业性质	进口量（台）	同比增长（%）	占比（%）	进口额（百万美元）	同比增长（%）	占比（%）	单价（万美元/台）
合计	6 083	-17.0	100.0	1 168	-8.2	100.0	19
外资企业	3 390	14.4	55.7	605	-9.8	51.9	18
国有企业	817	7.5	13.4	357	-12.1	30.6	44
私人企业	1 876	-48.0	30.8	205	5.7	17.6	11

注：由于四舍五入，表中合计数有微小出入。

表12　2014年磨床进口按企业所在地区分列情况

序号	所在地区	进口量（台）	同比增长（%）	占比（%）	进口额（百万美元）	同比增长（%）	占比（%）	单价（万美元/台）
	合计	6 083	-17.0	100.0	1 168	-8.2	100.0	19
1	华东	3 139	-32.5	51.6	481	-10.4	41.2	15
2	华北	817	14.9	13.4	247	23.8	21.2	30
3	华南	1 409	15.8	23.2	179	-4.4	15.4	13
4	东北	291	-8.5	4.8	105	-31.4	9.0	36
5	华中	210	-12.9	3.5	86	-20.9	7.4	41
6	西南	175	10.1	2.9	58	-19.9	5.0	33
7	西北	42	35.5	0.7	10	-17.8	0.9	25

注：由于四舍五入，表中合计数有微小出入。

4. 齿轮加工机床

根据海关统计数据，2014年齿轮加工机床进口总额2.7亿美元，同比下降28.4%。其中，数控齿轮加工机床进口额2.6亿美元，同比下降28%。2014年齿轮加工机床进口情况见表13。

表 13　2014 年齿轮加工机床进口情况

产品名称	进口量（台）	同比增长（%）	进口额（亿美元）	同比增长（%）	单价（万美元/台）	同比增长（%）
齿轮加工机床	665	-16.5	2.7	-28.4	40	-14.3
其中：数控	406	-20.9	2.6	-28.0	64	-8.6

注：由于四舍五入，表中合计数有微小出入。

从进口趋势上看，齿轮加工机床呈现大幅下降趋势，同时进口平均单价也呈现大幅下降的趋势。

在齿轮加工机床进口来源上，德国大幅下降，排在第一位，进口额同比下降 27.5%；瑞士大幅下降，处于第二位，同比下降 27.2%；日本大幅下降，位居第三，同比下降 21.0%。2014 年齿轮加工机床主要进口来源国家（地区）情况见表 14。

表 14　2014 年齿轮加工机床主要进口来源国家（地区）情况

序号	来源国家（地区）	进口量（台）	同比增长（%）	占比（%）	进口额（百万美元）	同比增长（%）	占比（%）	单价（万美元/台）
1	德国	150	-27.5	22.6	133	-27.5	49.7	88
2	瑞士	174	93.3	26.2	54	-27.2	20.1	31
3	日本	137	-22.2	20.6	43	-21.0	16.3	32
4	美国	92	-42.1	13.8	25	-16.1	9.5	28
5	意大利	8	-57.9	1.2	5	-64.3	1.9	62
6	中国台湾	31	34.8	4.7	4	-13.4	1.3	12
7	韩国	14	-56.3	2.1	2	-64.2	0.7	14
8	俄罗斯	54	-31.6	8.1	1	-24.3	0.2	1
9	比利时	1	-50.0	0.2	0	59.4	0.2	44

注：由于四舍五入，表中合计数有微小出入。

在齿轮加工机床进口企业中，按进口额占比排序，外资企业占 59.5%，私人企业占 21%，国有企业占 19.6%。进口企业所在地区按进口额占比排序，华东（34.4%）、华北（32.3%）和华南（8.9%）居前三位，同比分别下降 41.8%、增长 5.4% 和下降 16.7%。2014 年齿轮加工机床进口按企业性质分列情况见表 15。2014 年齿轮加工机床进口按企业所在地区分列情况见表 16。

表 15　2014 年齿轮加工机床进口按企业性质分列情况

企业性质	进口量（台）	同比增长（%）	占比（%）	进口额（亿美元）	同比增长（%）	占比（%）	单价（万美元/台）
合计	665	-16.5	100.0	267	-28.4	100.0	40
外资企业	309	-4.3	46.5	159	-12.4	59.5	51
私人企业	264	-12.6	39.7	56	-10.4	21.0	21
国有企业	92	-46.2	13.8	52	-59.6	19.6	57

注：由于四舍五入，表中合计数有微小出入。

表 16　2014 年齿轮加工机床进口按企业所在地区分列情况

序号	所在地区	进口量（台）	同比增长（%）	占比（%）	进口额（百万美元）	同比增长（%）	占比（%）	单价（万美元/台）
	合计	665	-16.5	100.0	267	-28.4	100.0	40
1	华东	186	-35.0	28.0	92	-41.8	34.4	49
2	华北	102	-5.6	15.3	86	5.4	32.3	84
3	华南	117	58.1	17.6	24	-16.7	8.9	20

（续）

序号	所在地区	进口量（台）	同比增长（%）	占比（%）	进口额（百万美元）	同比增长（%）	占比（%）	单价（万美元/台）
4	东北	192	-29.2	28.9	22	-57.2	8.2	11
5	西南	30	-3.2	4.5	21	-36.7	7.9	70
6	华中	31	181.8	4.7	21	148.8	7.9	68
7	西北	7	-53.3	1.1	1	-89.4	0.5	18

注：由于四舍五入，表中合计数有微小出入。

5. 重型机床

根据海关统计数据，2014年重型机床进口总额5.9亿美元，同比下降15.4%。其中，进口额占比最大的是龙门式加工中心，进口额3.1亿美元，同比下降8.9%；进口量占最大的是数控立式车床，进口额2.3亿美元，同比下降11.5%。2014年重型机床进口情况见表17。

表17　2014年重型机床进口情况

产品名称	进口量（台）	同比增长（%）	占比（%）	进口额（亿美元）	同比增长（%）	占比（%）	单价（万美元/台）	同比增长（%）
合计	1 844	-5.9	100.0	5.9	-15.4	100.0	32	-10.1
龙门式加工中心	562	-11.5	30.5	3.1	-8.9	53.7	56	2.9
数控立式车床	1 171	0.0	63.5	2.3	-11.5	39.0	20	-11.5
数控镗铣床	71	-37.7	3.9	0.4	-52.7	6.9	57	-24.0
其他镗铣床	33	-5.7	1.8	0.02	-40.6	0.4	7	-37.0
轧辊磨床	7	40.0	0.4	0.003	49.6	0.04	4	6.8

注：由于四舍五入，表中合计数有微小出入。

从进口趋势上看，重型机床在进口量和进口额上均呈现大幅下降趋势，同时进口平均单价呈现大幅下降的趋势。

在重型机床进口来源上，中国台湾大幅增长，排在第一位，进口额同比增长12.9%；日本小幅增长，处于第二位，同比增长6.4%；德国大幅下降，位居第三，同比下降54.4%。2014年重型机床进口来源前10位国家（地区）情况见表18。

表18　2014年重型机床进口来源前10位国家（地区）情况

序号	来源国家（地区）	进口量（台）	同比增长（%）	占比（%）	进口额（百万美元）	同比增长（%）	占比（%）	单价（万美元/台）
1	中国台湾	1 012	10.7	54.9	187	12.9	32.0	19
2	日本	284	9.2	15.4	132	6.4	22.6	47
3	德国	136	-36.4	7.4	101	-54.4	17.2	74
4	意大利	118	-0.8	6.4	83	-2.2	14.2	70
5	韩国	190	-8.2	10.3	25	-12.7	4.2	13
6	法国	8	-33.3	0.4	17	-14.7	2.8	207
7	西班牙	9	-35.7	0.5	16	-21.6	2.7	173
8	捷克	11	57.1	0.6	13	39.2	2.2	116
9	瑞士	8	33.3	0.4	3	132.7	0.6	41
10	瑞典	2		0.1	3		0.5	138

注：由于四舍五入，表中合计数有微小出入。

在重型机床进口企业中，按进口额占比排序，外资企业占42.6%，国有企业占30.9%，私人企业占26.5%。进口企业所在地区按进口额占比排序，华东（46.9%）、华北（21%）和华南（12.3%）居前三位，同比分别下降1.6%、下降34.9%和增长18.4%。2014年重型机床进口按企业性质分列情况见表19。2014年重型机床进口按企业所在地区分列情况见表20。

表19　2014年重型机床进口按企业性质分列情况

企业性质	进口量（台）	同比增长（%）	占比（%）	进口额（亿美元）	同比增长（%）	占比（%）	单价（万美元/台）
合计	1 844	-5.9	100.0	585	-15.4	100.0	32
外资企业	998	-4.4	54.1	249	-11.4	42.6	25
国有企业	366	-3.2	19.8	181	-11.2	30.9	49
私人企业	480	-10.8	26.0	155	-25.0	26.5	32

注：由于四舍五入，表中合计数有微小出入。

表20　2014年重型机床进口按企业所在地区分列情况

序号	所在地区	进口量（台）	同比增长（%）	占比（%）	进口额（百万美元）	同比增长（%）	占比（%）	单价（万美元/台）
	合计	1 844	-5.9	100.0	585	-15.4	100.0	32
1	华东	923	-2.5	50.1	275	-1.6	46.9	30
2	华北	530	16.2	28.7	123	-34.9	21.0	23
3	华南	219	-36.2	11.9	72	18.4	12.3	33
4	东北	85	-15.8	4.6	54	-11.0	9.3	64
5	西南	27	-59.7	1.5	31	-44.7	5.2	113
6	华中	50	38.9	2.7	18	-31.2	3.0	35
7	西北	10	0.0	0.5	13	-38.9	2.2	128

注：由于四舍五入，表中合计数有微小出入。

6. 特种加工机床

根据海关统计数据，2014年特种加工机床进口总额11.7亿美元，同比增长31.4%。其中，激光加工机床进口额9.1亿美元，同比增长38.0%；放电加工机床进口额1.9亿美元，同比增长17.9%。2014年特种加工机床进口情况见表21。

表21　2014年特种加工机床进口情况

产品名称	进口量（台）	同比增长（%）	占比（%）	进口额（亿美元）	同比增长（%）	占比（%）	单价（万美元/台）	同比增长（%）
合计	11 806	1.8	100.0	11.7	31.4	100.0	10	29.1
激光加工机床	5 328	-1.2	45.1	9.1	38.0	77.8	17	39.7
放电加工机床	1 871	3.3	15.8	1.9	17.9	16.5	10	14.1
等离子切割机、水射流切割机	4 268	3.9	36.2	0.5	-1.2	3.9	1	-4.8
其他化学、电子、离子束或等离子弧加工机床	75	11.9	0.6	0.2	22.7	1.5	23	9.6
超声波加工机床	264	18.9	2.2	0.04	-47.1	0.3	2	-55.5

注：由于四舍五入，表中合计数有微小出入。

从进口量和进口额上看，激光加工机床的占比都居首位。从进口趋势上看，特种加工机床基本保持大幅增长趋势，同时进口平均单价也呈现大幅增长的趋势。

在特种加工机床进口来源上，从德国进口额大幅增长，排在第一位，同比增长46.7%；日本大幅增长，处于第二位，同比增长20.1%；瑞士大幅增长，位居第三，同比增长34.3%。2014年特种加工机床进口来源前10位国家（地区）情况见表22。

表22　2014年特种加工机床进口来源前10位国家（地区）情况

序号	来源国家（地区）	进口量（台）	同比增长（%）	占比（%）	进口额（百万美元）	同比增长（%）	占比（%）	单价（万美元/台）
1	德国	1 771	-4.0	15.0	373	46.7	31.9	21
2	日本	1 468	27.1	12.4	242	20.1	20.7	16
3	瑞士	370	21.7	3.1	99	34.3	8.5	27
4	中国台湾	1 196	-22.5	10.1	90	23.4	7.7	8
5	美国	4 422	3.0	37.5	63	18.8	5.4	1
6	新加坡	333	-14.8	2.8	54	-5.7	4.6	16
7	韩国	303	11.4	2.6	51	22.2	4.3	17
8	意大利	251	-24.6	2.1	48	3.7	4.1	19
9	中国	248	10.2	2.1	37	144.2	3.2	15
10	泰国	349	16.3	3.0	31	20.0	2.7	9

注：由于四舍五入，表中合计数有微小出入。

在特种加工机床进口企业中，按进口额占比排序，外资企业占66.0%，私人企业占21.0%，国有企业占13.0%。进口企业所在地区按进口额占比排序，华东（49.2%）、华南（26%）和华北（9.7%）居前三位，同比分别增长38.7%、32.4%和下降0.4%。2014年特种加工机床进口按企业性质分列情况见表23。2014年特种加工机床进口按企业所在地区分列情况见表24。

表23　2014年特种加工机床进口按企业性质分列情况

企业性质	进口量（台）	同比增长（%）	占比（%）	进口额（亿美元）	同比增长（%）	占比（%）	单价（万美元/台）
合计	11 806	1.8	100.0	1 171	31.4	100.0	10
外资企业	5 348	0.0	45.3	773	30.9	66.0	14
私人企业	2 671	16.4	22.6	245	52.5	21.0	9
国有企业	3 787	-4.4	32.1	152	9.1	13.0	4

注：由于四舍五入，表中合计数有微小出入。

表24　2014年特种加工机床进口按企业所在地区分列情况

序号	所在地区	进口量（台）	同比增长（%）	占比（%）	进口额（百万美元）	同比增长（%）	占比（%）	单价（万美元/台）
	合计	11 806	1.8	100.0	1171	31.4	100.0	10
1	华东	8 213	14.6	69.6	576	38.7	49.2	7
2	华南	2 509	-2.3	21.3	305	32.4	26.0	12
3	华北	526	-51.4	4.5	114	-0.4	9.7	22
4	华中	278	-47.8	2.4	108	56.7	9.2	39
5	东北	136	16.2	1.2	36	11.6	3.1	27
6	西南	115	-7.3	1.0	24	11.7	2.0	21
7	西北	29	141.7	0.2	8	-7.1	0.7	27

注：由于四舍五入，表中合计数有微小出入。

7. 金属成形机床

根据海关统计数据，2014年金属成形机床进口总额20亿美元，同比下降5.8%。其中，锻造和冲压机床进口额6亿美元，同比下降11.0%；成形折弯机进口额4亿美元，同比增长6.4%；冲床进口额3亿美元，同比增长5.7%。2014年金属成形机床进口情况见表25。

表 25 2014 年金属成形机床进口情况

产品名称	进口量（台）	同比增长（%）	占比（%）	进口额（亿美元）	同比增长（%）	占比（%）	单价（万美元/台）	同比增长（%）
合计	14 338	-3.3	100.0	20	-5.8	100.0	14	-2.6
锻造和冲压机床	2 185	-7.4	15.2	6	-11.0	28.1	26	-3.9
成形折弯机	2 955	35.1	20.6	4	6.4	18.3	12	-21.2
冲床	2 110	-11.8	14.7	3	5.7	16.5	16	19.9
液压压力机	1 449	15.4	10.1	2	-7.6	9.0	12	-19.9
剪切机床	669	-17.4	4.7	2	-18.2	8.1	24	-0.9
机械压力机	1 934	-27.6	13.5	1	-8.9	5.7	6	25.8
其他成形机床	3 036	-3.4	21.2	3	-9.9	14.4	9	-6.8

注：由于四舍五入，表中合计数有微小出入。

从进口额上看，锻造和冲压机床的占比居首位。从进口趋势上看，金属成形机床整体呈现小幅下降趋势，同时进口平均单价也呈现小幅下降的趋势。

在金属成形机床进口来源上，德国小幅下降，排在第一位，进口额同比下降 1.5%；日本大幅下降，处于第二位，同比下降 25.8%；韩国大幅增长，位居第三，同比增长 12.5%。2014 年金属成形机床进口来源前 10 位国家（地区）情况见表 26。

表 26 2014 年金属成形机床进口来源前 10 位国家（地区）情况

序号	来源国家（地区）	进口量（台）	同比增长（%）	占比（%）	进口额（百万美元）	同比增长（%）	占比（%）	单价（万美元/台）
1	德国	2 156	20.4	15.0	447	-1.5	22.5	21
2	日本	2 370	-16.1	16.5	352	-25.8	19.1	15
3	韩国	2 162	24.5	15.1	245	12.5	54.9	11
4	中国台湾	4 148	11.7	28.9	221	-9.8	62.8	5
5	美国	958	-19.4	6.7	168	-14.1	68.7	18
6	意大利	662	-50.0	4.6	151	-6.0	68.5	23
7	西班牙	301	133.3	2.1	87	163.6	51.5	29
8	奥地利	81	-20.6	0.6	84	56.6	55.3	103
9	瑞士	215	-15.0	1.5	48	-0.2	54.9	22
10	瑞典	54	17.4	0.4	37	141.2	44.1	68

注：由于四舍五入，表中合计数有微小出入。

在金属成形机床进口企业中，按进口额占比排序，外资企业占 54.1%，私人企业占 24.6%，国有企业占 21.4%。进口企业所在地区按进口额占比排序，华东（42.4%）、华北（28%）和华南（12.8%）居前三位，同比分别下降 1.1%、增长 2.9%和下降 3.5%。2014 年金属成形机床进口按企业性质分列情况见表 27。2014 年金属成形机床进口按企业所在地区分列情况见表 28。

表 27 2014 年金属成形机床进口按企业性质分列情况

企业性质	进口量（台）	同比增长（%）	占比（%）	进口额（亿美元）	同比增长（%）	占比（%）	单价（万美元/台）
合计	14 338	-3.3	100.0	1 990	-5.8	100.0	14
外资企业	9 233	-1.5	64.4	1 076	-10.7	54.1	12
私人企业	4 107	-3.2	28.6	489	30.8	24.6	12
国有企业	998	-17.2	7.0	425	-20.5	21.4	43

注：由于四舍五入，表中合计数有微小出入。

表28　2014年金属成形机床进口按企业所在地区分列情况

序号	所在地区	进口量（台）	同比增长（%）	占比（%）	进口额（百万美元）	同比增长（%）	占比（%）	单价（万美元/台）
	合计	14 338	-3.3	100.0	1 990	-5.8	100.0	14
1	华东	7 199	-1.0	50.2	844	-1.1	42.4	12
2	华北	2 850	0.7	19.9	558	2.9	28.0	20
3	华南	3 135	0.6	21.9	255	-3.5	12.8	8
4	东北	662	0.4	4.6	148	5.8	7.5	22
5	华中	243	-1.3	1.7	103	-1.7	5.2	42
6	西南	227	-0.2	1.6	76	-3.3	3.8	33
7	西北	22	-5.6	0.2	6	-6.4	0.3	26

注：由于四舍五入，表中合计数有微小出入。

8. 数控装置

根据海关统计数据，2014年数控装置进口总额16.5亿美元，同比增长4.4%。其中，可编程序控制器进口额10.0亿美元，同比增长21.3%；数控系统进口额6.5亿美元，同比下降14.0%。2014年数控装置进口情况见表29。

表29　2014年数控装置进口情况

产品名称	进口量（台）	同比增长（%）	占比（%）	进口额（亿美元）	同比增长（%）	占比（%）	单价（万美元/台）	同比增长（%）
合计	6 810 997	57.1	100.0	16.5	4.4	100.0	0.2	-33.5
可编程序控制器	3 501 995	39.9	51.4	10.0	21.3	60.6	0.3	-12.1
数控系统	3 309 002	80.5	48.6	6.5	-14.0	39.4	0.2	-51.2

注：由于四舍五入，表中合计数有微小出入。

从进口量和进口额上看，可编程序控制器的占比均较大。从进口趋势上看，数控系统进口额总体保持小幅增长趋势，但进口平均单价呈现大幅下降的趋势。

在数控装置进口来源上，德国大幅增长，排在第一位，进口额同比增长22.4%；日本小幅下降，处于第二位，同比下降5.1%；美国小幅下降，位居第三，同比下降8.6%。2014年数控装置进口来源前10位国家（地区）情况见表30。

表30　2014年数控装置进口来源前10位国家（地区）情况

序号	来源国家（地区）	进口量（台）	同比增长（%）	占比（%）	进口额（百万美元）	同比增长（%）	占比（%）	单价（万美元/台）
1	德国	616 560	18.4	9.1	415	22.4	25.2	0.7
2	日本	1 695 229	87.5	24.9	355	-5.1	21.5	0.2
3	美国	348 971	26.0	5.1	99	-8.6	6.0	0.3
4	中国台湾	1 064 596	83.1	15.6	97	12.4	5.9	0.1
5	瑞典	10 922	-14.0	0.2	82	-30.0	5.0	7.5
6	奥地利	350 317	17.3	5.1	71	36.1	4.3	0.2
7	荷兰	13 461	18.8	0.2	63	-2.3	3.8	4.7
8	韩国	120 862	-33.0	1.8	61	-42.4	3.7	0.5
9	捷克	657 939		9.7	52		3.2	0.1
10	法国	166 521	435.6	2.4	47	94.4	2.8	0.3

注：由于四舍五入，表中合计数有微小出入。

在数控装置进口企业中，按进口额占比排序，外资企业占75%，私人企业占14.6%，国有企业占10.3%。进口企业所在地区按进口额占比排序，华东（50.3%）、华北（26.1%）和华南（10.3%）居前三位，同比分别增长

6.3%、4.3%和26.8%。2014年数控装置进口按企业性质分列情况见表31。2014年数控装置进口按企业所在地区分列情况见表32。

表31　2014年数控装置进口按企业性质分列情况

企业性质	进口量（台）	同比增长（%）	占比（%）	进口额（亿美元）	同比增长（%）	占比（%）	单价（万美元/台）
合计	6 810 997	57.1	100.0	1 649	4.4	100.0	0.2
外资企业	5 178 869	46.0	76.0	1 237	4.8	75.0	0.2
私人企业	1 510 180	114.6	22.2	241	19.3	14.6	0.2
国有企业	121 948	43.9	1.8	171	-13.0	10.3	1.4

注：由于四舍五入，表中合计数有微小出入。

表32　2014年数控装置进口按企业所在地区分列情况

序号	所在地区	进口量（台）	同比增长（%）	占比（%）	进口额（百万美元）	同比增长（%）	占比（%）	单价（万美元/台）
	合计	6 810 997	57.1	100.0	1 649	4.4	100.0	0.2
1	华东	2 990 670	56.6	43.9	830	6.3	50.3	0.3
2	华北	1 235 399	9.2	18.1	430	4.3	26.1	0.3
3	华南	1 267 397	115.7	18.6	170	26.8	10.3	0.1
4	东北	1 118 556	101.4	16.4	147	25.8	8.9	0.1
5	西南	169 932	23.8	2.5	25	-27.7	1.5	0.1
6	华中	23 787	131.7	0.3	24	-14.6	1.5	1.0
7	西北	5 256	-5.0	0.1	22	-69.2	1.3	4.2

注：由于四舍五入，表中合计数有微小出入。

9. 功能部件

根据海关统计数据，2014年功能部件进口总额21.8亿美元，同比增长30.6%。其中，机床夹具、附件进口额9.2亿美元，同比增长39.7%；机床零件、部件进口额12.6亿美元，同比增长24.8%。2014年功能部件进口情况见表33。

表33　2014年功能部件进口情况

产品名称	进口量（台）	同比增长（%）	占比（%）	进口额（亿美元）	同比增长（%）	占比（%）	单价（万美元/台）	同比增长（%）
合计	84 418 338	14.7	100.0	21.8	30.6	100.0	0.03	13.9
机床零件、部件	69 615 062	12.4	82.5	12.6	24.8	58.0	0.02	11.0
机床夹具、附件	14 803 276	26.4	17.5	9.2	39.7	42.0	0.06	10.5

注：由于四舍五入，表中合计数有微小出入。

从进口量和进口额上看，机床零件、部件的占比都较大。从进口趋势上看，功能部件整体保持大幅增长趋势，同时进口平均单价呈现大幅上升的趋势。

在功能部件进口来源上，德国大幅增长，排在第一位，进口额同比增长33%；中国台湾大幅增长，处于第二位，同比增长34.9%；日本大幅增长，位居第三，同比增长29.9%。2014年功能部件进口来源前10位国家（地区）情况见表34。

表34　2014年功能部件进口来源前10位国家（地区）情况

序号	来源国家（地区）	进口量（台）	同比增长（%）	占比（%）	进口额（百万美元）	同比增长（%）	占比（%）	单价（万美元/台）
1	德国	19 323 501	37.1	22.9	642	33.0	29.4	0.03
2	中国台湾	46 909 550	14.0	55.6	564	34.9	25.9	0.01

（续）

序号	来源国家（地区）	进口量（台）	同比增长（%）	占比（%）	进口额（百万美元）	同比增长（%）	占比（%）	单价（万美元/台）
3	日本	7 268 311	24.9	8.6	436	29.9	19.9	0.06
4	韩国	3 333 679	4.9	3.9	147	37.8	6.8	0.04
5	美国	913 931	-70.6	1.1	103	0.3	4.7	0.11
6	意大利	1 265 319	-41.0	1.5	60	-0.1	2.7	0.05
7	瑞典	357 478	12.9	0.4	56	85.6	2.6	0.16
8	瑞士	220 675	13.5	0.3	38	26.1	1.8	0.17
9	法国	1 104 110	343.0	1.3	33	135.7	1.5	0.03
10	英国	81 225	-53.4	0.1	22	112.8	1.0	0.27

注：由于四舍五入，表中合计数有微小出入。

在功能部件进口企业中，按进口额占比排序，外资企业占58.2%，私人企业占27.7%，国有企业占14.1%。进口企业所在地区按进口额占比排序，华东（50.5%）、华北（18.8%）和华南（12.1%）居前三位，同比分别增长18.5%、28.3%和18.6%。2014年功能部件进口按企业性质分列情况见表35。2014年功能部件进口按企业所在地区分列情况见表36。

表35　2014年功能部件进口按企业性质分列情况

企业性质	进口量（台）	同比增长（%）	占比（%）	进口额（亿美元）	同比增长（%）	占比（%）	单价（万美元/台）
合计	84 418 338	14.7	100.0	2 183	30.6	100.0	0.03
外资企业	39 342 482	0.0	46.6	1 271	18.5	58.2	0.03
私人企业	29 302 168	14.5	34.7	604	62.3	27.7	0.02
国有企业	15 773 688	81.5	18.7	307	36.1	14.1	0.02

注：由于四舍五入，表中合计数有微小出入。

表36　2014年功能部件进口按企业所在地区分列情况

序号	所在地区	进口量（台）	同比增长（%）	占比（%）	进口额（百万美元）	同比增长（%）	占比（%）	单价（万美元/台）
	合计	84 418 338	14.7	100.0	2 183	30.6	100.0	0.03
1	华东	38 285 783	-2.5	45.4	1 102	18.5	50.5	0.03
2	华北	22 109 097	56.4	26.2	411	28.3	18.8	0.02
3	华南	14 402 691	5.9	17.1	264	18.6	12.1	0.02
4	东北	4 187 684	-1.5	5.0	214	84.3	9.8	0.05
5	华中	1 990 227	140.4	2.4	112	300.6	5.1	0.06
6	西北	2 171 300	151.5	2.6	50	82.9	2.3	0.02
7	西南	1 271 556	80.8	1.5	31	13.4	1.4	0.02

注：由于四舍五入，表中合计数有微小出入。

10. 工具和量具量仪

根据海关统计数据，2014 年工具和量具量仪进口总额 16.1 亿美元，同比增长 12.2%。其中，切削刀具进口额 14.2 亿美元，同比增长 11.7%；量仪进口额 1.5 亿美元，同比增长 17.3%；量具进口额 0.4 亿美元，同比增长 11.9%。2014 年工具和量具量仪进口情况见表 37。

表 37　2014 年工具和量具量仪进口情况

产品名称	进口额（亿美元）	同比增长（%）	占比（%）
合计	16.1	12.2	100.0
切削刀具	14.2	11.7	88.2
量具	0.4	11.9	2.4
量仪	1.5	17.3	9.4

注：由于四舍五入，表中合计数有微小出入。

从进口额上看，切削刀具的占比居首位。从进口趋势上看，工具和量具量仪呈现大幅增长趋势。

在工具和量具量仪进口来源上，日本大幅增长，排在第一位，进口额同比增长 11.9%；德国小幅增长，处于第二位，同比增长 5.8%；中国台湾大幅增长，位居第三，同比增长 18.4%。2014 年工具和量具量仪进口来源前 10 位国家（地区）情况见表 38。

表 38　2014 年工具和量具量仪进口来源前 10 位国家（地区）情况

序号	国家（地区）	进口额（百万美元）	同比增长（%）	占比（%）
1	日本	470	11.9	29.20
2	德国	388	5.8	24.11
3	中国台湾	136	18.4	8.47
4	美国	124	11.0	7.71
5	韩国	111	2.8	6.91
6	瑞典	110	27.8	6.80
7	意大利	55	33.7	3.40
8	以色列	50	14.7	3.10
9	中国	48	12.1	3.00
10	瑞士	18	-12.6	1.14

注：由于四舍五入，表中合计数有微小出入。

在工具和量具量仪进口企业中，按进口额占比排序，外资企业占 81.1%，私人企业占 13.6%，国有企业占 5.3%。进口企业所在地区按进口额占比排序，华东（69.2%）、华北（16.9%）和华南（7.9%）居前三位，同比分别增长 16.3%、8.4% 和下降 4.7%。2014 年工具和量具量仪进口按企业性质分列情况见表 39。2014 年工具和量具量仪进口按企业所在地区分列情况见表 40。

表 39　2014 年工具和量具量仪进口按企业性质分列情况

企业性质	进口额（亿美元）	同比增长（%）	占比（%）
合计	1 610	12.2	100.0
外资企业	1 306	14.9	81.1
私人企业	219	2.3	13.6
国有企业	85	0.3	5.3

注：由于四舍五入，表中合计数有微小出入。

表 40　2014 年工具和量具量仪进口按企业所在地区分列情况

序号	所在地区	进口额（百万美元）	同比增长（%）	占比（%）
	合计	1 610	12.2	100.0
1	华东	1 114	16.3	69.2
2	华北	272	8.4	16.9
3	华南	127	-4.7	7.9
4	东北	42	6.6	2.6
5	西南	27	-5.0	1.7
6	华中	19	39.6	1.2
7	西北	9	-20.5	0.6

注：由于四舍五入，表中合计数有微小出入。

11. 磨料磨具

根据海关统计数据，2014 年磨料磨具进口总额 7.2 亿美元，同比增长 20.6%。其中，其他粘聚磨料制砂轮、石磨、石碾进口额 2.2 亿美元，同比增长 62.0%；合成或天然金刚石制石磨、石碾进口额 1.3 亿美元，同比增长 13.7%；以其他材料为底的研磨料进口额 1.1 亿美元，同比增长 13.3%。2014 年磨料磨具进口情况见表 41。

表 41　2014 年磨料磨具进口情况

产品名称	进口额（亿美元）	同比增长（%）	占比（%）
合计	7.2	20.6	100.0
其他粘聚磨料制砂轮、石磨、石碾	2.2	62.0	31.3
合成或天然金刚石制石磨、石碾	1.3	13.7	17.7
以其他材料为底的研磨料	1.1	13.3	15.0
砂纸	0.8	0.7	10.7
砂布	0.6	5.9	8.6
人造刚玉	0.5	-3.6	6.7

（续）

产品名称	进口额（亿美元）	同比增长（%）	占比（%）
天然、人工合成的钻石粉末	0.3	11.7	3.7
碳化硅	0.1	-7.5	1.4
经加工的工业钻石	0.1	53.9	1.1
手工油石、磨石	0.1	7.3	1.0
天然刚玉	0.05	25.6	0.7
天然石料制砂轮、石磨、石碾	0.01	2.5	0.2
碳化硼	0.004	-42.2	0.1
碾磨或磨浆用石磨、石碾	0.001	9.8	0.01

注：由于四舍五入，表中合计数有微小出入。

从种类上看，其他粘聚磨料制砂轮、石磨、石碾进口额占比最高，且呈现大幅增长趋势。从进口趋势上看，磨料磨具保持大幅增长趋势。

在磨料磨具进口来源上，日本小幅增长，排在第一位，进口额同比增长7.8%；中国台湾大幅增长，处于第二位，同比增长122.4%；韩国微弱下降，位居第三，同比下降0.5%。2014年磨料磨具进口来源前10位国家（地区）情况见表42。

表42　2014年磨料磨具进口来源前10位国家（地区）情况

序号	国家（地区）	进口额（百万美元）	同比增长（%）	占比（%）
1	日本	175	7.8	24.5
2	中国台湾	126	122.4	17.6
3	韩国	77	-0.5	10.8
4	德国	74	3.0	10.3
5	美国	65	22.1	9.0
6	奥地利	27	28.0	3.8
7	瑞士	22	16.9	3.0
8	中国	20	69.1	2.7
9	加拿大	17	-2.0	2.4
10	英国	15	21.2	2.1

注：由于四舍五入，表中合计数有微小出入。

在磨料磨具进口企业中，按进口额占比排序，外资企业占75.1%，私人企业占18.2%，国有企业占6.7%。进口企业所在地区按进口额占比排序，华东（50.5%）、华南（22.7%）和华北（11.5%）居前三位，同比分别增长11.3%、9.8%和10.8%。2014年磨料磨具进口按企业性质分列情况见表43。2014年磨料磨具进口按企业所在地区分列情况见表44。

表43　2014年磨料磨具进口按企业性质分列情况

企业性质	进口额（亿美元）	同比增长（%）	占比（%）
合计	717	20.6	100.0
外资企业	538	25.0	75.1
私人企业	130	1.8	18.2
国有企业	48	35.1	6.7

注：由于四舍五入，表中合计数有微小出入。

表44　2014年磨料磨具进口按企业所在地区分列情况

序号	所在地区	进口额（百万美元）	同比增长（%）	占比（%）
	合计	717	20.6	100.0
1	华东	362	11.3	50.5
2	华南	163	9.8	22.7
3	华北	82	10.8	11.5
4	华中	71	440.2	9.9
5	东北	33	18.9	4.6
6	西南	4	-2.7	0.5
7	西北	2	16.0	0.3

注：由于四舍五入，表中合计数有微小出入。

三、贸易变化趋势

综合上述产品进出口贸易情况，2014年中国机床工具类产品进出口贸易状况继续呈现逆差状态，贸易逆差达到61.5亿美元。其中，贸易逆差最大的是金属加工机床。工具和量具量仪、磨料磨具进出口贸易呈现顺差。2014年中国机床工具产品进出口贸易情况见表45。

表45　2014年中国机床工具产品进出口贸易情况　（单位：亿美元）

序号	产品名称	进口额	出口额	进出口差额
	机床工具合计	177.8	116.3	-61.5
1	加工中心	43.4	2.1	-41.3
2	数控车床	7.5	3.5	-4.0
3	磨床	11.7	0.9	-10.8
4	齿轮加工机床	2.7	0.2	-2.5
5	重型机床	5.9	1.2	-4.7
6	特种加工机床	11.7	5.7	-6.0
7	金属成形机床	19.9	11.2	-8.7
8	数控装置	16.5	5.7	-10.8
9	功能部件	21.8	10.6	-11.2
10	工具和量具量仪	16.1	28.0	11.9
11	磨料磨具	7.2	21.8	14.6

注：产品统计口径上有交叉，所以各产品贸易状况的合计值大于机床工具全口径。

2014年机床工具主要用户行业运行情况分析

一、主要用户行业的总体情况

根据国家统计局数据，2014年机床工具产业的主要用户行业总体呈现中高速运行的状态。其中，汽车制造行业主营业务收入最高，达到69 854亿元，同比增长12.1%；电工电器行业排在第二位，主营业务收入达到53 264亿元，同比增长8.6%；石化通用行业位居第三，主营业务收入达到21 521亿元，同比增长7.8%。2014年机床工具主要用户行业经济运行情况见表1。

表1　2014年机床工具主要用户行业经济运行情况

序号	用户行业名称	主营业务收入（亿元）	主营业务收入增速（%）	主营业务利润率（%）	资产负债率（%）
1	汽车制造	69 854	12.1	8.9	56.4
2	电工电器	53 264	8.6	5.8	56.3
3	石化通用	21 521	7.8	6.9	52.5
4	通用基础件	19 093	11.8	6.2	49.2
5	铁路、船舶、航空航天和其他运输设备制造	15 568	14.0	6.1	62.9
6	重型矿山机械	12 515	7.9	5.5	59.0
7	仪器仪表	8 098	10.9	8.4	45.7
8	工程机械	5 737	-3.4	6.0	57.7
9	农业机械	4 181	8.8	5.6	50.7
10	内燃机	2 225	9.8	7.2	48.8

主营业务收入增速前三位分别是铁路、船舶、航空航天和其他运输设备制造行业（14.0%），汽车制造（12.1%），通用基础件（11.8%）；主营业务利润率前三位分别是汽车制造（8.9%），仪器仪表（8.4%），内燃机（7.2%）。

二、运行特征和趋势

通过对机床工具主要用户行业2014年经济指标的归类分析，从行业成长性、获利能力和负债水平几个方面可以得到以下几点宏观的运行特征和趋势。

1. 告别高速发展，进入中低速平台期

近十年，上述主要用户行业规模一直保持高速增长。随着规模的增大，近几年增速开始不断回落。特别是到2014年增速回落至个位数，这是以往所没有的情况。在中国经济进入“新常态”的背景下，可以预料主要用户行业的增速也将进入中低速的平台运行阶段。

2. 获利能力下降，负债水平居高不下

从用户行业的主营业务利润率看，总体上主营业务利润率低于主营业务增速，反映出用户行业的获利能力在不断降低。同时，多数用户行业的资产负债率处于50%以上，个别行业接近或超过60%，说明主要用户行业的运营压力很大。综合上述两点看，目前用户行业的经营质量在不断下降。

3. 由规模扩张型向质量提升型运行模式转变

受国内固定资产投资不断放缓的影响，上述用户行业面临经营规模下降的考验。再加上经营质量下滑的重压，上述用户行业的运行模式一定会从原来依靠投入的规模扩张型向依靠提高资源使用效率的质量提升型转变。这些运行模式的变化，将直接影响投资需求和结构的变化。投资意愿趋于理性，需求主要集中在补齐短板、盘活存量和提高资源使用效率上，需求规模也会趋于收缩。

2014 年机床工具主要用户行业固定资产投资分析

一、全国固定资产投资情况

根据国家统计局数据，2014 年全国固定资产投资额 502 004 亿元，同比增长 15.7%。其中，第二产业固定资产投资额 208 107 亿元，同比增长 13.2%，占全部投资额的 41.5%；制造业固定资产投资额 166 918 亿元，同比增长 13.5%，占全部投资的 33.3%；新增固定资产投资额 33.7 万亿元，同比增长 25.4%，占全部投资额的 67.0%；用于购置设备工器具的投资额 99 680 亿元，同比增长 12.2%，占全部投资额的 19.9%。2014 年全国固定资产投资情况见表 1。

表 1　2014 年全国固定资产投资情况

序号	分类名称	投资额（亿元）	同比增长（%）	占比（%）
1	全国	502 004	15.7	100.0
2	其中：第二产业	208 107	13.2	41.5
3	其中：制造业	166 918	13.5	33.3
4	其中：设备工器具购置	99 680	12.2	19.9
5	其中：新增投资	336 551	25.4	67.0

从上述数据可以看出，机床工具用户市场的投资增速要低于全国固定资产投资增速，第二产业低于全国水平 2.5 个百分点，制造业低于全国水平 2.2 个百分点，设备工器具购置更是低于全国水平 3.5 个百分点。可见投资对机床工具的拉动在不断衰减。

对比近十年全国固定资产投资情况，2014 年处于投资增速不断回落的过程中，这进一步影响了机床工具消费市场的需求。预计未来仍然会呈现持续回落的走势。

二、主要用户行业固定资产投资情况

机床工具主要用户行业涉及汽车、电工电器、石化通用机械、机械基础件、机床工具、重型矿山机械、其他民用机械、仪器仪表、农业机械、工程机械、内燃机、机械和设备修理 12 个行业。2014 年，这 12 个行业计划总投资达到 89 172 亿元，同比增长 10%。其中，投资完成额 44 934亿元，同比增长 12.7%；新增固定资产投资34 057 亿元，同比增长 23.6%；用于购置设备工具 18 460 亿元，同比增长 10%。将上述数据与全国情况比较可以发现，机床工具主要用户的固定资产投资增速低于全国水平。2014 年机床工具主要用户行业的固定资产投资情况见表 2。

表 2　2014 年机床工具主要用户行业的固定资产投资情况

序号	行业类别	计划总投资		固定资产完成额		固定资产中设备工具购置额		新增固定资产	
		金额（亿元）	同比增长（%）	金额（亿元）	同比增长（%）	金额（亿元）	同比增长（%）	金额（亿元）	同比增长（%）
	合计	89 172	10	44 934	12.7	18 460	10	34 057	23.6
1	汽车	23 783	11	10 477	9.2	4 547	7	7 663	23.0
2	电工电器	18 855	8	9 115	13.8	3 768	14	6 653	17.3
3	石化通用机械	10 010	15	5 697	23.6	2 242	22	4 189	24.6
4	机械基础件	8 199	11	5 000	18.0	2111	9	4 050	26.3
5	机床工具	7 972	6	4 344	13.6	1 716	14	3 600	34.6
6	重型矿山机械	6 374	13	3 141	9.9	1 264	7	2 359	25.9
7	其他民用机械	4 109	0	2 241	4.4	947	3	1 857	28.4
8	仪器仪表	3 080	8	1 463	5.4	540	2	1 072	17.9

（续）

序号	行业类别	计划总投资		固定资产完成额		固定资产中设备工具购置额		新增固定资产	
		金额（亿元）	同比增长（%）	金额（亿元）	同比增长（%）	金额（亿元）	同比增长（%）	金额（亿元）	同比增长（%）
9	农业机械	2 787	14	1 472	14.3	534	7	1 119	25.2
10	工程机械	2 079	2	964	0.9	365	-7	653	5.9
11	内燃机	704	-11	338	-8.3	180	8	298	16.2
12	机械和设备修理	491	6	261	4.1	78	-9	223	29.4

从固定资产投资结构上看，设备工具购置占计划总投资的20.2%，略高于全国水平。设备工具购置排序前三位的是汽车（4547亿元，同比增长7%）、电工电器（3768亿元，同比增长14%）和石化通用机械（2242亿元，同比增长22%）。

三、特征和趋势分析

2014年机床工具主要用户行业的固定资产投资具有以下特征和趋势。

1. 投资增速持续下降

2014年，全国固定资产投资增速与2013年相比下降了3.9个百分点，其中用于设备工具购置部分的投资增速更是下降了5.6个百分点，回落程度要大于全国固定资产投资增速。这必将拉低未来几年用户行业采购机床工具的需求规模。

2. 投资热点正在转移

从投资增速上看，投资热点正在发生转移。计划总投资增速前三位的行业分别是石化通用机械（15%）、农业机械（14%）和重型矿山机械（13%），设备工具购置投资增速前三位的行业分别是石化通用机械（22%）、电工电器（14%）和机床工具（14%）。这些数据表明，机床工具主要用户正从传统重化工业和汽车工业向能源装备、基础建设短板和国计民生产业转移，其中也包括机床工具行业自我提升的需求。这些投资热点的变化也与国内经济转型升级的方向相一致。

3. 设备投资比重不断降低

对机床工具影响最直接的设备工具购置投资比重在不断降低。2014年，设备工具购置投资占全部投资的19.9%，主要用户行业的相关数据是20.2%，与2013年相比分别下降了0.5和0.4个百分点。

〔本篇撰稿人：中国机床工具工业协会杜智强〕

封面故事
嘉泰数控
J-TECH CNC
福建嘉泰

领导关怀

总理心系“中国制造”关注企业自主创新鼓励嘉泰走在行业前列

2015年4月23日上午，**国务院总理李克强**来到嘉泰数控科技股份公司考察。“嘉泰数控”是福建省重点培育的机电产业和泉州市“数控一代”示范工程的龙头企业，主要面向航天航空、汽车船舶、消费电子、3C通信等行业供应“数控加工中心”，正全力建设国内知名的高端数控机床及核心功能部件的研发制造中心和较大规模的“数控一代”机床产业园。作为中国制造业的典型城市，泉州市被中国工程院列为“中国制造2025”指定地方样板城市。

苏亚帅董事长陪同总理参观了企业车间，向总理展示了近年来公司主推的几款功能部件。在五轴头加工车间，总理驻足详细了解市场现状。“总理对高端功能部件很感兴趣， 特别关心企业自主创新”，苏亚帅介绍说，“目前市场上95%以上的五轴头是依靠进口，而这款正在生产的五轴头是公司自主研发的专利产品，已经投入批量生产，目前销售情况还不错。”

“总理说，中国经济要长期保持中高速增长，必须迈向中高端，必须加速推进‘中国制造2025’。得知泉州已率先制定实施细则，总理鼓励我们要走在全国前列。”苏亚帅说，“总理的话让我们更坚定自己的道路。”

在经济进入“新常态”的当下，制造业的转型升级是总理所关切的命题。在2015年《政府工作报告》中提出，要实施“中国制造2025”，坚持创新驱动、智能转型、强化基础、绿色发展，加快从制造大国向制造强国转变。总理心系“中国制造”，给苏亚帅留下了深刻印象。

院士莅临嘉泰数控
商讨共建"院士专家工作站"

专家考察组参观嘉泰数控的用户加工现场

嘉泰数控董事长苏亚帅为段正澄院士介绍新一代高速智能钻攻中心 JT–AIT450

暖春伊始，2016 年 3 月 1 日，中国工程院院士、华中科技大学教授、博士生导师段正澄一行莅临嘉泰数控科技股份公司，调研了解嘉泰数控的最新发展情况、研发技术水平以及在智能装备制造领域取得的各项创新成果，并就共建"院士专家工作站"事宜召开专题研讨会。

在嘉泰集团董事长苏亚帅的陪同下，段正澄院士一行参观了嘉泰集团的展厅、加工车间、3C 产业代表性客户的加工现场，听取企业相关介绍，现场详细询问了解企业发展方向、产品技术、自主研发能力、高层次科技人才引进情况及"数控一代"产品的应用和发展现状，并出席了座谈会。

段正澄院士一行对嘉泰数控的规模实力、技术研发能力、制造水平，以及对最新研发产品给予高度赞赏和评价，首肯嘉泰数控的产品性能和品质。他说："在新常态下，嘉泰数控能够快速稳步并规模化的发展，在技术研发和制造水平走在行业前列，具有非常大的发展潜力"。段院士感慨，"在福建泉州，还有这么好的一家数控装备制造企业"。

座谈会上，考察组与嘉泰数控就商谈共建"院士专家工作站"、开展产学研合作进行全方位、深层次的探讨。董事长苏亚帅介绍了公司的发展成果、技术要点及未来的长远规划。段正澄院士对嘉泰数控在技术研发和应用上的成就表示高度认可，他希望通过"院士专家工作站"的组织形式，有效实现企业和高端人才的紧密联合，以理论与实践相结合的方式，起到优势互补的作用，提升嘉泰数控在国内外的竞争能力，加强数控机床产业的技术力量，不断向智能化方向发展。同时，希望嘉泰数控能紧跟国家战略需求，积极参与国家数控项目，形成以高端装备制造为主体的多层次发展格局，大力推动产业纵向和横向发展，利用自身资源优势，更好地为国家做贡献。双方就共建"院士专家工作站"达成了初步合作意向。段院士鼓励嘉泰数控紧跟"中国制造 2025"的发展战略，做好与国家规划上提出的重大发展计划的衔接，要做国家的智能装备制造业品牌。

段正澄院士简介：中国著名的自动化、数字化加工技术与装备领域专家，长期致力于面向国家重大需求的机械加工自动生产线、数字化加工装备的应用基础研究和工程技术研发，在我国自动化加工技术与装备领域，取得了众多重要的创新成果。

人物访谈

SU Yashuai

中国梦 机床智造梦

——访嘉泰数控科技股份公司董事长苏亚帅

嘉泰数控科技股份公司创立于1997年，地处福建省泉州市，是一家专业从事自动化、智能化精密加工设备的研发、生产、销售和服务的高新技术企业，以数字化制造技术为核心，产品渗透到机械加工各个方面，主要面向航天航空、军工、汽车、船舶、轨道交通、风能发电、消费电子、3C通讯、医疗器械、五金及工装模具等行业提供以高速精密CNC加工中心机为主的各类高端智能数控装备，并提供整体解决方案和全过程支持服务。公司是福建省重点培育的机械机电产业和泉州“数控一代”示范工程的龙头企业，正全力建设国内知名的高端数控机床及核心功能部件的研发制造中心和较大规模的“数控一代”机床产业园。

泉州，作为中国智造2025的地方样板，受到李克强总理的关注。2015年4月23日，对嘉泰数控的员工来说，是难忘的一天。这一天，正在泉州考察的李克强总理来到嘉泰数控科技股份公司，总理对中国制造业、国产机床、高端功能部件的关注，令公司董事长苏亚帅感触颇深。

作为一家民营企业，嘉泰数控是如何实现快速成长的？未来将如何抓住机遇，谋求新的发展？本刊记者采访了嘉泰数控科技股份公司董事长苏亚帅。

一、坚忍不拔的精神

苏亚帅出生于一个机械世家。从小的耳濡目染，让他对机械有了一份特殊的感情。“手上有个技术，就不会饿死”的家训让他终生不忘。曾经小学还没毕业的他，就到工厂里当学徒、学做钳工。那段日子，他经历了常人不曾有过的艰辛，但也正是这些磨练，造就了他的坚忍不拔。

20世纪80-90年代，国内机械制造业迅速发展，对机械配件有了更高的要求。当时，效率低下、误差较大的手工操作难以满足需要，加上自动化的出现，传统机械制造业遇到前所未有的挑战。苏亚帅经过一番思想斗争，决定到外面去看看。之后，他走访了国内机械配件制造较为出名的广州、长沙、济南等城市。在这些城市，他惊喜地发现，很多厂家已经在使用机床制造零配件。苏亚帅开始着手研究数控机床，并下定决心闯出一条路来。

苏亚帅坦言，一切并没有想象中那么顺利。泉州地处沿海，重工业落后，数控机床基础十分薄弱，周边配套也不完善，而公司生产的三轴数控机床，因为没有什么知名度，起初并没有得到多少客户的认可。但这些并没有让他灰心。苏亚帅一边开始自己生产配件，一边主动帮助客户选配产品，教他们使用机床，并热心帮其解决问题。功夫不负有心人，功夫也不负苦心人，优质的产品和贴心的服务，很快便赢得了用户的青睐。公司也逐渐步入了发展轨道。

为实现持续创新发展，公司于2010年在洛江区朝阳片区投资建设福建嘉泰数控产业园。园区总占地面积18万平方米（270亩），一期用地9.3万平方米（140亩）、二期用地8.7万平方米（130亩）。一期工程已投入3亿多元，已完成6万多平方米的厂房、办公楼和研发中心建设，并于2012年秋季投入使用；二期工程即将投建并投产。嘉泰数控将力争打造国内知名的高端数控机床及核心功能部件的研发制造中心。

二、啃硬骨头的决心

在三轴数控的研发和应用上，嘉泰取得了业内瞩目的成就。对此，苏亚帅谦虚地表示，生产数控机床，没有几十年的历史积淀是不行的，嘉泰还有很长的路要走，公司已经将目光瞄准了下一个目标——五轴联动数控机床。

五轴联动数控机床系统，在西方工业发达国家，长期以来被视作重要的战略物资，实行出口许可证制度；在国内，五轴数控设备市场还没成熟，关键的加工工序仍然使用进口的五轴机床，加上高昂的价格，很多企业都望而却步。在此情况之下，国产五轴机床的产业化之路，并没有想象中那么顺利，而苏亚帅却决心啃下这根"硬骨头"。

早在2004年，嘉泰就做出了第一台五轴数控设备，交付给烟台大学，至今仍在使用。多年来，嘉泰通过技术引进、消化、吸收，加上与外协单位的合作研发，不断进行自主创新，并实现了跨越式发展。

2014年，嘉泰与华中数控开展了战略合作，并正式推出GL8-V门型立式五轴加工中心。该加工中心是小型龙门五轴联动加工中心，采用龙门式整体布局，模块化结构，具有整体刚性强、热稳定性好、技术指标先进和性价比高等特点，填补了该机型在国内市场的空白。中国工程院院长周济曾高度肯定嘉泰数控五轴联动加工中心的性能和技术能力，认为嘉泰数控作为民营数控装备制造企业，在五轴联动数控机床的应用发展和人才培养模式方面走在了行业前端，是泉州"数控一代"示范工程的成功典范。

公司五轴研发取得了突破性进展，苏亚帅坦言，尽管相比于国外同行，国内制造水平还有相当的差距，但我们不担心，因为我们一直在进步，差距会越来越小。

三、创新的人才培养

五轴数控设备的应用，不仅为国内装备制造企业带来巨大的市场，而且对于传统制造业而言，是一场生产工艺的革命性变革，并可带动相关产业的进一步升级。

当谈及从制造大国向制造强国转变的过程中，企业将如何做等问题时，苏亚帅认为，必须从技术引进、技术的消化和吸收、创新研发等基础性工作做起，而人才的培养是其中的重中之重。

随着数控机床的应用领域越来越广，对掌握相关技术人才的需求也越来越多。但是目前的现状是配套人才稀缺，特别在泉州这样一个规模不算大的城市，高端人才的缺口较大，即便高薪也难以吸引到优秀员工充实到生产一线。

多年来，嘉泰始终坚持科技创新、人才先行，将人才的引进和培养相结合。一方面，嘉泰特别聘请台湾资深工程师担任技术开发、生产、质保等工作，为企业的研发制造保驾护航；另一方面，在人才培养上，嘉泰与各大高校、职业院校开展人才合作，招聘具有一定职业基础的大学生，让台湾技术人员在实践中将数控技术倾囊相授，将工厂变成"学校"；此外，嘉泰还定期开办培训班，长期为用户提供人员培训……

留住心，才能留住人。苏亚帅自豪地表示，嘉泰当初创业时组建起来的人才队伍，现在90%都还在公司，已经成为公司的元老。嘉泰给了员工"家"的感觉，让他们在这片土地上落地、生根、发芽。

2015年李克强总理考察期间，鼓励嘉泰数控做实在的、接地气的项目，真真正正地为本地企业做服务，为本地产品做提升。总理的关注和鼓励令企业上下很受鼓舞。

20多年来，苏亚帅始终以一种强烈的责任感和使命感，高瞻远瞩的经营战略、与时俱进的质量理念、坚定不移的创新之路，大胆开拓、勇于创新，奠定了嘉泰数控的企业管理文化底蕴。未来，他将继续带领嘉泰人积极进取，付出更多的努力，实现更大的社会责任。

苏亚帅，从一个普普通通的学徒工到嘉泰数控科技股份公司的董事长，到如今成长为福建机床行业的领军人物，他用行动诠释了闽南人"爱拼才会赢"的精神。公司还在发展中，嘉泰人还需要继续努力。苏亚帅表示，他一直有个"机床智造"的人生梦想，并努力践行"机床智造"的梦想，致力于把嘉泰打造成国内机床行业的"小巨人"。

相信，嘉泰数控在未来的奔梦路上一定能稳步前行。

精品荟萃

嘉泰数控广东体验中心应势而生

“数控一代”示范企业——嘉泰数控位于东莞长安的4S广东体验中心于2015年5月21日正式落户金铭国际工业模具城，这是该公司在广东开设的第一家体验中心，集展示、销售、售后于一体。

据了解，嘉泰数控在以广、深为核心的华南市场，经过10多年的积累，已拥有一定规模的客户群，此次选择在现代工业重镇东莞长安建立体验中心，不仅更贴近市场，也将给当地相关制造企业带来“售前、售中、售后”全方位的服务。体验中心所承载的功能类似奔驰宝马汽车4S店，客户可以现场观摩数控机床系列产品，了解产品性能、维护与维修服务咨询、现场试加工等，除此之外，体验中心还承担售后服务、仓库备件等功能，为当地客户提供更为快速、便捷的服务。

目前，嘉泰产业集群化已经初显，已形成8大系列、300余种产品，主要面向航空航天、汽车、船舶、能源、3C、医疗器械、五金及工装模具等行业提供优质数控机床及核心功能部件，并提供整体解决方案及全过程支持服务。

行业领先的尖端产品 JT-TL510系列高速钻攻中心

嘉泰数控创立于1997年，专注于高端数控机床的自主创新和研发，现已成为一家国内集研发、设计、制造、销售、服务于一体且拥有自主知识产权的高新技术企业。

这款机器型号为JT-TL510A高速钻攻中心，适用于3C产业的手机金属壳加工以及小零件加工，主要应用于加工智能手机金属手机外壳的高速钻攻机，主轴转速最高可达30 000r/min。其技术参数极为可观，60m/min快速定位，1.2g加速度， 5 000r/min高刚性攻丝转速。这是一款代表了数控行业目前尖端科技的产品，深受客户的青睐。2014年深圳某世界500强企业订购了500台TL510。

啃下五轴这根“硬骨头”

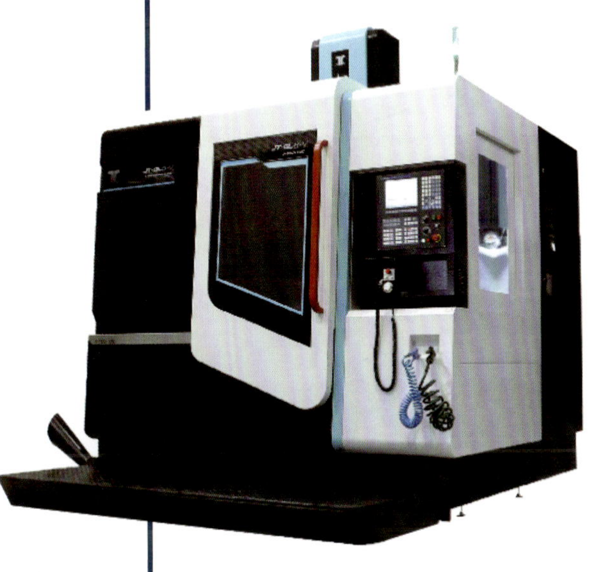

五轴联动数控机床系统，在工业发达国家，长期以来被视作重要的战略物资，实行出口许可证制度；在国内，五轴数控设备市场还没成熟，关键的加工工序仍然使用进口的五轴机床，加上高昂的价格，很多企业都望而却步。

2014 年，嘉泰数控与华中数控、福建工程学院开展了战略合作，并正式推出 GL8-V 门型立式五轴加工中心。该加工中心是小型龙门五轴联动加工中心，配置了华中 848 数控系统，主轴转速 15 000r/min，采用龙门式整体布局，模块化结构，具有整体刚性强、热稳定性好、技术指标先进和性价比高等特点，填补了该机型在国内市场的空白。

GL8-V 门型立式五轴加工中心是泉州“数控一代”示范项目，采用华中数控系统，在五轴头等结构和关键零部件进行优化组合，实现五轴数控机床的高速化与高精度，拥有多项专利，技术指标已达到国外同类产品水平，售价约为国外同类产品的 1/3，可替代进口，现已和华中科技大学、福建工程学院等十多所院校达成合作意向。

新一代高速智能钻攻中心 JT-AIT450（交换工作台）

※ 回转工作台装置，1.5s 工作台交换时间

※ 齿轮式刀库，相邻刀具交换时间 1.8s

※ 无停顿加工

在单面工作台进行加工时，另一面的工作台可进行工件更换

※ 同时动作

整机三轴行程叠加式动柱结构，可实现工作台回转的同时，三轴、主轴、附加轴的定位和刀具交换

服务网络

QUALTY FIRST CONSUMERS FOREMOST

质量第一 用户至上

用户分布全国各地，产品渗透到机械加工各个方面，主要涉及航天航空、消费电子、3C 通讯、汽车制造、轨道交通、船舶制造、风能发电、医疗器械、五金及工装模具等行业。

嘉泰数控以可靠质量赢得市场信誉，精益求精，将继续为用户提供以高速精密 CNC 加工中心机为主的各类高端智能数控装备，并提供整体解决方案和全过程支持服务。

全国设有 30 多个办事处兼售后服务网点，为客户提供优质的服务

拥有丰富实践经验的高级工艺工程师和研发工程师为客户提供满意的切削方案、机床配置方案及智能生产线成套方案

主动、快速、高效地解决客户遇到的问题，定期回访，并主动提供机床保养维护指导

专业售前技术支持工程师提供试切加工服务，以满足客户各类要求

白金会员式服务体系

提出需求　配置方案　加工演示　签订合同　生产制造　检验交付　客户培训　售后服务

专业的培训工程师根据客户的需求确定全套培训计划，确保设备的正常使用

双方友好协商，就商务、技术等方面达成共识

质检人员按照内控标准从部件到成品经过多道严格检验以保证产品质量

根据合同约定制定严格生产计划，最大限度满足客户交货需求

让客户享受专业化的优质服务

产品与技术

分析机床工具行业典型产品技术进步和发展情况、“中国机械工业科学技术奖”获奖情况，总结行业标准化工作

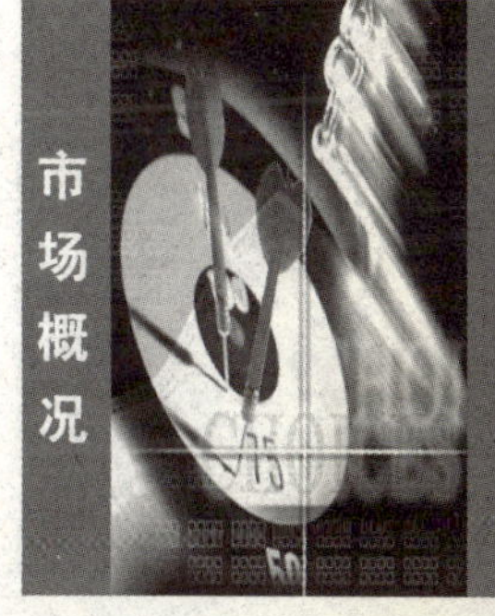

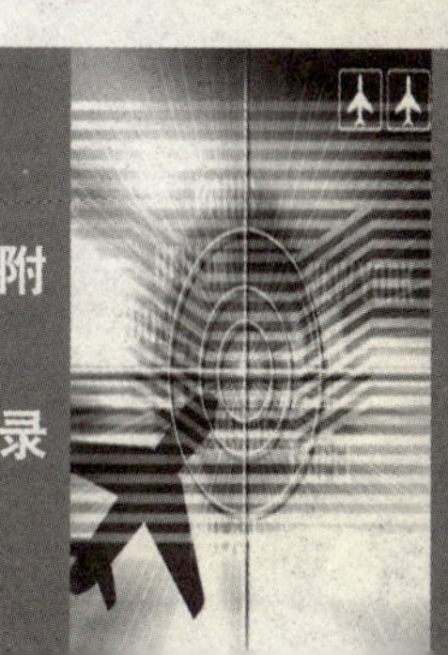

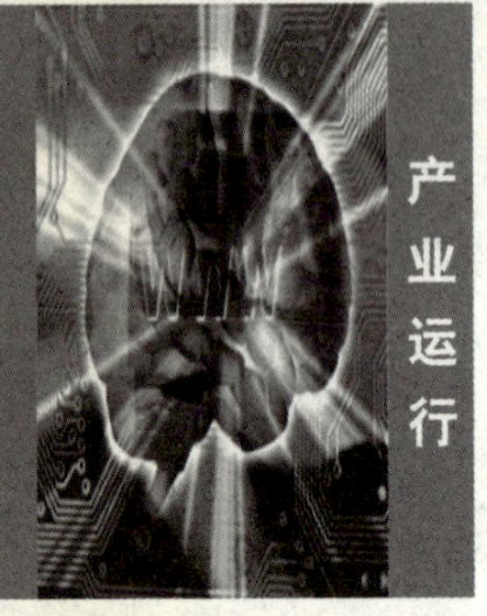

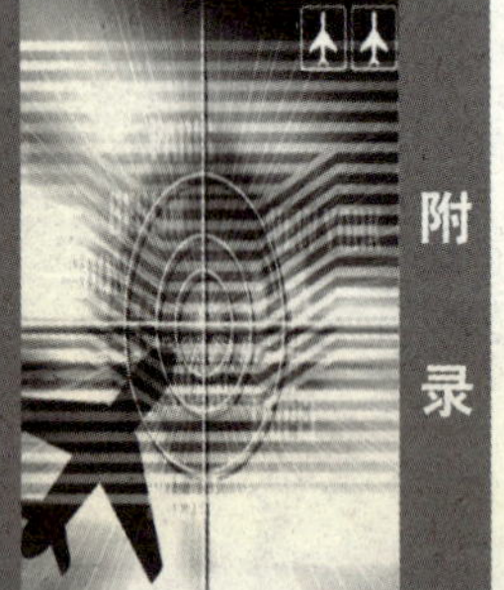

产品与技术

机床工具行业典型产品技术进步和发展情况概述

2014年，我国机床工具行业市场继续萎缩，行业产品结构与市场需求矛盾尚未有效缓解，低端产品产能过剩、高端产品能力不足的矛盾仍然突出。调整产品结构、实现产业升级成为我国机床工具行业发展的关键。

在新常态经济形势下，机床工具行业企业致力于提高企业管理水平，提升产品品质，深入研究客户产品工艺，提高为用户提供服务的能力，取得了初步效果。行业各种典型产品的技术水平、性能都得到进一步提高。

铣床（加工中心）

尽管随着加工中心、复合机床的出现，以铣床为代表的行业区分愈来愈模糊，但是以铣刀断续切削为特征的加工方式仍在新的产品上体现。近年来，铣床行业典型产品的技术进步和发展集中体现在以铣削为主要特征的加工中心产品上，也相应包括五轴机床与复合机床产品。

“十二五”期间，我国经济发展的重点在于实现经济增长方式的转变，先进制造业是传统制造业的改造方向，机床传统的用户行业如电力设备、通用机械、汽车、造船、纺织、农业机械等通过引进国外先进技术与自我创新，对机床的需求已经直接对接国外先进的产品，对加工中心的需求继续加大；航空航天、电子信息、生物工程、新能源和新材料等高新技术产业的发展又为精密、高效、多轴、专用加工中心开辟了新的需求。加工中心正以其高效率和高精度得到越来越快速的发展，并已成为数控机床类产品中发展最快、所占比重最大的一类产品，成为面向智能制造与自动化物流、信息技术结合的基本单元，是制造业应用最广的一类设备，已成为消费的主流。

国家重大专项的实施，使机床行业有机会与高端用户建立直接的合作关系。通过项目合作，充分了解用户的需求，特别是以汽车、航空航天两个领域为代表的用户对高端机床的需求体现，使一些有针对性的新产品得以开发应用。

从结构型式上划分，加工中心主要有三大类：立式加工中心、卧式加工中心和龙门加工中心。加工中心技术发展的总趋势是向着高速化、精密化、复合化、智能化、多轴联动及绿色环保等方向发展。2014年，尽管机床行业经济运行仍未摆脱低位运行状态，但铣床行业加工中心主要生产企业在加工中心新产品研发和新技术应用上加大了力度和资金投入，加工中心的技术水平得到了进一步发展，一批国内急需且长期依赖进口的高档加工中心取得了突破。下面以典型实例来介绍三类加工中心产品的技术进步和发展情况。

一、立式加工中心

立式加工中心是三类加工中心中生产厂家最多、产量最大、应用范围最广的一类。从铣床行业来看，立式加工中心的发展趋势是多元的：①普及。以十字滑台结构为代表，是当前铣床行业生产量最大的一种立式加工中心结构，占铣床分会80%以上的会员企业都有生产，具有全面替代原升降台铣床与数控铣床的趋势。②高速。由高速功能引起的机床结构变化还不显著，但在十字滑台结构的基础上，提升主轴转速较为普遍，如山东威达重工股份有限公司、黄山皖南机床有限公司的产品。③多轴。在立式加工中心结构基础上的多轴体现在两个方向：采用双摆台结构使工件两轴转动，如北京机电院机床有限公司的产品；另一种是主轴摆动加上A轴或C轴的旋转，如大连科德数控有限公司、上海拓璞数控科技有限公司的产品。这类产品有较强的针对性，与加工软件的配置紧密相关。④成线，与物流的集成。立式加工中心产品较为普遍的仍是桁架机械手，带托盘交换系统的较少。为了连线需要克服立式加工中心产品单工位装夹只能加工一面的问题，通过在立式加工中心设备上运用第四轴转台及夹具实现多面加工，如成都普瑞斯数控机床有限公司生产的产品。⑤定向。如北京精雕科技集团有限公司的产品面向电子行业，而北京机电院机床有限公司的双主轴立式加工中心主要是面向汽车行业。

北京机电院机床有限公司生产的BV100S双主轴立式加工中心，配备两套主轴和左右两套机械手刀库，可实现多组工件一次装夹、多种工序的粗/精加工过程，大大提高了机床加工效率和产出效益。该产品可广泛用于汽车、模具、仪器仪表等机械加工制造行业。该产品在汽车零部件加工领域，如汽车连杆、门铰链等生产企业有着很好的应用，并已实现成线生产。

XKH400A五轴联动叶片加工中心是北京机电院机床有限公司应用国际先进技术，最新设计研发的高效、高精度五轴联动叶片加工中心，适合加工汽轮机、燃气轮机、航空发动机的各种动、静叶片及各类窄长形特殊型面的零件，涵盖了多种用途、多种规格和多种材质（如高强度钢、不锈钢、高温合金、钛合金等）的叶片加工，广泛用于航空航天、能源等行业。该设备典型用户是航空发动机叶片厂，设备的总体结构和精度能够满足部分压气机叶片的需要，能以较高的效率完成叶片的铣削加工。该设备达到同时期进口的五轴机床加工水平。

成都普瑞斯数控机床有限公司生产的 PL600A ~ PL1000系列立式加工中心，工作台宽度 500 ~ 1 200mm，主轴转速 10 000r/min，快速移动速度 48m/min，定位精度（ISO230 - 2 全长）0.008mm，重复定位精度（ISO230 - 2）0.004mm。在新技术应用方面：采用铸件一体式丝杠支撑座的设计，提升进给传动的刚性，实现 48m/min 以上高速进给；倍力拉刀机构主轴的应用，使得在成本增加很少的情况下，变带传动为直联传动，提高了主轴的转速、传动的刚性和准确性，同时还提升了主轴的拉刀力，提升了切削刚性；一体式全闭环磁栅滚动直线导轨的应用，在提升机床加工精度方面起到了重要的作用，同时还方便了装配环节，提升了产品的可靠性，确保了批量化零件加工精度的一致性；大流量冲屑和后排屑结构设计，方便了用户生产线布局和生产效率的提升。该类产品已在西南和华东地区汽车、摩托车、通用机械行业生产线中批量使用，具有良好的性能价格比。

大连科德数控有限公司生产的 KMC400U 五轴立式加工中心采用改良的龙门框架设计，三个轴在刀具上，两个旋转轴在工件上，达到最优的主轴支撑，数控回转摆动工作台实现双壁支撑，Y 轴采用四导轨支撑和位于中心的主驱动，A 轴摆动角度为 ±130°。环形刀库与机床床身融为一体，结构紧凑。在设计阶段，优化运动部件动态性能，重视高刚度轻量化设计和机械运动部件的动力匹配。在机床调试阶段，根据用户特殊需求，进一步进行机床每一个运动坐标的驱动参数的优化，使机床的动态性能满足用户的需求。该加工中心主轴最高转速为 18 000r/min，快速移动速度为 48m/min，定位精度 ≤5μm，重复定位精度 ≤ 3μm，换刀时间 ≤5s。

上海拓璞数控科技有限公司生产的 C20H 五轴联动加工中心采用立式动柱结构设计，具有高刚性和高稳定性；水冷式集成电主轴，主轴最大转速 42 000r/min；C 轴为直驱电动机驱动，A 轴采用滚动蜗杆副传动，零反向间隙，减少摩擦发热，承载能力高，传动精度高，耐磨损；A 轴、C 轴定位精度和重复定位精度分别为 8″和 5″，X 轴、Y 轴、Z 轴定位精度和重复定位精度分别为 0.006mm 和 0.004mm。公司还提供定制化的叶轮加工专用软件 TOP Impeller 及线接触侧铣技术，配备自主研发的 CAM 软件，可以有效改善加工质量，延长刀具寿命。该设备平均无故障时间（MTBF）可达到 1 400h。经用户使用证明，采用该设备加工的多种汽车涡轮增压器叶轮均达到产品要求，叶轮的型面精度达到 0.05mm 以内，且加工效率提高到每件 6min，该设备达到了进口设备的精度和效率水平。

山东威达重工股份有限公司 2014 年对 VMC600 立式加工中心产品进行了全方面、系统化的整顿，继承传统立式机床刚性强、结构合理、稳定性强等优点，引进国际先进的动态刚性设计理念，优化设计移动部件，将快速移动速度稳定在 60m/min，主轴转速提高到 30 000r/min。为了实现两工件在一次装夹后连续完成多种工序同时加工，研制了大中心距双主轴单元立式加工中心，实现了高速、高效加工。为增强机床的可靠性及安全性，从人机工程学的角度出发，重新设计内、外防护，采用大量的安全控制模块，有效防范加工过程中产生的切屑、切削液对机床内导轨的损害和腐蚀；充分利用数控系统新技术，通过工业互联网络，实现对机床设备的实时监控，构建了一个高度灵活的操作模式。

黄山皖南机床有限公司根据机床行业的整体形势和市场需求变化，坚持以市场为导向，以企业自主开发创新为主要手段，将发展中高档立式加工中心作为公司的重中之重。公司针对 VMC 系列立式加工中心关键共性技术开展深入研究，借助有限元分析对机床构件进行拓扑优化、设计箱中箱结构以及采用空心焊接或铝合金材料等新技术，对关键零部件的加工工艺、主轴组件的动平衡、主轴箱体孔的研磨工艺、直线电动机部件的装配调试、主轴轴承的预加负荷及温升控制等工艺技术进行试验攻关，保证了关键零部件的加工质量和装配质量，使机床整体可靠性和稳定性得到了很大提升。2014 年，公司立式加工中心产量达 415 台，较 2013 年实现翻倍增长，占全年机床总产量的 31.8% 以上；品种规格不断增多，在机床行业形势总体低迷和市场竞争日趋激烈的大环境下，公司产品依然保持了旺盛的市场需求。

北京精雕科技集团有限公司生产的 JDLVM400P 精雕钻铣中心，采用公司自行研发的 JD50 数控系统，采用高速插补技术，用样条插补取代直线插补，以微小程序段实现连续进给，使钻铣中心控制单位精细化，避免以直代曲，提高工件加工精度；结合公司自有的光顺技术和抗阻尼技术，并结合 CAM 软件和加工工艺，有效提高了加工效率，大大减少加工振纹，改善表面加工质量，实现了工件的高精度切削加工。在用户使用过程中，其性能表现优良，体现了公司将机床结构设计、数控系统开发、加工软件开发等一体化的解决能力。该产品在电子行业，特别是手机部件加工中显示了特有的竞争优势，取得了显著的市场效益。

二、卧式加工中心

卧式加工中心是机床发展的一个标志性产品，制造难度大于立式加工中心。在铣床分会的会员企业中，能够生产卧式加工中心的企业仅是少数。总的来讲，卧式加工中心与国外同类产品相比仍有较大的差距，主要体现在高精、成线与多轴三个方面。在高精方面，能够与国外同类相比的就是北京工研精机股份有限公司的产品，主要是基于该公司的技术积累与国家专项的支持，但与名牌产品相比仍有差距；在组线方面差距较大，以国产卧式加工中心为基础的生产线还未能在国内汽车的缸体缸盖线建立用户业绩。具备组线能力的企业有四川普什宁江机床有限公司、昆明机床股份有限公司及青海华鼎装备制造有限公司等制造卧式加工中心的传统企业；多轴机床，由于其面向特定加工的特性，在结构上与立式/卧式转换产品无明显的区别，并因加工对象的不同，结构亦有很大的变化，下面介绍的北京工研精机股份有限公司的五轴摆头加工中心产品，是面向航空发动机机匣类零件加工的产品。

北京工研精机股份有限公司生产的μ2000/5SS－800H五轴摆头加工中心整机采用动柱式结构，运动轴全闭环控制，高刚性滚柱式直线导轨支撑，摆动*A*轴为双力矩电动机直驱电主轴结构，双气动钳夹精准定位，单一高精度圆光栅位置反馈，整机动态性能好。机床结构布局、5个运动轴的配置以及主轴头结构等设计均考虑了能兼顾强劲切削和精密多轴加工的要求，可适用于航空、航天、船舶、核电等行业异形关键零件的五轴五面加工或复杂型面加工，具有广泛的加工能力。该产品是双力矩电动机直驱高速电主轴技术在五轴机床上首次成功应用，在摆动头五轴加工中心设计、制造、五轴精度检测技术方面解决了相关技术瓶颈，推动了行业技术进步。该产品在常规生产环境下，机床各项精度完全符合国家标准《精密卧式加工中心带附加主轴头》的各项检验精度要求，直线轴定位精度/重复定位精度分别在0.008mm以内和0.004mm以内。该机床精度稳定，运行可靠，平均无故障运行时间（MTBF）达到1 500h以上。该设备完全可以替代国外同类产品。当前，该设备主要应用于航空工业，在国内多家飞机发动机零件制造厂使用，用于加工飞机发动机机匣类零件，取代原四轴机床配置特殊夹具的加工方式，加工效率大幅度提高，加工品质也有质的飞跃；用于加工飞机发动机零件，替代同类规格的进口机床，直接为用户降低设备引进、维护成本，节约大量的设备资金。经用户使用证明，该产品性能稳定，满意度较高。

北京工研精机股份有限公司生产的μ2000/630H精密卧式加工中心采用龙门立柱与框架式床身固定布局结构，移动部件低惯量，实现了高刚度、高精度与高速度。该加工中心采用重心驱动，双光栅比较反馈，高刚度滚柱导轨，标准配置数控交换转台，样机分度定位精度达到4″以内，可实现四轴四联动功能，一次装夹可完成镗、铣、钻、铰、攻螺纹等多工序的多面加工。在常规车间生产环境下，机床达到国家标准规定的精密卧式加工中心的各项要求，定位精度、重复定位精度分别在0.008mm以内和0.004mm以内。特殊要求下，机床定位精度可以达到0.004mm以内。在1mm/min的进给速度下，不发生爬行。机床的平均无故障运行时间（MTBF）达到1 500h以上。当前，该设备使用的领域已经涵盖了兵器、航空、汽车、液压元件、火力发电等，取得了良好的经济效益及社会效益，是国家重大专项“透平叶片制造应用国产高档数控机床示范工程”课题内的国产数控机床典型示范产品之一，其加工工件精度不低于同类进口机床。

青海华鼎装备制造有限公司（原青海一机数控机床有限责任公司）生产的HMC100S/HMC80/HMC63系列高速卧式加工中心，依托“高档数控机床与基础制造装备”重大科技专项的支持，针对国外高档数控机床的技术开发研制高速立式、卧式系列加工中心产品。该系列加工中心工作台面尺寸630～1 000mm，主轴转速35～15 000r/min，*X*轴、*Y*轴、*Z*轴定位精度0.007mm，*X*轴、*Y*轴、*Z*轴重复定位精度0.005mm，快速移动速度50m/min，切削进给速度1～30 000mm/min，换刀速度≤2.3s。该系列产品通过了国家机床质量监督检验中心的性能检验和可靠性测评，平均无故障时间（MTBF）达到900h以上，产品各项性能指标、精度稳定性均达到了国内领先水平，并接近国外先进水平。该系列产品在新技术应用方面成绩显著：①采用整机结构动静刚度及优化设计技术。通过整机结构动力学建模、仿真及优化，解决了高速加工中心结构静/动刚度、热刚度等技术难题。②采用高速主轴单元结构设计优化及润滑技术。通过技术研究和试验分析，完成了加工中心高速电主轴结构的设计、主轴单元中心内冷却功能结构及高速回转密封和油气润滑结构研究、主轴电动机与主轴轴承的装配调整；在产品研制过程中通过对主轴在不同速度下的频谱分析，解决高速主轴的动平衡精度问题，实现了大直径、大功率主轴平稳运行；实现了冷却液强制进入高速运转的主轴系统，使刀具在高速切削时能得到充分的冷却，突破了加工中心进行深孔加工的难题。③采用高速加工中心进给系统动态特性分析技术。通过对高速进给系统的动态特性检测平台设计及试验分析，研究高速高加速度进给系统的加减速动态特性，建立数学模型并进行优化设计，实现运动部件的轻量化设计和中空滚珠丝杠的实时温度检测与冷却温度控制，解决了进给系统的温度控制及结构轻量化设计问题。④采用可靠性技术。通过对企业已售出的399台加工中心的故障统计和分析，寻找本企业所生产机床的主要故障部位和故障模式，根据高速加工中心的功能特点，研究其可靠性的试验方法，分析试验结果，据此提出排除故障的方法和提高产品可靠性的措施，为实施可靠性增长技术提供相应的支撑。通过以上新技术的运用，HMC63/HMC80/HMC100S高速型卧式加工中心已成为一种高精度、高性能、高效率、高速度的自动换刀数控机床，满足了市场需要和用户合同要求，现已广泛应用于机械、模具、汽车等行业，在性能、质量、可靠性方面受到了用户的好评。

三、龙门加工中心

龙门加工中心属于三类加工中心产品中的大型、重型设备，从结构上可分为工作台移动式、龙门架移动式及横梁移动式三类，从承载上可分为静压导轨重载、滚动导轨轻载两类，因面向的行业不同，产品的差异较大。由于能源行业特别是核电的发展，对产品的需求呈大型、重型复合化；航空航天工业由于加工材料的变化，不限于铝合金的高速切削，也包括有一定扭矩要求的钛合金加工。航空航天工业对龙门加工中心的需求主要表现在五轴加工，为支撑五轴加工的要求，机床的运动特性、与配套软件的结合以及因加工件的昂贵而对机床可靠性产生高要求都是高端机床特点。

“十一五”期间，我国重型机床的主要用户行业进行了大规模的技术改造和扩产，出现了采购重型加工设备的高峰期，而当前大部分用户企业的加工设备已趋于饱和，对普通和低档次数控重型机床的需求已持续出现大幅下滑。国家重大专项的实施，国内机床行业产品在航空航天领域的应用已有所突破，如北京北一机床股份有限公司、济南二机床集团有限公司、沈阳机床（集团）有限责任公司等一批五轴龙门加工中心产品在航空航天领域获得应用。

北京北一机床股份有限公司生产的 XHAV2430×80 五轴龙门加工中心，采用高刚性的固定横梁龙门结构，以及大扭矩、高刚性摆角铣头，满足钛合金加工高刚度、大扭矩、重切削要求；采用大推力、高刚性和精度稳定性的优化设计进给系统，进给电动机与机床惯量相匹配，满足重切削需要大扭矩、复杂小曲面切削需要灵活进给的要求；根据加工需要，滑枕镗铣头端部可配置 A 轴摆角铣头等附件头，可实现一次装夹对工件的五个面进行铣、镗、钻、铰、攻螺纹等多种工序加工，还可以对空间复杂曲面实现五轴联动高效大扭矩强力切削加工；可配置适合钛合金重切削加工的吹屑和冷却系统，优化切削环境。该产品在质量及可靠性方面有较大提升：①结合长期生产制造重型龙门机床的经验，形成有效的零件要素、精度控制体系以及加工、装配流程控制体系，保证产品质量及可靠性。②结合 04 专项课题研究，采用切削参数优化、刀具优选、抑振技术、误差补偿及低温润滑等技术，提升机床精度及可靠性。③采用多重断电保护功能结构，保证突然断电情况下零件的安全，确保机床的可靠性。④机床样机在用户经过 NASS 试件检测、RTCP 检查和“S”试件检测，测试结果完全合格。⑤机床通过国家机床质量监督检验中心整机检测和“S”试件检测。典型用户为中航工业沈阳飞机工业（集团）有限公司，用于飞机大型梁、框等钛合金复杂结构件的加工。当前，该机床已在用户使用一年以上，与用户传统加工设备相比，该设备加工复杂结构件的工作效率提高近 10 倍。

宁波海天精工股份有限公司研制的 BF 系列桥式五轴高速铣削中心采用高架桥龙门框架结构，从高速、高精的设计理念出发，机床的结构设计从传统的静态刚性设计，发展为动态刚性设计；加强移动部件刚度与质量的匹配，在提高机床固有频率的同时，获得更快的响应能力。该产品具有主轴转速高（最高转速可达 24 000r/min）、切削进给快、加工范围广和加工精度高等优势，并具有加工复杂型面所需的高速和准确的特性。通过扩展 A、C 双旋转轴，该机床对传统的龙门加工中心难以完成的复杂零件，可以轻松实现 X 轴、Y 轴、Z 轴、A 轴、C 轴五轴联动精加工。该产品自推出以来，受到国内航空、航天、汽车、模具等高端客户青睐，已成功进入陕飞、西飞、哈飞、沈飞等航空企业及其周边配套产业，用于铝合金高效加工、钛合金零件加工和高硬度模具加工。当前，西飞公司订购的一台 40B200/DR 产品是国内最大规格桥式高速铣削中心。

南通国盛机电集团有限公司研发的多功能动梁龙门加工中心是一款具有自主知识产权的新型高端龙门加工中心，在关键技术研究上有较大突破：①机床整体结构抗载荷与抗振特性研究。采用一种极端尺寸调整的数控机床横梁结构优化设计技术，结合仿生学原理及有限元理论的方法优化设计产品的主体结构，不断提升产品的机械结构刚性、结构抗载荷与抗振特性。同时提升快速移动、重载荷及重切削时的机械稳定性。②复杂零件一次成形加工关键技术及功能部件开发。复杂零件一次装夹完成多面加工成形，需要机床具有多轴加工功能，传统的镗铣床铣头不具备多轴万向功能，开发全自动全功能五面加工铣削头，可以扩大动梁龙门加工中心的加工范畴，实现高效、高速、高精一体化加工需求。③在线测量与机床进给系统融合技术研究。集成坐标接触测头、非接触测头和光栅位移传感器，将坐标测量技术融入加工中心中，实现加工过程中实时检测，消除工件检测的二次定位误差，大大提高检测精度，降低返工率。同时，可节省工件在检测时所需的搬运成本和工时，实现动梁龙门加工中心的多功能一体化。④移动横梁双电动机同步驱动系统研究。横梁上下移动采用双电动机驱动，进给系统的同步进给要求相当严格。进给系统采用双电动机主从控制，提高同步驱动系统精度，实现加工精度的可靠性和稳定性。⑤大行程运动进给精度控制与实现。现有的龙门加工中心 Z 轴靠平垫片调整 Z 轴走线直线度，这样的结构无法保证精度的持续稳定性，使用一段时间后，平垫片松动，产生加工精度误差。通过开发一种 Z 轴张紧技术，确保了 Z 轴移动直线度在长时间、大行程使用后不产生误差。

〔撰稿人：中国机床工具工业协会铣床分会胡瑞琳〕

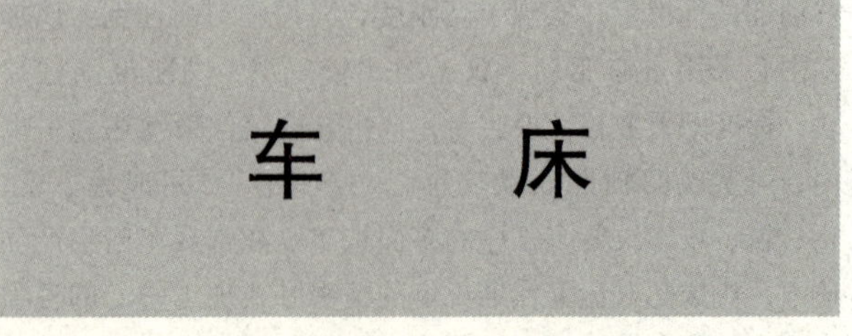

车床是主要用车刀对旋转的工件进行车削加工的机

床，在车床上还可用钻头、扩孔钻、铰刀、丝锥、板牙和滚花工具等对工件进行相应的加工。车床主要用于加工轴、盘、套和其他具有回转表面的工件，是机械制造和修配工厂中使用最广的一类机床。

现在的车床按类别主要分为普通车床和数控车床，其中，数控车床主要分为经济型数控车床、普及型数控车床、车削中心和专用车床，普及型车床又分为立式和卧式两种。近几年来，随着社会的发展进步，车床产品数控化率逐年上升，已经由过去的30%多提高到60%以上。

一、行业总体情况

受经济危机和上下游产业需求的影响，近几年来，普通车床产量逐年下降，根据车床分会重点联系企业统计：普通车床产量已经由2011年最高峰时的13万台下降到2014年的9.8万台；数控车床产量已经由2011年最高峰时的9万台下降到2014年的7万台。2014年，经济型数控车床产量约为5万台，普及型数控车床产量约为2万台，与产量最高的2011年相比较，普及型数控车床只是略有下降，经济型数控车床下降较多。随着各个行业的转型升级和结构调整，车床行业企业也在发生着较大的变革，整个行业在逐年进步。

二、行业进步情况

车床行业的进步总体表现为两个方面，一是产量、产值数控化率的增长，一是产品的升级换代。

1. 车床行业数控化率的变化

根据车床分会重点联系企业统计，2014年，车床产量数控化率为65%，车床产值数控化率为74%。自2008年国际金融危机以来，车床产量和产值数控化率每年平均分别以5%和3%的速度在增长，行业转型升级势态明显，效果显著。

2. 产品的升级换代

2014年，根据车床分会不完全统计，行业企业新研发产品40余项，主要的研发方向为高精、专用和柔性。

（1）沈阳机床（集团）有限责任公司（简称沈阳机床）。作为行业龙头企业，引领着行业技术进步。

沈阳机床研发了一系列i5智能机床。随着智能制造的迅速发展，具有互联网基因、网络平台潜力的i5智能机床，在世界范围内机床市场低迷的背景下应运而生，并且实现机床销量逆势上扬。沈阳机床以i5智能数控系统为基础、以i5智能机床为载体启动了i5战略，即集金融工具、加工解决方案、新机销售、机床租赁、机床再制造于一身的围绕机床产品全生命周期的工业服务转型。现已初步完成了智能工业工程与服务网络平台搭建。作为工业化、信息化、网络化、智能化、集成化的有效集成，i5智能系统开启了沈阳机床发展的新纪元。

沈阳机床在2014年研发了多款数控车床，同时也有很多款车床进行了升级换代，包括i5T系列、S系列和BRT系列等。i5T系列机床包括i5T1.4、i5T3.1、i5T3.2、i5T3.3、i5T3.5、i5T3.6、i5T5.2和i5T5.4等多种类型的针对不同行业的机床，这一系列机床搭载了自主知识产权的i5智能数控系统。该系列产品主要性能指标达到国际先进水平，具有超高的精度和稳定性，大切削量进给的高刚性结构，让客户得到高效率、低成本的机床。可满足小五金、汽车、摩托车、轻工机械等行业对不同类型零件进行高效、大批量、高精度加工的需求。S系列机床是数控管螺纹车床，是沈阳机床的升级产品，机床的精度和稳定性得到了提高。该系列机床具有实用型、高性价比的特点，特别适合于石油管加工、油田服务及工程等行业较长零件及轴类零件的加工，能够满足美国石油行业API标准管螺纹的需求。BRT系列车床是基于HTC系列产品所研发的新一代普及型数控卧式车床。该系列机床在HTC机床基础上提高了机床的定位精度、重复定位精度和机床稳定性，具有高转速、高精度和高刚性的特点，适用于各种轴类、盘类零件的半精加工和精加工，可以车削各种螺纹、圆弧、圆锥及回转体的内外曲面，可以进行镗孔和铰孔，能够满足黑色金属、有色金属的高速切削需求，特别适用于汽车、摩托车、轴承、电子、航天、军工等机械加工行业对回转体类零件进行高效、大批量、高精度的加工。

（2）宝鸡机床集团有限公司（简称宝鸡机床）。宝鸡机床主导产品有柔性车削加工制造单元、复合车铣中心、车削中心、加工中心、数控车床、数控铣床、普通车床等12个大类、160多个品种。近几年，宝鸡机床面向汽车、轴承行业开发了缸套专用车床、数控珩磨机、滚子轴承超精研机等系列产品，先后开发了轮毂自动加工单元、轴承套圈车自动生产线等。

2014年，宝鸡机床重点研发产品有两款，一个是BM63150X车削中心，一个是BM63150C精密数控车床。BM63150X车削中心主轴转速可达5 000r/min，快速移动速度为（*X*轴/*Z*轴）36（m/min）/36（m/min），刀具转速可达10 000r/min，定位精度（*X*轴/*Z*轴）：0.020mm/0.035mm，重复定位精度（*X*轴/*Z*轴）：0.002mm/0.003mm。该产品在国内达领先水平，用于汽车、航空等领域精密零件的高效率、高精度加工。BM63150C精密数控车床主轴转速5 000r/min，快速移动速度为（*X*轴/*Z*轴）36（m/min）/36（m/min），定位精度（*X*轴/*Z*轴）：0.020mm/0.035mm，重复定位精度（*X*轴/*Z*轴）：0.002mm/0.003mm。该产品多用于汽车、航空等领域精密零件的高效率、高精度加工。

（3）天水星火机床有限责任公司。天水星火机床有限责任公司主要产品包括大型数控车床、数控端面车床、大型卧式车床、数控轧辊磨床、数控轧辊车床、双柱立式车床、精密轧辊磨床、端面车床、轧辊车床、专用机床等12个系列。2014年，天水星火机床有限责任公司主要研发的产品包括两款，一是CKG61100/3m高速数控高性能卧式车床，一是CK6180MF/5m数控卧式长轴车床。CKG61100/3m高速数控高性能卧式车床主要部件和结构均经过优化设计，具有精度高、功率大、刚性高、制造精良、功能齐全和自动化程度高等特点。该车床主要用于轴类和盘类回转体零件的加工，能自动完成内外圆柱面、锥面、圆弧、多头蜗杆和多头螺纹等加工，并能进行切槽、内外特型面加工及钻、扩、铰孔等加工工序，能满足高精度零件的粗、精加工，特别适用于形状复杂、硬度高、精度高的轴、盘类等零件的外圆、端面、螺纹等加工。CK6180MF/5m数控长轴车床是在CKG61100车床的基础上研制而成，具有精度高、功率大、刚性好、制造精良和功能齐全等特点。该车床主要部件和结构均经过优化设计，能加工长轴、特型面、螺杆类等工件。另外，在CKG61100车床的基础上增强了机床配置，提高了机床的各项性能和稳定性。

（4）山东鲁南机床有限公司。山东鲁南机床有限公司主要产品包括龙门式、立式、卧式加工中心，数控车床，数控专用机床，以及数控镗铣床等20大类、260多个规格品种。近几年，山东鲁南机床有限公司承担了3项国家重大科研任务，6项省重大科研任务，获2项省科学技术奖和1项中国机械工业科学技术奖，累计40项专利获授权，其中发明专利4项。另有FTL柔性制造生产线、EDM系列电火花及超声波复合加工机床产业化等3个世界领先项目正在实施。TMC系列车铣复合加工中心项目获国家科技部“国家国际科技合作专项”立项，获得400万元专项资金扶持，第六代数控喷孔钻实现产业化应用，填补了国内空白。

2014年，山东鲁南机床有限公司通过重点研究倒立式高速、高精、高刚性弹壳式主轴单元，研发VTC2040车铣复合柔性加工中心。该机床实现高精度*C*轴加工功能，配置拥有自主知识产权倒立式动力刀塔和内置式机械手及伺服料仓结构及控制，实现轴类零件的智能化自动加工。该机床可广泛应用于汽车、农业机械、工程机械和国防军工等行业的高效自动化加工。

（5）安阳鑫盛机床股份有限公司。安阳鑫盛机床股份有限公司主要产品有普通卧式车床、重型车床、经济型数控车床、全功能数控车床、立式数控车床、管螺纹车床、深孔镗床、球面车床、数控重型卧式车床、立式加工中心、车铣复合加工中心和自动生产线等十多个系列。公司努力把握行业发展方向，提升产品档次，重点在高速、高精、智能、复合、可靠、绿色制造、自动化等方面提升产品附加值，缩小与国际水平的差距，为用户提供高性价比的产品。2014年，安阳鑫盛机床股份有限公司重点研发的产品包括CWKS6163自动螺杆车床、ADPT200M数控油管车削中心和AP15S数控双主轴车床。

CWKS6163自动螺杆车床可加工各种轴、套、盘类零件的内/外圆柱面、圆锥面、圆弧面、端面、切槽和倒角等，尤其适于加工各种螺距的螺纹，加工螺纹的范围为1～240mm。该车床可完成零件的自动加工，不用G指令编程，操作者无需前期数控操作经验就能很快掌握，方便易用，操作简单，功能完善。

ADPT200M数控油管车削中心主要为油田油岩管的加工而开发，适用于管类零件螺纹和径向孔、槽的加工。该机床配有挡料、带卡盘大通径移动尾座，可方便组成管类零件加工自动线。该机床属于半闭环控制系统，能够实现*X*轴、*Z*轴、*C*轴三轴联动，适宜加工各种形状复杂的轴、套、盘类零件，具有车、铣、钻、攻等功能，也可作为通用卧式车削加工中心使用。

AP15S数控双主轴车床主要用于加工各种需双面加工的盘、套类零件，可车削内/外圆柱面、圆锥面、圆弧面、端面以及切槽、倒角、钻孔、扩孔和车螺纹等；独特的可移动式双主轴和双并排托板结构可实现工件无人对接翻面，自动下料机构可实现无人下料。该设备可大大提高零部件的加工效率，并可减少用人工作量。

2014年，车床行业中的其他企业，如广州市珠江机床厂有限公司、广州机床厂有限公司、宁夏新瑞长城机床有限公司、浙江凯达机床集团有限公司、山东普利森集团有限公司等也都基于企业自身产品和上下游产业不同的需求，进行改进和升级换代，各企业的技术水平和综合实力都有了一定的增长。

2001—2011年，机床行业的高速发展更多地依赖于持续强劲的国内市场需求拉动、相对廉价的劳动力成本优势和国家产业政策的有力支持，比较而言，技术进步和管理升级所发挥的作用是相对有限的。面临现阶段的后经济危机时代，提高行业企业的管理水平、提升设计水平、提高工艺水平才能更好地提升机床内在品质；深入研究客户产品和工艺需求，才能更好地为客户服务，最终实现整个行业的转型升级。

〔撰稿人：中国机床工具工业协会车床分会陈洪军〕

磨　床

磨床作为金属切削机床中的末端精加工机床，具有多品种、小批量、高精度的特点。结合磨床行业企业2014年的发展情况来看，其技术进步主要体现在企业积极开展产品结构调整，重点针对细分市场及用户行业工艺有针对性地研制新产品，在外圆（含端面外圆）磨床、曲轴随动（切点跟踪）磨床、工具磨床、轴承专用磨床、内圆磨床、研磨机、数控复合机床及专用磨床等产品上取得了一些成果。

一、外圆（含端面外圆）磨床

数控外圆磨床已非传统概念中的外圆磨床，而是行业企业针对细分市场有针对性的研制的外圆类、针对用户特定工艺配置的专机类产品。

上海机床厂有限公司为用户提供了多台 H234/DM 数控端面外圆磨床，并配备桁架式机械手形成具备自动上下料机构的磨削生产线。该磨削生产线通过桁架式机械手衔接，能在一次装夹中完成重型汽车变速器输入轴和第二轴等轴类零件中多级端面外圆的全自动磨削。项目明确为交钥匙工程，要求设备利用率达到 85%，并且在满足所需加工节拍要求的前提下，设备工程能力指数 $C_{mk}\geqslant1.67$。

北京第二机床厂有限公司研制的 B2-K1022 数控车轴磨床，采用工作台移动式布局结构，采用高刚度大承载动静压轴承主轴系统，砂轮承载力大，主轴回转精度高，安装砂轮规格 ϕ750mm×350mm，能够实现车轴密封座的一次全部成形磨削，适用于火车车轴、轨道交通车轴密封座及轮座部位的成形磨削，并已顺利通过用户验收。

北京第二机床厂有限公司研制的针对油泵油嘴行业的 B2-K3012 高精度后移动数控端面外圆磨床，采用矩形床身，工作台固定，砂轮架后置纵向移动、横向进给结构布局。该机床配置数控转塔（*B* 轴），实现砂轮架不同砂轮的高效交互使用，可一次装夹完成磨削工件的锥面、外圆和内孔；头架采用高精度可回转主轴系，可通过安装卡盘实现工件的磨削；主轴回转精度达 0.3μm；可配置机械手实现自动上下料。

济南四机数控机床有限公司研制的 J4K-074ACBN 数控油针升程配磨专用磨床，是针对磨削中/小型内燃机、发动机油针升程配磨所需而研制的高效磨床。该磨床砂轮架最小进给量 0.000 5mm，工作台最小进给量 0.001mm。通过检测偶件针阀体标准位置差后，将位置差传输到数控系统，实现对工作台磨削升程的调整。

宇环数控机床股份有限公司针对各类汽油发动机、柴油发动机气门盘外圆、锥面、圆弧、盘端面及倒角的全自动磨削需求，开发了 YH3MK9380 数控高速气门磨床。该磨床采用 CBN 砂轮，一次装夹可将气门盘外圆与锥面、圆弧、盘端面及倒角等型面磨削成形，机床的加工效率高，尺寸一致性好。

二、曲轴随动（切点跟踪）磨床

北京第二机床厂有限公司基于“863”项目和 04 专项研制的 B2-K1018 双砂轮架随动式曲轴磨床，经过不断完善，完成了产品调试和软件验证，顺利完成了用户终验收。2014 年 10 月，以 B2-K1018 双砂轮架随动式曲轴磨床为核心装备的“曲轴柔性、精密、高效磨削加工关键技术与成套装备”项目荣获 2014 年度中国机械工业科学技术奖特等奖，这也是我国机床工具行业第一次获此殊荣。该项目针对汽车曲轴精密、高效的磨削要求，开发出了曲轴精加工敏捷生产线成套装备。其中的双砂轮架随动式（切点跟踪）磨削技术、六轴同步插补联动磨削技术，实现一次装夹双砂轮同步磨削曲轴连杆颈和主轴颈，将传统的曲轴磨削 7 道工序优化为 4 道或 5 道工序，有效地满足了汽车及零部件行业高效、高精度的使用需求。

三、工具磨床

工具磨床品种规格居多，其中在四轴、五轴的数控专用工具磨床上取得了进展。

金华市纳百川机械有限公司研制的 NHS300CNC5 五轴数控滚刀刃磨床，主要用于刃磨各种圆拉刀（含螺旋拉刀）、直槽平拉刀、斜槽平拉刀及键槽拉刀前刃面。其磨头主轴设计成水平布置结构，采用砂轮端面深切磨削直槽滚刀，可实现大进给及强力磨削，还可用斜面磨削螺旋槽滚刀，大幅提高了加工效率、加工精度和加工表面质量。采用 SIEMENS 840D 系统，可实现五轴五联动，配置有专用滚刀磨削程序，只需输入被刃磨滚刀的相应参数，机床就能自动完成精密磨削循环。

台州北平机床有限公司研制的 MCS4 数控刀片沟槽磨床，采用 SYNTEC 数控系统，配置 4 个数控轴、高刚性线性滑轨及公司自主研发的刀具磨削软件，能自动修正砂轮、自动磨削丝锥槽型，全自动磨削，自动上料。该磨床的行程（*X* 轴/*Y* 轴/*Z* 轴）200mm/48mm/90mm，最大进给速度（*X* 轴/*Z* 轴）7m/min，磨头转速 6 000r/min，最大工件长度 120mm。

四、轴承专用磨床

陕西秦川格兰德机床有限公司研制的 3MKZ2125 数控高速轴承内圈滚道磨床，主要针对轴承行业各种单/双列圆柱、圆锥轴承内圈滚道的磨削需求，同时也可用于相同规格轴承外径的磨削。机床配有在线量仪，自动上下料装置，磨削循环由数控系统控制，采用切入磨削的方式，适用于高效、大批量加工的需求。

新乡日升数控轴承装备股份有限公司针对圆锥推力滚子轴承用户精密磨削需求推出了 3MK1012B/3 数控推力滚子轴承滚道磨床，其加工范围：外径 50～120mm，宽度 3～10mm；加工精度：滚道尺寸差 0.01mm，平行差 0.003mm，滚道直线度 0～0.01mm（+）对数曲线，滚道表面粗糙度 0.4μm。该机床采用双伺服、工件进给形式，磨头采用电主轴，砂轮线速度达到 60m/s，砂轮修整采用两轴插补修整，修出对数曲线，配置有单臂机械手自动上下料装置及全封闭防护罩。

五、内圆磨床

上海机床厂有限公司为航空航天用户量身定制了 H124B×2000 数控深孔内圆磨床，可磨削工件内孔直径 40～400mm，最大磨削孔深 2 000mm，主要用于航天设备难加工材料关键零件中深孔内圆柱及圆锥表面的精密磨削。另一台 M2650 深孔内圆磨床是为能源行业所研制的，用于石油岩气钻具零件中深孔内圆柱及圆锥表面的磨削加工，可磨削工件内孔直径 60～550mm，最大磨削孔深 1 500mm。

六、研磨机

宇环数控机床股份有限公司研制的 YHM77110 高精度立式双面研磨（抛光）机床，主要用于阀片、摩擦片、油泵叶片等金属零件，以及蓝宝石等非金属硬脆性材料制作的薄片零件的双面研磨和抛光。该机床采用龙门结构，稳定性好、刚性强，机床采用双液压缸加压，电液比例阀精确控制压力，上托盘采用304不锈钢，耐蚀性强，上下盘内置冷却加热结构，盘面温度可控；太阳轮、内齿圈、上盘、下盘各轴转速能单独调整，且整体速度能匹配；其中大压力稳定加载和抛光盘温控技术达到国际领先水平。

新乡日升数控轴承装备股份有限公司研制的用于零件平面精密研磨加工的2M8463B双盘研磨机，其CBN砂轮盘规格为630mm×300mm×55mm（外径×内径×厚度，CBN厚度为5mm），加工工件最大直径140mm，加工工件最大高度50mm（工件高度在3～18mm范围内采用自动测量最佳）。该研磨机加工精度：研磨直径为30～100mm的工件，研磨平面度1μm，平行度1.5μm，尺寸相互差2μm，表面粗糙度≤0.1μm。机床配置有修整砂轮，可随时对上、下盘进行修整，保证了CBN砂轮的精度。交互式人机界面（触摸屏），集各种控制模式、数值仪表、报警信息于一体，实现故障自诊断功能。机床还可采用不同种类的磨板，以满足精磨、研磨、抛光等多种加工方式。

七、数控复合磨床

四川富临集团成都机床有限责任公司研制的MK2710数控复合磨床，是针对国内汽车、机械基础件、航空及兵器行业对复杂零件加工要求而开发设计的，适用于盘类、轴类等零件的批量生产，具有高精度、高效率的独特优势。该机床可实现零件多工位加工，独特的工件轴两轴伺服移动，通过布局多个磨头及磨头方向，实现一次装夹即可完成工件不同端面的磨削，配置自主研发的薄膜夹具和工业机器人，实现了工件自动上下料，加工效率高。

桂林桂北机器有限责任公司研制的GM－KXM3016/LD、GM－KXM5016/LD铣磨功能一体机床，采用落地式工作台和高架桥式移动梁结构。该机床台面承重量大，微变形小；横梁纵向往复运动采用斜齿轮齿条，双驱同步伺服电动机；铣头、磨头各走各导轨，保证各自工作精度。该机床取消了传统的高能耗、大容量液压站，降低了用户使用成本。相比较传统工作台移动式机床，可减少一半的占地面积，只需要一名操作者即可将工件铣、磨加工一机完成，减少转序时间，生产效率高。该机床满足用户复合高效、节能环保的使用需求。

安庆机床有限公司针对冶金检化验而研制的XMK3530数控铣磨复合机床，主要用于冶金行业钢坯宏观低倍、硫印检验试样的加工。该机床配置有砂带磨头及铣头，铣头主轴BT60，转速50～300r/min，砂带宽度350mm，线速度20 000～30 000mm/s；采用西门子数控系统，具有完善的保护功能，自动化程度高；机床采用平面铣磨一体化的工艺方案，一键完成铣削和研磨。该机床能适应苛刻的加工条件（机床采用风冷），独特的磨头弹性结构，保证了软磨（砂带磨削）过程中磨削力的均衡，有效提高了磨削质量。可满足AIS1200、AIS1300、AIS1400系列不锈钢，石油管线钢，造船钢，桥梁钢，普通结构钢，高强度结构钢以及容器钢等多种材料的加工。

八、专用磨床

无锡机床股份有限公司研制的HW100G高精度无心磨床，可实现贯通式和切入式两种磨削方式，适用于几何精度和表面质量较高的各种圆弧、锥面、球面、外圆柱面及其他复杂形状的回转体零件的磨削，如轴承、活塞销、锭杆、电机轴、罗拉、连杆、螺栓、气门杆及避振器等零件。由于是在整个砂轮宽度上同时磨削，这样在大批量加工或小批量生产时都显著地缩短了加工时间。机床配有全封闭罩壳及自动上下料装置，控制系统采用西门子840D－SL数控系统，有6根伺服轴，可两两联动。

杭州杭机股份有限公司研制的MKL7132x8/20叶片榫齿数控强力成形磨床，采用新型的立柱中腰移动式布局，成形砂轮、缓进给强力磨削技术，可由毛坯直接磨削成形，工艺先进，成形精度高，生产效率高，自动化程度高。该机床主要用于军工行业磨削航空发动机和汽轮机叶片榫齿，也可用于汽车、机车、液压件、模具等行业机车连杆和柴油机气门摇臂接合齿、汽车转向泵、液压泵和压缩机转子槽、齿条、摆线轮、花键轴及其拉刀、推剪刀片、卡盘卡爪、鼠牙盘、游标卡尺、搓丝板和直线导轨等型面。

陕西汉江机床有限公司研制的SK7612数控内螺纹磨床，是为高效、精密加工各类内螺纹设计制造的设备，主要针对汽车转向器生产线上大批量高效加工双圆弧滚道螺母的需求，也可满足量具制造商单件小批高精加工各种牙形螺纹环规的要求。该磨床打破传统内螺纹磨床布局，采用砂轮架后置式结构，提高了机床的整体刚性。利用该设备批量磨削某汽车转向器螺母双圆弧滚道，工件滚道磨削余量0.5mm时精度指标：螺距在6mm以内的螺纹，其螺距精度为：相邻螺距误差0.003mm，在25mm长度上0.005mm，在100mm长度上0.006mm，螺纹中径一致性误差0.01mm。

陕西秦川格兰德机床有限公司针对阀门行业对称球阀的磨削需求，研制了QMK0418数控球面磨床，采用展成法磨削原理，实现阀门行业的对称球阀外球面的粗磨和精磨。该机床可磨削球面直径45～180mm，工作精度：面轮廓度0.015mm，表面粗糙度$Ra \leqslant 0.2\mu m$。

〔撰稿人：中国机床工具工业协会磨床分会夏萍〕

重型机床

近年来，重型机床行业技术创新与新产品开发紧跟市场需求，以解决用户技术工艺难题为创新突破点，产品呈现出一机多功能、加工性能独特的特点。重型机床行业针对性强的专机类产品日渐增多，反映出我国重型机床国内市场需求的变化。当前，重型机床行业企业打破以往单一的通用型产品的生产模式，努力提升自身产品的水平档次和附加值，拓展加工工艺范围，强化工艺制造精细化，同时重视外观设计的研究，并融入人体工程学原理，植入环保理念，注重专业化制造技术研究，满足用户个性化的需求，走“专、精、特”的差异化发展道路。

从推出的新产品来看，多种关键核心技术、基础共性技术得到了广泛应用，如高速移动导轨副技术、直驱技术、热变形补偿、双电动机双丝杆双光栅尺同步位移的补偿技术、恒流闭式静压导轨、高速机械主轴技术、高速高精数控回转台、滚滑复合结构技术、双电动机－双齿轮双齿条电子预载消隙技术、高速交叉滚子轴承技术、力矩电动机驱动和机械式的数控摆角铣头技术、复合摆角铣头、电主轴技术、自动换刀与可靠性技术以及智能检测、高效冷却技术、工业服务机器人应用技术等。随着国内重型机床行业一批关键的核心技术、共性技术得以突破和掌握，国产重型机床产品的质量、水平档次在逐步提高。

一、定制化机床

针对船舶工业和轨道交通领域的需求，重型机床行业开发了螺旋桨加工机床以及火车轮对加工机床，提高了加工效率和加工精度，为用户提升竞争力发挥了积极作用。

南京中传重型机床有限公司（简称中传重机）自主研制的VTM11 000型重型七轴六联动螺旋桨加工车铣复合机床，最大可加工重150t、直径11m的螺旋桨。该机床工作台铣削转速0～2r/min，工作台车削转速0～20r/min，1号铣头转速0～6 000r/min，2号铣头转速0～3 000r/min，横梁进给速度12m/min，*C*轴定位精度0.001mm。该机床增加刀架摆动轴（*A*轴：滑枕摆动运动）参与联动，实现七轴六联动，很好地满足了螺旋桨叶片空间重叠部位的独特加工需求，实现了对叶片的完整加工。与五轴联动技术相比，可控制刀具处于最佳位置，避免加工干涉，加工效率比七轴五联动方式提高了近一倍，加工精度也得到了较大幅度提升。该机床具有车、铣、镗、钻功能，可实现任意六轴联动，一次装夹可完成叶片的铣削加工和轴端、轴孔的车削加工；横梁导轨副采用先进独创的线轨和静压可调阻尼弹性复合导轨，灵敏度高，响应速度快，可实现螺旋桨空间曲线加工。

中传重机开发的七轴六联动机床在刀架水平、垂直直线轴基础上，增加了回转轴，刀架摆动时重心重力是变量，制造难度极大，此技术的攻克极大地提高了效率。当前，欧美此类机床一般以刀架的水平、垂直直线轴方式工作，以便于平衡重量。该机床由于增加了一个冗余轴的自由度，使机床的防干涉能力更强，灵活性高，重叠叶面、叶根及轮毂的加工工艺性和效率得到了极大改善，有效地解决了我国大型、复杂、高精度螺旋桨加工的技术难题，对提高我国大型船舶制造水平产生了积极影响。

青海华鼎重型机床有限责任公司研制出了用于轨道交通领域的数控轴颈车磨复合机床、MCK8010/H型门式摩擦传动车轮车床和SLC－25GA型数控双轴不落轮对车床。数控轴颈车磨复合机床主要用于轨道车辆的客车/货车滚动轴承对轴颈的车削、磨削及滚压加工，可实现在不拆卸轮对的条件下，一次性装卡完成对轴颈、轮座的车削、磨削、滚压多工序的加工。该创新技术为轨道车辆的加工过程与成品检验方面提供了一套高精度、高效率的技术规范，为我国轨道交通的发展提供了有力保障。SLC－25GA型数控双轴不落轮对专用机床主要用于轨距1 435mm、轴负重30t的电力机车、CRH系列动车组的轮对轮缘和踏面的加工和修理。该机床也可转换为两个各自独立的不落轮对车床，相当于以前的两台不落轮对车床，可满足各种轮对型面和制动盘的加工需要。MCK8010/H型门式摩擦传动车轮车床主要用于铁路车辆段轨距为1 435mm的货车在轴承不拆卸前盖的条件下，对RD型、RE型、RF型货车轮对轮缘和踏面修理加工（可实现位置半闭环控制）。该机床主传动采用浮动摩擦传动系统，刀架的纵、横向运动由交流伺服电动机驱动，实现滚通式上下料，效率高。

二、数控镗铣床

数控镗铣床产品主要用于大型箱体类工件的加工，应用较为广泛。重型机床行业企业采取恒流静压支撑技术、闭环反馈技术、液压缸平衡技术、双驱动技术和热补偿技术，提高了数控镗铣床产品的性能、精度和精度保持性。

武汉重型机床集团有限公司研制的TKS6920数控落地铣镗床，应用有限元法优化设计，具有镗、钻、攻螺纹、铣槽、铣平面等基本功能，还配置了高精度数控工作台，直角铣头等功能附件，可实现五面加工。该机床镗轴直径200mm，主轴转速2 000r/min，主轴转矩6 000N·m，主电动机功率80kW，*X*轴快速移动速度25m/min，*Y*轴、*W*轴、*Z*轴快速移动速度10m/min，主轴轴承采用恒流静压支撑，具有承载力大、发热小、精度保持性持久的特点。*Y*轴、*W*轴、*Z*轴应用一腔一泵恒流闭式静压导轨，主轴箱应用液压缸平衡技术，*X*轴传动应用双电动机－双齿轮双齿条电子预载消隙技术，*Y*轴采用双丝杆同步传动技术，应用双电动机双丝杆双光栅尺同步位移技术实现对主轴箱倾斜进行补偿。

齐齐哈尔二机床（集团）有限责任公司研制的TKG6920高速高精重型数控落地铣镗床，采用滑枕移动式主轴箱结构，主轴转速2 000r/min，镗轴/滑枕快速移动速度15m/min，立柱快速移动速度20m/min。该机床主轴轴承采用油气润滑，滑座*X*轴进给采用双伺服电动机驱动；主轴箱*Y*轴进给为双伺服电动机驱动滚珠丝杠控制；镗轴*Z*轴采用磁栅尺反馈控制，闭环控制，主轴箱平衡由液压缸实现；滑枕通过铟钢杆检测反馈实现热伸长补偿；*X*、*Y*、*W*三向导轨为静压导轨。

齐重数控装备股份有限公司研制的XK2640×23数控龙门镗铣床为多功能、高精、高效、多轴联动复合加工机床，除具有重型数控龙门铣镗床的常规功能外，主轴转速达到3 000r/min，主轴转矩6 300N·m，定位精度（*X*轴/*Y*轴/*Z*

轴/*W*轴）0.025mm，重复定位精度（*X*轴/*Y*轴/*Z*轴/*W*轴）0.013mm。该机床配置两个立式车铣工作台和一个卧式数控分度箱，可实现立式车铣与卧式车铣加工；配置两坐标联动铣头，可实现立式、卧式五轴联动加工；配置自动附件更换系统、独立刀具自动更换系统，可实现全自动化加工。

三、复合机床

中传重机开发的DVMT40数控双柱立式铣车复合加工中心，最大加工直径4 620mm，最大加工高度4 000mm，最大承重50t，工作台车削转速1.6～160r/min（国外同类机床最高转速120r/min），铣削速度0～4r/min，定位精度（*X*轴/*Z*轴/*W*轴）0.012mm，重复定位精度0.007mm，工作台端面圆跳动0.007mm，工作台径向圆跳动0.005mm。该机床具有高精度、高转速、高效率三大特点，适合风电、船舶、发动机等行业行星架、扭臂等难加工、高复杂、高精度零件的加工。

〔撰稿人：中国机床工具工业协会重型机床分会徐宁安〕

特种加工机床

特种加工机床的门类较多，约有十几个类别。但当前具有一定规模的产品只有三大类，即数控电加工机床、数控激光加工机床和增材制造（3D打印）机床。

一、数控电加工机床

数控电加工机床主要分为数控电火花成形机床、单向走丝电火花线切割机床、往复走丝电火花线切割机床和细分市场中的专用数控电火花加工机床。

1. 数控电火花成形机床

通过国家数控机床重大专项的实施，我国数控电火花成形机床已取得相当大的技术进步，可实现*X*轴、*Y*轴、*Z*轴、*A*轴、*C*五轴联动加工，最小电极损耗≤0.1%，最佳表面粗糙度0.1～0.2μm。此外，开发了五轴五联动专用数控系统、专家系统、高温耐热合金及钛合金等难加工材料的加工工艺及脉冲电源等。

数控电火花成形机床在航空航天工业发动机制造方面得到很好的应用。发动机制造主要有两个难加工的特点：一是难加工材料，如钛合金、钛铝合金、高温耐热合金、碳化硅基复合材料等；二是难加工结构，如叶轮、叶片、机匣等，以及低刚性工艺结构，如小孔、深孔、窄槽、喷油嘴等，但这些难加工的问题均可利用数控电火花成形机床来解决，所以数控电火花成形机床在航空航天工业中将有较大的市场前景。

数控电火花成形机床典型产品，例如：苏州电加工机床研究所有限公司研制的DK7140精密数控电火花成形机床，可实现*X*轴、*Y*轴、*Z*轴、*A*（*B*）轴、*C*轴五轴联动加工，可对带冠整体涡轮盘扭曲叶形及其他复杂型面进行加工，实现对高温耐热合金、钛合金等材料的高效稳定加工，最佳表面粗糙度*Ra*0.1～0.2μm。北京市电加工研究所研制的A30五轴联动数控电火花成形机床，采用有限元技术分析设计，解决了大扭曲整体叶轮电火花加工工艺问题，为航空航天领域的重点企业解决了带冠整体涡轮盘、发动机整体闭式叶轮等加工难题。

2. 单向走丝电火花线切割机床

通过国家数控机床重大专项的实施，我国单向走丝电火花线切割机床虽与国外产品还有较大的差距，但与以往相比仍有较大的进步。当前，我国单向走丝电火花线切割机床的加工精度可达±0.2μm，最佳表面粗糙度*Ra*0.1～0.2μm，最大切割速度≥350mm^2/min，在第一次切割速度为200mm^2/min时，切一修一即可达到*Ra*0.9μm，有利于多次切割的综合效率及加工精度的提高。单向走丝电火花线切割机床具有自动穿丝功能，还能实现直径为0.05mm的细丝切割功能。能实现上述加工工艺指标及其加工功能的机床主要有苏州电加工机床研究所有限公司的DK7632单向走丝电火花线切割机床、苏州三光科技股份有限公司的LA系列机床等。北京安德建奇数字设备有限公司开发生产的国内第一台AE1 100大型单向走丝电火花线切割机床，用于大型汽车模具的高精加工，*X*轴/*Y*轴/*Z*轴行程为1 100mm/700mm/350mm，最佳加工表面粗糙度*Ra*＜0.3μm，最大切割速度250mm^2/min。

国产的单向走丝电火花线切割机床70%～80%用于模具加工，主要应用于冲压模加工，是冲压模加工中不可替代的关键设备。

3. 往复走丝电火花线切割机床（WEDM-RT）

往复走丝电火花线切割机床产量最大，属中低档机床。近年来，往复走丝电火花线切割机床技术有较大进步，国内开发生产的多次切割往复走丝电火花线切割机床，其最大切割速度可达200～300mm^2/min，加工精度0.008mm，最佳表面粗糙度*Ra*0.6～0.8μm。其最大特点是可进行大厚度切割，最大切割厚度可达1 000mm，在切割200mm厚度零件时，其上、中、下尺寸精度的一致性可控制在0.02mm以内。

多次切割往复走丝电火花线切割机床一般为纵向走丝切割加工。苏州电加工机床研究所有限公司开发了一种纵横向走丝切割机床，该机床可将丝放置成垂直方向进行切割，也可放置成水平方向进行切割，可以不翻转工件就可以在水平方向和垂直方向分别切割各种复杂型面（孔），包括进行锥度、上下异形切割等，省去工件翻转的工序及翻转过程的二次装调误差，对于一些较大的或难以形成二次定位基准又需要两个方向进行切割的工件效果尤为明显。该产品为国内首创。

4. 开拓细分市场的专用数控电火花机床

在细分市场上，数控电火花加工技术的应用领域较广，品种较多，主要有以下几个方面的典型产品：

（1）应用于航空航天、汽车、轻工等行业的数控电火花微小孔加工机床。

苏州电加工机床研究所有限公司研制的八轴数控电火花高速小孔加工机床，主要用于航空航天发动机叶片涡轮外环及火焰筒的微小群孔加工。由于制造的工艺问题，航空发动机一些特殊零件的外形，会产生较大的变形，使孔位产生离散性。该机床可以在线自动检测工件形位，根据所测数据，自动对加工孔位进行补偏，可有效提高孔加工的整体质量，有效解决发动机微小群孔的加工问题。

苏州电加工机床研究所有限公司研制的 SE－WK007 数控电火花微小孔加工机床，具有六轴专用数控系统及软件、微小孔加工的专家系统、纳秒级微能量脉冲电源和微细电极纳米级再进给技术及精密导向系统，能进行直径 0.03mm 以下的微小孔加工，加工孔径精度为 ±0.002mm（1.0mm 板厚时），$Ra \leqslant 0.4\mu m$。该机床适用于汽车工业中欧Ⅳ排放标准的发动机喷油嘴精密喷孔加工及纺织工业的化纤喷丝板加工，并可应用于航空航天、军工等领域的微孔加工。

北京迪蒙卡特机床有限公司研制的 MD6 电火花小孔加工机床，是为航空发动机叶片上三维分布的大批量、多种类小孔加工而设计的，配备了 4 个数控直线轴、2 个数控旋转轴，12 工位自动电极库，并能进行三维在线自动检测，自动检测工件形位，对孔位进行补偏。

（2）应用于工具行业的专用数控电火花磨床。随着聚晶金刚石（PCD）、立方氮化硼（PCBN）刀具市场的快速发展，又因这些超硬材料刀具的机械磨削存在困难，所以超硬材料刀具的数控电火花磨削技术获得了广泛应用。

北京凝华科技有限公司研制的 MD25i 数控电火花磨刀机，是为 PCD 超硬材料刀具磨削和重磨设计的高效、高精度专用数控电火花磨削加工机床。该机床具有放电状态自动检测、齿间距自动检测分度、在线精车电极轮等功能以及微米级闭环控制技术。该公司还开发了 MF301 双侧面刃磨数控电火花磨床，是专为加工 PCD 超硬材料锯片设计的，机床具有八轴数控系统。

北京迪蒙卡特机床有限公司研制的 BDM－902 数控电火花磨床，适用于 PCD、PCBN 为代表的超硬刀具加工。该机床具有立轴自动运转、金刚石砂轮在线修整等功能，可实现精度为 $3\mu m$ 以内的 PCD 活塞刀、铰刀的高效加工，刀具刃口的表面粗糙度 $Ra \leqslant 0.05\mu m$。

北京机床研究所精密机电有限公司研制的 AG400 电火花磨床，配备了针对 PCD 加工的高放、低表面粗糙度的专用电源，配备了刀具刃磨专用软件，具有盘类刀具自动测量定位、自动补偿和自动加工等功能。

（3）应用于汽车工业的专用数控轮胎模电火花机床。

苏州电加工机床研究所有限公司研制的 ZT－006 数控轮胎模电火花加工专用机床，是为汽车工业提供轮胎模花纹块加工的关键设备。该机床的五轴专用数控系统、型腔深度在线测量技术、主机的布局、卸荷式大承载分度工作台、电极更换技术等都具有创新性，有效地提高了子午线轮胎模型腔深度精度和分度精度。该机床已广泛用于我国轮胎模生产制造企业。

二、数控激光加工机床

激光加工主要包括切割、制孔、焊接、快速成型和打标记等，在航空航天、冶金机械、造船、汽车制造、能源等工业领域得到了广泛应用。在激光加工中典型的产品为激光切割加工机床，激光切割机床特别是光纤激光切割机床的快速发展，显示了光纤激光加工在满足市场不同需求方面的强大适应能力。

深圳市大族激光科技股份有限公司研制的 G3015F 光纤激光切割机，采用龙门双驱动结构，双边双电动机驱动，床身为整体焊接，具有低重量、高动态性能的特点。机床采用全新的 HPA8000 数控系统，具有切割工艺数据库和激光切割专业编程软件，实现高效、稳定、自动化加工；操作系统内集成了摄像头监控功能，以实现实时监控。机床的光纤传输、全飞行光路、一键编程，适合于切割各类复杂工件。G3015F－IPG3000 激光切割机切割 0.5mm 不锈钢时的速度达到 100m/min。在此基础上，深圳市大族激光科技股份有限公司瞄准激光加工自动化、智能化发展新趋势，切入自动化生产线领域，以适应市场的需求。该公司为工程机械、农业机械、汽车制造等大型企业量身定制了激光切割柔性生产线，柔性生产线由自动上下料系统与两台激光切割机组成，大大提升了生产效率，降低了运行成本。

深圳市大族激光科技股份有限公司研制的 P6018D 全自动激光切管机，可高速切割碳钢管、不锈钢管和铝合金管等，能自动完成工件的上料、夹料、旋转、切割、进给、下料等工序。该机床广泛应用于健身器材、石油管道、工程机械、客车制造、机车制造、农林机械、特种汽车及家用电器等领域。

武汉华工激光工程有限责任公司研制了 DF3015Plus 及 DF3015Pro 光纤激光切割机。其中，DF3015Plus 激光切割机采用龙门结构，高强度铝合金拉伸横梁及德国进口数控系统，具有激光切割专用软件、精密直线导轨及斜齿轮传动系统、双交流伺服电动机同步驱动系统，单轴定位速度 80m/min，加速度 $1.5g$，可实现高速度、高精度、高效加工，还能快速同步交换工作台。DF3015Pro 光纤激光切割机除具有 DF3015Plus 类似的特点外，还主要有以下特点：①高效交换工作台：实现双工作台同时交换，完成一次交换只需 8s，提高了生产效率。②更高的切割速度：对于 1.0mm 板材最高切割速度可达 25m/min。

江苏金方圆数控机床有限公司研制的 TFC3015 激光切割机床配置的碟片式（Disk laser）光纤激光器，是运用碟片式晶体及新结构、新机理研发的先进的固体激光器，从根本上改善了传统固体激光器的“热透镜”效应，实现了固体激光器的高平均功率、高峰值功率、高效率、高光束质量的完美结合，其最大定位速度达到169m/min，代表了国内激光切割的先进水平。

三、增材制造（3D打印）机床

增材制造机床生产企业在不断增加，产品在不断发展，质量也有明显提高，有些装备还形成了系列化，能按用户要求进行定制。增材制造机床可以分为金属材料增材制造机床和非金属材料增材制造机床两大类。

1. 金属材料增材制造机床

中科院南京先进激光技术研究院和南京中科煜宸激光技术有限公司研制的LDM系列激光选区熔化/烧结增材制造机床，有RC-LDM-50、RC-LDM-80、RC-LDM-150三种型号。该机床以金属粉末为原料，通过高能激光逐层熔化沉积，直接从零件的数字化模型一步实现大型复杂整体高性能金属构件的“近净成形”。机床制造的结构件综合力学性能优异，材料利用率高，加工余量小，成形件的精度和表面质量比较好，符合中等精度的要求。机床通过高温测量仪等检测加工过程，通过摄像监视系统观察加工过程，并根据检测结果对成形过程进行反馈控制，以保证成形工艺的稳定性和成形质量，从而实现激光直接制造、工件激光修复以及开展功能梯度零件激光直接制造的研究。

武汉华科三维科技有限公司研制的HKM100及HKM250金属材料增材制造机床，利用较小功率的激光器直接熔化单质或合金金属粉末材料，逐层熔化沉积成形出接近100%致密度的任意复杂结构。该技术的粉末材料利用率超过90%，特别适合于钛合金、镍合金等贵金属和难加工金属零件的成形制造，并能达到一定精度，表面粗糙度较好。

清华大学开发的电子束选区熔化（EBSM）增材制造机床，电子束功率为4kW，加速电压为0~70kV，电子束流为0~60mA，成形零件最大尺寸（长×宽×高）为200mm×200mm×200mm，电子束斑定位精度为±0.2mm，成形室工作最低真空度为<0.01Pa。该机床适用的金属材料有钛合金、铝合金、镍基合金、高强度钢及其他性能活泼的金属与合金等。

北京航空制造工程研究所开发了电子束熔丝沉积增材制造机床。该所的ZO60-10A型电子束设备，由60kV/10kW电子枪、高压电源、真空系统、观察系统、三维工作台、含三轴对准装置的送丝系统以及综合控制系统组成，其最大加速度电压为60kV，最大电流250mA，最大功率15kW，空室容积为4m×2m×2m。其熔积层的宽度为7.4mm，层高为1.5mm。该所进行了钛合金等实体结构件的增材制造。

2. 非金属材料增材制造机床

当前，增材制造设备中非金属增材制造的居多，如光固化成形、熔融沉积成形、激光选区烧结成形、无模铸型以及材料喷射成形等。

武汉华科三维科技有限公司研制了HK系列增材制造设备，其中：HKP系列适用于尼龙、聚丙烯等熔点低于170℃的高分子材料；HKS系列适用于树脂砂和可消失熔模的成形材料；HKC适用于在陶瓷颗粒表面包覆一层高分子材料的粉末。HK系列设备采用的是立体光固化工艺，使用的材料为光敏树脂。

杭州光临三维科技股份有限公司研发了Einstart-S、Einstart-L桌面3D打印机。该公司是专业提供三维数字成像技术的科技型企业，自主研发了多款非金属材料增材制造机床，其Einstart-S和Einstart-L桌面3D打印机是桌面型增材制造机床的代表，打印精度分别为0.15~0.35mm和0.10~0.40mm，前者为单喷头，后者为可选用的双喷头。机床操作简便、快速，开机后10min即可打印出产品，打印出的成形件细节特征完整。

〔撰稿人：中国机床工具工业协会特种加工机床分会陈德忠〕

组合机床（柔性自动线）

经过多年的技术创新，组合机床行业技术有了较快的发展。行业企业积极开发面向汽车零部件加工的柔性自动线，针对柴油机、汽油机设计开发了由卧式高速加工中心、立式加工中心和桁架机器人、搬运机器人组成的柔性自动线，用于缸体和缸盖的零部件加工生产。这些高效柔性自动生产线在上海通用、上海大众、沈阳航天三菱、一汽大众、长安汽车、保定汽车、潍柴动力、玉柴机器、中国重汽、康明斯、东风汽车、广州丰田和广州本田等大型企业得到大量应用。

行业企业瞄准市场畅销和需求潜力大的重点数控产品，加快新产品开发，加快产业技术研发工作，产品开发取得了丰硕成果，逐步形成企业自己的核心技术、核心产品、核心品牌，企业的柔性自动线制造水平登上一个新台阶。具体表现在：设备节拍时间日益缩短，效率进一步提高；制造工艺集成日益增高，综合自动化程度不断提高；加工精度进一步提高；设备柔性不断提高；设备可靠性和利用率进一步提高；服务水平不断提高。

缸体、缸盖加工柔性线由多台三坐标加工中心单元组成，各主机配*A*轴或*B*轴转台，针对缸体、缸盖的前后面、顶底面及进/排气面进行铣、钻、扩、铰、攻螺纹等工序加工。采用精密桁架机械手或搬运机器人组成敏捷物流输送，自动装、卸料；通过机械手上、下料，缸体、缸盖加工姿态随机械手自动转换，效率高；各主机配备专用夹具，定位准确，夹紧可靠。配备切削液上供装置、上排装置，可满足集中冷却系统供液、排屑，切削液加压供给主轴内冷，使自动线更加绿色、环保。

由高速加工中心组成的生产线，其柔性好、精度高、形成生产能力快，所需设备台数少，比较经济。当前，汽车零部件等加工生产线由高速加工中心组成的柔性生产线到处可见。行业自主研发的新一代卧式、立式三坐标高速加工中心单元，经过多次重大技术改进，性能更为优越。

高速电主轴是该系列机床的核心部件，主轴轴承采用油气润滑，主轴内部设置温度采集传感器，通过试验平台，获取主轴部件热误差－温度试验数据，建立热误差补偿的数学模型，编写补偿程序，并通过编译完成在数控系统中的应用，实现机床热误差动态补偿。主轴转子冷却采用循环水冷却，主轴在各转速段做主轴动平衡试验，动平衡等级为G1级，使主轴在高转速下运行可靠，机床实现高速切削。选用合理主偏角刀具，优化切削参数，运用刀具高压内冷技术，解决高速切削过程中难加工材料的切削抗力、切削温升和刀具磨损等问题。丝杠轴承支撑一端采用滚珠丝杠专用角接触球轴承固定，面对面安装，另一端采用精密深沟球轴承简单浮动支撑方式，丝杠轴向可按深沟球轴承内外环间隙微量窜动，抵消高速运转过程中丝杠因热变形产生的误差。机床三轴配置直线光栅尺闭环系统进行误差补偿，提高机床直线运动精度。样机装配完毕后，对主轴、进给、自动换刀、液压、气动、润滑、数控系统等功能部件进行功能测试，对主传动进行最大转矩试验、最大切削抗力试验和最大功率试验。针对各项测试、试验中出现的问题，采取相应的解决办法，提高机床的可靠性。实际的数控机床驱动系统存在各种误差，如丝杠的反向间隙，运动部件和基础部件弹性变形，零部件材料、制造和装配差异等造成的误差，通过对伺服驱动系统进行优化，可以对这些误差进行抑制或补偿。

数控机床的误差来源是多方面的，其综合加工误差主要包括几何误差、热误差、控制误差、振动和环境噪声误差等多种类型。该系列机床采用高精度的检测设备及手段，对机床误差的精确测量和补偿进行深入研究，并通过数控系统实现对误差的补偿。对整机及床身、立柱、主轴箱等关键零部件进行优化设计，改进整机及关键零部件结构。同时，对整机及关键零部件进行实验研究，根据试验结果修正结构优化模型，获得高刚度、高强度和抗振性能好的主机整体结构，进而提高机床的高速性能、静动态特性和精度。针对上述机床关键技术的应用，做出具体的应对方案和措施，使机床达到更高的性能指标。

〔撰稿人：中国机床工具工业协会组合机床分会刘庆乐〕

金属成形机床

一、压力机

合肥合锻机床股份有限公司研制的LHS4－2000多连杆机械压力机，与以往产品相比有较大的改进，主要包括：多连杆机构的优化设计，包括多连杆运动学分析和动力学分析；多连杆压力机精度调试；压力机主传动、机身、滑块、移动台、气垫、润滑、气动、电气控制等部件及系统的设计；压力机上横梁、大型齿轮及焊接、连杆等关键零件的工艺加工技术。

通过对机械压力机的偏心齿轮、连杆等关键零件进行工艺攻关，形成了一些新的关键工艺技术和方法；攻克了多连杆传动技术、大吨位闭锁气垫、大流量润滑系统等关键技术。这些技术可以开发大型高性能压力机生产线，技术水平达到国内领先。该产品在七轴异向传动、飞轮储能、偏心齿轮八连杆机构、过载保护连接器、移动工作台、气垫闭锁技术、气体控制技术、大流量润滑技术、全自动换模技术等核心技术方面达到了国际水平。

青岛青锻锻压机械有限公司研制的EPC－8000数控电动螺旋压力机，是当前国产最大规格的电动螺旋压力机。该机具有结构简单、性能可靠、传动链短、工艺性强、打击速度快、效率高、成本低、维修方便、节能节材及效率高等优点。该机可根据锻件成形工艺，调整打击力和打击能量，打击能量可精确设置，锻件成形精度高，模具应力小，使用寿命长；采用加长导轨导向结构，导向长度大，导向精度高，机身刚度好，抗偏载能力强，可进行多模膛锻造；采用最新开关磁阻电动机，具有低起动电流、大起动转矩负载的功能，对电网无冲击；上料和出料以及调整模具时，电动机可间歇工作，无需连续运转，节约电能。

数控电动螺旋压力机在滑块静止不动时，电动机不耗电，只有滑块上下运动时，电动机才工作，故电效率高。采用开关磁阻电动机，起动电流小，起动转矩大，对电网冲击不明显。电动螺旋压力机既节能又环保，且安全可靠，符合当前国家倡导的节约型、环保型、和谐型社会政策，是今后螺旋压力机发展的方向。

二、液压机

天津市天锻压力机有限公司研制的ZS－THP29－6300汽车纵梁数控生产线，由主机、辅机以及多种规格模具等组成。主机机身为整体框架式结构，采用拉杆紧固连接，主要由压机本体、液压系统、电气控制系统、冲裁缓冲系统、安全系统、平衡系统、过滤系统、冷却系统、润滑系统、安全防护系统等组成，用于汽车纵梁制品的压制成形；

辅机由外磁性辊道装置、内辊道液压夹钳装置、推手装置、移动磁性吸盘小车、小车支架、内下料输送链排装置、外下料输送链排装置、上料链排、上料辊道、下料辊道等组成，实现对制件的上料、输送、推料、压制及下料等工序；液压系统由高压油泵、充液阀、比例调压阀、比例伺服阀、流量阀和油箱等组成，为压机提供可控制的液压动力源；电气控制系统由 Profibus - DP 总线构成网络控制系统，对主机和辅机实现统一控制，提高了系统的可靠性、维护性及扩展性。该生产线液压垫的控制采用7套相同的控制系统，各自独立，互不干扰，可根据工作需要单独使用或多组任意组合工作；主压力油缸由6个柱塞式油缸组成，通过系统中的比例压力阀可以实现压机吨位从20%到100%的连续调节，可结合电气系统通过各种传感器将压力、位移、速度及各种报警信号经 PLC 处理完成对整机的控制；而液压系统中的压力分级控制插装阀块可实现3个主压力级压制（2 100t、4 200t、6 300t，同时能够保持速度不变），可实现5～12m 不同长度的纵梁工件在液压机一端压制。

ZS - THP29 - 6300 汽车纵梁数控生产线还具有远程故障分析、诊断系统。该功能利用现有的公共通信网络广域连接于客户正在使用的液压机上，对生产线的信号进行检测，以判断该机故障所在，并根据不同情况进行在线或离线修复。ZS - THP29 - 6300 汽车纵梁数控生产线解决了我国特种载重车底盘纵梁制件的生产工艺整体配套能力不强、专业化水平较低、生产工艺自动化水平落后和自主开发整车集成能力薄弱等难题，填补了我国缺少生产特种载重汽车纵梁自动化生产线的空白。

天津市天锻压力机有限公司研制的大型六轴数控移动回转压头框式液压机成套装备，压头横向移动范围±200mm，压头至工作台最大间距1 800mm，主缸最大工作行程800mm，压头空载快速下降速度≥70mm/s，压头工作速度2.5～5mm/s，压头回程速度≥70mm/s，旋转范围±360°，压头和工作台移动速度（可调）30mm/s，压头和工作台回转速度（可调）0.5r/min，比压头固定的液压机加工制件的范围扩大一倍；板材数控送料和板材数控下料输送装置辊道具有升降和双向运输运动功能；数控系统可设定存储200多套模具的工艺参数，对辊道双向运输、升降、压头移动和旋转及压制、移动工作台和旋转进行6轴控制；压头、工作台同时移动位置控制精度为0.1mm，压头、工作台同时旋转位置控制精度为0.1°；压力压头采用比例调整，压力控制精度为0.1MPa。大型六轴数控移动回转压头框式液压机成套装备是我国造船企业急需的大型船首、船尾厚板成形制造的先进数控液压机成套装备。

合肥合锻机床股份有限公司研制的高速伺服冲压液压机，采用先进的双主动型比例二通插装阀、高速液压机的滑块压力及位置的闭环控制技术、主缸下腔和上腔的液压回路采用冗余与监控技术等关键技术。在用于冷冲压工艺时，可以达到甚至超过机械压力机的工作效率，能耗降低至接近机械压力机的能耗；用于热冲压工艺时，空程运行速度达到800mm/s以上，压制速度>110mm/s，单件生产时间缩短到6s/件。

三、冲、剪、折设备

济南二机床集团有限公司研制的快速高效数控全自动冲压线，公称力58 000kN，公称力行程13mm，滑块行程1 250～1 400mm，装模高度850～1 550mm，行程次数8～16次/min，工作台面尺寸2 200mm×4 200mm，整线全防护。该冲压线具有全自动、高效率、结构紧凑、占地面积小等优点，降低工人的劳动强度，可节约人工、降低成本，打破了国外技术垄断。该冲压线移动工作台导轨与底座连接的结构采用可旋式减震结构，改善导轨受力；首次研发设计移动工作台耐磨套拔出装置；驱动采用一个同步控制器与5个驱动控制器进行数据交换，整个驱动网络采用西门子实时以太网，通信更加稳定，抗干扰效果更好。

济南二机床集团有限公司研制的乘用车伺服冲压线，技术先进，经济性好，整线水平达到了国际领先水平，填补多项国内空白。该伺服冲压线具有伺服压机负载平衡控制技术、伺服压机能量管理控制技术等，采用主从控制方式，结合位置、速度、扭矩三个方面进行负载平衡控制。

数控伺服转塔冲床作为新一代产品，具有技术领先、精度高、加工范围广、冲压速度快、加工效率高、工艺适应性好及节能环保等优势。采用新型的伺服电动机驱动主传动，不仅保留了传统机械式结构成熟可靠的优点，而且具有节能、低噪、高效、优化工艺等诸多独特的优势。

济南铸造锻压机械研究所有限公司研制的 SKYE 系列伺服数控砖塔冲床，采用“单动式连杆长度可变曲柄连杆机构及伺服主传动机构”（ZL2011102191487）发明专利技术，突破了传统设计与工艺模式，实现了以小功率高速伺服电动机取代大转矩伺服电动机达到高效率、低能耗的技术创新，成为新一代数控转塔冲床行业的关键领先技术，开创了高效、柔性、绿色伺服冲压技术发展的新途径。SKYE 系列产品可加工最大板材尺寸1 250mm×5 000mm，可加工最大厚度6mm，最大冲孔直径88.9mm，最大打点速度1 800次/min，10mm 冲程步冲速度1 000次/min（1mm 间距），加工精度±0.1mm。

江苏亚威机床股份有限公司研制的 CLB－2.5×1 850 数控飞摆剪横切生产线具有自动化程度高、剪切速度快、定位精确、运行稳定及安全可靠等特点，已获授权发明专利2项、实用新型专利11项，7项发明专利进入实审。该生产线采用飞摆剪切技术，通过快速更换刀模，可实现异形板剪切；自主研发自动穿料控制、伺服高速闭环送料、高速摆动剪切运动控制、矩阵式磁性堆垛、多轴伺服驱动同步控制等关键技术，实现卷料自上料到各种异形板码垛一键式全自动控制。该产品已在长安汽车得到应用，用于长安 A310 汽车引擎盖外板的加工。原每块引擎盖外板需用钢板 8.4kg，改用飞摆剪切连续落料，每件需用6.766kg，成材料成本节省效果明显。

江苏金方圆数控机床有限公司研制的EPSS冲剪复合柔性生产线，是一套以一台电伺服数控转塔冲床和一台电伺服数控直角剪板机床为核心的冲剪复合柔性线，采用伺服电动机直接驱动，产品性能指标达到国际先进水平。与传统液压主传动产品APSS相比，具有节能、高效、高可靠性、低噪及优化工艺等优势。

四、铸造机械

济南铸造锻压机械研究所有限公司研制的静压造型自动生产线，采用多触头高压压实技术（已申请国家专利），具有压实速度快并实现同步运行等特点，30个多触头可同步运行压实型砂；造型线的移箱落箱机采用国内专利产品技术，具有上箱、下箱分道转运的功能；液压系统液压介质温度能有效地控制在50°±2°以内，液压执行元件运行可靠。

济南铸造锻压机械研究所有限公司研制的底盘旋转高效转子混砂机，生产率可以达到160t/h，混砂质量好，混好的型砂无团块，混制后的型砂进入造型前不需要配备松砂机。采用机盆旋转的结构形式，配备垂直的刮板，在机盆旋转过程中可以自动清理混砂机的内圈；两个转子偏心分布，转子底面距离底盘只有3mm，可有效地解决常规混砂机有死角、混制的型砂不均匀等问题；采用机盆中心卸料的方式，卸料速度加快，混砂效率高。

保定维尔铸造机械股份有限公司研制的ZZ4111垂直分型无箱射压造型线，产品结构通用性高，同一系列的产品，结构通用率可达到95%以上。以人为本的人机交互系统设计，一方面使得设备可以始终在一个良好的状态下运行，减少了人为因素的影响；另一方面，操作更方便，降低了用户对操作人员的前期培训投入。造型室的耐磨底板采用分体式结构，既降低了成本，同时也简化了加工和热处理工艺；正压板底部采用气垫结构，压缩空气从气垫底部吹出，让正压板稍微悬浮起几微米，以减小在运动过程中与耐磨底板的摩擦力，延长了摩擦块和耐磨底板的使用寿命；采用全新的面向生产工艺的控制系统，用户只需输入型板号即可，让用户从繁琐的操作中解脱出来，更加专注于产品工艺的持续改进。导杠润滑系统采用流体动力润滑中的楔效应原理，润滑油在系统内自动循环；液压系统采用恒压泵+比例阀式控制系统，结构简单，成本低。

〔撰稿人：中国机床工具工业协会锻压机械分会崔瑞奇〕

数控装置

一、控制系统

1. 高档数控系统

高档数控系统是指可实现在多轴联动（五轴或者五轴以上）、多通道控制能力、支持全闭环反馈控制、系统分辨率达到亚微米或纳米级、主轴转速可达到10 000r/min以上，快速移动速度可达到40m/min以上，进给加速度可达1g以上，定位精度为0.01～0.001mm。除具有人机对话、通信、联网、监控等功能外，还具有专用高级编程软件，可进行多维曲面加工、复合加工、热变形补偿，主要与多轴、多通道、高速、高精、柔性、复合加工的高档、大型/重型数控机床和数控成套设备配套的数控系统，主要满足航空航天、军工、通信、汽车、船舶等领域重要、关键零件的加工。可以配置交流伺服进给电动机和交流伺服主轴电动机。国内主要高档型数控系统产品有华中HNC－848型高档数控系统、大连光洋GNC61高档数控系统、沈阳高精蓝天数控LT－GJ400/C以及广州数控25i等产品。

华中HNC－848高档数控系统在功能、性能、可靠性方面都有了比较大的提升。许多数控系统的高档功能通过04专项的实施得以从无到有，同时匹配第三方电动机、编码器、光栅尺的能力也得到了进一步的拓展。武汉华中数控股份有限公司为沈飞集团改造的辛辛那提LANCE2000加工中心，机床的定位精度达到5μm，达到机床出厂时的精度指标，NAS试件的试切结果也验证了机床达到加工精度要求，填补了国产高档数控系统在航空关键零部件制造的应用空白；为沈飞集团改造的双龙门五坐标铣床，实现了五轴联动和双通道控制功能。武汉华中数控股份有限公司与大连机床集团合作，已经为上海航天技术研究院提供了4台高档数控机床，全部配置华中8型全数字高档数控系统。其中：DLH－20高速车削中心的特点是高速、高精度、高刚性，配置双轴闭环光栅尺，切削进给速度60m/min；VDBS－50高速立式加工中心，重复定位精度达到0.004mm，用户评价在功能、性能、可靠性等方面接近国际先进水平，实现了国产高档数控系统在航天领域的突破。

大连光洋科技集团有限公司依托其具有生产高档数控机床的优势，将高档数控系统应用于其生产的高档数控机床上，并在示范应用工程中得到成功应用。在专项课题支持下研制的具有自主知识产权的多种类五轴高档数控机床，配置自主研发的GNC61高档数控系统，产品出口德国，开创了我国高档五轴数控机床出口发达国家的先河。大连光洋科技集团有限公司与北京动力机械研究所合作，生产的五轴加工中心，满足航天复杂、核心零部件的工艺制造需求，已经完成了多个批次、多个品种的航发关键零部件的加工，进一步扩大了国产高档数控系统在航空航天领域的应用示范。

沈阳高精数控技术有限公司针对航空航天领域复杂零件的加工，基于所开发的高档数控系统蓝天数控LT－GJ400/C，与五轴车铣复合加工中心进行了配套应用，开展了飞机结构件的加工。同时，基于研制的成果，公司与沈阳机床集团及中航沈飞集团共同实施应用于复杂航空结构件、大型结构件加工制造的国产化关键设备，具体配套的高档数控机床为GMC2060桥式高速龙门加工中心、GMC3060桥式高速龙门加工中心、GMC2060u五坐标联动桥式高速龙门加工中心、VMC35120u基于AB摆轴五坐标联动航空结构件强力铣削加工中心。

广州数控设备有限公司研制的总线式高档数控系统在航空、航天、汽车等领域也实现了成功应用，配置25i系统的大型搅拌摩擦焊（7轴5联动）/六轴三维搅拌摩擦焊在航天八院用于航空零部件的加工，配置25i系统的S16五坐标立式数控铣床在成飞加工S件、NAS979件。

2. 普及经济型数控系统

普及经济型数控系统是指可实现两轴、三轴或者四轴联动，真正实现半闭环反馈控制，系统分辨力达到1μm，主轴转速最高可达到10 000r/min，快速移动速度24～40m/min，定位精度为0.03～0.005mm，具有人机对话、通信、联网、监控等功能，主要与数控铣床、全功能车床、车削中心、立式/卧式加工中心配套的数控系统产品。可以配置交流伺服进给电动机和交流伺服主轴电动机。国内典型的普及型数控系统产品有华中数控HNC－818型数控系统。

武汉华中数控股份有限公司针对3C行业需求，在华中8型数控系统基础上开发了高速钻攻中心数控系统HNC－818AM，快速移动速度达到60m/min，主轴最高转速可达24 000r/min。在满足加工质量的前提下，与国外品牌数控系统相比，效率提高了20%，实现了国产数控系统在3C领域的重大突破，打破国外知名品牌数控系统对这一领域的长期垄断局面。

二、电动机

武汉华中数控股份有限公司研发的LDD伺服电动机具有高精度、高动态、可靠耐用、免维护的特点，大转矩与惯量比，基于弱磁的高加速度转矩，可达到高转速；高分辨率编码器，低转矩波动，高安装精度；高防护等级IP65、抗震，得益于编码器的减振安装、三倍过载能力。在实际加工过程中，最大进给速度可达60m/min。

大连光洋科技集团有限公司研发的GMFE08D系列主轴电动机，已经应用于大连科德数控有限公司VGW800数控机床近两年，其性能及质量得到用户好评；用户定制的24kW主轴电动机，在直径有限体积下实现了低速大转矩特性，可实现5倍弱磁，满足了用户需求。GTML0530WS－150力矩电动机，已经应用于大连科德数控有限公司VGW800数控机床；替代了减速机，减少了刚性连接，实现A轴全直驱，提高A轴控制精度。电动机额定转矩可达2 700N·m，峰值转矩可达4 990N·m。当前装备该力矩电动机的直驱型五轴车铣复合加工机床已交付中航工业集团贵州黎阳发动机公司。GTML0175WB－050力矩电动机已经交付中航工业集团北京航空精密机械研究所，用户对电动机进行了超低速试验（1r/d），电动机的性能及质量得到用户好评。

三、机器人

武汉华中数控股份有限公司将配置工业机器人的3C钻攻中心生产线作为公司市场发展重点业务，并取得了阶段性的成果，在广东东莞、江苏常州等地建立了3C钻攻中心生产线示范点，与许多用户达成合作意向。公司推出配置8型智能数控系统和机器人的钻攻中心生产线，呈现自动化智能工厂的生产运行状态，充分体现了智能制造时代“将物流、信息流和加工流互联互通在一起构成完整工序加工的解决方案”这一重要技术趋势。公司充分利用各种平台，展示最新创新成果，广泛与企业开展合作，细致了解用户需求。公司与海尔集团进行了合作，为其提供洗衣机法兰自动上下料、钣金冲压独立式机械手、洗碗机项目独立式机械手等成套装备。

广州数控设备有限公司已实现机器人产品的全系列、全自主研制，产品覆盖了3kg到400kg，自由度包括3～6个关节，应用功能包括搬运、机床上下料、焊接、码垛、涂胶、打磨抛光、切割、喷涂、分拣、装配等，涉及数控机床、五金机械、电子、家电、建材、食品、医药及物流等行业应用领域。

广州数控设备有限公司的国产化工业机器人产品陆续销往广东、上海、江苏、浙江、重庆、河南、广西等地，还相继出口到越南、土耳其、智利等国家，至今累计销售约1 200台（套）。

工业机器人包括机械本体及控制器、伺服驱动、伺服电动机、减速机等四大核心功能部件。广州数控设备有限公司在丰富的机床数控技术积累的基础上，延伸到工业机器人的研发，掌握了机器人控制器、伺服驱动、伺服电动机的完全自主知识产权，已完成系列化的全自主开发。在机器人的成本构成中，减速机占到总成本的25%左右，机器人整机中75%的成本是公司可自主控制的。当前，广州数控设备有限公司已自主研发出多个规格型号的精密减速机，并已在自己研发的工业机器人上测试应用，功能上接近国外同类产品。性价比高，成本基本可控，使得广州数控设备有限公司的工业机器人在满足应用需求的同时，非常适合对成本敏感的企业用户，具有较好的市场竞争力。

〔撰稿人：中国机床工具工业协会数控系统分会肖明　审稿人：中国机床工具工业协会数控系统分会伍衡〕

工　量　具

2014年，我国进入全面改革创新、转型升级发展的新时期。我国制造业正按照李克强总理指明的“以改革创新打造中国制造新优势，用转型升级推动发展迈向中高端”的发展方针，通过将传统制造技术与信息技术的集成和融合，实现制造业的数字化、网络化和智能化，进而推动我国制造模式的变革，实现我国制造业向自动化和智能化规模制造转变，为我国经济保持中高速发展、迈向中高端水平提供强大支撑。

现代制造业需要配套的是“高效率、高精度、高可靠性和专用化”（即三高一专）的现代高效刀具，而过去国内工具企业能够大批量供应的则是低效率的传统标准刀具。近年来，国内制造业在转方式、调结构的过程中，淘汰落后产能，减掉的需求是传统标准刀具，而现代制造业增加的需求全部是高端的，形成了新的供需结构性矛盾。除了在产品水平这些看得见的“硬件”差距之外，更为严重的差距是在“软件”方面，即服务水平和能力的差距。我国工具企业为现代制造业全面“提质增效”出谋划策的整体能力不足，服务水平差，已经成为工具行业企业进一步转型升级的重大瓶颈。

因此，2014 年我国工具行业企业从过去以提供工具产品为主开始努力转向提供产品和服务，将帮助用户提高生产效率作为转型升级的主要方向。经过多年的技术改造，当前多数工具企业通过更新装备，已经解决了高端刀具的制造能力问题，这种能力形成初期，在进口替代方面取得了明显进展。但经过几年实践发现，这种零敲碎打的进口替代虽有立竿见影的效果，但没有整体服务能力作支撑，就无法拿到大项目，无法真正形成和进口刀具抗衡的能力。当前国内已有一些工具企业开始在提高整体服务能力上下工夫，并初见成效。

2014 年，我国传统标准工量具产品销售下降明显，但高端产品需求仍稳中有升，说明行业面临的市场需求结构发生了明显变化。在低端刀具销售大幅度下降的同时，国产现代高效刀具的销售总体顺畅，而且进口替代的速度还在不断加快，一批国产现代高效刀具进入汽车、航空航天等行业，国产刀具在高端领域所占比重稳步上升，呈现出良好的发展态势。

新常态下转型升级的核心和关键是发展动力要转向创新驱动，而产品和技术创新是其中的重要内容。因此，2014 年工具行业企业特别是主要骨干企业充分发挥产品研发、人才、资金等方面的优势，跟踪瞄准国际同行领域技术发展趋势，紧密结合汽车、电气、能源、航空航天、轨道交通等国家重点发展领域的市场需求，积极开展科技创新，加强研发、制造与市场的有效融合，同时注重科研成果与生产力的转化实效。各类工量具典型产品在性能、质量、可靠性以及新技术应用等各方面取得了可喜的发展和进步。

一、刀具

恒锋工具股份有限公司针对轿车自动变速器加工用新型螺旋花键拉削难题，开展了轿车自动变速器精密螺旋拉刀制造工艺及应用技术研究。在轿车自动变速器制造领域，由于其内部零部件结构复杂，加工难度大、精度要求高，对加工刀具的要求极高，此类专用加工刀具长期以来被少数国外刀具公司垄断。恒锋工具股份有限公司通过合理选择材料与表面处理方法、优化刀具结构设计、提高工艺制造以及试验与检测保证能力，开发出螺旋花键拉削制造加工工艺，并成功研制了精密螺旋花键拉刀。该拉刀具有耐磨性和稳定性高、使用寿命长、可重复修磨等特点，加工效率因此提升 10 倍以上，并全面提升了轿车自动变速器零件加工齿形与尺寸精度、齿面质量和成品率。该项目的研发实现了螺旋花键加工工艺的突破，填补了国内空白。恒锋工具股份有限公司因此成为继德国、日本几家公司以外全球第六家有能力设计制造该类专用拉刀的厂商，打破了国外刀具厂商的技术垄断。

2014 年，国内硬质合金刀具企业在新材质、新涂层、新设计方面也有长足进步，以株洲钻石切削刀具股份有限公司开发的“金钻、银钻”系列为其典型代表。“金钻”YB9320 牌号通过独一无二的原子重排技术，实现不同涂层材料的长程有序排列，达到涂层硬度、韧性及热稳定性的完美匹配，并有效解决了多层涂层界面的高温失稳问题，改善了涂层的高温性能；作为高韧性基体与 TiAlN 基纳米多层涂层，“金钻”YB9320 采用独特的离子刻蚀技术，强化刃口，并改善涂层与基体之间的结合强度；采用先进的表面处理技术，优化应力分布，使综合性能更优。YB9320 具有优良的通用性，不仅铣削性能优异，也能够满足车削精加工、螺纹加工和切槽加工的要求，可广泛应用于汽车、航空、模具、船舶、IT、轨道交通、工程机械及通用机械等各种零部件的半精加工及精加工。“银钻”YB6315 牌号则是集纳米双氧梯度过渡层技术和晶核预植技术于一体的 CVD 涂层牌号。它采用全新的硬质合金基体和烧结工艺，保证合金中硬质相颗粒细小均匀弥散分布，并控制碳化钨晶粒尺寸和分布，使基体保持出色耐磨性的同时又具有优秀的韧性。高钴含量、厚度精细控制的梯度层增加了刀具在使用过程中的安全性。“银钻”YB6315 采用晶核预植技术的超细 $\alpha-Al_2O_3$ 涂层，优化氧化铝涂层形核环境，提高氧化铝涂层的均匀性和一致性。其银色的表面超滑复合涂层，可减少切削力，降低月牙洼磨损，也易于检查刀片使用状况。它具有卓越的高温性能，特别适合高速高效加工。

除了瞄准高端市场、加强研发、替代进口以外，2014 年，工具行业传统通用标准工具产品的升级和技术发展途径是提高质量控制标准并采用新的方法生产传统标准产品，通过生产设备数控化改造，以产品的高品质来提高竞争力，淘汰落后产能。

二、量具量仪

当前，我国制造业转型升级的发展途径是实施传统制造技术与信息技术的集成和融合，实现制造业的数字化、网络化和智能化，最终实现“智能制造”。不仅要求测量技术作为获取制造活动全过程质量信息的重要手段，而且在互联网技术的配合下还要延伸服务，进一步作为监测产品全生命周期质量信息的重要手段。所以，精密测量技术及精密测量量具量仪，其转型升级和发展应该密切配合智能制造的发展需要，在数字化、网络化和智能化方面跨出更大的步伐。为此，2014年我国量具量仪行业转型升级的主要努力方向是“提升量具量仪制造质量的精细化，实现测量信息的数字化和信息传输的网络化，采用云技术和大数据等先进信息技术对测量数据进行科学的集成、分析、处理、显示、反馈，从而为我国制造业实现智能化制造提供可靠扎实的测量能力和质量信息基础”，并取得了相应进展。

数字化加工技术和测量技术、网络化制造技术和信息技术的集成和融合，正在形成并积极推进智能化制造技术的发展。在齿轮制造及数控精密测量仪器的开发领域，我国加快了追赶步伐。近年来，国产齿轮测量仪器技术和质量水平不断提高，竞争力不断增强，这是有目共睹的。国产齿轮测量仪器不仅国内市场占有率不断提高，还有少量出口。哈尔滨量具刃具集团有限责任公司成功开发的“锥齿轮数字化网络化闭环制造系统”就是一个典型代表。基于锥齿轮测量技术与加工生产技术的融合贯通，借助于先进的数字化和网络化技术，该公司将自行开发的数控锥齿轮切齿、磨齿机床与数控锥齿轮测量仪器（三维扫描式齿轮测量中心）集成，将锥齿轮设计加工和测量分析的软件相融通，构建成一个先进、高效率、高质量的锥齿轮闭环制造系统，实现了复杂精密零件锥齿轮的“零废品”生产。这表明我国锥齿轮整体制造加工技术在集成、融合了精密数字化齿轮测量技术后，进入了锥齿轮智能化制造的发展新阶段。

作为精密制造的关键几何量位移测量传感器，光栅测量系统占据了重要的地位。2014年，我国量仪行业在高档数控机床用光栅位移测量系统的开发上也取得了重大进展，拥有了纳米分辨力、亚微米精度、绝对编码的高端光栅位移量传感器的成套制造技术和装备，并且已经能够批量生产满足市场需求的高质量产品。以纳米绝对光栅测量系统为例，过去分辨力达到0.1μm以下，精度每米高于1μm的亚微米级绝对式长光栅测量系统，国内不能制造而国外实行控制禁运。2014年，由西安交通大学联合行业企业开发微纳米光栅滚压印成套技术，成功开发出高档数控机床用长光栅，经德国计量院PTB测定，其光栅周期精度达到±0.2nm，光栅槽深精度±0.9nm。经中国计量院测试报告确认，其长光栅测量不确定度0.3μ/m，产品获得用户认可。而长春禹衡光学有限公司通过国家重大专项支持开发的绝对式纳米级长光栅测量系统和23位光栅角编码器获得成功，首批几百套产品已经在高档数控机床及伺服系统领域得到很好的应用。

就使用量大面广的机械式量具、数显卡尺、数显千分尺和量表而言，我国早已是生产大国，每年有大量产品出口，但缺乏高端产品，主要是在测量精度的保持性和可靠性上有差距。近年来，全行业瞄准国外先进技术加强研发，量具产品的数字化技术水平有了不同程度的提升，已开发出应用于数显量具的绝对编码、微米显示、新型轻量化材质、涂层、防水防尘和无线通信、蓝牙数据传输等先进技术与功能，更新换代的势头强劲。

〔撰稿人：中国机床工具工业协会工具分会胡红兵〕

2014年机床工具行业“中国机械工业科学技术奖”获奖情况分析

一、机床工具行业“中国机械工业科学技术奖”获奖情况

2014年，机床工具行业申报“中国机械工业科学技术奖”50项，经中国机械工业科学技术奖评审委员会机床工具专业评审组评审，并报中国机械工业科学技术奖管理委员会批准，共评出获奖项目25项，获奖比例50%。其中：特等奖1项，一等奖2项，二等奖10项，三等奖12项，缓评4项，不授奖21项。2010—2014年机床工具行业“中国机械工业科学技术奖”项目申报及获奖情况见表1。

表1　2010—2014年机床工具行业“中国机械工业科学技术奖”项目申报及获奖情况

年份	申报数（项）	获奖数（项）	特等奖（项）	一等奖（项）	二等奖（项）	三等奖（项）	获奖比例（%）
2010	50	29	0	3	6	20	58
2011	49	27	0	2	11	14	55

（续）

年份	申报数（项）	获奖数（项）	特等奖（项）	一等奖（项）	二等奖（项）	三等奖（项）	获奖比例（%）
2012	41	21	0	3	7	11	51
2013	30	16	0	2	6	9	53
2014	50	25	1	2	10	12	50

值得一提的是，由北京第二机床厂有限公司和清华大学合作完成的“曲轴柔性、精密、高效磨削加工关键技术与成套装备”项目荣获特等奖，这是自2001年设立“中国机械工业科学技术奖”以来我国机床工具行业首次获得的殊荣，实现了特等奖为零的突破。2014年机床工具行业“中国机械工业科学技术奖”获奖项目见表2。

表2 2014年机床工具行业“中国机械工业科学技术奖”获奖项目

序号	项目名称	完成单位	获奖等级
1	曲轴柔性、精密、高效磨削加工关键技术与成套装备	北京第二机床厂有限公司、清华大学	特等奖
2	核电重型转子高精度加工的多功能复合数控机床	武汉重型机床集团有限公司	一等奖
3	难加工零件高效精密切削工艺与刀具	上海交通大学、上海飞机制造有限公司、上海电气电站设备有限公司上海汽轮机厂、上海工具厂有限公司、恒锋工具股份有限公司	一等奖
4	飞行器大型薄壁整体构件高速低应力铣削技术	南京航空航天大学、西安飞机工业（集团）有限责任公司	二等奖
5	复杂螺旋曲面数控制造成套技术及装备	沈阳工业大学、中国石油天然气股份有限公司辽河油田分公司、山西北方风雷工业集团有限公司、沈阳工大科技开发有限公司	二等奖
6	高速、精密加工中心可靠性与性能测评及增长技术的研究	国家机床质量监督检验中心、北京工业大学、北京北一机床股份有限公司、北京工研精机股份有限公司、沈阳机床（集团）有限责任公司、大连机床集团有限责任公司	二等奖
7	大规格数控成形砂轮磨齿机技术及产品	陕西秦川机械发展股份有限公司	二等奖
8	组合式和大直径高精度超硬材料切割砂轮研究	郑州磨料磨具磨削研究所有限公司	二等奖
9	高效精密单向走丝线切割加工技术与装备	苏州电加工机床研究所有限公司、苏州三光科技股份有限公司、上海交通大学、哈尔滨工业大学	二等奖
10	HZ－092光学元件研磨抛光机床	杭州杭机股份有限公司	二等奖
11	TURNKEY32ntn 汽车轮毂轴承自动生产线	沈阳机床（集团）有限责任公司	二等奖
12	重型自动化造型生产线	济南二机床集团有限公司	二等奖
13	数控五坐标立式铣床	中国航空工业集团公司北京航空制造工程研究所	二等奖
14	SP型高性能数控伺服转塔冲床	济南铸造锻压机械研究所有限公司	三等奖
15	NJ－SX038/039 汽车空调压缩机活塞生产线研制与应用	四川普什宁江机床有限公司	三等奖
16	YK311600C六轴数控滚齿机	威海华东数控股份有限公司	三等奖

（续）

序号	项目名称	完成单位	获奖等级
17	CL612Ai 型石油管材高效激光切割加工单元	济南铸造锻压机械研究所有限公司	三等奖
18	重大装备板类零件激光精密切割工艺与系列装备研制	上海团结普瑞玛激光设备有限公司、上海交通大学、温州大学、江苏大学	三等奖
19	CNC 高精度小模数齿轮测量机的研制	哈尔滨量具刃具集团有限责任公司	三等奖
20	μ1000/630V 精密立式加工中心	北京工研精机股份有限公司	三等奖
21	NJ－K036 系列单螺杆齿形数控加工机床	四川普什宁江机床有限公司	三等奖
22	机器人送料大型柔性全自动冲压线的关键设备及技术	济南二机床集团有限公司	三等奖
23	ZS－QD11K－16×6200 多工位柔性数控金属板材自动剪切生产线	天水锻压机床（集团）有限公司	三等奖
24	8 000kN 高速伺服控制热冲压液压机关键技术与产品开发	合肥合锻机床股份有限公司	三等奖
25	ZKE2103 七轴数控深孔钻床	德州德隆（集团）机床有限责任公司	三等奖

二、2014 年度机床工具行业“中国机械工业科学技术奖”获奖情况分析

近年来，我国机床工具行业深化改革，围绕科学发展主题和转变发展方式这条主线，加快产业转型升级和产品结构调整，取得了积极进展。一系列新产品和科研成果的涌现，极大地推动了行业技术进步和整体实力，提高了行业为国民经济和国防建设提供有效装备的能力。这些进步和成就在“中国机械工业科学技术奖”上也得到体现。分析 2014 年度机床工具行业“中国机械工业科学技术奖”获奖项目情况，呈现以下几个特点。

1. 获奖项目分布面较宽

25 个获奖项目涉及金属切削、金属成形、特种加工、磨料磨具、铸造机械、量仪等分行业，除硬件成果外，还包括应用领域中的软课题成果，如“难加工零件高效精密切削工艺与刀具”“飞行器大型薄壁整体构件高速低应力铣削技术”和“高速、精密加工中心可靠性与性能测评及增长技术的研究”。获奖项目产品包括车床、加工中心、铣车复合机床、磨床、抛光机、深孔钻床、激光切割机、线切割机床、齿轮加工机床、冲压机、剪切机、磨料磨具、量仪以及铸造机械等，其中既有单机，也有多条生产线。创新进取、科技进步是全行业的主流发展趋势。

2. 产学研用结合项目获奖比例大

在 25 个获奖项目中，产学研用项目占 7 项，占比为 28%。其中，北京第二机床厂有限公司和清华大学合作的“曲轴柔性、精密、高效磨削加工关键技术与成套装备”项目，上海交通大学与上海汽轮机厂等企业合作的“难加工零件高效精密切削工艺与刀具”项目，南京航空航天大学与西安飞机工业（集团）有限责任公司合作的“飞行器大型薄壁整体构件高速低应力铣削技术”项目，沈阳工业大学、中国石油天然气股份有限公司辽河油田分公司和山西北方风雷工业集团有限公司合作的“复杂螺旋曲面数控制造成套技术及装备”项目，北京工业大学与国家机床质量监督检验中心、北京北一机床股份有限公司、沈阳机床（集团）有限责任公司、大连机床集团有限责任公司合作的“高速、精密加工中心可靠性与性能测评及增长技术的研究”项目，上海交通大学、哈尔滨工业大学与苏州电加工机床研究所有限公司、苏州三光科技股份有限公司合作的“高效精密单向走丝线切割加工技术与装备”项目，都获得了高级别的奖项。这些成果表明，产学研用相结合是社会资源有效整合配置的成功范例，也是能够有效提升科技与产业实力的一种较好的发展模式。

3. 软课题项目获大奖

在 2014 年度获奖项目中，4 个一等奖项目中有 2 个是软课题项目，一个是“难加工零件高效精密切削工艺与刀具”，另一个是“飞行器大型薄壁整体构件高速低应力铣削技术”，说明我国装备制造业正向“硬”“软”协同更高层次的方向发展。从获奖项目来看，机床应用技术研究的地位正日益得到重视，机床应用技术与机床研发制造技术一样，对于提高制造业水平和效能同样具有不可替代的作用。这也再次给机床业内人士一个重要的启迪，即在研发机床新品的同时，要对不断发展变化的市场和用户，特别是加工对象和其工艺特点给予同样的关注，产品与应用完美结

合，才是供需双方互利共赢、和谐与可持续发展的基础。此外，软课题“高速、精密加工中心可靠性与性能测评及增长技术的研究”项目获得二等奖，在机床可靠性评测领域，在传统的跟踪统计法之外，又新增了一种评价方法。

4. 生产线与成套技术装备项目占有较大比例

在25个获奖项目中，生产线与成套技术项目有7项，占比为28%。这些项目分别是：曲轴柔性、精密、高效磨削加工关键技术与成套装备，复杂螺旋曲面数控制造成套技术及装备，TURNKEY32ntn 汽车轮毂轴承自动生产线，重型自动化造型生产线，NJ－SX038/039 汽车空调压缩机活塞生产线研制与应用，机器人送料大型柔性全自动冲压线的关键设备及技术，ZS－QD11K－16×6200 多工位柔性数控金属板材自动剪切生产线。随着我国工业化进程的快速推进，对生产线和成套技术装备的需求日渐扩大，我国机床行业顺应这种市场变化，提供集成与成套装备的能力也不断得到提高。

5. 获奖成果与国民经济和国防建设需求紧密相关

在2014年度获奖项目中，有些项目是围绕国民经济和国防建设中亟待解决的问题而展开的。这些项目所涉及的技术与装备，有些是被国外封锁即使花钱也买不来的，有些是被国外垄断并要花高价的，有些是花了钱还要处处受约束的，还有些是属于国内空白的。这些项目成果满足了市场需求，为国民经济和国防建设提供了有力的支撑。如：“核电重型转子高精度加工的多功能复合数控机床”项目，使我国成为国际上首次成功研制两顶尖间承重达500t 的超重型多功能复合卧式镗车床的国家，也使我国在超临界核电重型转子加工工艺和装备领域处于国际领先水平，同时也解决了我国首艘巨舰关键零部件的加工难题。“难加工零件高效精密切削工艺与刀具”项目，针对飞行器大型薄壁复杂结构类零件加工变形的难题，提出了一套具有先进水平的测量方法、工艺技术、加工刀具与装备，为一批重大工程的研制攻关提供了有效保障，有力地提升了我国航空航天制造技术水平。

6. 自主创新硕果喜人

自主创新是所有获奖项目的共性和核心。纵观2014年度25项获奖成果，自主创新成果具有数量多、原创型多、技术含量高和技术难度大的特点。如：“曲轴柔性、精密、高效磨削加工关键技术与成套装备”项目，在曲轴磨削生产线总体布局技术研究、生产线关键技术与成套设备的研制、随动高效磨削软件的研发以及曲轴非圆磨削的相关理论、方法、工艺、功能部件、整机、推广应用等成套技术体系的创建过程中，拥有完全的自主知识产权，并获得国家发明专利10项。“复杂螺旋曲面数控制造成套技术及装备”项目，在对内外复杂螺旋曲面零件的粗、精成套制造技术及装备进行从理论、关键技术、机床装备到推广应用的攻关中，形成了具有完全自主知识产权的成套技术体系。有关鉴定结论认为，其成果全部填补了国内空白，其中3项达到国际领先水平、2项达到国际先进水平。该项目获得国家专利2项、软件著作权1项。

三、部分获奖项目介绍

1. 曲轴柔性、精密、高效磨削加工关键技术与成套装备

该项目荣获特等奖，由北京第二机床厂有限公司和清华大学合作完成。该项目为创新的汽车曲轴磨削生产线成套技术和装备，主要创新点有：

(1) 成功研发了具有完全自主知识产权的双砂轮架数控随动式曲轴磨床，突破了误差补偿、微量进给、高响应驱动等一批关键技术，革新了传统曲轴磨削工艺和装备，解决了传统加工工艺和装备多次装卡、定位误差大、加工精度低、加工效率低、换产难且不满足自动生产需求等难题，可实现一次装卡双砂轮同步磨削主轴颈和连杆颈。

(2) 同时研发了配套的具有自主知识产权的智能化、无编程专家系统软件，通过采集处理软件平台输入参数，建立随动磨削运动数学模型，自动运算和生成加工程序，同时监控、显示和处理加工过程状态，通过建立的误差补偿模型对各种误差进行自动补偿。

(3) 在优化并整合曲轴磨削工艺和装备的基础上，研究开发了数控随动式曲轴磨床、数控曲轴止推面磨床、数控端面外圆磨床和曲轴抛光机组成的成套装备，并集成为精密、高效曲轴磨削生产线，缩短了工艺路线，使传统的曲轴磨削7道工序优化到4或5道，并提高了生产线多品种大批量的工艺能力和柔性。

数控随动式曲轴磨床为国内首创，填补了国内空白。以数控随动磨床为核心的曲轴磨削抛光生产线具有很高的加工精度和生产效率，主轴颈圆柱度≤4μm，同轴度≤0.02mm，连杆颈圆柱度≤4μm，表面粗糙度 Ra≤0.24μm，效率比传统磨削方式提高4倍以上，工件换型时间由原来的2~3天缩短至半个小时，废品率降低75%。

该项目成果实现了曲轴非圆磨削技术与成套装备的重大突破，为曲轴类零件的加工生产提供了一种新的高效、高精和柔性的工艺装备。该项目成果具有很好的社会经济效益，已成功应用于多家知名汽车发动机零部件制造企业，获得广泛好评。

2. 核电重型转子高精度加工的多功能复合数控机床

该项目荣获一等奖，由武汉重型机床集团有限公司完成。该项目为集成了车、磨、大直径深孔镗、小直径深孔钻、镗及珩磨等多种功能的超重型数控卧式镗车床。主要创新点有：

(1) 独创性地将多种加工功能复合集成在超重型数控卧式镗车床上，实现了1 100MW 核电半速转子全部加工工序在一台机床上完成（通常需3台重型机床完成），加工精度达到国外图样的设计要求。该机床顶尖间最大工件质量500t，最大回转直径5 000mm，最大切削力340kN，最大加工工件长度20 000mm，最大镗孔直径3 500mm，最

大镗孔深度8 000mm，最大钻孔深度13 000mm，最大钻孔直径240mm。

（2）研制了具有静压托的主轴静压支撑，发明了一种变频恒流静压轴承的液压控制系统，实现了承载500t、直径1 000mm、主轴径向圆跳动0.006mm的技术要求。创新的主轴卡盘前端静压托能够卸载大部分载荷，变频恒流静压轴承解决了传统恒流静压技术油膜厚度受外界条件变化大、支撑刚度和回转精度较差的缺陷。

（3）发明了镗杆三支撑横移同步装置，满足了大孔深孔的镗削要求。该装置采用一主二从的多龙门轴同步方式，3台伺服电动机均采用绝对编码器，一次校准后可永久同步工作，即使断电后重新上电，依然如此，保证了长度16 000mm、直径920mm的镗杆稳定而精确的径向位移和进给运动。

（4）突破了机床超大零部件的制造与装配技术。如：外形尺寸4 000mm×4 000mm×4 000mm、毛坯重达103t的主轴箱体的铸造以及主轴孔的高精度加工技术；总长为45 000mm，导轨直线度任意0.16mm/2 000mm、全长0.27mm/45 000mm的床身高精度加工技术以及高刚度八边形截面镗杆的精确制造等技术。

该项目成果用户五年实际应用结果表明，该机床技术先进、运行稳定、加工精度高，成功解决了我国重大装备关键零件国产化的加工难题，具有显著的经济效益和社会效益。该成果填补了国内空白，具有自主知识产权，主要技术性能达到国际领先水平。

3. 难加工零件高效精密切削工艺与刀具

该项目荣获一等奖，由上海交通大学、上海飞机制造有限公司、上海电气电站设备有限公司上海汽轮机厂、上海工具厂有限公司和恒锋工具股份有限公司合作完成。该项目为针对高端装备各类难加工零件研发的成套高效精密切削工艺与刀具设计制造的技术体系和规范。主要创新点有：

（1）针对大型整体薄壁类零件加工热力耦合的加工难题，提出了高速切削二维逆向热传导理论模型和三维切削力理论模型，以此为基础，发明了立式装卡－高速对称铣削工艺方法，解决了由切削热过高和切削力过大而引起的变形问题。

（2）针对难加工材料复杂结构类零件加工效率低的难题，提出插铣力学理论模型和侧铣稳定性理论模型，以此为基础，发明了大余量插铣开粗、力自适应补偿侧铣直纹曲面、球头精铣圆角五轴联动加工成套工艺方法，充分发挥了插铣、侧铣和点铣在加工效率、表面粗糙度和尺寸精度稳定性方面的优势。

（3）针对难加工材料复杂型面类零件加工型线精度高和残余压应力水平要求严的加工难题，提出了可精确描述复杂型面切削温度场和残余应力场分布规律仿真理论模型，以此为基础，发明了复合成型刀具短流程V型工艺方法，解决了刀具磨损不均匀和刃口破损而导致的加工型线精度低、加工效率低的问题。

（4）针对复合材料加工中刀具寿命短的难题，提出金刚石涂层附着强度与钴催石墨化关联工艺理论模型，发明了硬质合金基体复杂形状刀具金刚石涂层制备方法，解决了因钴催石墨化引起的涂层附着强度降低的问题。

（5）针对难加工金属材料零件加工中高速钢和硬质合金刀具磨损破损严重等难题，发明了特殊用途的超硬材料刀具设计制造与应用一体化方法，研制了超硬刀具、开发设计软件和应用数据库系统。

该项目成果总体技术达到国际先进水平，部分切削和刀具技术达到国际领先水平，已经在航空航天、能源、汽车等高端制造领域成功应用，显著提升了大型龙门镗铣床、五轴加工中心等先进数控机床的运行效能，具有显著的经济效益和社会效益。

4. 飞行器大型薄壁整体构件高速低应力铣削技术

该项目荣获二等奖，由南京航空航天大学和西安飞机工业（集团）有限责任公司合作完成。该项目为针对航空器大型薄壁整体零件加工变形难题而研发的低应力铣削技术体系，包括内应力测量方法、工艺技术、加工刀具与装备。主要创新点有：

（1）提出零件精加工前构建内部应力场方案，发明了基于斜楔和激光散斑的均匀应力场和复杂应力场零件内应力测量方法与装置，解决了适用于生产环境的并能保持零件结构完整的内应力测量预应力场构建的难题，测量误差<10%。

（2）揭示了内应力及内应力与表面残余应力耦合的变形协调机制，发明了剩余刚度控制等多种整体构件加工控形工艺技术，铣削加工厚0.8mm、高80mm的钛合金薄壁零件壁厚误差<0.05mm，为大运、C919重点工程加工的钛合金大型薄壁整体构件直接达到设计与装机要求。

（3）发现了切削状态、表面残余应力、构件疲劳性能之间的影响规律，发明了主轴变频抑制切削颤振和螺旋铣孔装置与方法等多种工艺、刀具与装置，提升了弱刚性构件的稳定切削阈，有效控制了弱刚性构件和孔的加工表面残余应力，零件表面应力水平降低20%以上。

（4）揭示了抑制刀具磨损的冷却润滑机理，发现了低温微量润滑工艺与装置，抑制严重刀具磨损及对表面残余应力的影响，解决了保持低应力切削过程一致性的难题，刀具寿命提升30%以上，加工效率提升30%～100%。

该项成果在低应力高性能切削技术方面的原创性突出，基础理论与应用技术系统全面，核心技术具有自主知识产权，突破了大型飞机等多种型号飞行器关键整体构建的加工瓶颈，对我国航空航天型号工程技术攻关与装备制造具有重要的工程应用价值与社会意义。该研究成果处于国内领先、国际先进水平。

5. 复杂螺旋曲面数控制造成套技术及装备

该项目荣获二等奖，由沈阳工业大学、中国石油天然气股份有限公司辽河油田分公司、山西北方风雷工业集团有限公司和沈阳工大科技开发有限公司合作完成。该项目为螺旋转子、定子共轭啮合副零件廓形的粗、精加工成套制造技术及装备，包括加工理论、关键技术、机床装备全过程的创新、研究和推广应用。主要创新点有：

（1）揭示了圆环形盘铣刀与螺旋曲面廓形的空间包络规律，发明了盘铣刀减轴（将 X、Z、C、A 四轴联动中的 A 轴参数优化并固定锁紧，变为 X、Z、C 三轴联动）高效包络铣削螺旋曲面的新型工艺方法，将圆环形盘铣刀植入共建的螺旋槽中，实现了周向包络的特殊铣削方法。该方法较传统的高速钢成形铣削具有更高的刚度，可提高加工效率12倍，提高加工精度3倍。在此基础上研制了4个系列数控螺旋铣床，实现复杂廓形螺旋转子全行业高效柔性粗铣加工技术的推广。

（2）揭示了砂带无背压自由抛光复杂螺旋曲面的法向等抛除量精密抛光原理，发明了双砂带高效抛光曲面的新型工艺方法，研究了柔性砂带与工件之间在法向等抛除量条件下的内在机理，优化确定了多参数复杂交叉作用机理模型中的全部关键工艺参数，在此基础上研制了两个系列的数控螺旋曲面抛光机床，实现全行业螺杆精密抛光工序由手工方式、粉尘环境向自动方式、洁净环境的变革。

（3）揭示了内螺旋曲面特殊成形铣削的内在规律，发明了“轴向定尺寸盘铣刀非典型成形铣削内螺旋曲面制造技术”，研究了轴向定尺寸盘铣刀螺旋进给铣削内螺旋曲面中的刀具啮合规律，在此基础上研制了1个系列的特殊专用机床，达到了新型螺杆马达定子内螺旋曲面细小加工的实用水平。

（4）攻克了螺旋曲面廓形误差在机检测、分析与误差补偿技术难题，研究了工件表面激光反射规律，实施并掌握了螺旋曲面工件廓形误差在机检测和反馈补偿的核心技术，抛光廓形误差由补偿前的0.1mm级提高到国际领先水平的0.01mm级。

该项目成果具有完全自主知识产权，具有很高的经济效益和社会效益，不但在国内螺杆马达（泵）行业建立了新型制造技术体系，推动了国内螺旋机械装备行业的技术跨越，而且已经推广到德国、美国、俄罗斯、印度等国的40余家企业。

6. 高速、精密加工中心可靠性与性能测评及增长技术的研究

该项目荣获二等奖，由国家机床质量监督检验中心、北京工业大学、北京北一机床股份有限公司、北京工研精机股份有限公司、沈阳机床（集团）有限责任公司和大连机床集团有限责任公司合作完成。该项目成果为一种新型的可快速测试、诊断、分析、消除/消减数控机床可靠性早期故障的成套技术。主要创新成果有：

（1）高速精密加工中心基于失效征兆特征的可靠性小子样测评技术。以可靠性强化加载试验为基础，利用加载参数和工况参数、实际载荷参数和工况参数之间的关系、可靠性模型和算式等，开发出可靠性小子样评价方法。

（2）高速精密加工中心载荷谱和工况谱。通过建立加工中心工况特性分布数学模型，摸索出加工中心的各种运动参数和切削参数的分布规律，确立加工中心的典型工况和加载条件，为加工中心可靠性试验提供基础依据。

（3）高速精密加工中心运行过程精度衰退建模和测评技术。通过建立机床精度衰退模型，模拟机床使用后的精度衰退变化情况，分析出衰退变化的原因和规律，并进行精度保持性好坏的判定。

（4）高速精密加工中心经时试验技术。确立了以T型方体试验件和铣削、镗削进行的一种更能反映机床综合加工能力的经时试验考核方式。

（5）高速精密加工中心综合性能试验技术。通过静态性能测试、动态性能测试、热态性能测试的综合性能试验方法和试验技术，对产品是否达到设计意图，是否满足市场和用户要求以及能否商品化进行综合评价，对发现的问题进行总结并提出对策。

（6）高速精密加工中心动态性能测试、建模、结构改进及分析技术。通过ODS（Operating Deflection Shape 工作变形分析）测试和分析，对比不同空转下测试结果，找出薄弱模态和薄弱环节。

（7）加工中心可靠性设计和分配技术。通过可靠性模型，进行可靠性设计、计算校核、可靠性定量计算与分析。

（8）基于加工中心制造装配过程质量控制的可靠性保障技术。针对制造和装配过程中的各个环节，建立起明确的质量职责、规章制度、保障措施和技术要求等。

该项目成果研发了一批可靠性试验新装置，创立了加工中心可靠性、精度寿命试验、经时试验等新方法，形成了一批发明专利和实用专利，培养了一批可靠性测试方面的人才，有力地促进了我国数控机床可靠性的提升，取得了很好的经济效益和社会效益。

7. 大规格数控成形砂轮磨齿机技术及产品

该项目荣获二等奖，由陕西秦川机械发展股份有限公司完成。项目为大规格系列数控成形砂轮磨齿机（最大加工齿顶圆直径800～2 500mm，最小加工齿根圆直径100～300mm，模数20～35mm）。主要创新点有：

（1）采用模块化、有限元、热特型主动设计等多种先进设计方法和手段，缩短设计周期，提高设计质量，增加机床刚度和工作稳定性。

（2）自主知识产权的成形砂轮磨齿机专家系统，包括基于工作状态下啮合的齿廓三维修形技术，可减少边缘接触和应力集中；高强度齿根过渡曲线自动生成技术，软件自动生成多种过渡曲线，满足重载齿轮齿根强度的特殊要求；成形砂轮廓形变速修整技术，可根据齿廓曲率变化，自动变速修正，使得砂轮顶部更加锋利，有效减少烧伤现象的发生，提高磨削效率；齿面扭曲控制技术，可根据工件参数自动优化调整砂轮轴交角，改变接触线位置，有效改善磨削受力状态，

避免齿面的扭曲；工件表面质量控制技术，建立了不同材质、不同热处理要求的工艺参数数据库；磨削状态智能控制技术，如声发射自动对刀、防撞保护等。

（3）在机测量与综合误差补偿技术。在机测量系统具备齿形、齿向、单个齿距偏差及齿距累积偏差功能。自行开发的传动链误差测试仪能够对机床的单轴运动误差、多轴联动运动误差、插补误差进行测量分析，为调整优化机床参数提供依据。

（4）工件软件定位技术，在对工件实际安装位置的检测、误差分析处理的基础上，建立补偿模型，实现实时补偿。

大规格系列数控成形砂轮磨齿机的研制成功，提升了大型、高速、重载硬齿面齿轮的磨削效率和精度，磨齿精度达到 3 级以上，对提高我国高端装备制造水平、满足国家战略和国防需求具有重要意义。

8. 组合式和大直径高精度超硬材料切割砂轮研究

该项目荣获二等奖，由郑州磨料磨具磨削研究所有限公司完成。该项目为应用于电子信息领域的高精度超硬材料组合切割砂轮和大直径切割砂轮制造技术。主要创新点有：

（1）砂轮内在质量一致性保障技术。通过对磨具的稳压设计和双面投料工艺，对原材料颗粒直径实施一致性控制，保证砂轮内在质量的一致性，进而确保切割质量的一致性。

（2）隔片的结构优化和精密研磨工艺。通过对隔片定位面的结构优化和精密固结磨盘研磨工艺，提高了隔片的平面度和尺寸精度，保证了组装后的精度。

（3）大直径高精度超硬材料砂轮应力校正技术。自主研制了应力变形校正机，通过对碾压接触方式和碾压力对变形影响的研究，确定不同变形条件下碾压头的结构、压力范围和碾压方法，改善了铜基体内部应力分布状况，提高了基体的平面度和刚性。

该项目产品经国家磨料磨具质量监督检验中心检测，组刀数量、精度、对称度、平面度等指标达到国外产品水平。经用户使用证明，其切割工件尺寸精度达到国外同类产品先进水平。

9. 高效精密单向走丝线切割加工技术与装备

该项目荣获二等奖，由苏州电加工机床研究所有限公司、苏州三光科技股份有限公司、上海交通大学和哈尔滨工业大学合作完成。该项目为高效精密五轴四联动数控单向走丝线切割机床。主要创新点有：

（1）高刚度、高稳定的主机设计。利用先进的软件分析技术以及正面走丝布局、对称结构设计、隔热措施、运动轴闭环控制、零位检测与补偿等技术措施，保证了机床的高刚性和热稳定性。

（2）微张力下的恒张力、恒线速高效稳定的运丝系统。通过伺服电动机和角位移传感器，实现 ϕ 0.05mm 钼丝微张力下恒张力、恒线速控制。由钼丝筒背压力调速电动机、可数字精确调整的磁粉制动器、过渡轮、收丝机构等组成的运丝系统，具有结构简单、运行可靠、寿命长、调速范围广和走丝速度稳定等特点。

（3）高成功率的自动穿丝系统。在综合电动、气动、喷流、控制、检测等多项技术的基础上，研发成功了稳定、可靠的自动穿丝系统。

（4）高性能的工作液系统，通过变频器调节泵转速实现对压力、流量的控制，满足不同工况下的工艺需求；采用数字电导率仪，对工作液进行自动离子交换，保证工作液导电率在需要的范围内；采用冷水机对工作液进行温控。

（5）研发成功了高效防电解无电阻超窄高峰值脉冲电源和微精加工脉冲电源，具有高效、微精、防电解、绿色及智能等特点。

（6）以工业 PC 机为基础，研发成功了单向走丝电火花切割机床五轴四联动数控系统，除具有基本的轨迹控制功能外，还丰富了工艺数据库和工艺专家系统，提高了拐角切割精度的控制策略以及边厚度切割的自适应控制，实现了加工参数的自动调用和加工过程的自适应控制。

该项目在加工表面最佳粗糙度、切割精度、自动穿丝功能、工艺数据库/专家系统及数控系统性能方面，已达到或接近国外高档机水平，在最大切割效率及最细电极丝直径方面略有差距。该项目的研发成功，对我国掌握高档低速走丝机床复杂核心技术，缩短与国际先进技术的差距，具有重要意义。

〔撰稿人：中国机床工具工业协会周敏森〕

2014 年机床工具行业标准化工作

2014 年，机床工具行业各标准化技术委员会在国家标准化管理委员会的指导下，坚持为行业服务、为企业技术进步服务，较圆满地完成了国家标准、行业标准的制修订计划及所承担的标准咨询、宣贯等工作。

一、标准制修订完成情况

2014 年，机床工具行业现有国家标准共计 784 项。其中，强制性国家标准 69 项、推荐性国家标准 715 项。现有行业标准共计 1 355 项，其中，强制性行业标准 2 项、推荐性行业标准 1 353 项。现有标准共计 2 139 项。机床工具行业现有标准数量见表 1。各标准化技术委员会完成标准制修订情况见表 2。

表 1　机床工具行业现有标准数量

序号	标准化技术委员会名称	国家标准（强制/推荐）（项）	行业标准（强制/推荐）（项）
1	全国金属切削机床标准化技术委员会	166（10/156）	533（2/531）
2	全国特种加工机床标准化技术委员会	30（5/25）	41
3	全国木工机床与刀具标准化技术委员会	65（17/48）	122
4	全国铸造机械标准化技术委员会	29（9/20）	156
5	全国锻压机械标准化技术委员会	45（17/28）	175
6	全国刀具标准化技术委员会	242	120
7	全国量具量仪标准化技术委员会	77	84
8	全国磨料磨具标准化技术委员会	75	100
9	全国工业机械电气系统标准化技术委员会	41（11/30）	22
10	全国机床数控系统标准化技术委员会	14	2
	合计	784（69/715）	1 355（2/1 353）

表 2　各标准化技术委员会完成标准制修订情况

序号	标准化技术委员会名称	国家标准制修订数量（项）	行业标准制修订数量（项）
1	全国金属切削机床标准化技术委员会	13	69
2	全国特种加工机床标准化技术委员会	4	4
3	全国木工机床与刀具标准化技术委员会	0	19
4	全国铸造机械标准化技术委员会	3	21
5	全国锻压机械标准化技术委员会	4	52
6	全国刀具标准化技术委员会	4	20
7	全国量具量仪标准化技术委员会	0	0
8	全国磨料磨具标准化技术委员会	0	9
9	全国工业机械电气系统标准化技术委员会	2	5
10	全国机床数控系统标准化技术委员会	4	0
	合计	34	199

二、国际标准化工作

1. 国际标准投票工作

当前，机床工具行业有 4 个标准化技术委员会具有国际标准投票资格，这些标准化技术委员会对每一项国际标准认真审阅，广泛征求行业意见并汇总意见后进行投票。4 个标准化技术委员会共完成国际标准投票 36 票，其中：全国金属切削机床标准化技术委员会完成投票 5 票，全国磨料磨具标准化技术委员会完成投票 12 票，全国刀具标准化技术委员会完成投票 23 票，全国工业机械电气系统标准化技术委员会完成投票 8 票。

2. 实质性参与国际标准制修订工作

全国金属切削机床标准化技术委员会对 5 项委员会草案和 5 项国际标准草案进行了投票表决。与其他成员国一起对 20 项国际标准进行了五年复审。

全国金属切削机床标准化技术委员会于 2014 年 5 月组团出席了 ISO/TC39/SC2 “金属切削机床检验条件” 分技术委员会在华盛顿召开的第 77 次国际会议。会议讨论了：ISO/CD 13041 – 2《数控车床和车削中心检验条件　第 2 部分：立式车削机床》，ISO/CD 3070 – 2《卧式镗铣床检验条件　第 2 部分：立柱移动工作台固定式机床》，ISO 230 – 2/CD Amd 1《机床检验通则　第 2 部分：数控机床的定位精度和重复定位精度的确定　附录 E》，ISO/DIS 230 – 7《机床检验通则　第 7 部分：回转轴线的几何精度》，ISO/DIS 11090 – 1.2《电火花机床　第 1 部分：单柱机床》，ISO/DIS 11090 – 2.2《电火花机床　第 1 部分：双柱机床》，ISO/DIS 14137《术语和精度检验》，ISO/DIS 13041 – 5《数控车床和车削中心检验条件

第5部分：速度、进给及插补精度》，ISO/DIS 10791-7.2《加工中心检验条件 第7部分：精加工试件精度检验》，ISO10791-7/NP Amd1《加工中心及检验条件 第7部分：精加工试件-附录：S试件》，NWIP-卧式数控平面拉床，NWIP-立式数控平面拉床，ISO/FDIS 1986-1《卧轴矩台平面磨床 第1部分：工作台长度至1 600mm的机床》，ISO/FDIS 230-2《机床检验通则 第2部分：数控机床的定位精度和重复定位精度的确定》，会议还重点讨论了我国根据英国会议代表提出的意见修改后的“S试件”CD稿。

积极推进我国“S试件”国际标准提案工作，这项工作具有重要而深远的意义。在技术上，不仅可以解决五轴联动加工机床的验收问题，而且可以发现和寻找影响机床加工精度的故障原因，并可以解决机床精度丧失或降低后修复的问题等。同时，也标志着我国金属切削机床行业在落实国家标准化管理委员会关于实质性参与国际标准化活动中又迈出了坚实的一步，我国在国际标准化组织中的影响进一步扩大。

全国磨料磨具标准化技术委员会对口ISO/TC29/SC5“砂轮与磨料磨具”技术委员会。全国磨料磨具标准化技术委员会完成了5项国际标准阶段性草案和7项国际标准复审项目的投票，完成了金刚石微粉国际标准草案稿和国际标准提案表的中英文编制工作，并组织行业专家对上述文件进行了审议。

受ISO/TC29秘书处以及会议组委会的邀请和国家标准化管理委员会的委派，全国刀具标准化技术委员会组织了中国刀具标准代表团参加了于2013年5月17日在德国柏林DIN总部召开的ISO/TC29第24次会议。

全国工业机械电气系统标准化技术委员会对口IEC/TC44（机械电气安全），紧密跟踪IEC/TC44国际标准的发展动向，积极参与各项国际标准化活动，完成了8项国际标准投票工作，积极推动我国机床标准的国际化工作。2014年6月16—19日，在厦门组织召开了IEC/TC44/PT60204-34第三次国际工作组会议。来自美国、德国、韩国、日本和中国的25名IEC/TC44/PT60204-34成员国注册专家出席了会议。在会议上，中国专家报告了IEC 60204-34国际标准项目自第二次国际工作组会议后至第三次国际会议召开前的工作进展情况；对WD 60204-34征求意见汇总表（IEC 44/684/CC文件）中的130条意见进行了逐条讨论，对意见处理达成了共识，形成了会议处理意见，并确定下阶段将形成60204-34 2CD稿；讨论了IEC60204-34国际标准项目下一步的工作计划和进度安排。全国工业机械电气系统标准化技术委员会还参加了2014年度IEC/TC44国际标准化全体会议、MT60204-1第19次和第20次国际工作组会议。

三、标准信息和咨询服务工作

行业标准化技术咨询服务工作是机床工具行业各标准化技术委员会的一项日常工作。

2014年，全国金属切削机床标准化技术委员会为企业提供标准技术咨询32次。

全国特种加工机床标准化技术委员会2014年继续与中国机床工具工业协会特种加工机床分会合作开展“达标认定产品”活动。多年“达标认定产品”的组织实施，不但有力地推动了企业产品质量的提高，促进了企业的自主贯标，而且创建了品牌，促进了产品销售，具有明显的效果。为成员单位和其他企业提供标准及信息资料服务，所归口的标准及相关标准资料齐全，很好地满足了行业所需。

做好标准咨询解释工作。JB/T 11999.1—2014《数控往复走丝型多次切割电火花线切割机床 第1部分：精度检验》和JB/T 11999.2—2014《数控往复走丝型多次切割电火花线切割机床 第2部分：技术条件》两项行业标准于2013年完成制定，2014年7月由工业和信息化部批准发布。考虑到两项标准在促进产品水平提高、加速行业转型升级中的重要作用，以及泰州在数控往复走丝型多次切割电火花线切割机床制造生产中的比重，为使标准能够切实实施，全国特种加工机床标准化技术委员会联合中国机床工具工业协会特种加工机床分会、机械工业电加工机床产品质量监督检测中心，在泰州特种加工机床行业协会的协作配合下，于2014年10月在泰州市举办了《数控往复走丝型多次切割电火花线切割机床》系列行业标准宣贯会。泰州市近50家企业的主要负责人或技术主管人员共60余人参加了宣贯会。在宣贯会上，有关专家宣讲了《数控往复走丝型多次切割电火花线切割机床》系列行业标准制定的背景情况及贯彻实施该系列标准的意义；介绍了电火花加工机床检测的一般要求与特点，并对《数控往复走丝型多次切割电火花线切割机床 第1部分：精度检验》和《数控往复走丝型多次切割电火花线切割机床 第2部分：技术条件》两项行业标准进行了解读；还介绍了电火花线切割机床产品的整个标准体系情况以及3种产品（单向走丝型电火花线切割机床、往复走丝型电火花线切割机床和往复走丝型多次切割电火花线切割机床）标准的指标对比。

2014年，全国铸造机械标准化技术委员会为企业提供标准技术咨询共40余次，对企业提出的标准条文进行解释，为贸易、司法鉴定提供技术指导，并为相关企业提供近100余项标准文本。此外，还协助行业内企业制定企业标准2项。2014年5月17—18日，在湖南省湘潭市召开的可靠性标准宣贯会议上，对JB/T 11558—2013《粘土砂混砂机可靠性试验方法》、JB/T 11556—2013《抛（喷）丸清理设备 可靠性试验方法》以及JB/T 11557—2013《热室、卧式冷室压铸机可靠性试验方法》3项行业可靠性标准进行了宣贯，对有关产品开展可靠性试验的测试条件、试验方法、试验数据的采集、数据处理、试验结果的判定等进行了解读。来自企业、质检机构共43家单位的61名代表参加了本次会议。

全国锻压机械标准化技术委员会加强标准宣贯培训工作，努力提高行业标准化工作水平；加强锻压机械行业强制性标准的宣贯，联合地方质检部门召开各类宣贯会议4次。全国锻压机械标准化技术委员会秘书处为企业提供所需的标准信息服务和标准咨询，满足企业对标准的需求；及时为社会、企业、质检机构提供所需的新标准文本，为企业提供标准咨询180多次，提供400多项标准文本服务，为企业、中介机构、社会团体、法院等提供标准解释48次。

全国刀具标准化技术委员会通过网络、电话、信件等手段，做好标准咨询和资料服务工作，服务次数达100多次。全国刀具标准化技术委员会秘书处组织行业内孔加工刀具专家编写的现代切削刀具实用技术丛书《常用孔加工刀具》和《高效高精度孔加工刀具》，经过专家们的努力和多次的协调，已经提交出版。

全国量具量仪标准化技术委员会秘书处要求，承担标准起草的人员必须参加中国机械工业联合会举办的机械工业标准编写人员资格培训，未取得中国机械工业联合会颁发的“机械工业标准编写人员资格证”，不能承担标准的起草工作。本年度参加培训并取得“机械工业标准编写人员资格证”的共有12人，取得“机械工业标准复核人员资格证”的有2人。秘书处利用网刊和网站、专用E-mail及公用邮箱或电话等多种形式开展标准咨询工作。另外，秘书处与机械工业量具量仪质检中心同在成都工具检测所内，结合产品检测业务，还为部分企业的产品检验提供技术咨询、帮助，指导其起草、完善企业的检验标准。

全国磨料磨具标准化技术委员会为贯彻工业和信息化部及中国机械工业联合会对行业标准制修订规范性的新要求，提高标准的起草和报批质量，规范各种文件材料，全国磨料磨具标准化技术委员会秘书处于2014年6月12—15日在河南省郑州市组织召开了9项行业标准项目起草人员培训会及标准草案审查会，30余人参加了会议。会上传达并讲解了行业标准制修订工作的新要求及标准起草过程中的有关问题和注意事项。同时，组织标准起草工作组按照新要求集中审查、讨论和修改行业标准草案及相关材料。

2013年年底和2014年6月，国家标准化管理委员会分别批准发布了GB/T 2493—2013《砂轮的回转试验方法》（代替GB/T 2493—1995）和GB 2494—2014《固结磨具　安全要求》（代替GB 2494—2003）两项国家标准，实施日期分别为2014年10月1日和2015年1月1日。这两项国家标准与原标准相比内容变化较大，同时也是砂轮产品的基础性标准，关联标准多，行业影响大，是规范我国固结磨具产品生产、销售等活动的基本技术依据，对行业发展起着重要的导向作用。全国磨料磨具标准化技术委员会秘书处联合国家磨料磨具质量监督检验中心编写了标准宣贯教材，并于3—7月在全国几个主要的固结磨具产业集聚区举办了8期检验人员培训班，对这两项标准进行了讲解和宣贯，确保了各固结磨具生产企业做好实施前的各项准备工作，收到了很好的效果。

全国机床数控系统标准化技术委员会负责牵头制定的《机床数控系统　可靠性设计》标准已正式实施。按照标准实施的有关要求，已在国内主要的机床数控系统企业（武汉华中数控股份有限公司、广州数控设备有限公司等）开展了应用。同时，就标准条款的理解和应用中可能会存在的问题等内容向几家数控系统企业的技术骨干提供了培训，本年度累计培训12人次。

四、标准化科研情况

2014年，全国金属切削机床标准化技术委员会与国家机床质量监督检验中心共同承担了国家重大专项“高档数控机床、数控系统及功能部件关键技术标准与测试平台标准研究”课题。通过该项目的实施，将搭建起高档数控机床、数控系统及功能部件关键技术的测试平台，制定90项金属切削机床行业标准。2014年，中国机械工业联合会安排了对“十二五”技术标准体系进行修订的工作。全国特种加工机床标准化技术委员会完成了标准体系特种加工机床部分的修订编制，对标准体系表作了调整，还提出了2015年新制定的标准项目。2014年12月，中国机械工业联合会布置开展“十三五”标准化规划的编制工作。全国特种加工机床标准化技术委员会承担了特种加工机床部分的编制工作，现已完成初稿，提请委员讨论并征求意见。

全国铸造机械标准化技术委员会受山东省标准化研究院的委托，完成了公益性课题“可持续性融入标准的适应性研究”标准试点工作，并按要求完成了试点报告。应行业企业的要求，拟定了《压铸单元　技术条件》国家标准，待标准化技术委员会审定。

全国锻压机械标准化技术委员会按计划完成重大专项课题“高档数控机床与基础制造装备技术规范与标准研究——数控、高速冲压设备可靠性研究”中有关可靠性技术标准的研究项目，完成了质检公益专项课题——数控闭式多连杆压力机技术标准研究课题的研究工作。

全国刀具标准化技术委员会秘书处对本行业承担的国家重大专项“复杂数控刀具创新能力平台建设”“汽车、航空航天和发电设备用高效精密数控刀具高可靠性设计制造与切削性能评价”和“高性能刀具检测技术标准研究与测试平台建设”等项目进行跟踪，项目涉及国家标准和行业标准近60项。为了确保项目的顺利开展，标准化技术委员会秘书处主动与重大专项负责单位联系、协调，并通过标准项目申报程序进行立项，进行标准项目制定过程的协调，共完成了18项。

全国机床数控系统标准化技术委员会紧密跟踪“高档数控机床与基础制造装备”的项目，及时转化专项课题的科研成果，当前已形成9项标准，具体为：《机床数控系统　可靠性工作总则》（20120834-T-604）、《机床数控

系统　可靠性管理》(20120835－T－604)、《机床数控系统　可靠性设计》(已发布，GB/T 29545—2013)、《机床数控系统　可靠性测试与评定》(已报批)、《高性能机床数控系统　可靠性评价方法》(已发布，JB/T 11763—2014)、《高档与普及型机床数控系统　第1部分：数控装置的要求及验收规范》(已报批)、《高档与普及型机床数控系统　第2部分：主轴驱动装置的要求及验收规范》(已报批)、《高档与普及型机床数控系统　第3部分：交流伺服装置的要求与验收规范》(已报批)和《机床数控系统　编程代码》(20130802－T－604)。

全国工业机械电气系统标准化技术委员会联合沈阳高精数控技术有限公司等单位申报的“高档数控机床与基础制造装备”科技重大专项课题“数控系统功能安全技术研究”顺利启动，该课题的研究成果将为IEC 60204－34国际标准项目的研制起到积极的推进作用。全国工业机械电气系统标准化技术委员会承担的“高档数控机床与基础制造装备”科技重大专项标准子课题还包括“数控系统关键技术标准与综合性能检测体系研究”和“伺服驱动及电机测试技术规范及标准研究”。根据课题任务书的有关规定，将着重开展数控基础通用标准、数控重要安全技术标准、开放式数控系统标准、伺服驱动及电机测试技术、数控编程语言等关键技术标准的研究。通过跟踪数控技术国际标准化发展动态，分析国内本专业技术发展需求，完成一批急需的关键技术标准研究工作，预计将制定55项标准，这些成果的完成，不仅完善了本专业标准体系，且有助于提升本专业标准的技术水平。

五、行业标准化组织管理工作及会议情况

1. 标准化技术委员会组织机构管理情况

2014年，根据《全国专业技术委员会章程》，全国金属切削机床标准化技术委员会、全国锻压机械标准化技术委员会、全国刀具标准化技术委员会、全国量具量仪标准化技术委员会、全国机床数控系统标准化技术委员会、全国工业机械电气系统标准化技术委员会等6个标准化技术委员会圆满完成本届标准化技术委员会的工作，经过严谨、认真的筹备及委员征集、考核等工作，上报申请换届函。

各标准化技术委员会根据工作需要及企业改革的变化，及时调整标准化技术委员会的人员组成结构，为标准化技术委员会的工作提供了新动力。

2. 成立“数控机床及其应用标准化咨询委员会”

2014年10月17日，中国机床工具工业协会经过认真筹备，数控机床及其应用标准化咨询委员会（以下简称“咨询委”）在北京成立并召开了第一次工作会议。国家标准化管理委员会殷明汉总工程师出席会议并讲话。来自相关企业和用户、高校、行业协会、政府部门、标准化技术委员会的专家及代表共32人参加了会议。

当前，数控机床及其应用领域相关标准化技术委员会已有10个，成立咨询委是为了更好地加强产业链上下游标准化的统筹协调。下一步咨询委的工作，一是要强化标准化协调，要站在国家的高度，从整体上协调强化标准化体系，二是做好标准化咨询，就我国数控机床及其应用领域标准化战略、标准体系构建、标准制修订、标准实施、标准科研、标准走出去、标准化工作机制等提出意见和建议，把咨询委打造成数控机床产业标准化的智囊团和思想库，在标准化工作顶层设计和机制创新上发挥示范作用，为推动我国制造业转型升级和创新发展贡献力量。

国家标准化管理委员会工业标准一部主持成立会议，并介绍了咨询委成立的背景及筹备过程。受工业和信息化部装备司委托，机械科学研究总院副院长屈贤明介绍了《中国制造2025》编制简况及发展金属切削加工数字化智能化生产线对标准的需求。中国机床工具工业协会常务副理事长陈惠仁介绍了数控机床行业现状及标准需求。全国金属切削机床标准化技术委员会秘书长李祥文介绍了机床工具行业标准体系情况。

会议根据国家标准化管理委员会工业标准一部提议，与会全体专家通过，决定第一届咨询委由19名专家组成，陈惠仁任主任委员，秘书处设在中国机床工具工业协会。

随后，咨询委召开了第一次工作会议。会议讨论通过了咨询委章程，明确了咨询委的工作机制和工作任务。会议着重研究了当前机床工具行业标准化工作的优先方向及重点，按照《2014年战略性新兴产业标准综合体指导目录》要求，重点研究了近期如何开展数控金属切削加工生产线标准综合体的研制工作以及相关具体措施。

3. 各标准化技术委员会组织建设

第六届全国金属切削机床标准化技术委员会于2009年经国家标准化管理委员会批复组建。根据国家标准化管理委员会有关规定，第六届金属切削机床标准化技术委员会至2014年4月5日任期届满。2013年，金属切削机床标准化技术委员会开始了换届工作。此次换届，除总会(SAC/TC22)外，同时换届的还有车床分会、铣床分会、钻镗床分会、齿轮机床分会、磨床分会、锯刨床分会、重型机床分会、仪表机床分会、机床附件分会、功能部件分会、组合机床分会和机床电器分会（12个分会)。涉及单位达200多家，涉及委员303名。总会秘书处在历时8个月的换届工作中做了大量的组织与协调工作。2014年国家标准化管理委员会以标委办综合〔2014〕148号文批复了第七届金属切削机床标准化技术委员会及其12个分会的组成方案。

新成立的全国金属切削机床标准化技术委员会积极组织行业活动，召开行业会议28次，会议主要内容是对各分会承担的项目进行研讨、征求意见和审查。平均每个分会活动两次。

全国铸造机械标准化技术委员会于2014年7月21—25日在山东省烟台市组织召开了第五届全国铸造机械标

准化技术委员会第一次工作会议暨标准审查会。全国铸造机械标准化技术委员会委员和特邀代表共84人出席了会议。会议一致通过了《抛丸器》等3项国家标准和《挤压铸造机》等21项行业标准的送审稿。会议还讨论并通过了《全国铸造机械标准化技术委员会章程》《全国铸造机械标准化技术委员会秘书处工作细则》和《第五届全国铸造机械标准化技术委员会工作计划》等文件。会议对秘书处提交的两项国家标准进行了复审，提出了继续有效的结论；通过了秘书处提交的增补委员人选；讨论并通过了《冷室压铸机》等3项国家标准和《落砂机》等28项行业标准的立项决议。

全国铸造机械标准化技术委员会金属热成形分技术委员会（SC2）第一届第五次会议于2014年4月10—12日在广东省深圳市召开，金属热成形分技术委员会委员及特邀代表共43人出席了会议。会议通过了起草单位提交的《压铸机能耗检测方法》等3个行业标准。对起草单位提交的《压铸单元　安全要求》国家标准进行了讨论，提出了修改建议，并建议在全国铸造机械标准化技术委员会会议上审查。

全国刀具标准化技术委员会于2014年5月在南昌召开了刀具标准联合工作组会，会议讨论了4项国家标准草案和10项行业标准草案；2014年6月，在成都召开了重大专项标准研讨会，讨论了10项行业标准草案；2014年10月，在合肥召开了通用刀具、复杂刀具、硬材料刀具、螺纹刀具4个分会的年会，对应完成的4项国家标准和10项行业标准进行了审查；2014年10月，在汉中召开了重大专项标准审查会，对10项重大专项行业标准进行了审查；2014年12月，与中国机床工具工业协会工具分会秘书处在海口联合组织召开2014年年会，总结汇报秘书处一年来的工作，探讨和交流工具行业未来发展，研讨2015年标准化工作。

全国量具量仪标准化技术委员于2014年10月11—14日在青岛市召开了第五届标准化技术委员会首次工作会议暨标准审查会，共91名委员及代表、标准起草成员参加了会议。会议讨论通过了上届标准化技术委员会工作总结、本届标准化技术委员会工作计划和2014年标准化技术委员会工作总结等报告，还讨论通过了本届标准化技术委员会章程和秘书处工作细则。

全国磨料磨具标准化技术委员会于2014年11月12—16日在四川省成都市召开了六届二次工作会议，审议了秘书处所作的2014年度全国磨料磨具标准化技术委员会工作报告；审查通过了《全国磨料磨具标准化技术委员会委员产生和调整办法》；审查通过了《超硬磨料　多晶金刚石微粉》等9项行业标准制修订计划项目送审稿。各分技术委员会分别对各自专业2005年及以前的现行标准进行了复审，逐项形成了复审意见。会议还讨论了2015年标准化技术委员会及各分技术委员会的工作计划，对《超硬磨料　纳米金刚石》行业标准起草单位排名进行了表决。

全国工业机械电气系统标准化技术委员会于2014年4月11日在北京召开了2014年度全国工业机械电气系统标准化技术委员会秘书处工作会议。会上总结了2013年度及第三届标准化技术委员会工作，提出了新一届及2014年度标准化技术委员会工作计划，并讨论了2014年标准化技术委员会年会的筹备工作。2014年11月19日—22日，在无锡组织召开了2014年度标准审查会议，来自全国工业机械电气系统专业领域的企业、科研院所、高校、检测机构等单位的委员、专家共计81名代表参加了会议。会议对《机械电气设备　开放式数控系统　第6部分：网络接口与通信协议（送审稿）》（国标计划号：20111072-T-604）等两项国家标准及《工业机械电气设备及系统　开放式数控系统PLC编程语言（送审稿）》（行标计划号：2012-1896T-JB）等两项行业标准进行了审查，并对《机械电气设备　开放式数控系统　第7部分：通用技术条件（征求意见稿）》（国标计划号：20111073-T-604）等两项国家标准征求了意见。

全国机床数控系统标准化技术委员会于2014年9月26—28日在广州市召开全国机床数控系统标准化技术委员会换届大会暨二届一次会议。会议传达了当前国家标准化形势及主要工作任务，学习国家标准化有关方针政策，报告和审议了第一届标准化技术委员会工作总结及新一届标准化技术委员会工作设想；审查了《高档与普及型机床数控系统　第1部分：数控装置的要求及验收规范》（国标计划号：0112019-T-604）；《高档与普及型机床数控系统　第2部分：主轴驱动装置的要求及验收规范》（国标计划号：20112020-T-604）；《高档与普及型机床数控系统　第3部分：交流伺服装置的要求与验收规范》（国标计划号：20112021-T-604）；《机床数控系统　可靠性测试与评定》（国标计划号：20112022-T-604）等4项标准，研究讨论了2015年度标准制修订计划项目。

〔撰稿人：中国机床工具工业协会娄晓钟〕

中国机床工具工业年鉴 2015

介绍机床工具行业30强企业、十佳企业的成功经验及上市公司运营情况

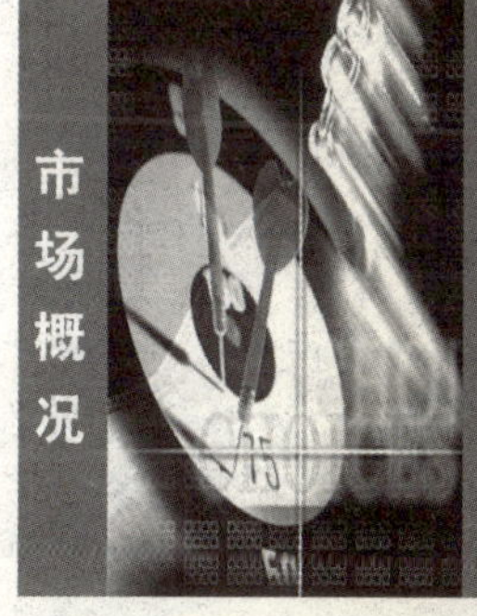

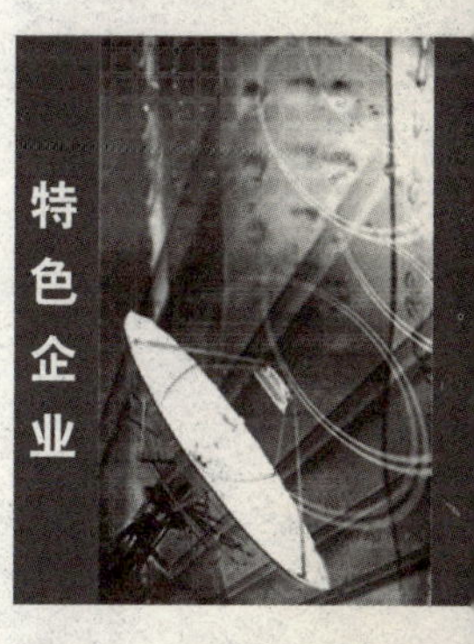

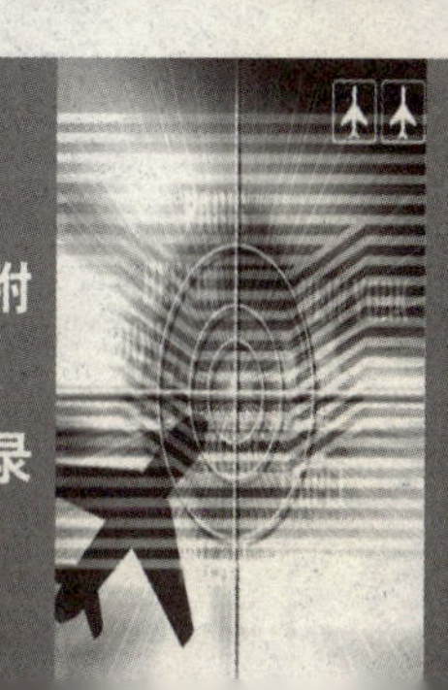

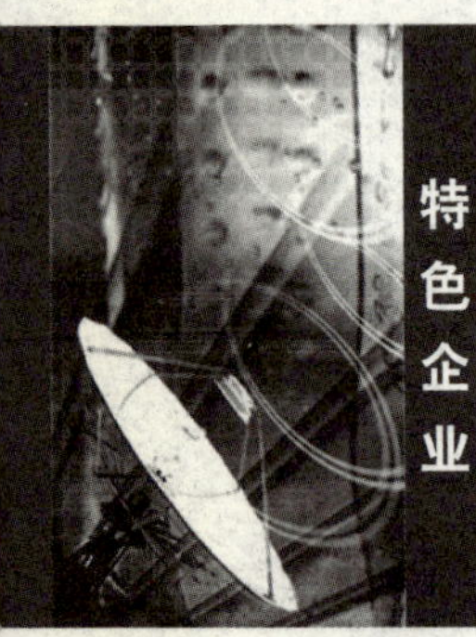

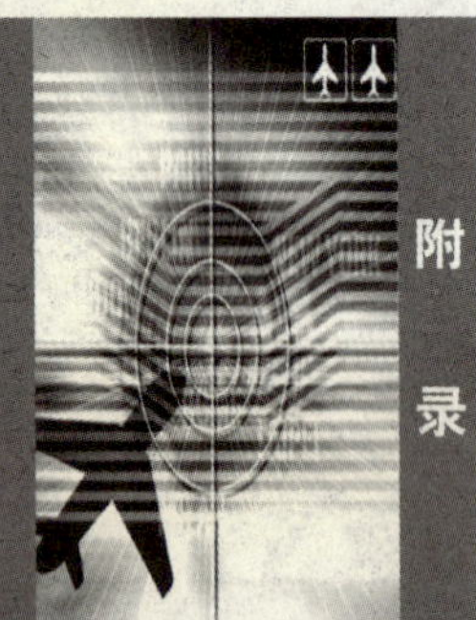

特色企业

2014年中国机床工具行业30强企业介绍

中国机床工具行业年度“30强”企业是中国机床工具工业协会为顺应机床工具产业调整转型的发展实际，面向行业统计重点联系企业开展的公益性活动。

本项活动具有如下特点：

（1）科学。为有利于形成正确的行业发展导向，纠正片面追求经济规模的企业发展倾向，本次行业“30强”评价采用“中国机床工具行业运行综合评价指数”。在合理兼顾企业经济规模的同时，科学引入质量效益和发展速度的企业运行指标，突出对企业发展综合实力的全面评价。

（2）公平。整个评价工作以企业月报、年报统计数据为基础，以综合评价指数测算结果为依据，对参与评价的企业一视同仁。而且整个活动完全是公益性质的，不向参评企业收取任何费用。

（3）公开。整个评价过程中涉及的评价指标、产生办法、评价结果和推介宣传都通过协会媒体向全行业公开，最大程度地接受全行业的监督。

基于以上特点，中国机床工具行业年度“30强”企业评价活动明显区别于其他商业性排名，正在业内树立“专业、权威和公益性”的品牌影响力。

安阳鑫盛机床股份有限公司

安阳鑫盛机床股份有限公司成立于2002年，是由安阳机床厂改制成立的股份制民营企业，是国家级高新技术企业、国家火炬计划重点高新技术企业。公司主要生产高、中、低档数控机床，现已建立了国家“博士后科研工作站”，先后开发出十多个系列、400余个品种规格的产品。公司通过了ISO9001、ISO14001、GB/T28001管理体系认证以及AAAA级标准化良好行为企业评定。

北京阿奇夏米尔工业电子有限公司

北京阿奇夏米尔工业电子有限公司是GF阿奇夏米尔在中国的子公司。GF阿奇夏米尔是工模具制造及精密零件加工机床的供应商。其产品包括电火花加工机床、高速和高性能铣削加工中心、三维激光纹理加工设备、夹具系统、备件、耗材以及其他自动控制解决方案。北京阿奇夏米尔工业电子有限公司技术先进、经验丰富、制造及检测设备精良、质量保证体系完整、管理严格有效，已通过ISO9001质量管理体系认证、ISO14001环境管理体系认证和OHSAS18001职业健康安全管理体系认证。企业的口号是：客户至上、行动迅速、遵守承诺、奖励成绩、互相尊重。

北京北一机床股份有限公司

北京北一机床股份有限公司是国有控股大型机床制造企业，是国家级高新技术企业，拥有国家认定企业技术中心，是中国机床工具工业协会轮值理事长单位。公司在境内拥有五大主机生产及配套基地，在境外拥有德国瓦德里希·科堡机床公司、意大利C.B法拉利公司和SAFOP机床公司。当前形成了重型机床、中型数控机床、磨床、五轴机床及普通机床五大业务，包括重型数控龙门镗铣床、落地镗床、立式车床、卧式车床、铁路机床、数控车床、立式/卧式加工中心、车铣复合机床、五轴联动叶片/叶轮加工中心、激光加工机、数控磨床、专用磨床、超精加工机床、数控珩磨机等设备，并具备集成自动生产线及机床再制造等相关业务能力。产品广泛应用于汽车、航空航天、船舶、发电、轨道交通、模具以及机械等行业。公司秉承“制造精良、追求卓越”的企业精神，旨在成为具有全球竞争力的机床制造与服务供应商。

北京精雕科技集团有限公司

北京精雕科技集团有限公司是1994年成立的国家火炬计划重点高新企业，也是数控雕刻行业的骨干企业。集团由12家全资子公司和54个分支机构组成，产业基地占地面积22万m^2，拥有员工3 100余人。公司自主研发九大系列、300多个型号的高速、高精密精雕数控机床。业务涵盖数控机床、数控系统、CAD/CAM软件、高速精密电主轴及高精度旋转功能部件等相关领域。产品广泛应用于手机配件、精密模具、木雕、医疗器材、产品加工等30多个领域，累计实现销售7万余台。产品行销全国各地，并远销韩国、俄罗斯等国家。

重庆机床（集团）有限责任公司

重庆机床（集团）有限责任公司成立于1940年，是中国机床工具工业协会副理事长单位。公司产品以齿轮加工机床为主，涵盖车床、加工中心、复杂刀具、汽车零配件、专用机床及精密螺杆等。其中，主导产品滚齿机和数控剃齿机在国内市场保持很高的占有率。公司重点打造精密、高效、绿色、智能化的高端数控成套装备，产品发展为车、滚、磨、剃、倒棱、倒角为一体的齿轮加工成套设备，是国内提供齿轮加工机床自动生产线的企业。公司是国家高新技术企业，建有国家级企业技术中心、欧洲机床研发中心等，产品先后获国家科技进步奖一等奖、二等奖等国家、省部级科技奖百余项，几十种产品先后被列为“国家重点新产品”等。公司拥有30项发明专利、232项实用新型专利。

大连光洋科技集团有限公司

大连光洋科技集团有限公司成立于1993年，致力于智能化装备研发制造及提供智能化生产系统完整解决方案。公司产品有：高档数控系统、精密伺服驱动及电机、各类五轴数控机床、工业机器人、数控功能部件、铸石床身、液压系统以及传感器等，构建完成智能化制造装备产业完整的技术链和产业链。公司形成了以用户工艺为目标，满足用户智能化制造要求，与不同领域用户建立了联合研发、共同提升的合作伙伴关系。“公正、公平、实事求是”为企业文化基石，“客户利益、员工利益、企业利益、国家利益”为企业核心价值观。

大连机床集团有限责任公司

大连机床集团有限责任公司始建于1948年，是中国机床工具工业协会副理事长单位。大连机床集团用信息化改造传统产业，走新型工业化道路，转变发展方式，进行大规模的技术改造。企业的数控技术、柔性制造技术、自动检测技术以及高速数控机床、高速加工中心、柔性生产线和数控功能部件的设计、制造达到先进水平，形成了一批在国际市场上具有竞争力的高端产品。至2014年，获得国家、省、市科技进步奖59项，拥有专利173项、具有自主知识产权的核心技术168项，开发出国内领先并具有国际先进水平的新产品640余种，为汽车、航天航空、能源装备、船舶制造、石油钻探、轨道交通、工程机械等关键领域和行业提供了重大成套装备和自动线。产品销往100多个国家和地区。

东风汽车有限公司设备制造厂

东风汽车有限公司设备制造厂始建于1969年，已经成为我国专用智能设备、焊装设备、重卡平衡悬架总成行业的专业骨干企业。主要为汽车、内燃机、摩托车等行业提供专用设备、组合机床及其自动线、加工中心、柔性加工设备及自动线、焊装夹具及焊装自动线，设备保全、设备再制造等产品及服务，为用户提供集成开发及整体交钥匙解决方案。

广州数控设备有限公司

广州数控设备有限公司成立于1991年，是中国机床工具工业协会副理事长单位。公司致力于机床数控系统产业发展的研究与实践，专业提供机床数控系统、伺服驱动、伺服电机“三位一体”成套解决方案。同时，积极拓展工业机器人及全电动注塑机领域，已成为一家集科、教、工、贸于一体的高新技术企业，是国内颇具规模的数控系统、工业机器人研发生产基地。公司拥有国家级企业技术中心、博士后科研工作站、院士专家工作站等研究机构。产品批量配套于沈阳机床、宝鸡机床、大连机床等国内100多家主流机床企业，至今累计销售数控系统75万套，产销量连续15年名列前茅。

杭州友佳精密机械有限公司

杭州友佳精密机械有限公司为台湾友嘉实业集团独资企业，创立于1993年。公司专注于多轴联动、复合/高速/超精数控机床，柔性/数字化生产线的设计制造和销售。在国内已累计有25 000多台数控机床效力于汽车摩托车、航空航天、轻纺电子、3C及机械行业，并以高效率、高可靠性等特点受到广泛好评。友嘉集团以杭州友佳精密机械有限公司为基础，在杭州江东开发区建立友嘉集团数控装备工业园，整合两岸三地最有利的资源，利用台湾地区和日本、美国、意大利、德国技术资源提升产品档次，充分运用已在全国各大中城市建立的69个行销网点与服务中心，以专业的精密数控机床相关技术，提供整体的技术服务，将进一步更好地服务于广大客户。

济南二机床集团有限公司

济南二机床集团有限公司始建于1937年，属于国有独资企业，是中国机床工具工业协会轮值理事长单位、国家高新技术企业，拥有国家级企业技术中心。公司先后研制了450余种国家首台（套）产品，主要产品有锻压设备、数控金属切削机床、自动化设备、铸造机械、数控切割设备等五大类，涵盖金属成形与金属切削领域，服务于汽车、航空航天、轨道交通、能源、船舶及模具等行业。大型冲压装备国内市场占有率达80%，并出口美国、印度、巴西、泰国等50多个国家和地区，公司被誉为“世界三大数控冲压装备制造商”之一。近期还开发成功数控金属切削机床高技术产品高速龙门五轴加工中心和翻板卧式加工中心。公司以“打造国际一流机床制造企业，塑造世界知名品牌”为目标，坚持“以市场为导向，以效益为中心，以机制作保障”的工作方针，通过创新驱动，加快转型升级，实现企业持续跨越式发展。

江苏金方圆数控机床有限公司

江苏金方圆数控机床有限公司自1990年开始研制生产数控机械冲床以来，形成数控冲床、数控激光切割机、数控折弯机、数控剪板机等产品的批量化生产，年产数控机床2 000余台。公司于2013年与德国通快集团合资，注重精益化及精细化生产，致力于更高起点数控板材加工设备的研制、生产和销售。主要产品有VT系列数控液压冲床、MT/DMT系列电伺服冲床、ET系列数控机械冲床、HFC系列光纤激光切割机、HC系列CO_2激光切割机、TFC系列碟片激光切割机、PR系列折弯机、VR系列剪板机和MCZ系列铜排加工机。公司近几年推出电伺服数控冲床、碟片激光切割机、电伺服折弯机、冲激复合生产线及冲剪复合生产线等高技术产品。

江苏亚威机床股份有限公司

江苏亚威机床股份有限公司创建于1956年，经过近60年的发展壮大，已成为我国中高端金属板材成形机床行业的骨干企业之一。公司专业制造销售数控转塔冲床、数控折弯机、数控激光切割机、金属平板加工自动化系统、金属卷板加工自动化生产线、线性和水平多关节机器人等高端、智能、自动化产品。公司于2011年3月在深交所成功上市。

江苏扬力集团有限公司

江苏扬力集团有限公司始创于1966年，占地面积超过111万m^2（1 670亩），现有员工5 300余人，注册资本1亿元，资产总额24亿元，是国内颇具实力的锻压机床制造企业。集团被科技部认定为“国家火炬计划重点高新技术企业”。集团致力于冲压、锻造、折弯、剪切、激光加工等各类中高端金属板材加工设备的开发研制，产品广泛应用于汽车、家电、五金、电子、电气等生产领域，并远销欧美、东南亚等几十个国家和地区。集团设有国家级博士后科研工作站。近年来，扬力集团先后获得国家发明专利及实用新型专利217项，国家及省、市级科技进步奖12项。公司以“务实、创新、卓越”的精神风范和“创新转型、扬力快行”的发展定位，向着“百亿企业、百年扬力”的目标前进。

南通国盛机电集团有限公司

南通国盛机电集团有限公司是国家高新技术企业，旗下拥有多家全资子公司。公司专注于为市场提供性能领先、品质优良的先进数控机床、精密钣金、专业焊接件、高品质铸件等高端制造装备及配件。借助于强大的技术支持、精密的加工设备、管理有素的员工队伍和行业领先的服务理念，公司将不断为顾客提供系统的产品解决方案、高品质的产品及快速响应的无忧服务。作为国内重要的数控机床制造商，注重产品研发，拥有完善的质量管理体系，现有“国盛”牌高端精密数控机床系列产品。公司已成为德国德马吉、德国宝马格、瑞典山特维克、日本东芝机械、加拿大赫斯基等国际著名企业的长期合作伙伴。公司始终秉承“诚信、品质、勤奋、创新”的企业核心价值观，以“产业兴国，事业强盛”为企业使命，与员工、客户、社会共享发展，共赢未来。

宁波海天精工股份有限公司

宁波海天精工股份有限公司坚持独立自主的品牌路线，主导产品包括龙门镗铣加工中心、卧式加工中心、立式加工中心、数控立式车床、数控车削中心五大系列，形成以宁波产业基地、大连产业基地为主体的近千亩产业集群，产品广泛应用于汽车、机车、船舶、冶金、电力、模具及风电等行业。公司依托海天集团的先进管理理念，全面推行交钥匙工程和完善的售前、售中、售后服务，使客户获取最为优异的产品效能，缔造如愿的产业价值。

秦川机床工具集团股份公司

秦川机床工具集团股份公司是中国机床工具工业协会轮值理事长单位，拥有国内外多家子公司。公司是我国精密数控机床与复杂工具研发制造基地，是国家级高新技术企业和创新型试点企业。先后获得国家科技进步奖一等奖1项、国家科技进步奖二等奖4项等奖项。截至2014年年底，公司注册资本6.93亿元，资产总额63.8亿元，员工10 849人。公司坚持“技术领先，模式取胜”的发展思路，着力打造3个1/3的业务板块——机床装备、智能制造岛（生产线），高端工艺技术引领的关键零部件制造，现代制造服务业。现已形成以“精密、高效、复合、专用、大型”为特色的大型数控机床工具企业集团，努力建成具有世界水平的高端装备制造领域的系统集成服务商和关键零部件供应商。

瑞远机床集团有限公司

瑞远机床集团有限公司是一家集科研开发、生产制造、经营销售、技术服务为一体的专业制造数控机床的国家重点高新技术企业，是国家级装备制造产业化基地。公司主要从事研制、生产、销售各类大、中、小型精密卧式数控机床和重型车床、特种数控设备及专用机床。公司下辖3个生产制造基地，总占地面积超过53万m^2（800多亩），建筑面积37.5万m^2，总资产18亿元。公司以“睿智化的产业综合型集团”为愿景，以“在装备制造领域协助客户实现智能化工厂的梦想”为使命，秉持“高科技提升装备制造产业”的理念，以工业化、规模化推动企业产业化的强劲发展，不遗余力地推行价值管理，建立基于制造流程控制和资本控制相结合的战略管理体系，使企业成为国内外一流的数控机床产业化基地。

山东威达重工股份有限公司

山东威达重工股份有限公司是大型股份制企业，占地面积50万m^2，资产总计5亿元。公司与华中科技大学合作成立了院士工作站。公司主导产品包括龙门式、立式、卧式加工中心系列，数控铣床系列，卧式镗铣床系列，摇臂钻床系列，万能升降台铣床系列，立式铣床系列以及铣钻床系列等八大系列、90余种规格，产品远销以欧、美市场为主的70多个国家和地区。

上海工具厂有限公司

上海工具厂有限公司创建于1949年，公司已成为国内工具行业切削刀具生产规模、品种规格、品牌信誉、竞争力颇具实力的专业制造企业。公司可提供孔加工刀具、螺纹刀具、铣铰刀具、齿轮刀具、硬质合金刀具、机床附件、高性能硬质合金材料、各类量具等全系列、高品质产品，更具备为顾客提供现代机械加工标准化解决方案以及个性化解决方案的强大实力。上工以品牌立信，以品牌兴企，已通过ISO9000质量管理体系认证。

上海机床厂有限公司

上海机床厂有限公司成立于1946年，属上海电气集团股份有限公司的全资子公司，是中国机床工具工业协会副理事长单位。公司主要产品有外圆、平面、轧辊、曲轴等各类普通、精密、大型、专用、数控磨床。公司建有国家认定企业技术中心——上海磨床研究所。公司将“塑造人品，制造精品”的理念贯穿于企业经营全过程。公司通过了ISO9001、ISO14001和OHSAS18001体系认证。

沈阳机床（集团）有限责任公司

沈阳机床（集团）有限责任公司是中国机床工具工业协会轮值理事长单位。当前下辖沈阳、昆明、德国三大产业集群，拥有员工1.8万人。公司主导产品为金属切削机床，产品市场覆盖全国并出口到80多个国家和地区。2011年集团销售收入跃升至世界首位。经过5年潜心研发，成功开发出世界首台具有网络智能功能的“i5智能化数控系统”。公司成功开发出i5智能机床、ASCA高端机床等一系列世界级产品，推动了产品升级换代，市场占有率大幅提升。公司成立了工业服务事业部、优尼斯融资租赁公司，并加速布局4S店市场营销网络，构建集产品销售、金融服务、生产力租赁、再制造、车间智能管理系统等于一体的产品全生命周期的服务新模式。面向未来，沈阳机床将继续坚持以市场为导向、以客户为中心，加速实现从传统制造商向现代工业服务商转型，成为以智能制造为核心、世界领先的装备集团。

泰安华鲁锻压机床有限公司

泰安华鲁锻压机床有限公司始建于1968年，是国家级高新技术企业，通过了ISO9001、ISO14001、OHSAS18001体系认证。公司主导产品包括数控卷板机、矫平机、剪板机、折弯机、开卷矫平剪切生产线等五大系列、300多种规格。公司坚持以技术创新为动力，建立了院士工作站。公司拥有40余项国家专利和3项软件著作权。公司自主研发的高强度板料矫平机属国内首创，为多个重点领域特殊板材的矫平需求提供了切实可行的解决方案。数控船用卷板机、矫平机达到国际先进和国内领先水平，被列入国家重点新产品和国家火炬计划项目。产品广泛用于船舶、石油、化工、水利、电力、机车、锅炉、桥梁、工程机械以及煤炭机械等多个行业，还出口到欧洲、南美洲及亚非地区。公司追求“精工细作、精益求精”的质量文化，得到用户的一致认可。

天津市天锻压力机有限公司

天津市天锻压力机有限公司始建于1956年，是中国第一台液压机的诞生地，是中国机床工具工业协会副理事长单位。公司能够设计生产50个系列、1 000余个品种液压机以及成线成套装备，能为客户提供全方位的解决方案，产品规格为800～400 000kN，广泛应用于各个领域。公司于1996年通过挪威船级社（DNV）ISO9001质量体系认证，2006年通过欧盟CE安全体系认证。产品已出口到德国、法国、意大利、西班牙、俄罗斯、美国、巴西、日本和韩国等30余个国家和地区。公司拥有液压机行业国家级企业技术中心及液压机专业研究所，拥有专利技术720项，其中发明专利264项。在造船液压机、等温锻造液压机、多工位环锻液压机和高端玻璃钢/复合材料SMC液压机等方面具有很高的市场占有率。

天水星火机床有限责任公司

天水星火机床有限责任公司于1967年由沈阳第一机床厂搬迁组建，2002年改制组建新公司，是国家定点西部专业生产大型卧式车床的企业。公司现已发展成为拥有9家全资子公司和2家控股子公司的跨国企业集团。公司拥有国家级企业技术中心，多次承担国家级技术攻关项目和重大装备研发项目，获得专利230余项。公司拥有制造超重型数控车床和超精密航空数控车床的优势。公司已经开始在营销模式创新和新产品研发创新方面引入互联网思维，正在实施“星火魔方”计划，打造“C2B”互联网销售模式，以“顾客就是设计师”为目标，真正实现用户订制。

武汉华工激光工程有限责任公司

武汉华工激光工程有限责任公司是我国主要激光设备及等离子切割设备制造商之一，是国家重点高新技术企业。公司拥有国家认定的企业技术中心和激光先进制造技术省级重点实验室。公司旗下拥有华工激光、FALEY · LASERLAB两大知名品牌。公司始终致力于为工业制造领域提供广泛而全面的激光制造加工解决方案，研发、制造、销售各类激光加工和等离子加工成套设备，提供管材激光切割加工及石油管道贸易等服务。公司主导产品涵盖全功率系列的激光切割系统、激光焊接系统、激光打标系列、激光毛化成套设备、激光热处理系统、激光打孔机、激光器及各类配套器件、激光加工专用设备及等离子切割设备等。产品广泛应用于钢铁冶金、有色金属、汽车及零部件、航天航空、精密仪器仪表、机械制造、模具、五金工具、集成电路、半导体制造、太阳能、教育、通信与测量、包装、鞋材皮革、塑料橡胶、珠宝首饰以及工艺礼品等行业。

武汉重型机床集团有限公司

武汉重型机床集团有限公司是由原武汉重型机床厂改制建立的国有重型机床装备制造企业，是我国“一五”时期156项重点工程之一，是我国制造数控重型机床和超重型机床的大型骨干企业，是中国机床工具工业协会副理事长单位。自1958年建厂投产以来，为机械、能源、航空航天、交通及化工等行业提供了20 000多台重大设备。公司以高速度、高精度、复合加工和柔性单元为代表的一批高科技产品填补了国内空白，为国民经济各行业和国家重点工程提供了重大的“工作母机”装备。

扬州锻压机床股份有限公司

扬州锻压机床股份有限公司始创于1958年，是中国机床工具工业协会副理事长单位，是国家重点高新技术企业，已通过ISO9001质量体系认证。公司主营各类开式、闭式单/双点压力机、高速冲床、肘杆压力机、精冲机、热模锻压力机、冷锻压力机、粉末成形压力机、多工位压力机、单机/多机联线/级进模冲压生产线以及锻压成套设备等。公司拥有国家博士后科研工作站。近年来获得数十项国家发明专利及数百项实用新型专利等。公司在国内外设立70多个营销网点，为客户提供零时差、一体化的售前和售后服务。公司秉承近60年的专业技术和优秀的企业文化，凭借卓越、团结、创新的人才团队，竭诚为客户提供一流的产品和周到的服务。

中南钻石有限公司

中南钻石有限公司是全球颇具规模的工业金刚石、立方氮化硼制造商和供应商。公司以“技术领先，创新未来”为指导，致力于超硬材料系列产品的系统性创新。公司拥有国家认定企业技术中心，拥有与国际接轨的全套检测设备，通过了ISO9001国际质量体系认证。公司三废已达到国家相关标准要求，已建和在建项目均按照国家环境保护“三同时”的要求进行，2006年7月，公司通过了清洁生产的审核，通过ISO14001环境体系认证。公司以“为顾客创造价值，帮助顾客成功”为理念，长期稳定地为顾客提供具有更高性价比的产品与服务。

株洲钻石切削刀具股份有限公司

株洲钻石切削刀具股份有限公司隶属于中国五矿集团，是中国机床工具工业协会副理事长单位，是国内硬质合金骨干生产企业。近三年，销售额保持年均36%的增长，在国内拥有很高的市场占有率。公司拥有集科研、设计、应用研究为一体的国家级硬质合金刀具技术研究开发中心，总资产1.5亿元，专职研发人员156名，拥有硬质合金刀具相关专利101项，已获得授权专利79项。公司提供各种标准和非标准的物理、化学涂层硬质合金、金属陶瓷、陶瓷和超硬材料等牌号的高精度车削、铣削、镗削、钻削、切断、切槽和螺纹加工的可转位数控切削刀片及配套的高精密切削刀具、工具系统，整体硬质合金孔加工刀具及立铣刀，同时提供各种高质量的焊接刀片、机夹刀片。公司致力于为模具、汽车、航空航天以及家用电器等行业提供高精度和高效的切削工具和技术服务。

〔供稿人：中国机床工具工业协会杜智强〕

2014 年中国机床工具行业十佳企业介绍

大连机床集团有限责任公司

多年以来，大连机床集团有限责任公司（简称大连机床集团）始终以振兴民族装备制造业为己任，通过 60 多年的发展和积淀，产品研发能力和创新能力在国内机床工具行业处于领先地位。

大连机床集团每年能够研制出 300～500 台组合机床、柔性制造单元以及用这些机床组成的自动线与柔性制造系统；每年能够研制成功 100 个左右的通用机床及核心功能部件（包括立式/卧式数控车床与车削中心、车铣复合机床、立式/卧式加工中心、龙门式加工中心、大型铣镗机床及核心功能部件）。

一、技术创新基础建设

大连机床集团有限责任公司技术中心于 2004 年 3 月 10 日被国家发改委、财政部、海关总署、国家税务总局认定为“第十批国家认定企业（集团）技术中心”。技术中心占地面积超过 2 万 m^2，当前中心已形成由博士后、博士等 160 余名国内外高级工程技术人员和国内 1 700 多名工程技术人员组成的技术开发队伍。为了适应企业发展，满足市场需求，加强了研发队伍的力量，在国内共设立了自动化装备研究所、加工中心研究所、电气研究所、数控车床研究所、数控技术应用试验研究所、数控功能部件研究所和工艺研究所等 7 个研究所，还设有计算机室、标准化室。由此组成的技术创新体系，保证了企业产品研究开发和技术创新工作的顺利开展。

2013 年、2014 年研发投入分别为 41 250 万元、40 180 万元。2013 年，申请专利 77 项，其中发明专利 60 项；2014 年，申请专利 6 项，其中发明专利 2 项。

二、科技人才队伍建设

大连机床集团拥有工程技术人员 1 700 多人，从事新产品研发的专职研发人员有 400 余人，在国内有 7 个研究所，1 个机床试验基地；在国外设有 3 个技术分中心，有研发人员 80 余人。集团技术中心聚集了国内外各类机床设计专家，具有很强的新产品机、电、液一体研发能力。

为快速提升企业技术创新能力和企业可持续发展能力，多年来，大连机床集团在国内外同行业广纳贤才，现有外聘专家 30 人。由这些专家领衔，组成了技术创新带头人的队伍。

三、开展产学研用合作

近年来，大连机床集团先后与清华大学、华中理工大学合作开发出国产大连数控系统，并实现了产业化。与大连理工大学合作开展机床热变形补偿研究，优化了产品设计。与东北大学、湖南大学在机床外观造型和设计方面进行了合作，使得机床的外观质量有了很大的提升。在高速卧式加工中心系列产品的开发中，与世界著名的德国阿亨大学在机床有限元及机床结构分析方面进行了合作，提高了加工中心设计水平。通过技术引进、消化吸收再创新，企业掌握了国外的先进技术，提高了企业自主创新能力，使产品水平登上了新的台阶。

自“高档数控机床与基础制造装备”科技重大专项实施以来，大连机床集团先后与大连理工大学、大连理工大学科技开发中心、大连海事大学、大连交通大学、西安交通大学、吉林大学、北京科技大学、华中科技大学、黑龙江科技学院、天津大学、天津理化院、北京机械自动化研究所、武汉华中数控股份有限公司、武汉登奇机电技术有限公司、深圳市大族精密机电有限公司、西安航空发动机（集团）有限公司、烟台环球机床附件集团有限公司、曲阜金皇活塞有限公司、大连高金数控集团公司、大连伊贝格主轴技术有限公司、沈阳黎明航空发动机（集团）有限责任公司、哈尔滨汽轮机厂有限公司、长沙一派数控机床有限公司、安徽巨一自动化装备有限公司及北京源智天成科技有限公司等建立了密切的合作关系。

四、自主创新成果

2014 年，大连机床集团开发新产品 53 项，实现新产品销售收入 723 214 万元。

在求快、求新、求好中，使产品水平实现了高精、高效、柔性、集成、复合、环保、安全的新境界，突破了一批制约我国数控机床发展的核心技术，形成了一批在国际市场上具有竞争力的高端产品。近年来，大连机床集团先后为国家重点行业、重点领域提供了许多关键核心设备，如为核工业提供了铀分离机的加工设备 XL－1042 双刀架薄壁套专用数控车床。该机床加工直径 120～135mm，加工长度 460～560mm，加工成品壁厚 1mm，单件加工时间由原来的 4.5h 缩短到 11.8min，成品合格率由 35% 提高到 98%，产品水平达到国际先进水平。

大连机床集团为道依茨一汽（大连）柴油机有限公司提供的 CA4DD 气缸盖生产线，采用自主研发的卧式加工中心与企业自主研发的刚性通用主轴箱组成了生产线，可完成 CA4DD 系列缸盖多品种的从粗加工到精加工的全部工序。该生产线采用刚柔结合的设计方案，即产品机型不变的孔系采用多轴刚性加工，产品面及孔系位置经常随市场变化而容易换型的部分采用柔性（加工中心）加工。全线从毛坯加工到成品（包括试漏、清洗）仅设有27个工位，由39台机床组成。这不仅大幅缩减了设备数量，也减少了用户为该自动线投入的厂房面积。该自动线人机交互界面友好，操作简单。在国内机床行业中首次采用机床加工区域的全封闭防护及上排、上供的冷却装置，绿色环保。

大连科德数控有限公司

大连科德数控有限公司（简称科德数控）成立于2008年，为大连光洋科技集团有限公司的全资子公司，拥有200余人的技术研发团队及完善的生产、市场、售后体系，为用户提供最优质的服务。公司拥有多种类型国外高端先进加工设备及专业的检测设备，拥有50余项发明专利、近140余项实用专利及30多项软件著作权，是专业配套自主化高档数控系统和关键功能部件的高档数控机床制造商。科德数控在“勇于创新、精益求精”的企业精神的指导下，凝聚了一大批具有高水准专业素质，赋有工作热情和创新精神的研发制造团队。

科德数控的母公司——大连光洋科技集团有限公司从事数控、工业自动化领域产品研发、成果转化、制造配套等已有20多年，构建了完整的数控技术链和产业链，在国内率先研究和应用数控系统现场总线技术、细分技术、直驱技术，拥有企业博士后科研工作站及高档数控系统国家工程试验室，是国内高档数控系统研发、制造的领军企业。

科德数控主营高速高精度三轴立式加工中心、五轴联动铣车复合立式加工中心、五轴联动卧式车铣复合加工中心、三维激光复合加工机、五轴工具磨床等机床产品。机床配套的高档数控系统和关键执行部分全部自主化，当前累计已有1 000余台全国产高档数控机床产品推向市场。公司自主研发的KMC400、KMC600、KMC800、KMC1250系列高速五轴立式加工中心，KDW4600FH、KDW6600FH、KTurboM3000系列五轴联动卧式车铣复合加工中心，KToolG3515五轴工具磨床等机床已销售到国内机械、军工、航空航天企业，已开始创造产能和价值，替代进口机床。其中的KMC400系列加工中心出口到德国，开创了国产高档五轴数控机床出口发达国家的先河。

在自主研发制造高档五轴机床的过程中，科德数控在提升产品质量方面做了大量的基础工作并积累了一些经验，在整机结构设计、床身材料的自主研发、科学的研发方法及自主核心技术的应用方面一直在不断地努力探索。

KMC系列五轴立式铣削加工中心的结构采用改良的龙门框架设计，三个轴在刀具上，两个旋转轴在工件上，达到最优的主轴支撑，数控回转摆动工作台实现双壁支撑，*Y*轴采用四导轨支撑和位于中心的主驱动，*A*轴摆动角度为±130°。环形刀库与机床床身融为一体，结构简单、节省空间。用矿物铸石的高刚性龙门结构设计有着极佳的抑振性和抗热变形能力以及防潮性能，具有更好的环境适应性。KMC系列立式车铣复合加工中心系列产品采用人造理石为床体主要材料。人造理石材料热膨胀系数仅为铸铁的1/20，具有更好的环境适应性，更小的热变型误差；人造理石阻尼是铸铁的6倍，具有更好的吸收振动的能力，降低切削振动对机床传动部件的影响；人造理石床身制造工艺采用常温固化，没有铸铁冷却不均导致的内应力，是国际上精密机床优选的床身材料。

各系列五轴复合加工中心在设计研发阶段利用计算机辅助设计技术手段。基于CAD设计的3D立体模型，使用“有限元分析法”模拟静态载荷和动态运行工况，通过多次模拟和设计修正，追求每一个机床部件达到理想的静态和动态特性，以确保机床的整体刚性。通过“有限元分析法”辅助设计的结果，将在原型样机上通过实验测试和模态分析得到验证和确认，确保机床产品在实际加工中优秀的动态性能表现。加工中心的旋转轴采用力矩电动机替代传统的齿轮传动、蜗轮蜗杆传动、滚珠丝杠传动等机械传动。直驱技术的应用使机床具有更好的动态响应能力、无反向间隙、无传动机械磨损等显著优势。

广东奔朗新材料股份有限公司

广东奔朗新材料股份有限公司（简称广东奔朗）始建于2000年，总部位于广东省佛山市顺德区，当前在广东、四川、山东、江西、福建、香港等地设有7家全资子公司。公司多年来坚持不懈地专注于超硬材料制品的研究和开发，经过十余年的发展，现已成长为我国超硬材料制品行业的领先企业之一，全球陶瓷加工工具细分市场占有率名列前茅。

广东奔朗研发和生产各类金属结合剂、高分子材料结合剂和陶瓷结合剂的金刚石工具以及立方氮化硼精细磨削工具，不仅广泛应用于陶瓷、石材、建筑工程、耐火材料、玻璃等领域的切钻、磨削、抛光等加工过程，而且不断向机械零部件、汽车配件、电子陶瓷、光学玻璃等精密加工领域扩展。“奔朗（Monte - Bianco）”品牌赢得了50多个国家和地区广大客户的信赖。

广东奔朗是国家火炬计划重点高新技术企业、广东省自主创新100强企业、广东省创新型企业（试点）、广东省现代产业500强项目承担企业、广东省民营科技企业，是顺德区总部企业、龙腾企业、质量信用等级A级企业，是“广东省超硬材料及制品工程技术研究开发中心”依托单位；获批组建有博士后科研工作站、广东省奔朗超硬材料及制品院士工作站、广东省企业技术中心；“Monte - Bianco”注册商标为广东省著名商标，金刚石磨块、金刚石滚刀、金刚石磨边轮、金刚石绳锯等产品为国家重点新产品、广东省重点新产品、广东省名牌产品、广东省高新技术产品、广东省自主创新产品；2000年底通过英国标准协会（BSI）组织的ISO9001国际质量保证体系认证，2007年通过ISO14001环境体系认证和OHSAS18000职业健康安全体系认证，并于2009年实现三个体系一体化，2002年通过德国MPA质量安全认证；连续10年被授予纳税超1 000万元企业（其中2005年和2009年超1 000万元，2010—2014年超3 000万元）。

十余年来，广东奔朗积极承担国家、省级、市级科研项目，多个科研项目获国家发改委、科技部和广东省科技厅、经信委等立项支持；多项科研成果获省、市、区科学技术进步奖。当前，广东奔朗已承担国家、省级、市级重点项目包括国家重点产业振兴与技术改造项目、国家重点新产品计划项目、国家科技部中小企业创新基金项目、广东省现代产业500强—战略性新兴产业百强项目、广东省技术创新项目、广东省产学研专项资金项目、广东省中小企业专项资金项目、广东省技术改造项目、广东省粤港关键领域重点突破项目、佛山市产学研专项资金项目、佛山市经济科技发展资金项目等。公司累计申请专利77项，已获授权61项，其中，发明专利18项，实用新型专利43项；主导制定了国家标准《超硬磨料制品　金刚石绳锯》，主导起草行业标准1项，参与起草行业标准3项，主导制定广东省企业产品标准10项。

2014年，“广东省奔朗超硬材料及制品院士工作站”获批设立，广东奔朗通过“广东省创新型企业（试点）”认定。

2014年，广东奔朗开发了用于抛晶、抛釉砖等建筑陶瓷加工的树脂磨块，研制出花岗石大板组合加工金刚石绳锯，标志着奔朗绳锯迈进国内领先者的行列。与此同时，广东奔朗开始进行企业内部的工艺4.0改造，力求在部分产品实现短流程、半自动化技术生产制造。

广东奔朗从少品种模仿开发到多品种自主研发、引领开发，取得了丰硕的成果，为公司的快速发展提供了坚强有力的产品技术支撑。未来公司将继续加大研发投入，建设国际一流的技术中心，为企业和行业的发展提供源源不断、强大的推动力和引领力，为企业、员工、环境的和谐相处作出更大的贡献。

广东高新凯特精密机械股份有限公司

广东高新凯特精密机械股份有限公司（简称高新凯特）成立于1993年。自成立之日起，高新凯特就一直与华中科技大学（原华中理工大学）进行校企合作，以技术创新立厂，目标是与国际一流品牌进行竞争。高新凯特当时的技术团队人员以华中科技大学的教授和研究生为主，研发了类双圆弧LG系列导轨副。经过23年的发展，高新凯特拥有了一批长期从事精密滚动直线导轨副研究的专家和年轻有为的科技人员，陆续研发了LGS系列滚珠直线导轨副、LM系列微型直线导轨副、LSQ系列静音滚珠直线导轨副、LES系列直线运动单元和高刚性、重载荷、高精度的LGR系列滚柱直线导轨副等产品，这些产品的性能完全达到了国际一流水平。高新凯特还是国家级高新技术企业，主持制定3份滚动直线导轨副行业技术标准，参与制定3份滚动直线导轨副行业技术标准，拥有20多项专利，其中5项发明专利。

高新凯特从未停止创新的步伐，一直致力于高性能滚动直线导轨副的研究，经过近三年的潜心研究，以提高机床及机械装备阻尼抗振、定位精度和安全保护的高性能部件——阻尼器、钳制器得以横空出世，填补了国家空白。

阻尼器能提高滚动直线导轨副的阻尼和抗振性能，具有以下特点：利用油膜阻尼吸振，提高加工质量及延长刀具寿命；可以保护过载情况下的滚动直线导轨副；安装方便，与工作台直接连接固定，无需更改工作台尺寸；简单易用，采用与滑块相同的集中润滑方式；具有滚动直线导轨副低摩擦、高速和高精度的优点，同时具有静压导轨的高阻尼吸振特性。

滚动直线导轨副用钳制器通过直接夹紧导轨以固定工作台，具有精准定位、防止振动、提高刚度的功能。常闭型钳制器还具有断电紧急制动的保护作用。

高新凯特视产品质量为企业生命，非常重视质量管控，通过了ISO9001:2008国际质量体系认证。高新凯特从美国、日本等工业发达国家引进了惠普激光测量仪、东京精密轮廓仪等先进的精密滚动直线导轨副专用生产和检测设备。近年来，高新凯特自主研发了一系列滚动直线导轨副专用的检测设备和试验设备，如导轨副综合精度检测仪、导轨副噪声测量机、刚性测量机和动摩擦力测量机、导轨副寿命试验机、高速试验机和高密封性能试验机等，具备滚动直线导轨副全面的精度检测、产品性能试验的优良条件。

高新凯特在1994年引进了欧洲生产的超精密导轨磨床和滑块磨床，并在2008年和2011年进行两期技术改造，新增德国先进的专用CNC超精密导轨磨床等高效生产线，生产能力翻了两番，建设成为国内生产规模大、生产技术先进、生产设备现代化、生产管理科学的专业精密滚动直线导轨副生产基地。高新凯特保持在国内的领先地位的同时，更具备了与国际一流品牌竞争的综合实力。

近年来，高新凯特屡获行业好评，荣获中国机床工具工业协会2011年度、2014年度自主创新十佳企业，其产品LGR系列滚柱直线导轨副、LGS系列高速高精高密封滚动直线导轨副分别荣获CCMT2010春燕奖和CCMT2012春燕奖。

合肥合锻机床股份有限公司

合肥合锻机床股份有限公司（简称合锻股份）位于合肥经济技术开发区，公司前身为合肥锻压机床总厂，始建于1951年，是一家专业从事锻压设备生产、销售的国有大型企业。2010年公司变更为股份有限公司。

合锻股份是集液压机、机械压力机等各类高精专机床产品研发、生产、销售和服务为一体的大型装备制造企业，是我国大型锻压设备自动化成套技术与装备产业化基地，属于国家数控成形冲压装备产业技术创新战略联盟成员单位、国家火炬计划重点高新技术企业。

合锻股份高度重视自主创新体系建设，形成了以企业技术中心为核心，以智能锻压装备技术实验室、合工大工业与装备技术研究院、院士工作站、博士后科研工作站等为补充，涵盖国内外合作研发机构、高等院校和科研院所的自主创新体系；形成了强大的研发能力，逐步掌握数字化控制技术、网络及通信技术、伺服控制技术、各种传感及检测技术、机电液一体化技术及智能化控制技术。从而提高了锻压设备的自动化、柔性化、数字化、智能化水平，实现了设备的超高精度控制和对各种新压力加工工艺的适应性。

近年来，合锻股份技术中心在高端装备、成套装备、自动化研发能力方面进一步加大投入，通过建设各种研究室和试验室，已基本形成结构开发、数字化模拟、试验试制和国内领先的高端锻压装备试制试验和研发能力。在重型充液拉深装备、自动封头成形生产线、伺服液压机、高速冲压液压机、超高强板热冲压液压机、非金属摊铺加热加压汽车行李架成形生产线、机械压力机自动化线、核电定子转子压装液压机等高端、智能项目上取得新突破，研发的汽车内饰件智能生产线出口到欧盟成员国，占领了国际高端市场。

历经30余年的技术沉淀和积累，合锻股份技术中心自主开发的高品质、多工况、系列化液压装备构建了液压装备多工况制备工艺与系列化产品开发测试验证平台，实现了精密超塑模锻液压机、快速薄板冲压液压机、大型拉伸成形液压机等重大装备与工艺工装系列产品的产业化，在航空铝钛合金超塑性成形、汽车大型覆盖件冲压成形、航天整流罩与石化封头深拉伸成形中得到成功应用。

齐齐哈尔二机床（集团）有限公司

科技创新是企业转型升级的必然选择，是企业由弱到强，实现可持续发展的坚实保障。近两年来，齐齐哈尔二机床（集团）有限公司（简称齐二机床）充分认识到了创新是企业发展的根本所在，在整个机床行业不景气的大环境下，通过不断加大科技投入及实施项目制管理，破除原有分配机制的弊端，为全体科技工作者营造出一个良好的科研创新氛围。齐二机床凝聚了一批相对固定的技术创新队伍，为企业的转型升级保驾护航。

一、贴近市场，拓宽创新渠道

1. 围绕《中国制造2025》和“一带一路”等国家政策，加快高档数控机床的自主研发力度

根据市场需求不断加快产品结构调整，大力推广、应用高新技术和适用技术，使科技成果迅速而有效地转化为富有市场竞争力的商品。受国内经济下行压力的影响，国内机床行业开始下行，特别是重型机床下行速度加快，公司的主导产品落地铣镗床、大重型立式/卧式车床、龙门镗铣床等产品市场订单骤减，产能严重过剩，开工率不足。为实现公司可持续发展，公司对现有产品结构进行了重新梳理，在提升现有产品水平的同时，一方面，通过研发服务于航空航天模具等行业的TH6111卧式镗铣加工中心及FAM－160型高速落地铣镗床，丰富可供产品的种类与规格，扩大服务领域。这两种产品均成功出展2015年中国国际机床展会，并获得广大展商及观众的好评。另一方面，加快车铣复合机床的研发，加快机床智能化水平的提升，实现机床的自动检测与反馈、刀具的智能管理、智能防撞、故障远程诊断等智能控制，并取得了一定的成绩。从2015年新签合同看，车铣复合机床的需求增长较快，且呈现出大型化趋势，仅5m以上的车铣复合机床就签了4台，其中1台为加工直径12.5m的双柱立式车铣加工中心。

2. 加强与集团内相关单位的协同创新

齐二机床充分利用集团内部相关单位的精密制造、检测及技术研发的优势，利用齐二机床在重型机床领域的研发制造优势，协同开展技术创新，成功开发出高速五轴龙门镗铣床（进给速度30m/min，主轴转速6 000r/min）。该产品介于重型机床与中型加工中心之间，是通过细分市场而推出的一款高速五轴型高档产品。该项目的研制成功将丰富齐二机床原有龙门系列产品，进一步扩大产品供货范围，主要服务对象为航天、航空、模具等高端客户。

3. 加强产学研合作，加快高端专用装备开发速度，扩展新的服务领域，寻求新的经济增长点

跳出现有重型金属切削机床的圈子，以市场为导向，贴近市场、服务于市场。盯紧国家大力发展航空航天、轨道交通及海洋工程的政策，通过产学研合作，加快增材制造、轨道交通装备及海洋工程装备的开发，现在已与多所高校合作开发龙门式铺丝机、高铁（地铁）轨道在线铣磨机、水下管道切割焊接机等专用装备。这几种产品在市场上均有较大需求，该项目的成功开发可替代进口。

二、加快推动技术管理体系的改革

与技术创新同步进行的还有企业科技管理的创新，科技管理创新的目的还是为技术创新服务。为了提高广大技

术人员的业务水平、工作热情及工作质量，公司出台了一系列的改革措施，实行产品的项目制管理，让设计人员从项目的开始到整个项目结束，薪酬与项目的盈利水平相挂钩；年青设计员与车间的施工员实行轮岗制，提高不同岗位技术人员处理问题的能力；根据职责对工艺人员实行两级管理，一部分人员的编制在设计院，进行核心关键工艺技术研究及新工艺新技术的验证，另一部分人员下沉到生产制造一线，负责常规工艺卡片的编制及生产服务，通过自己编工艺自己服务这种方式，提高了工艺人员指导生产的技术能力。通过改革，强化了核心制造的工艺研究。

三、从生产型企业向科研型企业转变

1. 创新设计手段、实验手段，强化共性技术问题研究

齐二机床充分发挥国家级企业技术中心在企业创新工作中的核心作用，依托博士后工作站、重型数控机床院士工作站、机械工业重型机床结构与驱动技术工程实验室与重点院校开展对核心技术、共性技术、先进的工艺技术的应用试验研究和基础理论验证，加大产品设计过程的可靠性研究和试验。公司建立了电气实验室，加快数控系统应用研究和个性化功能的二次开发工作；建立了高于国家标准的企业内控标准体系，提高了标准化支撑服务及管理水平。

2. 关键技术攻关常态化

以问题为导向，齐二机床每年年初都要针对产品的生产制造过程中影响产品质量及产能的关键瓶颈技术问题进行立项攻关，针对每个项目成立专门的项目小组，明确攻关方案、措施和路线图，年末进行总结，并对提高产品质量、提高经济效益的项目给予奖励，并作为技术人员晋升职称的一个主要考核依据。在技术队伍中掀起比攻关、比贡献的良好风气。

四川普什宁江机床有限公司

四川普什宁江机床有限公司（简称普什宁江公司）前身为1965年内迁的国营宁江机床厂，至今已有50年的精密机床研发、制造历史。2006年10月，由五粮液集团下属宜宾普什集团有限公司与成都宁江机床（集团）股份有限公司共同投资设立了普什宁江公司。2014年，普什宁江公司完成增资扩股，现由五粮液普什集团公司、成都宁江机床（集团）股份有限公司、四川发展（控股）有限责任公司、成都友威企业管理咨询有限公司四方共同出资设立，公司注册资本为1.5亿元，为国有控股非上市企业。

普什宁江公司坐落在风景优美的世界文化遗产所在地——都江堰市，距离成都市区40多公里。公司占地面积超过30万m^2，建筑面积近15万m^2。公司建成了集营运、研发、销售为一体的总部基地，集精密加工和精密装配为一体的总装基地，集铸锻制造及机械加工为一体的毛坯基地。按照“专、精、特”发展规划，公司设有研发院、销售公司，分别专门从事产品研制和销售工作；设有加工中心、齿轮机床、专用设备、数控车床四大产品业务公司或事业部；设有精密制造、毛坯制造、钣金制造三大零部件制造事业部或公司，形成了完善的精密机床销售、研发、采购、制造、交付、服务业务链。当前，公司已建成了年产设备3 000台、机床附件2 000余套、铸铁件5 000多吨，年产值10亿元的精密数控机床产能。公司经营范围：精密数控机械及成套设备、机床附件的研发设计、制造、销售和服务，机械加工，金属铸件锻件制造，以及国内国际贸易等。

普什宁江公司传承了宁江机床在精密机械设计、制造方面数十年的经验，具有雄厚的开发和生产能力。公司是我国精密机床研究和设计、制造的骨干企业，是国家高新技术企业、机械工业大型骨干企业、精密机床科研和生产基地。公司为中国机床工具工业协会副理事长单位和小型机床分会理事长单位，公司设立有院士（专家）工作站、国家博士后科研工作站和四川省级技术中心。同时，公司还是四川省精密数控机床“产学研”创新联盟的盟主，成都市精密数控机床产业创新联盟理事长单位，具有较强的区域影响力，处于区域产业链的龙头。

2014年，普什宁江公司继续坚持“精密、高效、成套、智能化”技术和产品发展方向，以生产经营为中心，以市场为导向，以产品为龙头，以科技为先导，加快产品转型升级。围绕重大专项课题研究实现技术突破，切实提高动态加工精度；做好市场细分和区域细化，重点研究汽车行业的中高端需求，对现有产品进行适应性改进或开发部分新品种，逐步形成该领域的突破。技术中心2014年度制定了科研项目工作计划，根据公司“专、精、特”的发展思路，兼顾公司各类产品、技术的均衡发展，重点围绕产品质量改进和可靠性提升、科研试验成果推广应用、工艺技术和制造技术提升以及重点产品变型、功能部/附件开发、改进等进行相关科研工作，以产品开发、科研试验和技术研究为主线，2014年全年完成机床新产品开发和重大改进43种，其中，通用机床产品18种、专用机床25种，具体包括通用机床产品、专用机床、生产线、装配生产线以及高速主轴、连续分度转台等关键功能部件。围绕公司产品开展科研、基础试验、技术创新工作，完成基础研究及技术准备等项目共计11项。随着企业新产品研发、新技术探索与科研试验不断取得成果，公司拥有的自主知识产权数逐步增加，2014年获得有效专利1项、软件著作权1项。技术中心积极推进标准化工作的开展，重点围绕Q/E/S体系运行、标准制定、标准化审查、三化工作、标准培训督查、三标一体宣贯与审查、专利等方面开展工作。2014年完成了《五轴联动加工中心》国家标准制定和数控纵切自动车床等10项行业标准的制修订，组织完成18项企业标准（规范）的制修订；完成专利维护17件、专利查新1件、专利申请1件（发明专利）、专利资

助1件；开展了FMS产品行业标准的制定工作。

普什宁江公司以“振兴民族基础工业”为己任，坚持“人本、诚信、创新、发展”的经营理念，坚持“用工作质量保证产品质量，为用户提供适用满意的产品和服务”的质量方针，致力于做专、做精、做强机床主业，创建国内一流、世界知名装备品牌，成为服务于国内目标市场的“专、精、特”强势装备企业，实现“宁江装备　装备中国，宁江机床　享誉全球”之宁江装备梦。

北京北一机床股份有限公司

北京北一机床股份有限公司（简称北一机床）始终视产品质量为企业的生命，将提升质量作为企业追求的目标。北一机床于1994年通过ISO9001质量管理体系认证，近20年来，质量管理活动得到深入开展，质量管理体系得到有效运行。公司质量管理部通过日常的月度审核、年度集中审核和管理评审，开展群众性信得过班组和QC活动，确保产品从设计、生产、制造和装配质量都能正常有序地进行。

XKA28系列数控龙门镗铣床产品创新开发以来，依托企业建立起的成本控制和质量管理体系，结合长期生产制造重型龙门机床的经验，形成了有效的零件要素和精度控制以及加工、装配流程质量控制体系，确保了合理的产品成本与良好的产品质量，保证了机床连续带载运行的可靠性以及精度的稳定性。2009年北一计量检测中心通过了试验室认可，为重型机床的高精度检测提供了有力的保证支持。

近三年来，为提高重型系列产品的质量，北一机床加大质量管控力度，开展的主要质量工作有：

（1）北一机床搬迁改制机构重组，在顺义林河开发区建新厂，生产方式主要是关键件制造和产品整机装配，大部分零件和部件进行外购和外协加工。2013年，公司进一步加强对供应商的集中管理，供应商的评价和管理职责从制造部调整到运营管理部，建立健全了供应商准入和评价制度，整合供应商队伍重新进行有效的评价和管理，提高了供货门槛，在物资进场验收方面梳理了进货、验收、仓储、发放等环节。公司为加强对外购外协产品质量控制，重新修订了《外购外协货品检验管理办法》。生产XKA28系列产品的重型机床制造部也修订完善了《外购外协件检验管理实施细则》，进一步明确了检验要求，不仅入厂进行检验，而且针对提供产品的情况将控制前移到供应商现场进行检验控制。对供应商从合同及技术协议要求明确入手，要求供应商随件提供进场材料的检验记录、材质化验单、时效热处理温控记录、铸件性能试验报告等材料。检验人员首先验收文件和外观质量，再对进场的零件进行尺寸复验，当全部合格后方可入库。为维护公司的信誉，重型产品入围的重要供应商都要求获取质量管理体系认证，公司质量管理部与重型机床制造部一起对重要供应商的质量管理体系实施外包审核，2014年又新增4家，通过二方审核方式，对其质量管理体系有效运行进行监督和规范，促进供应商的质量管理活动的有效开展和产品质量的持续改进。

（2）公司质量管理部从2013年起每月召开质量沟通会，生产制造部人员和重要供应商参加会议，会上针对装配和制造问题进行沟通交流，要求供应商对制造部反映的问题给予整改，提交整改落实报告，质量管理部成立专项小组进行整改落实逐项验收确认。经过一年来的努力，入场的采购货品质量有较大的改观，有效保证了机床产品的质量。

（3）2012年，公司为加强产品的质量管控，抽调现场有实际经验的人员充实质量管理队伍，加强重型产品的质量管控力度，成立了精密部件制造部和重型机床制造部的质量监管小组。2013年，公司主要针对重型产品在用户现场安调实施状况进行监督管理，组建成立了产品安调监管小组，通过派人到用户现场与重型安调人员一起工作，对安调工作的进展和质量情况进行监控。通过监管人员对生产制造过程和安调过程进行现场巡查和监督管理，参与制造部不合格品的处理等方式，加强产品制造和装配过程的质量控制。近年来，针对重型产品进行了28系列产品的工艺整顿、检验记录的完善，有效提升了重型产品的质量。

（4）公司坚持质量管理部门和销售部门每年进行用户访问的传统，对重型产品的使用情况和售后服务管理与用户进行沟通和了解，通过到用户现场直接查看机床的使用状况获取第一手资料，并及时将产品质量信息反馈到设计和制造部门以改进相关质量工作。由公司营销部门牵头按照质量目标分解要求，每年对用户访问工作进行年度策划，并按计划组织实施。每次均有制造部主管参加访问，对用户提出的问题直接反馈到制造部并进行整改落实。特别对于重型、超重型产品更是给予了重点关注。

（5）制造部加强关键自制件的质量控制，从完善工艺装备入手，将外购与自制相结合，新购置了应力检测仪对粗加工后的变形进行控制，制作了试车工装，保证Z轴导轨与主轴中心线的平行，并可进行主传动性能试验、噪声试验和振动试验等。

（6）2014年，公司在重型机床制造部进行管理变革试点，确定了三项重点质量工作并纳入到公司的重点工作中。①重型机床制造部按照公司ISO9001质量管理体系总体要求，建立制造部的质量管控体系，对流程进行了细致的梳理，编制质量管理控制流程21个，确立85个质量控制点，细化编制控制点文件。②编制重型产品部件商品化加工和装配工艺文件。针对重型新员工多和部分工艺文件缺失，造成制造、装配和安调过程管控不利的现象，重新完善和修订了龙门系列加工制造、装配和异地稳装的工艺文件，为操作者提供过程控制的依据，以期达到加强过程控制的目的。③重型机床质量成本管理控制。针对重型机床质量成本的管理控制现状，编制质量成本管理流程，设立质量成本内部考核指标，通过对自制件、外协件质量成本损失率、外部质量成本损失率的严格管控，寻找造成内、外部损失成本的关键点，降低重型产品的质量成本损失。

“制造精良、追求卓越”是北一机床的核心价值观，追求以用户需求为目标的质量控制和过程管理是企业努力的方向。北一机床要在重型、超重型产品领域保持中高端水平，在产品的技术消化和技术创新上下工夫，并提高产品的稳定性，以更好地满足用户的需求和期望。

成都普瑞斯数控机床有限公司

成都普瑞斯数控机床有限公司（简称普瑞斯公司）创立于2005年4月，公司主要经营高品质数控机床和机电一体化数控产品的研制、开发、生产、销售及技术服务，机械成套设备及其交钥匙生产线等业务。公司位于成都高新区西部园区内，占地面积3.2万m^2（48亩），建筑面积20 500m^2，与成都高新综合保税区、戴尔公司、联想集团、富士康、电子科技大学、西华大学、成都工业学院和成都技师学院等众多企业和高校相邻，具有良好的交通和生产经营条件。普瑞斯公司是中国机床工具工业协会会员单位、四川省机械工业协会理事单位、四川省中小企业协会常务理事单位、四川省进出口商会会员单位、四川省数控机床产学研技术创新联盟理事单位、成都市企业技术中心、成都市精密数控联盟理事单位、成都市模具工业协会常务理事单位和成都高新区红十字会团体会员单位。

普瑞斯公司经过十年的发展，取得了显著的成绩。公司是国家级高新技术企业、成都高新区“优秀高新技术企业”、四川省创新型培育企业、成都市高端装备制造企业、成都市知识产权优势培育企业和AA级资信等级企业。公司拥有专利39项（其中发明专利4项），公司商标先后荣获四川省著名商标、成都市著名商标称号，公司产品被评为四川省知名品牌、成都市自主创新产品、成都市地方名优产品、成都市首台（套）及关键零部件产品。

普瑞斯公司以“团结、创新、品质、服务”为企业精神，努力打造加工中心一流品牌，主导产品（PT500A立式钻铣加工中心、PL700A立式加工中心、PL800A立式加工中心）连续3年（2012—2014年）荣获中国机床工具工业协会“产品质量十佳”称号。

普瑞斯公司产品定位于中高端加工中心类产品，性能好、精度高、稳定可靠，产品达到的精度值处于国内立式加工中心同类产品先进水平，产品数控化率为100%。主要产品有PL系列线轨型立式加工中心、PV系列滑轨型立式加工中心、PT系列高速钻铣加工中心、PH系列卧式加工中心、PG系列定梁式龙门加工中心、PQ系列高速高精度龙门加工中心、PU系列五轴联动立式加工中心、PX系列五轴联动叶片加工中心、各种交钥匙工程生产线及自动化生产线项目。产品重点服务于航空、航天、军工、核工业、船舶、汽车、摩托车、模具、电子、电力及教育等行业。优良的性能、卓越的品质和优质的售后服务相结合的“普瑞斯”品牌已得到各行业用户的赞誉，并具有了相当的知名度，在全国各地特别是西南、华东等地区已具有广泛的用户群，加工中心整机及成套生产线已出口到意大利、英国、巴基斯坦及中东等国家和地区。

普瑞斯公司自创立以来，注重管理团队、技术人才和骨干员工队伍的打造，有一支能打硬仗和敢打硬仗的员工队伍。公司在激烈的市场竞争中，能保持平稳发展，完全得益于公司上下一直潜心在产品性能、质量和客户服务上狠下工夫，脚踏实地，在工作中切实做到“四个一点”，即：走访客户勤快一点，听取意见虚心一点，产品改进再快一点，客户服务更好一点。因此，公司得到了广大客户更多的信赖，取得了一定的成绩。

普瑞斯公司将继续坚持走“专业化、差异化、精品化”的道路，在稳步发展的同时，不断加强与合作伙伴合作，向先进机床企业学习，结合互联网、物联网优势，为用户提供更多的增值服务，不断创新开发高端数控机床，向社会奉献最能体现自身能力的产品和技术服务，把“打造加工中心一流品牌”融合到《中国制造2025》中去，为《中国制造2025》添砖加瓦，为中华民族振兴的“中国梦”和“中国智造”贡献力量。

宜昌长机科技有限责任公司

宜昌长机科技有限责任公司（简称宜昌长机）秉承“质量是企业的生命、质量是员工的尊严”的理念，加大对产品质量的控制力度。

宜昌长机对产品质量严格控制，零件精度要求及整机的精度要求严格按技术要求控制，超差0.001mm也视为不合格品，只有经技术部门严格审核认可才会给予通过。加强铸件质量控制，将铸件外观质量和硬度要求纳入重点检验项，要求各质控点检验、操作者重点关注，杜绝不合格工件流入下一工序；加强外购件质量控制，对于各专机配置的液压站、排屑器回厂后，要求严格按照技术协议和技术图样的要求对外观、尺寸、配置等逐条进行检验，液压站、排屑器必须联机通油运行检验合格后方可出厂；加强现场质量问题控制，及时追踪解决生产现场出现的质量问题，查找其根本原因，并以质量整改通知的形式发到相关单位，并监督其后期整改工作，对于达不到技术要求的任何问题，不进行整改绝不放行；做好各项检测工作，为生产提供准确、及时的检测数据，对于生产异常和各种波动及时反馈。

宜昌长机全员参与质量管理，将加工过程中每道工序专检变为入库检验，将质量职责落实到每一道工序的操作者身上，让每位员工都明确自己肩负的质量监控责任。严格要求控制加工过程中的自检、互检、下序对上序的检验程序，以及相应的检验记录，以班组长、技术员、分厂为单位制定产品质量责任制，要求所有零件的质量问题出加工车间门之前全部解决完毕，转入入库检验处也就是装配前全部检验合格，所有机床在出厂前全部达到技术要求，保证合格产品出厂。

宜昌长机将零件生产过程的质量管理信息数字化，通过信息技术来实现质量管理的信息化、流程化、标准化。通过网络平台对产品整个生产过程进行实时跟踪和追溯，实现信息共享，建立了入库零件检验数据库和关键件检验数据库。实现质量检验的共享、查询和追溯。同时，公司还将信息化手段运用到质量问题处理流程中，建立了工件缺陷处理流程、零件返修流程、不合格品实废/回用工时统计流程等，遇到质量问题快速响应和解决，提高了工作效率。

宜昌长机200系列机床产品主要用于内/外圆柱齿轮、螺旋齿轮的切削加工，翻转型专机还可用于倒锥齿轮加工。公司从产品设计、铸件毛坯进厂、零件加工检验、总装检验，到包装发运检验都在进行层层把关，并建立了部装检验记录、总装检验记录及机床整体验收技术档案等。对机床进行空运转试验、负荷（重切）试验、几何精度的检验、定位精度检验、工作精度检验、电气交循环检验、机床的参数和可靠性复核检验、机床收尾检验、机床包装检验、机床包装发货质量会签等，通过层层把关，以上全部工作符合要求机床才可准予出厂。当前该型机床几何精度、工作精度都是一次交验合格，且机床精品率达到90%以上。从该产品设计到批量生产每一阶段都进行了阶段评审及产品质量鉴定，每半年接受质量技术监督局一次监督抽查检验。在产品的生产过程中不断开展质量改进活动，如QC活动、小改小革活动，还设立兼职质量管理员。

多年来，客户对宜昌长机产品可靠性、稳定性、精度保证及服务水平都给予很高的评价，客户对于公司的产品质量、服务质量均比较满意。

浙江海德曼智能装备股份有限公司

浙江海德曼智能装备股份有限公司（简称海德曼）成立于1993年，企业使命是“产业报国，振兴民族工业”，发展战略是“以基础技术自主化为核心，以‘车床专家，车削专家’为战略目标，以向客户提供成套车削解决方案（及自动柔性车削单元和生产线）为切入点，在高端数控车床领域建立海德曼的独特竞争优势”，海德曼产品的定位就是取代欧美日的进口数控机床。多年以来，海德曼通过五个方面的努力和积累，形成了自身的独特优势，以优异的质量和品质迅速扩张市场，得到市场的认可和用户的信任。

先进的产品标准是保证产品先进性的重要前提。海德曼贯彻了先进的产品制造标准，其产品标准是国内外同行中对应同类产品中最先进的标准之一。中国的数控机床标准直接引用ISO国际标准，海德曼在这个标准基础上将所有精度压缩50%，核心功能部件压缩70%～85%作为自己的精度标准。海德曼通过多年的不懈努力，年产近4 000台数控车床，建立健全了完善的生产体系和质量体系，多次获得中国机床工具工业协会颁布的“质量十佳”“全国质量用户满意产品”，获得“市长质量奖”和“县长质量奖”等多项与质量相关的荣誉。

海德曼专注于数控车床领域20多年。在过去的20多年里，海德曼只致力于车床领域的产品开发、生产、销售和服务，在数控车床生产和车削加工方面积累了非常丰富的经验，储备了一批车削方面的技术专家。海德曼在机床的智能化、系统的智能化、工艺编程和刀具管理的智能化等方面都积累了大量的实践经验，在即将进入智能制造时代的市场竞争中具有很大的竞争优势。海德曼数控车床主力型号有20多款，包含大小规格、普及型、中端、高端、车铣复合等，涉及大小盘类、长短轴类等。对于车削相关的各种机械零件积累了丰富的加工经验，与众多机械加工企业结成长期的战略合作伙伴关系，与客户共同成长。

海德曼建立了完善的单元化模块化生产体系。海德曼创新实施的单元化和模块化生产管理体系能够保证批量大规模地生产出高标准的数控机床。通过单元化的生产模式，海德曼把产品的最终精度要求分解到从零件到部装再到总装的各个环节，以此确保每台整机精度都能够达到出厂标准。为了满足工厂标准的要求，从加工到部装再到总装，所有的环节都在恒温恒湿的工厂生产环境下进行。海德曼历年来高强度投入了大量的世界一流的加工母机以实现高精度机床零件的生产，所有关键的机床机械零件加工都在高精度进口卧式加工中心、龙门五面体加工中心、车铣复合加工中心、高精度磨床等先进设备上加工完成。

海德曼通过多年的技术积累，掌握了数控机床制造的基础技术，实现了核心部件自主化生产。海德曼已经掌握了以主轴单元制造技术、电主轴设计及制造技术、伺服刀塔设计及制造技术、数控机床热补偿技术、高精度车床主轴动态精度检测技术为代表的一批数控机床基础和核心技术。海德曼自主开发的高精度电主轴使得海德曼拥有了和国外企业同台竞争的利器，当前，只有少数几家国外同行可以配电主轴。海德曼自主研发的伺服刀塔也代表了行业中的先进技术水平，采用伺服电动机直接分度，液压锁紧，高精度压盘精定位，充分融合了机、电、液的优点，保证了整机的可靠性。海德曼和国内众多名牌大学合作，研发的数控机床动态误差分析关键技术应用获得了教育部科学技术进步奖一等奖。海德曼开发的高精度车床主轴动态精度检测技术为海德曼掌握高精度主轴制造技术提供了可靠的支持平台，运用这项技术，取得主轴系统的大量制造适时数据，通过对这些数据进行分析，找到车床主轴部件精度形成的一般机理以及提高主轴精度的途径和技术路线。这些基础技术在海德曼的各型机床上得到了普遍应用，效果非常明显。

海德曼向客户提供从毛坯到成品的成套解决方案，并且建立了细分市场竞争优势。海德曼向客户提供成套解决方案的具体技术路线是，开发针对行业、典型零件、具体客户的各种柔性车削单元，并形成标准机床。当前，海德曼已经在汽车零部件、工程机械、医疗器械、军工等相关行业积累了超过近百种机械零部件的实物自动化生产线，为众多客户定制其自动化生产单元，多条自动化生产线得到客户持续批量采购。如 HTD450 以及 T35 - AUTO、T40 - AUTO 为代表的柔性车削单元就是典型代表，这些机型主要针对盘类、短轴类零件的无人化加工。可以说，海德曼在应对客户无人化需要的理念和实践方面是超前和务实的。

2014 年机床工具行业上市公司情况介绍

北京超同步伺服股份有限公司

（证券代码：831544　证券简称：北超伺服）

一、商业模式

北京超同步伺服股份有限公司专注于制造电机与驱动、驱动与控制完美结合的机电一体化伺服系统，重点发展高端装备制造、工业机器人、新能源汽车三大领域，专业服务于行业最终用户。

公司立足于工业自动化装置制造业，主要从事伺服电动机、驱动器等工业控制产品的研发、生产、销售及服务。在我国工业领域产业结构调整的背景下，公司充分利用自身具备的自主研发创新能力，能够为客户提供电机与驱动器一体化产品以及全面的售后服务网络等一系列关键资源要素，采用直接面向客户销售的方式，为客户提供优质的伺服系统产品。公司的主要客户包括山东普利森集团、沈阳第一机床厂等优质客户。由于公司采用集研发、生产、销售及售后于一体的经营模式，能够有效控制公司的营业成本，同时保证公司产品的技术先进性，因此，公司报告期内毛利率水平较高。

二、企业经营情况

2014 年，公司的主营业务业绩比上一年度有明显提升，实现营业收入 13 091 万元，同比增长 39. 80%；营业利润 2 734 万元，同比增长 134. 84%；净利润 2 753 万元，同比增长 144. 11%。主要增长的产品为交流伺服主轴电动机、交流伺服主轴驱动器以及新能源汽车驱动器。

交流伺服主轴电动机和交流伺服主轴驱动器作为公司的主导产品，在 2014 年进一步加大销售力度和市场投入。由于行业不景气，大多数用户采用超同步的伺服主轴用以替代低端的变频器和变频电动机，或成本较高的进口同类产品，进而提升了该产品的销售业绩。

2014 年，政府加大对新能源汽车的政策支持，行业发展迅猛，对部件的需求量大幅增长，从而带动公司的新能源汽车驱动器的业绩提升。

升级型产品智能交流伺服电动机在第四季度完成定型，未形成销售业绩，BCES 系列电主轴和多轴伺服驱动器均处于用户试用阶段，形成的销售业绩较小。

三、外部环境分析

2014 年，我国制造业总体呈现下滑趋势，公司的下游产业传统装备制造业业绩下滑更为明显，但以智能手机生产设备为代表的高端装备制造业和以机器人为代表的智能制造对行业拉动很大。在经济新常态下，我国装备制造业进入工业 4. 0 时代，智能制造成为行业主流，智能制造首先要求运动控制部件——伺服的智能化和网络化。

2014 年，伺服行业发展强劲，受高端智能制造影响，市场需求不断扩大，一直处于稳步上升阶段，受经济下滑因素影响较小。国产伺服产品以高性能、低价格的优势正在逐步替代变频器以及进口伺服产品在中低端行业的应用。

伺服产品的行业竞争较为激烈。国产伺服电动机的设计和制造技术水平相对较低，入门门槛不高。因此，生产厂家多，价格战明显。伺服驱动器的硬件组成与通用变频器基本一样，只是控制软件有所区别。因此，有很多变频器生产商在变频器市场不景气的情况下，转产经营伺服驱动器。以安川、三菱、西门子等为代表的进口伺服产品，以相对低廉的价格和优良的性能指标一直占据着国内乃至国际中高端市场。

行业需求和竞争为公司的发展提供了动力。一方面，要求公司不断提高产能，满足日益增长的市场需求，同时提升自身工厂生产设备的自动化和智能化水平，以提高生产效率和产品质量，降低生产成本，充分参与价格竞争；另一方面，要求公司进一步投入产品研发，提升产品的技术水平，以满足高端智能制造的需要，使公司的产品能够参与同进口品牌的竞争。

四、持续经营评价

公司在未来的经营中具有可持续发展性，具体表现在如下方面：

（1）政策利好。当前，我国装备制造业刚刚进入工业4.0时代，伺服产品作为智能制造的重要组成部分，国家极其重视伺服产业的发展，有国家重大专项、软件退税、节能补贴等优惠政策支持，从政策层面积极促进伺服产业的进步升级和持续发展。

（2）行业需求旺盛。随着我国制造业的产业升级，伺服已经不仅仅是精密运动控制的关键部件，大功率伺服系统已经成为动力节能型设备的首选产品，也使大型精密制造设备的制造成为可能。随着电动汽车、风力发电、光伏产业的发展，伺服的应用领域越来越广，广阔的市场需求会进一步促进伺服产业的持续发展。

（3）公司拥有一支稳定的研发技术队伍。公司技术研发中心是北京市属研发机构，下设基础研发中心和应用技术中心，核心研发人员均为本科或硕士学历，在公司工作3年以上，有4名股东直接从事技术研发工作，可以保证核心技术研发的持续性。

（4）具有坚实的生产制造基础。公司现有生产建筑面积22 000m^2，拥有生产设备百余台（套），一条完整的电机生产线，一条完整的驱动器生产线，相应的检验、检测设备齐全，全部产能可达到当前产量的3倍。新投入的电主轴车间，设施较为完善，具有年产10 000台电主轴的生产能力。

（5）建立了覆盖全国的销售服务网络。公司通过多年经营，建立了覆盖全国的销售服务网络，可保证持续地拓展行业市场，为用户提供持续的售前、售中和售后服务。

总之，从行业发展和企业基础来看，公司具有良好的持续经营能力，市场前景广阔。作为高端装备制造业的基础，伺服产业的发展需要长期的投入，步入资本市场的北超伺服，需要持续引进投资，带动产业升级和健康持续发展。

博深工具股份有限公司

（证券代码：002282　证券简称：博深工具）

2014年，国内经济增速下滑趋势更加明显，房地产、基础设施投资下降对产品需求造成不利影响，行业竞争更加激烈；国际市场方面，美国经济持续复苏，欧洲市场尽管已经走出危机，但复苏乏力，欧元汇率波动的不确定性也在增加。面对严峻的市场形势，博深工具股份有限公司坚持以效益为中心，以市场为导向，着力优化产品结构，积极开拓市场，加强预算管理，开展行业对标，着力降本增效，取得较好成效。

一、主动优化产品结构，全年营业收入基本平稳

2014年，国内市场需求继续萎缩，竞争进一步加剧，行业盈利情况整体下滑。在这种局面下，公司采取了以产品毛利为基准，梳理产品品种，减少低毛利品种的生产和销售，一方面以新产品、新品牌逐步替代老产品，以稳定客情关系，另一方面加紧采取技术和生产措施，降低生产成本，提高毛利水平，提高产品性价比和竞争力。同时，加强质量控制，减少退货，并采取营销措施帮助客户消化前期存货，适时补货，增加有效销售收入。在市场需求不旺、客户库存积压较多的情况下，国内市场销售较上年有所下滑，但产品品种梳理、产品性价比和竞争力的提升为下一步的市场销售奠定了基础。

国际市场方面，美国经济持续复苏，欧洲市场尽管已经走出危机，但复苏乏力。东欧及俄罗斯由于地区局势不稳定，以及汇率的波动也对销售产生一定的不利影响。公司采取积极的销售政策，加强与重点客户的客情维护，增加批量订单，同时加大欧洲、中东、印度等地区ODM潜力客户的开发，继续在新加坡、印度尼西亚、马来西亚、菲律宾等东南亚地区推广自主品牌销售。国际市场全年销售保持稳定，确保了公司整体销售收入的基本平稳。

二、广泛开展行业对标，降本增效初见成效

2014年，在市场形势比较严峻的情况下，为提高公司产品综合盈利水平，公司深入开展了行业对标活动，并加强在生产流程优化、技术措施改进等方面的工作，使生产成本有所降低，生产效率明显提升，全年综合生产成本约降低1 000余万元，对产品毛利率的提升意义重大。

三、全面加强预算管控，三项费用降低明显

为加强公司预算管理，控制各项费用支出，公司专门成立了预算管理办公室，统筹制定母公司及各子公司预算，并依据预算加强日常费用管理和资金支出管理，有效减少了不合理费用的发生，收到较好的管控效果。根据管理部门及生产组织形式的变化，精简部门设置，优化人员结构。全年三项费用共计12 750.50万元，较上年的14 412.14万元降低1 661.64万元，三项费用占销售收入的比例由2013年的25.46%降至23.25%。

通过采取以上措施，公司在经济增长乏力、行业竞争加剧的情况下，销售收入保持基本稳定，盈利能力明显回升。公司全年实现营业收入54 845.81万元，同比下降

3.11%，实现归属于母公司股东的净利润 3 059.44 万元，同比增长 89.61%。

围绕上述战略定位，公司将以“金刚石工具产品高端化、高铁刹车闸片产业化”为中心，打造公司的两大核心业务，完善和优化公司的业务体系、组织体系和管控体系等三大体系，提升公司的经营决策、技术研发、生产优化、市场拓展等四大能力，利用 3～5 年的时间，将公司打造成为主营业务突出、核心优势明显、盈利能力较强、具有一定国际竞争力的知名企业。

大族激光科技产业集团股份有限公司

（证券代码：002008　证券简称：大族激光）

2014 年，大族激光科技产业集团股份有限公司激光设备及自动化配套业务取得高速增长，报告期实现营业总收入 556 559 万元，营业利润 66 390 万元，归属于上市公司股东的净利润 70 753 万元，扣除非经常性损益后归属于上市公司股东的净利润 64 122 万元，经营性现金净流量 95 832 万元，与上年同期相比，分别增长 28.41%、44.43%、29.55%、105.63%和 44.55%。

2014 年公司经营情况如下：

1. 小功率激光设备销售高速增长，自动化配套产品实现规模销售

2014 年，公司小功率激光设备及自动化配套产品实现销售收入 291 488.94 万元，同比增长 71.13%。其中，激光标记设备及配套产品实现销售收入 130 870.67 万元，同比增长 66.81%；激光切割设备及配套产品实现销售收入 66 473.62 万元，同比增长 94.85%。

在制造业产业升级和人工短缺的背景下，激光微加工设备及自动化配套产品获广泛应用，且二者呈现相互带动的发展趋势。激光打标设备配套的自动化视觉检测与修复系统，成功应用到高端消费电子产品的生产和检测环节当中，客户节约了大量人工成本，产品品质得到提升和保障；受益于消费电子产品逐渐采用金属外壳趋势，公司 2013 年发布的新品 CNC 高速钻铣攻牙中心，报告期成功获得三星、小米、华为等品牌代工厂的认可，实现发机近 8 000 万元；公司激光蓝宝石切割设备，打破国外供应商垄断，成功应用于高端消费电子领域和 LED 领域，报告期实现销售收入 43 937.88 万元。

2. 大功率激光设备销售持续增长，聚焦研发助力产品升级

公司钣金装备事业部坚持“前瞻布局，夯实基础，深耕市场，精细管理”的战略，2014 年大功率激光设备销售业绩再创新高，实现销售收入 85 395.38 万元，同比增长 14.59%。大功率激光切割、焊接设备的销售数量及销售收入位居全国第一，激光设备带动自动化配套系统协同销售势头已初步显现。大功率激光切割设备领域：光纤激光切割机装机量突破 1 500 台，稳居全球第一，大幅面 G6020F－A 光纤激光切割机迎来强劲增长，三维五轴激光切割机推向市场，打破国外厂商对国内精密三维激光加工领域的垄断。大功率激光焊接设备领域：HWF40 系列高功率激光拼焊设备满足对汽车不等厚板材进行激光拼焊的需求，达到国际水平。高温合金罐体夹具及工艺研究项目，成功将直径为 800mm 的高温合金燃烧室精度控制在焊后 0.1mm 以内；成功开发不锈钢车体未熔透焊工艺，在电梯、机车、柜体、客车等行业市场前景广阔。核心功能部件研发取得突破：高功率光纤激光系列切割头全面推向市场，性能优于进口产品。智能制造领域迎来快速增长势头：新型激光切割自动上下料系统进入明宇重工、星光农机等企业，率先在国内完成自动化切割系统的标准化配置，实现全过程自动操作，节约大量人力成本，提升生产效率 30%以上。

3. PCB 设备销售稳步上升，高端项目逐步成为增长新动力

2014 年，在国际 PCB 市场整体萎靡的情况下，公司 PCB 业务稳步增长，实现销售收入 58 909.67 万元，同比增长 7.94%，净利润 8 318.04 万元，同比增长 16.83%。机械钻机作为事业部的龙头产品，销售收入同比增长 21.27%，专用测试机经过一系列销售政策调整，销售收入同比增长 136.4%。2014 年完成多项新产品的研发工作，新款数控深钻机、大台面激光钻机、MH700 双台面高精测试机、手臂式八倍密度测试机等新产品推出上市，为 2015 年市场拓展奠定基础。

4. 机器人产业基金加速公司自动化业务发展

在制造业升级和人工短缺的背景下，公司看好机器人产业发展前景，通过在自动化系统集成、直线电机、视觉识别等领域的技术积累，公司业务逐渐向自动化配套系统领域渗透。激光技术＋自动化技术＋资本平台是公司向机器人领域拓展的优势，公司已先后投资了一创大族、国信大族机器人产业基金，力求为公司带来投资收益，并作为机器人项目储备，通过整合产业链以提升公司竞争力。

5. 互联网平台促进业务增长，网上商城顺畅运营

2014 年，客户通过网上商城直接或间接下单超过 3 亿元，网上商城加速了公司标准化产品的市场推广。原以展会为主的推广模式现已改变为以网络推广为主，在各网络平台上针对潜在客户做具体广告投放，获得了更多有效询盘信息，有效询盘成本大大降低。公司推行的“微信沟通平台”，实现组织内部随时随地沟通交流，第一时间反馈及解决问题，快速传达工作要求，提高了工作效率。

6. 荣获2014年度国家科技进步奖

2015年1月9日，董事长高云峰、副总经理陈克胜参与完成的“半导体器件后封装核心装备关键技术与应用”项目，荣获2014年度国家科技进步奖二等奖。公司自创立以来一直重视技术创新和研发应用，以提升工业竞争力为使命，推进我国装备赶超世界强国水平。

桂林广陆数字测控股份有限公司

（证券代码：002175　证券简称：广陆数测）

一、经营情况概述

桂林广陆数字测控股份有限公司自成立以来就致力于研制高效、精确、性能稳定的数显量具量仪，是国内数显量具量仪行业的龙头企业，连续多年数显量具量仪产品产销量位居国内同行业之首，产品技术处于国际领先水平。近年来通过产业并购实现外延式增长，公司市场占有率较高。

二、主营业务分析

2014年，公司实现营业总收入24 284万元，比上年同期增长37.40%；实现营业利润2 376万元，比上年同期增长106.45%；归属于上市公司股东的净利润2 174万元，比上年同期增长99.97%。业绩变动较大的原因主要是2014年度新增合并子公司后相应增加了利润。

三、2014年开展的主要工作

优化产品结构，优先发展电子数显量具，在数显卡尺的研发、生产和销售上处于国际同步、国内领先的地位；在机床工具大行业范围内，积极开发新品种，开拓市场，重点培育数控机床与自动化设备产业。

2014年4月2日，公司获得中国证券监督管理委员会下发的《关于核准桂林广陆数字测控股份有限公司向中辉世纪传媒发展有限公司等发行股份购买资产并募集配套资金的批复》（证监许可〔2014〕361号）。2014年4月23日，中辉世纪和中安华视将其持有的中辉乾坤100%股权过户至公司名下，并取得了工商行政管理部门下发的新的营业执照。公司已于2014年6月27日就本次新增股份向中国证券登记结算有限责任公司深圳分公司提交相关登记材料，并取得其出具的《股份登记申请受理确认书》。本次非公开发行新增股份上市日为2014年7月8日。

2014年8月8日中辉华尚已完成了工商登记变更手续，并取得了北京市工商行政管理局换发的《营业执照》。公司持有中辉华尚100%的股权，成为公司全资子公司，公司向中辉华尚增资人民币1 000万元，中辉华尚注册资本增加至2 000万元。

2014年8月29日召开的公司第五届董事会第一次会议审议通过了《关于全资子公司对外投资设立控股子公司的议案》。公司全资子公司中辉乾坤与成都九十九度公关策划顾问有限公司合资设立控股子公司成都乾坤文化传媒有限责任公司，注册资本500万元，其中：中辉乾坤出资330万元，占注册资本的66%，成都九十九度公关策划顾问有限公司公司出资170万元，占注册资本的34%。2014年10月13日取得营业执照。

公司下属子公司中辉乾坤对衡水地面无线数字电视项目及哈尔滨数字电视合作项目作了重大战略调整。经过多方协商，采用委托经营模式，保证在未来几年能够取得相对稳定的收入。将资源更多地应用到其他新业务项目上。

中辉乾坤各个合作项目通过因地制宜的政策及模式调整，保障用户的发展尽量少受到市场竞争的影响；制定提高续费率的方案，采取各种方式方法，争取用户续费，通过公开招标、细分资源等方式大幅度提升了广告业务收入，通过与电视厂商合作以及微信营销等多种方式，提升增值业务收入；通过与电信运营商的合作，提升宽带业务收入。

中辉乾坤建立了新的设备采购流程，降低成本的同时提升了采购的整体效率，重新调整了收入分配模式，启动了严格的内控管理制度，提升了资金的使用效率。公司组织编制《数据分析报告》，通过报表监督控制各项目预算执行、费用控制、库存管理各方面情况，并根据报表进行数据汇总分析。面对政策的变化及激烈的市场竞争，公司在保持传统业务稳定发展的基础上，根据自身优势重新进行市场定位，调整战略方向，积极探索拓展了手机电视及广电行业“OTT业务”等部分新业务。

公司下属子公司中辉华尚业务发展良好，高清节目销售业务实现销售的区域或平台包含陕西省网、胜利油田、云南农网等多个地区。

“沙发院线”项目致力于打造我国的“第二院线”，通过大量实时电影版权的引入和电视渠道的分发创造一种全新的电影院线模式，最大限度地挖掘电影院线的市场潜力，为电影市场提供一个重要的观影渠道。2014年，在广电运营商渠道已落地地区包含江苏、重庆、陕西、新疆、四川、深圳、广西等，覆盖用户近千万户。在电信运营商渠道，确定了“沙发院线”项目的业务发展方向，即“IPTV”“手机端”和“OTT业务”，已上线的业务覆盖千万级用户。

四、发展战略与经营计划

公司坚持机床工具大行业的产业主导方向和坚持电子数显量具量仪产品为主营业务，巩固量具量仪业务龙头地位，扩大竞争优势的同时，大力发展文化传媒产业，与中辉乾坤、中辉华尚共同打造“终端+运营服务+内容”的新型产业链，使公司现有终端生产能力、运营服务能力、内容供应能力得以相互促进、互动营销，实现公司业绩的稳定增长。

（1）电子数显量具继续保持行业国内龙头位置。优化产品结构，优先发展电子数显量具，在数显卡尺的研发、生产和销售上保持国际同步、国内领先的地位；在机床工具大行业范围内，积极开发新品种，开拓市场，重点培育数控机床与自动化设备产业。

（2）完成“高端数显量具量仪产业化项目”和“特种数控机床及自动化设备产业化项目”的建设工作。实现电子数显卡尺自动化、智能化生产线投入正常运营，实现提高生产效率、劳动力成本下降的目标。

（3）在文化传媒领域，以数字电视运营和内容整合为基础，大力发展手机电视、广电 OTT、“沙发院线”等新的业务模式，在进一步完善人力资源、技术储备，提升运营服务水平，加强管理能力的基础上，利用良好的政策导向，占领文化传媒领域的制高点，开拓广阔的产业空间。

（4）完成非公开发行股票的相关工作，公司未来能够通过各种融资渠道获取更低成本的资金，从而可以及时把握市场机遇，通过业务内生式增长及收购兼并等外延式增长，迅速提升公司业务规模，增强公司的整体竞争力，实现公司的战略目标。

合肥合锻机床股份有限公司

（证券代码：603011　证券简称：合锻股份）

一、企业经营情况

2014 年，国内经济下行压力持续加大，机床行业需求仍然低迷。合肥合锻机床股份有限公司紧紧围绕董事会战略，开拓进取，积极应对，以市场为导向，以技术创新为制高点，积极向环保节能型、成套化、智能化等方向转型，保持了公司平稳发展。

2014 年，公司实现营业收入 44 984.04 万元，同比下降 3.36%。归属于上市公司股东的净利润 2 862.19 万元，同比下降 24.95%。

2014 年，公司紧紧围绕发展战略和经营计划，主要开展了以下工作：优化组织结构、转变机制、强化管理；建立了快速灵活的市场反应体系，推动售后服务深化工作，实现市场服务前移化；加大研发力度，提升核心竞争力；公司通过高新技术企业、国家火炬计划重点高新技术企业认定，高速液压机获得国家重点新产品称号，并获得机械工业科技进步三等奖和合肥市科技进步二等奖，双动液压机获得高新技术产品认定，一项发明专利获得安徽省核心专利产业化项目立项支持；精益生产，细化管理；全面加强质量体系建设，加大产品细节质量控制。

二、核心竞争力分析

1. 持续的技术创新优势

公司高度重视自主创新体系建设，形成了以国家认定企业技术中心为核心，以智能锻压装备技术实验室、工业与装备技术研究院、院士工作站等为补充，涵盖国内外合作研发机构、高等院校和科研院所的自主创新体系。公司形成了强大的研发能力，逐步掌握数字化控制技术、网络及通信技术、伺服控制技术、各种传感及检测技术、机电液一体化技术及智能化控制技术，提高了锻压设备的自动化、柔性化、数字化、智能化水平，实现设备的超高精度控制和对各种新压力加工工艺的适应性，在与国际同行竞争中占据了主动地位。近年来，公司在高端装备、成套装备、自动化研发能力方面进一步加大投入，通过建设各种研究室和试验室，已基本形成结构开发、数字化模拟、试验试制和国内领先的高端锻压装备试制试验和研发能力。在重型充液拉深装备、自动封头成形生产线、伺服液压机、高速冲压液压机、超高强板热冲压液压机、非金属摊铺加热加压汽车行李架成形生产线、机械压力机自动化线、核电定子转子压装液压机等高端、智能项目上取得新突破，特别是汽车内饰件智能生产线出口到欧盟成员国，打入了国际高端市场。

2. 一流的品牌建设优势

公司以质量为龙头，制定品牌战略，精心创造产品，用心打磨细节，完善服务体系，打造了一流的品牌。公司不断实践着由制造“单机”向“系统集成”迈进的战略转型，在合金材料锻造、厚板封头成形、高强纤维板压制等重大项目上提供了全套解决方案，各项性能指标达到国际领先水平，高端、智能产品线市场认可度愈来愈高。开发的典型产品已在通用汽车、大众、南通中集、郑州精益达等企业中广泛应用，获得了客户的一致好评。产品打进蒂森克虏伯、欧拓、尼桑等国际高端市场，合锻品牌在国际上的影响力得到提升。

3. 高水平的人才队伍优势

公司为了提高创新能力，不断加大人才培养和引进力度，已与10余家院校合作培养人才。在人才培养方面，采取“外包内做”的能力培养模式，即通过合锻与合肥工业大学联合组建的“工业与装备技术研究院”组织各类研究生班，课程设计由公司决定，师资力量也由公司选择，以此大幅提升了合锻研发人员和管理人员适合企业发展的创新和管理能力。另外，充分利用高职院校的资源，采取“定制”的培养方法，为企业培养一线技工队伍。与此同时，公司进一步加大高层次人才引进力度，自引进以机械压力机行业专家王玉山为核心的产业团队以来，近年先后又引进了中国工程院院士、国家千人计划专家、海归知名专家等国内外专家，并成立专家工作室，给予项目、经费和人员支持，以此带动企业内部研发人员的可持续发展。当前，公司有各类研发人员 200 余人，其中，国家级专家

6 人、省部级专家 10 人。

4. 成熟的管理体系保障

公司通过了国际标准 ISO9001：2008 版质量管理体系、ISO14001：2004 环境管理体系和 GB/T28001—2011 职业健康安全管理体系等三体系认证。经过多年的发展，公司组建了一支具有丰富行业经验和企业管理经验的管理队伍。公司管理团队精通管理、熟悉行业、技术全面，能够准确把握行业的发展动态，有利于公司的长远发展。

5. 全面的制造服务体系

实行销售服务一体化，按市场分布状况细分成区域，每个区域均配备销售和专业技术人员，对区域内市场开发和维护实现销售与服务一体化，为客户提供全方位服务的模式，实现了市场的建立、稳固和扩大。

针对客户需求，售前组织专业团队与客户一起研究探讨最佳解决方案并实施；售中及时与客户沟通，对在制产品保持更优方案的改进，力求完美出厂；售后实行全程服务，帮助客户制定设备的维护保养细则，提供主动式养护服务，提升设备的完好率。及时向老客户提供开发的新技术与产品新功能信息，实行更新与改造服务。

公司将继续在国家发展规划和宏观政策指导下，利用公司在研发、品牌、人才、管理、服务等方面的综合优势，积极提升企业数字化制造水平，综合利用信息技术、传感技术、伺服技术等，开发满足客户要求的智能化产品；持续拓宽产品应用领域，巩固公司现有高端液压机和大吨位机械压力机市场优势地位的同时，开发高速压力机、拉弯成形压力机、电路板封装压力机等新产品，向新材料、微电子、家电等领域拓展。公司将加强与优势科研单位及用户的合作，研发新型成形工艺和装备，加大模具研发，打造“工艺—装备—模具”一体化发展模式，发展成为国际一流的成形加工成套方案供应商，满足汽车、铁路、船舶、航空航天、石化、电力及军工等行业的需求。

河南四方达超硬材料股份有限公司

（证券代码：300179　证券简称：四方达）

2014 年，面对复杂严峻的国内外经济形势，河南四方达超硬材料股份有限公司按照聚焦复合材料、聚焦大客户、聚焦产品性能的经营策略，坚持以市场为导向，以客户需求为标准，以销售交货为核心的工作方针，持续加大研发投入，完善研发梯队建设，提升自主创新能力；深入推进三化工作，启动信息知识管理和商业智能项目，提高生产运营效率，降低劳动成本；加强企业文化建设，打造四方达动车组文化，积极探索激励机制，凝聚团队动力，提升产品市场竞争力，较好地完成了公司既定目标。

报告期内，公司各募投项目建设稳步推进，其中：复合超硬材料制品项目累计投入 3 211. 82 万元，建设进度达到 99. 21%；金属切削用 PCD/PCBN 复合片产业化项目累计投入 6 093. 85 万元，建设进度达到 66. 21%；聚晶金刚石复合片（PDC）截齿及潜孔钻头产业化项目累计投入 3 473. 16 万元，建设进度达到 26. 25%。

报告期内，公司实现营业收入 18 907. 32 万元，同比增长 24. 92%；实现归属于上市公司股东的净利润 3 781. 87万元，同比增长 16. 21%；整体毛利率较 2013 年度增长 4. 84%；实现研发投入 1 647. 90 万元，比上年同期增长 33. 33%。

湖南江南红箭股份有限公司

（证券代码：000519　证券简称：江南红箭）

2014 年，国内外经济形势复杂多变，超硬材料市场竞争持续加剧，内燃机配件市场需求不振，湖南江南红箭股份有限公司承受了相当大的压力。公司坚持“稳、改、调”的主基调，坚持市场导向、问题导向，破解公司改革发展的难题；坚持推行全价值链体系化精益管理，发挥全员价值创造能力；加强公司资源配置和获取外部资源的能力。公司经受住了严峻的考验，圆满完成了各项生产经营任务。

2014 年，公司实现营业收入 203 573 万元，其中，主营业务收入 191 840 万元、其他业务收入 11 733 万元；实现利润总额 47 734 万元，同比增长 3. 49%；实现归属于母公司的净利润 39 670 万元，同比增长 4. 15%。加权平均净资产收益率 10. 47%，实现基本每股收益 0. 54 元/股。

报告期内，公司在以下方面持续改善，保证了公司生产经营和各项管理取得良好的效果。

（1）结合上市公司规范化要求，以加强制度建设为着手点，重点加强内部控制体系建设工作，不断推进管理能力的提升，规范化运作取得显著成效。

（2）重大项目建设进展有序，产业链条延伸布局初步显现。充分发挥顶层设计及经营发展布局的能力，积极创新商业模式和价值链重构再造，科学处理总量增长与可持续发展的关系。募投项目稳步推进，资源配置实现了优化。

（3）科技创新不断推进，科技成果推动公司产业链布局取得突破性进展。共实施科研开发项目 24 项，成功申报专利 19 项，获得授权 16 项，主持起草国家标准 2 部。

(4) 全价值链体系化精益管理全面展开，从原材料采购、生产管理、技术研发、工艺革新到产品销售、品牌建设、售后服务以及财务管理、成本控制、资金循环等各个环节，逐步实现了全方位地做好规范化、精益化、精细化管理与创新，重点加强对生产流程各环节的定额、节能降耗、质量损失成本考核，逐步实现从简单的压缩成本向提高成本竞争力转变。

(5) 通过深入市场调研分析、灵活调整销售策略和销售人员全面提升服务质量、与客户建立良好的互动机制来积极应对国内外市场的变化。

(6) 加大员工培训、再教育力度，员工综合业务素质大幅提升。

(7) 把质量、安全、环保作为日常工作的重点。为客户提供优质的产品；逐级落实安全生产责任制，通过持续不断的设备设施安全技术改造和隐患排查整改，推行安全生产闭环管理和过程控制，不断提升公司的本质安全度。持续不断地进行环保投入，保证“三废”和噪声等各种污染物达到国家标准。

华工科技产业股份有限公司

(证券代码：000988　证券简称：华工科技)

2014 年是我国进入经济增速平稳、经济结构优化升级、从要素和投资驱动转向创新驱动的“新常态”下的第一年。这一年，国民经济继续深化调整：第三产业的比重继续提高、工业内部结构调整加快，固定资产投资增速放缓，出口增速换挡，消费拉动作用继续增强。在这样的经济大环境下，华工科技产业股份有限公司继续贯彻“制造向高端，服务型制造”的转型战略，以“转型中快速发展”为经营指导方针，以二次创业再出发的变革精神、进取精神，扎扎实实推进市场拓展、业务模式转型、深化管理等重点工作，公司整体取得良好业绩，进一步夯实了发展基础。公司全年实现营业收入为 23.53 亿元，同比增长 32.4%；归属于母公司所有者的净利润 1.68 亿元，同比增长 218.7%，经营性净现金流 1.79 亿元，同比增长 103.7%。

2014 年，公司主要工作如下：

1. 以管理变革求突破，成效显著

2014 年，公司新一届董事会换届工作顺利完成，在管理模式、管理结构和经营团队激励政策上进行了重大变革，加强公司一体化管理，进一步完善内控体系的制度建设，推进全面预算管理制度，构建完整的考核指标体系和相应的奖惩机制，完善核心资产管控流程和制度，多渠道促进公司管理，规范了公司运营，进一步提升了公司经营决策能力与管理执行水平。

2. 以新产品、新市场、新客户为增长点，经营规模和效益双提升

2014 年，公司顺应行业发展趋势，在“制造向高端，服务型制造”的战略指引下，基于客户需求持续创新，着力打造销售精英团队，探索新的销售模式，加大高毛利产品和海外市场的开拓力度，在新产品、新市场、新客户方面取得突破。

3. 以资本运营完善产业布局为支撑点，服务主营业务发展

2014 年，公司深入践行“以产品经营夯实企业基础，以资本经营扩张企业规模”的经营理念，投资公司以“服务主业”为发展定位，围绕产业链上下游进行股权投资，通过构建产融结合的发展方式，探索以存量资本撬动广泛社会资本的经营路线；强化股权投资管理，建立健全对已投项目企业的规范化管理机制，确保股权资产的保值、增值；创新资金融通渠道，利用闲置资金，聚合社会资本，建立市场化运作机制，发起设立 1.8 亿创投基金。为更好地服务主营产业板块，扩大产业规模、增强公司盈利能力打下了良好的基础。

4. 以人力资源结构优化为着力点，投入产出比有效提升

2014 年，公司坚持“引进高端人才，激励核心人才，培养青苗人才”的人才梯队建设思路，人力资源部以搭平台为首要职能，为各核心企业的人力资源职能发挥提供支持，为集约化的使用资源提供保障。通过动态人事管控，优化人员结构；通过引进、淘汰并用，降低人力成本；通过强化核心人才储备、培养的同时，以生产自动化改造及生产力管理为手段，实现减员增效；通过业务整合、调整组织架构，优化业务队伍建设。

江苏亚威机床股份有限公司

(证券代码：002559　证券简称：亚威股份)

2014 年，在宏观经济总体稳中趋降的形势下，我国机床产业延续了前两年的下行趋势，与之紧密相关的装备制造业和有关行业需求仍然低迷。面对错综复杂的经济形势与日益激烈的市场竞争，江苏亚威机床股份有限公司上下团结一致，积极应对，继续实施“调结构、转增长、创一流”的战略方针，在稳步提升现有数控金属成形机床主机业务的基础上，加速发展各类中高端自动化生产线，进军工业机器人领域，拓展三维激光切割系统业务，加快企业

向高端、智能、自动化转型升级步伐。同时，着力加大市场开拓力度，提升内部管理效能，报告期内公司生产经营稳健运行，规模效益比上年均有所增长。

报告期内公司实现营业收入 89 357 万元，同比增长 4.96%；利润总额 9 795 万元，同比增长 3.66%；归属于母公司所有者的净利润 8 463 万元，同比增长 3.48%。截至 2014 年 12 月 31 日，公司总资产 175 627 万元，比期初增长 7.86%；归属于母公司所有者权益合计 128 060 万元，比期初增长 3.31%。

一、行业竞争及发展趋势

我国宏观经济发展进入新常态，认识新常态、适应新常态、引领新常态是当前和今后一段时期我国经济发展的大逻辑。工业是我国经济的基础所在，机床作为工业生产的母机，在推动经济发展提质增效升级的过程中仍将起到不可替代的作用。

当前，世界工业正进入以智能制造为主导的新一轮工业革命时代，强调个性和定制化，高端机器人、智能机床、自动化系统等成为未来发展主流，与之紧密相关的我国机床行业的发展环境正发生深刻变化，需要寻求新的可持续发展道路。通过创新驱动，随着产业转型升级的深入，高端化、智能化、自动化产品的需求将高速增长，相关产能得到逐步释放，机床行业的发展将呈现出全新的格局。但仍要认识到，与机床行业密切相关的装备制造业和有关行业需求仍不够强劲，我国机床产业延续了前两年的下行趋势，当前仍处于下行区间。中低端市场产能严重过剩，竞争激烈，机床消费和生产的结构性矛盾仍然比较突出，国产机床以低档为主，高档机床绝大部分依赖进口，国产机床技术创新投入不足，自主创新能力较弱，导致国产机床在质量、交货期和服务等方面与国外知名品牌相比存在较大的差距，产业结构调整需要一个较为漫长的过程。

公司既迎来经济新常态下的发展新机遇，又面临宏观经济下行与行业转型升级的巨大挑战。经过近几年的创新开拓，公司已经初步形成新的业务结构布局，既拥有支撑规模效益稳定增长的成熟业务，又拥有适应未来产业升级、具有较大成长空间的新产品业务，加之长期形成的品牌优势，为抢抓发展机遇奠定了基础。但与市场迅猛发展的高端、智能、自动化需求相比，在与国际先进同行比拼中形成的差距表明，公司仍面临创新能力有待提高、企业转型升级步伐还需加快的压力，2015 年将是亚威股份实现超越发展的关键之年。

二、公司发展战略

紧随智能制造为主导的新工业革命潮流，把握高端、智能、自动化的产业升级发展大趋势，立足于金属板材成形高端、智能主机及自动化成套系统业务，伺机发展其他高端智能装备、新兴产业类业务。继续坚持技术领先发展战略，着力提升成熟主机产品性能质量，巩固提高既有市场优势；大力发展高端、智能、自动化成套业务，加快发展线性和水平多关节机器人及机器人系统集成业务，创造高端市场竞争新优势，培育新的增长点。继续坚持人才强企发展战略，推动人才制度创新，促进高层次人才队伍成长；推进事业部制管理模式完善和有效运行，为各类业务协同发展奠定组织和人才基础。继续实施“调结构、转增长、创一流”的战略方针，加快企业提质增效、转型升级的步伐，积极适应、努力引领经济新常态，主动抢抓发展新机遇，实现公司自我成长的突破和行业地位的跨越提升。

三、经营计划

做精做优成熟业务，聚力发展高新业务，围绕新一轮战略目标，根据全新业务格局，采取针对性发展策略：做精做优技术、市场成熟度较高的平板类和卷板类产品，以提质增效为中心，持续提高性价比，放大既有品牌优势，保持公司规模效益稳定增长。集中优势资源，培育发展高端新业务，加大数控二维激光切割机系列新产品、数控飞摆剪切线、数控开卷落料线产品市场开拓力度，确保成为公司新的规模效益增长点；成立平板加工机床自动化成套系统业务的独立运营机构，创新发展模式，集中优势资源，推动自动化业务技术提升和规模快速成长；加快机器人业务发展，充分利用与库卡、徕斯合资合作的品牌优势和市场基础，在样机试制成功基础上，上半年小批量产投放市场；推动与亚威机床配套的专用机器人的研发，推进合资公司线性和水平多关节机器人与亚威钣金机床的集成应用，提高公司金属板材成套解决方案整体竞争力。稳步推进对无锡创科源并购进程，整合双方优势资源，推动其规模效益提升。进一步完善事业部制管控模式，以现有成熟业务为支撑，加速新业务成长，通过新老业务协同发展推动新一轮战略实施，尽快实现公司向高端装备制造业的转型跨越。

鲁信创业投资集团股份有限公司

（证券代码：600783　证券简称：鲁信创投）

一、实业经营

2014 年，受下游行业发展所需，磨料产销相对平稳，磨具产销量处在上升趋势，年度内累计销售回款、净利润同期均呈不同程度的上涨态势。2014 年，鲁信创业投资集团股份有限公司磨料磨具业务实现营业收入 20 233.05 万元，同比增长 2.09%。2014 年，公司积极调整经营模式、转变发展思路，各项工作取得积极进展。

二、投资工作

1. 融资方面

一是实现多渠道融资。成功发行第二期公司债并融资4亿元；完成了4亿元中期票据的发行工作；与浦发银行合作推进内保外贷相关工作，利用海外平台开展业务开辟融资渠道；维持适度的银行融资规模，完成银行融资5.08亿元，归还银行贷款6.13亿元。二是加强市值管理。适时减持了部分上市项目公司股票，累计回笼资金4亿元，实现减持收益2.98亿元。

2. 投资方面

通过完成本部专业化部门和区域化基金的业务布局，公司全年累计投资项目29个，累计投资金额80 788万元，投资项目数量再创历史新高。

一是进一步夯实专业化投资基础。积极做好项目考察与渠道建设，梳理出装备与制造、生物与医药、化工与材料等细分领域信息，为进一步确定重点投资的专业化细分领域和策略提供参考；积极对接省内相关地市相关政府职能部门，为寻找区域内优质项目搭建渠道；对接、咨询行业专业机构专家，逐步探索建立“专业团队+专家支持”的专业化投资道路。

二是进一步推动投资与投行相结合的投资运营模式。加强与行业内优势企业和上市公司联合投资的力度，建立可行的退出通道。对公司已投资项目进行梳理，为被投企业提供投融资、改制并购等增值服务，与多家金融机构、券商，会计事务所和律师事务所等机构搭建信息资源共享平台。

三是积极创新私募基金管理和运作模式。在已有产业投资基金、区域性基金的基础上，积极筹建云南医药产业基金、青岛海洋产业投资基金等专业化、定向性的投资基金；充分利用境内外两种资源、两个市场，以上海自贸区为对外投资平台，以境外发达资本市场为融资平台，扎实推进海外基金的设立。

四是依托鲁信香港公司，继续扩大海外投资规模。拓展创新二级市场配售、债券以及新股IPO认购等投资业务，取得良好收益。2014年年末，正式获得香港证监会颁发的4号和9号执业牌照（号码AXD692）。

五是稳步推进在全国的区域性布局。在深圳基金、西安业务部的基础上，完成了云南、上海异地业务部的设立工作，并积极推进在成都、北京投资分支机构的设立。全年共计52个项目完成立项、决策或出资（包括PIPE类项目），完成决策并出资项目29家，累计出资额折合人民币约80 788万元，投资项目数量再创历史新高。

3. 投资后项目管理方面

进一步强化项目管理的制度化、规范化和常态化，加强对项目的关键性管理。以推进企业改制上市为重要手段，年内，信威通信完成通过并购中创信测（600485）实现借壳上市；凯盛股份完成与上市公司华邦颖泰（002004）的并购重组，高新投年内共有胜达科技、科汇电自、中创中间件、奔速电梯4个项目在新三板挂牌上市。

三、基金管理工作

黄三角产业投资基金。黄三角基金形成了较为良性的融资、投资发展态势。年内对外发行金月季二号、三号理财产品，实现融资6 320万元。年内共计投资了东营经济技术开发区国有资产运营有限公司等9个项目，投资额3.39亿元，实现运营收益2 723.38万元。

蓝色经济投资基金。年内基金投资和项目管理工作稳步推进，截至2014年12月底，蓝色基金累计到账资金11 000万美元，基金持有投资项目金额约为8 484万美元，其中2014年新投资项目金额约为2 117万美元。

潍坊鲁信厚源创业投资中心（有限合伙），总规模2亿元，年内完成基金的设立，并于年内完成对平原信达化工股份有限公司、北京华夏未来信息技术股份有限公司、山东天元信息技术股份有限公司的出资。其中平原信达化工股份有限公司已于年内在新三板挂牌，代码830 834。

青岛创信蓝色经济创业投资基金中心（有限合伙），总认缴金额为2.5亿元，年内完成了基金的发起设立工作。

云南华信润城生物医药产业创业投资基金合伙企业（有限合伙），基金总规模2.5亿元币，年内完成了基金的发起设立工作。

淄博齐鲁股权投资基金合伙企业（有限合伙），基金总规模1亿元，年内已完成山东海思堡服装服饰集团股份有限公司项目的投资决策。

华信睿诚基金年内完成了对潍坊大洋自动泊车、深圳亚略特生物识别科技有限公司的投资，华信嘉诚基金完成了对深圳市库贝尔生物科技有限公司的投资。

济宁通泰股权投资中心（有限合伙）年内完成了对山东泰丰液压股份有限公司的投资。

潍坊鲁信康大创业投资中心（有限合伙）年内完成了对普联软件（中国）有限公司、泉州市功夫动漫设计有限公司、北京宏锐星通科技有限公司、山东山大华天科技集团股份有限公司的投资。

烟台鲁创恒富创业投资中心截至本报告期末已完成3个项目的投资，其中投资的山东万通液压机械有限公司已在新三板挂牌，代码830839。

淄博高新投截至本报告期末已完成2个项目的投资，其中投资的山东迪浩耐磨管道股份有限公司已在新三板挂牌，代码830926。

南通锻压设备股份有限公司

（证券代码：300280　证券简称：南通锻压）

2014 年，国内宏观经济增速总体放缓，我国机床工具行业经济运行亦处于低位趋缓的局面。虽然从第二季度开始政府加大稳增长和应对经济下行的政策力度，但在国内市场需求结构性调整、国际市场需求复苏缓慢、进口商品竞争加剧、流动资金缺乏等多重不利因素的综合影响下，企业经营困难和潜在风险加剧，行业运行压力依然很大。行业整体需求持续低迷，产品结构与市场需求矛盾尚未有效缓解，生产逐渐收缩，库存高位微降，行业总体利润低位回升，机床企业寻求转型升级的意愿加大。南通锻压设备股份有限公司所处锻压设备行业整体仍处于低位徘徊运行状态，面对严峻的经济环境和行业内竞争加剧、销售价格降低、人工成本增加等不利因素的影响，公司在董事会和管理层的正确领导下，紧密围绕市场需求，攻坚克难、稳健运营。

2014 年，公司实现营业收入 33 179.60 万元，比上年增长 9.12%；实现归属于母公司所有者的净利润 302.80 万元，比上年增长 79.84%；实现扣除非经常性损益后的归属于母公司所有者的净利润 -407.01 万元，比上年增加 156.83 万元。

2014 年，公司积极进行产品创新、调整产品结构，以市场为导向，保持公司在传统液压机市场传统优势的基础上，重点发展大（重）型、智能、柔性、精密、复合型液压机，继续加大投入和开发力度，加快产品升级换代；利用自身的综合优势，进一步加快机械压力机的研发，重点加大高速冲床系列产品的科研投入，逐步形成了液压机与机械压力机的协同发展格局。

2014 年，公司一方面专注于传统的金属成形设备领域业务开拓的广度与深度，另一方面通过设立南通奇凡自动化科技有限公司，引进专业研发团队，加大对主机配套自动化设备的研发投入，加快公司在工业自动化领域的探索进度，力争早日形成锻压设备配套自动化生产线的研发和生产能力，致力于打造锻压自动化生产线，实现产业转型升级。

2014 年，公司加快了外延式发展步伐，力求借助资本市场平台，通过并购具有较强的经营实力和盈利能力的优秀企业，实现公司行业整合、产业转型的战略规划。公司组织开展了重大资产重组工作，拟通过发行股份及支付现金相结合的方式收购江阴市恒润重工股份有限公司 100% 股权，快速进入新能源行业关键零部件制造领域，充分发挥上市公司与标的公司之间的协同效应，提升上市公司现有业务规模和盈利水平，实现行业整合战略目标。

南通科技投资集团股份有限公司

（证券代码：600862　证券简称：南通科技）

一、企业经营情况

2014 年，南通科技投资集团股份有限公司实现营业收入 152 604.58 万元，比上年同期增长 49.37%；利润总额 -16 947.01 万元，比上年同期下降 437.36%；净利润 -20 346.92万元，比上年同期下降 7 420.62%；公司年末资产总额达到 680 658.12 万元，比上年同期增长 12.10%；归属于母公司所有者权益 106 867.27 万元，比上年同期下降 18.03%。其中机床业务情况如下：

2014 年，机床行业需求萎缩、品牌竞争激烈、要素成本上升、经营困难持续加剧。面对严峻的市场形势，机床主业难中求进、承压运行。公司实现销售收入 29 333 万元，资金回笼 31 982 万元，与目标差距很大。2014 年，公司与中航高科签署了资产重组框架协议，重组工作经各方积极努力正在有序推进，与中航高科的成功重组将给公司带来新的发展机遇。

二、报告期内完成的主要工作

1. 机床销售难中求进

2014 年，机床行业的“严冬”寒气逼人，公司经营压力巨大。面临严重困境，公司调整营销策略：在渠道建设上，实行了代理商、经销商分级管理；在行业拓展上，紧盯汽车零部件厂家及高职高专院校，开展深度合作，保持了在汽车、教育行业的销售业绩；在业务员考核上，将销售额、回笼、价格、陈欠清收、序时进度等指标与每个业务员的报销额度及绩效直接挂钩，制定了详细的考核激励措施；在经营模式上，通机公司试行了自主营销，探索分兵突围之路。尽管 2014 年的销售指标没有完成，但渠道建设得到加强。因此，价格底线得以坚守、陈欠清收超额完成，目标清欠 3 000 万元，实际完成 3 255.53 多万元，一些收回无望的呆死坏账或签订了还款协议或进入了法律诉讼程序。2014 年无一笔新增陈欠。

2. 新品规划有序推进

2014 年，公司制定了中长期产品发展规划，新品研制与老品改进有序展开。新一轮的产品开发摒弃了不计成本、盲目求快、一味求新的做法，坚持瞄准竞争对手、源头严控成本，成熟一个开发一个，成熟一个销售一个。2014 年，MCH63A 精密卧式加工中心整改取得重大进展，为公司开发精密卧式（HP）系列奠定了基础。首台 GD-MC3080 - 5M 动梁五面体龙门加工中心在客户现场投入使用，首台 5GF2580 五轴联动龙门加工中心已达发货状态。公司与上海通用合作的首条轿车发动机缸盖柔性制造单元成功发往上海通用，并顺利通过上海通用的 PPAP 验收。

3. 降本增效成效显著

2014 年，实施了全面定额管理，制定了《费用控制指标及考核办法》，全年实际消耗比控制指标下降 142.07 万元，较 2013 年减少了 345.07 万元，同比下降 37.55%。强化了资金管理，运用短期资金为公司理财，提高资金增值率，利息增收 593.83 万元。在采购供应环节坚持比质比价，结合多轮次、多层级的价格谈判，龙门配套件价格下降了 15%，常规产品的配套件降幅 2% ~3%，完成了 6 个重要外购件的品牌替代，全年降低物资采购成本 620 万元，业务招待费比上期的 136 万元下降了 75 万元。

4. 质量整顿取得实效

2014 年 4 月起，公司开展了全员全面全过程的质量整顿活动，同时把降本增效工作纳入到质量整顿活动中，把降低制造成本、提高产品毛利水平、提升产品竞争力有机结合起来。从设计源头、铸造工艺、零部件加工、配套件性价比、整机装配、工艺优化等影响质量和毛利水平的环节逐一梳理，排出 672 个质量问题点和整改建议，完成整改 650 项。全年整机平均早期故障率为 3.72%，比同期 6.05% 下降了 2.33 个百分点。

5. 陈欠款清收工作取得阶段性成果

2014 年 10 月，公司启动了应收账款清收工作。公司成立了中高管清收、专业清收和销售清收三个清收组。清收过程的各个阶段得到了各个单位的大力支持和通力协作，为清收工作的顺利开展提供了有力保障。

6. 千方百计筹措资金，化解资金链断裂风险

2014 年，公司经营遭遇了前所未有的困难和压力，尤其是现金流入不敷出，导致资金链断裂的风险频现。面对巨大的资金压力，公司一方面开展降本增效工作，压缩各项成本及费用；另一方面积极寻求外部支援，产控集团给予公司巨大的资金支持，使公司暂时化解了资金风险。

三、公司重大资产重组工作进展

为有效改善公司资产质量和财务状况，恢复并增强持续盈利能力，促进原有机床业务转型并提升航空新材料业务的发展空间，中航高科与公司实际控制人南通产控拟对公司进行重大资产重组。本次重组实施后，中航高科将成为公司的控股股东。

本次重组成功，公司将迎来新一轮快速发展，中航高科将在项目、技术、市场、人才、盈利能力等多方面为公司提供更多的资源和优势。因此，本轮重组将是互补性强、双方共赢的重组，将从根本上改善公司的资产、技术、产品的结构和质量，将大大提升公司盈利能力和水平，增强公司的可持续发展能力。

宁波精达成形装备股份有限公司

（证券代码：603088　证券简称：宁波精达）

2014 年，国际经济形势错综复杂，国内经济进入了由高速发展向平稳增长过渡的阶段。宁波精达成形装备股份有限公司所处行业受到宏观经济周期的影响，也出现增速回落，新增固定资产投资减缓，导致对换热器装备的需求回落。2014 年，公司董事会和经营团队，积极围绕公司发展战略，整合公司资源，推进事业部化运营，加快技术研发，内部优化精益化管理，持续巩固传统换热器装备优势产品的市场份额，积极开拓新产品在空调、电机、汽车行业的应用，各方面保持了稳定增长。2014 年，公司实现营业收入 23 187.17 万元，同比增长 9.89%，实现归属于母公司的净利润 3 742.88 万元，同比增长 7.09%；基本每股收益 0.59 元/股，同比增长 1.72%。在经营管理方面，主要做了以下工作：

1. 技术创新与新项目开发

2014 年，公司继续加大技术创新投入，加强技术人员的引进与培养。推动产品开发的标准化工作。成功研制了四工位微收缩胀管机、套弯一体机、整链式微收缩胀管机等新产品。成功申报了“FM 高速翅片成形机的研制”区工业科研攻关项目。新取得了 10 项实用新型专利、3 项发明专利。

2. 基础管理

公司规模扩大，产能提升，为了适应公司的快速发展，公司实施全面预算管理、事业部制管理模式，初步形成了公司资源合理利用、职能部门与事业部高效运作的良好局面。同时，通过 ERP 系统持续改进，优化生产计划，控制成本，提升了生产管理水平。

3. 投资建设项目

2014 年，公司有序推进实施两个募投项目“年产 240 台高速精密压力机生产线建设项目”及“年扩产 310 台空调换热器装备技术改造项目”。随着募投项目的推进，公司产能将得到有效提升。为公司完善产业布局，提升公司的核心竞争力和持续发展提供了有力保障。

公司始终坚持以市场为导向、以技术创新为核心的发展思路，借助公司高速精密压力机生产线建设项目、空调换热器技术改造项目的产能升级，努力把宁波精达打造成产业链完整、产品齐全、配套完善的成套化、自动化、信息化、国际化的换热器装备研发制造企业。公司围绕开发微通道装备前沿技术，拓展该产品在汽车零部件市场的份额，并通过产能扩张和国际合作等方式，力争成为全球汽车换热器装备的龙头供应商，实现宁波精达的快速发展。

报告期内，公司各项工作稳步推进。高速精密压力机生产线建设项目、空调换热器技术改造项目按计划已经完工投产。公司紧紧围绕2014年初制定的经营计划，从资源整合、专业化生产、技术研发、拓展新领域等入手，着力推进首发上市、新项目建设、基础管理完善等项目，公司各项经营工作按照计划推进。

秦川机床工具集团股份公司

（证券代码：000837　证券简称：秦川机床）

2014年，经济下行压力贯穿全年，在繁重、艰巨的改革、发展和稳定任务面前，秦川机床工具集团股份公司按照“稳中求进”的总要求，坚持“技术领先，模式取胜”的发展思路，以整体上市工作为推手，积极适应我国经济发展的新常态，在稳增长的同时促改革、调结构，实现了稳中向好、稳中有进、稳中提质的基本目标，为企业进一步转型升级打下了坚实基础。

2014年6月5日，公司重大资产重组方案获得中国证监会最终核准；9月底，完成了本次发行股份换股吸收合并秦川集团的工作，共计发行股份366 112 267股，交易金额共计24亿元；10月初，完成了配套资金的募集发行工作，发行股份71 476 391股，通过询价方式确定的发行价格为8.37元/股，共计募集资金59 826万元。

随着重大资产重组完成，原归属于母公司秦川集团的资产和业务包括车床、通用数控加工中心、螺纹磨床、滚动功能部件、复杂刀具、仪器仪表等全部进入上市公司，使公司成为当前我国机床工具行业中品类多、产业链完整、技术水平高、综合竞争优势明显的企业。

随着重大资产重组完成，改变了公司的资产数量和质量，资产规模扩大，盈利能力提高，这些为公司提升业绩创造了条件，保证了公司的持续稳定发展。

2014年，公司主要产品产量有升有降，其中机床整机产量11 400余台，同比增长6.9%（其中：数控机床7 477台，同比增长14.6%）；金属切削刀具产量16.87万件，与上年同期持平；铸件产量2.56万t，同比增长13.7%；液压元器件产量38.61万件，同比增长4.6%；精密仪表产量37.31万套，同比增长2.8%。

2014年，公司实现营业收入35.01亿元，比上年同期增长2.63%；实现归属于上市公司股东的净利润1 927.14万元，比上年同期增长7 348.93万元，实现每股收益0.03元，净资产收益率0.75%。

青海华鼎实业股份有限公司

（证券代码：600243　证券简称：青海华鼎）

2014年，市场环境呈现缓慢复苏的态势，供求结构性矛盾和产能过剩矛盾依旧突出，价格竞争压力继续加大，行业产业结构、产品结构与市场需求矛盾更加突出。订单不足，部分产能闲置，企业盈利能力下降，流动资金更显紧张。员工较高的收入预期与严峻的企业经营形势反差扩大。面对重重困难，青海华鼎实业股份有限公司通过持续的结构调整和转型升级，依靠自身挖潜，保证了整体平稳运营。

报告期内，实现主营业务收入112 578.8万元，比上年同期增长2.8%；实现归属上市公司股东的净利润-538.71万元，比上年同期下降135.22%。公司荣获“全国机械工业先进集体”，连续第11年荣获“青海企业50强”，华鼎重型连续第七次进入中国机械工业500强，青海一机获得青海省人民政府授予的“模范集体”称号和“优秀技术创新奖”，数控机床研究重点实验室被青海省评为省级优秀重点实验室，广东精创荣获“广东省企业500强、制造业100强”等荣誉称号。2014年，公司获授权发明专利3项、实用新型专利20项、外观专利1项。

山东法因数控机械股份有限公司

（证券代码：002270　证券简称：法因数控）

2014年，山东法因数控机械股份有限公司实现营业收入30 061.69万元，比上年下降17.96%。其中：实现产品销售收入27 910.53万元，比上年下降19.69%。受产品结构优化等因素影响，公司产品整体毛利率有所上升。实现配件及维修（含产品大修）收入1 631.28万元，与2013年相比基本持平。对外承揽机加工业务收入449.06万元，比上年增长126%，对外承揽机加工业务已经逐步走入正轨。产品销售收入下降的主要影响因素是铁塔产品市场经过国内2013年度的短暂兴旺后，重回到2012年度的低迷状态。国内的钢结构市场也出现了小幅的波动，销售收入略有下降。板材类产品、汽车装备及专机产品销售规模略有增长。从国内和国际市场情况来看，国内市场需求不振，国际市场基本保持稳定。在市场需求不旺的情况下，配件销售和产品大修（维修）业务基本保持稳定，对外承揽机加工业务的逐步开展有利于提高公司机加工设备利用水平。

2014 年，公司事业部机制正式运行，事业部机制的建立使事业部内部的运作效率得以快速提升，从销售获得意向客户、技术人员出方案进行洽谈、合同签订、设计出图、采购、装配到发货等环节的沟通得以顺畅进行。事业部运行初期，事业部按照销售市场重新布局调整的过程在一定程度上对销售规模的增长、客户满意度的提升产生影响。随着事业部运行机制的逐步完善，事业部负责人的掌控能力逐步提高，公司事业部运行效率和质量会有大幅度的提高。

公司组织架构调整后，销售人员面临根据新的分工熟悉市场、熟悉客户的过程，2014 年度的销售费用与销售规模略有上升。由于办公区域和生产安排调整，发生办公场地装修费用和搬家费用，导致公司发生的管理费用略有上升。在满足公司日常生产经营需要的前提下，公司理财收入有大幅增长，2014 年实现利息收入和投资收益金额为 488.76 万元，比上年同期增长 36%。在 2013 年度对历史欠款和长期库存进行清理的基础上，公司在事业部考核方案中制定了清欠奖励政策和库存消化奖励政策，取得了积极的成效。在外部经济环境偏紧的情况下，公司年末客户欠款账面金额与年初相比下降 294.57 万元，两年以上客户欠款账面金额从 2 016.13 万元下降到 1 764.52 万元。库存总额和库存结构进一步优化，年末与年初相比库存总额下降 2 141.73 万元，成品库存年末与年初相比下降 1 209.89万元。由于客户欠款结构、库存结构趋于合理，客户欠款和库存占用资金总额下降，公司流动资产质量逐步提升。2014 年，公司实现软件退税收入 220.27 万元，与 2013 年相比增长 77.24 万元，软件退税收入在公司盈利中所占比重上升。公司 2014 年实现净利润 1 837.50 万元，比 2013 年基本持平略有下降。

综合来看，在整体市场环境不乐观、公司组织架构调整的大背景下，公司对市场的掌控能力得以巩固，公司为适应外部环境变化进行自我调整的能力有所增强。公司在 2014 年 10 月 22 日发布了重大资产重组停牌的公告，在 2015 年 1 月 20 日发布了延期复牌的公告。

山东威达机械股份有限公司

（证券代码：002026　证券简称：山东威达）

2014 年，面对国内经济增长放缓、行业竞争激烈的复杂经济环境，山东威达机械股份有限公司管理层在股东大会和董事会的正确决策和领导下，积极应对挑战，持续推进新产品研发和各项技术革新，产品结构不断优化，加强国内和国际市场的开拓，使公司的经营继续保持了稳定健康的发展。同时，加强项目建设的管理，中高档数控机床创新能力及产业化建设项目（一期）和大功率直流调速系列电动工具开关技改及生产建设项目进展顺利。报告期内，公司实现营业收入 80 630 万元，比上年同期增长 12.26%；实现主营业务收入 77 340 万元，比上年同期增长 13.36%；实现营业利润 6 489 万元，比上年同期增长 28.80%；实现利润总额 11 428 万元，比上年同期增长 108.60%；实现净利润（归属于母公司所有者的净利润）9 701 万元，比上年同期增长 115.78%。

沈机集团昆明机床股份有限公司

（证券代码：600806　证券简称：昆明机床）

2014 年，我国机床行业面临着前所未有的挑战，无论是经济形势、竞争环境还是市场需求都发生了本质性变化：世界经济复苏缓慢，我国经济步入新常态；传统产品严重过剩，用户需求快速升级，国际化竞争加剧，盈利模式发生巨变。与此同时，世界新一轮科技创新正在加速推进，基于互联网环境的集成化智能制造正在悄然兴起。

在机床行业整体不景气的大环境中，沈机集团昆明机床股份有限公司经营层积极应对不利的经营局面，以市场为中心，主动向工业服务商转型。新增合同较上年增长 2.6%，特别是公司着力发展的龙门式铣镗床及卧式加工中心成为新的增长点，其中：龙门式铣镗床新增合同同比增长 103%、卧式加工中心新增合同同比增长 248%；向工业服务商转型初见成效，全年承揽再制造业务的合同 1 186万元。

2014 年，公司完成主营业务收入 8.68 亿元，同比减少 15.70%；归属于上市公司股东的净利润 -2.04 亿元。

公司发展战略：

（1）建立完善市场化运行机制 。在组织机构调整完成的基础上，围绕市场化机制建设目标，进行经营模式变革，由事业部制向公司化过渡。在全公司建立内部市场化运作机制，配套单元率先实现全面市场化。

（2）优化、调整人力资源结构 。①做强主机事业部，在现有人员规模上进行优化，着力提升技术能力、装配能力及安装调试服务水平；配套事业部结合生产经营实际情况，严控管辅人员比例，针对非核心生产单元，采取外包等措施，并逐步探索混合制经营的管理模式。②实施人才发展战略，积极引进技术人才和管理人才；聘请外国技术专家，提高研发队伍能力和研发水平。

（3）深入开展产品结构调整 。①龙门式镗铣床发展方向：优化通用型龙门系列；着力开拓行业针对性强的产品，主要是汽车模具、飞机结构件两大行业。②卧式加工中心发展方向：汽车发动机系列、航天航空结构件系列、精密卧式加工中心系列、小卧式加工中心系列（流量型）、通用型卧式加工中心系列。③普通镗床发展方向：发展经济型数控镗床（KIMI）替代普通镗床，聚焦行业，开拓国际市场，控制资源投入。④数控机床发展方向：提升主打产品的可靠性和稳定性，降低成本，提高市场竞争力。⑤针对关键功能部件（转台、刀库、铣头），采用合资、合作等方式，引进先进技术，实现自产。⑥针对内外防护、液压系统、电气系统、冷却/排屑/除尘系统，分别成立专门团队进行攻关，全力提升产品质量和可靠性。

（4）提升市场获得能力 。①充分发挥用户工程中心服务市场的功能，加强技术力量投入，紧紧围绕用户需求，编制切实可行的用户成套解决方案并有效实施，为抢订单创造条件。②全力实施“擦亮品牌”“精品工程”，全面提升产品质量，充分发挥产品竞争优势。③推进“精益改善”工程，降低成本、缩短交货期、提高质量水平。④通过融资租赁、法人按揭等方式，在市场端通过全方位搭载金融手段，为用户提供融资解决方案，从而促进回款，扩大公司产品销售。⑤开拓新业务，着力推动再制造、功能部件产业化工作，创造新的增长点。⑥组建行业工艺研究机构，细分市场，系统研究用户现实需求及潜在需求，将需求信息转化为研发目标，并围绕汽车、航空航天、模具、军工等重点行业开展工作。⑦加强外销市场开拓力度，开创外销市场新局面。

（5）提升运营质量 。①制订专项的“三年以上应收账款清收”措施，严格实施和考核。②压缩存货规模，减少资金占用，加快资金周转。③清理闲置资产，制订和实施处置方案，盘活存量资产。④供应链整合，降低采购成本，提高制造效率。⑤在全面预算指导下，严格控制成本费用支出。⑥管理版本升级，消除无效管理，提高综合管理效率。⑦加强对子公司管控水平，提高盈利能力或降低亏损水平。

沈阳机床股份有限公司

（证券代码：000410　证券简称：沈阳机床）

2014 年，沈阳机床股份有限公司明确以“成为世界领先的工业服务商”为愿景，以“让制造更简单”为使命，以“聚焦财务为股东创造价值，聚焦市场为客户创造价值，聚焦产品为行业创造价值”为战略目标。对内以财务管理为核心，对外以客户为中心，推动企业向“工业服务商”全面转型。2014 年，公司完成销售收入 78.15 亿元，同比增长 5.91%；实现利润总额 6 390.51 万元，同比下降 8.47%。

2014 年，公司主要工作情况：

1. 市场能力构建

以市场为导向，贴近客户，建立扁平化的组织。在国内销售方面，销售端成立八大区域，消除地域及产品死角。上海优尼斯工业设备销售有限公司专注于 i5 产品销售与新业务推广。组建消费电子行业事业部，成立汽车、航空航天行业部，深耕细作行业市场，专攻消费电子、汽车、航空航天领域客户需求，提供专业化行业解决方案。在国际出口业务方面，立足欧洲、美洲、亚太区域，辐射全球机床市场。

重新布局销售体系，加强市场营销资源配置。抽调具有丰富经验的骨干人员前往市场一线，将技术、服务前移，完成通用型产品、i5 产品、行业部的销售布局，分别配备销售、服务及技术一体化团队，缩短与客户距离，销售服务能力得到显著提升。

完善渠道布局，打造分拨中心。沈阳机床在原有 35 家 4S 店基础上，继续扩充销售渠道，升级打造分拨中心 45 家，覆盖全国主要区域性机床市场，强化市场前端机床及备件快速交付能力。

以优尼斯工业设备销售有限公司为载体，针对客户需求，为客户提供集工业系统销售、工程规划与管理、咨询服务等于一体的工业服务业务，初步构建产品全生命周期经营的体系与能力。

以多种手段开展融资租赁业务，促进市场销售能力提升。

2. 制造能力提升

深度打造产品线运行模式。在制造端成立 13 条独立运行的整机制造产品线，强化产品制造能力，专注于产品的成本控制及质量提升。

学习国外先进制造理念，打造搭载 i5 数控系统机床制造流水线，大大提高了制造效率，并将成功经验进一步在其他制造单位深入推广。

以 TOP5 质量问题改进、标杆团队装配流程标准化等具体措施为切入点，提升产品质量与制造能力。

3. 产品升级换代

搭载 i5 系统机床产品实现新突破。搭载 i5 系统机床产品紧跟市场需求，已经获得客户及业界认可，在数控车床、立式加工中心等产品方面均有突出表现。单笔订单已从最初的十台量级迅速上升至百台量级，用户重复购买意愿明显，产品推广成果已经显现。

产品技术持续创新。2014 年，公司在产品技术方面实现多项突破，斩获多个大奖，其中主要奖项包括：i5T5 卧式数控车床荣获“CCMT2014 春燕奖”；TURNKEY32ntn 汽车轮毂轴承自动生产线荣获“中国机械工业科学技术奖二等奖”等。

升级产品产业化推进。全机能系列数控车床产品升级后市场反应良好，T2、T4 系列车床已经实现销售收入近 1 亿元；引进、吸收德国技术的 ASCA 系列产品共实现收入 5 000 余万元，升级产品产业化初见成效。

4. 企业管理强化

打造全新供应链。依据同类物资优选品牌、同品牌优选供应商、简化流程缩短供应链的原则，持续优化供应链体系，已确定核心供应商 300 余家，实现了采购资源整合与议价能力提升。

财务管理提升。完善以全面预算为主线的内部核算体系，已经初步建立指标预警及监控体系，提升了公司财务管理效率及专业化水平。

质量管控增强。建立客户导向的全流程质量管控体系，针对产品质量做好节点管控；建立完善快速的外部质量服务信息反馈传递流程，全面提升实物质量。

太原双塔刚玉股份有限公司

（证券代码：000795　证券简称：太原刚玉）

2014 年，由于受国内外经济环境的影响，太原双塔刚玉股份有限公司主导产业发展受到一定制约。公司稀土永磁材料受国内外市场需求不旺的影响，产品销售价格同比下降，导致销售收入下降；物流设备与控制和信息系统由于完工项目减少，造成收入减少。公司传统棕刚玉产业全部淘汰。面对严峻的市场形势，公司积极采取应对措施，在保证生产稳定的基础上，适时调整经营策略。公司扩大高附加值产品比例，优化主导产品结构；积极推行成本控制体系，强化内部管理；以搬迁为契机，实现股权转让收益。通过扎实、有效推进各项措施，公司 2014 年度经营业绩扭亏为盈。公司 2014 年度营业收入 77 941.54 万元（上年同期为 88 884.15 万元）；营业利润 -14 449.67 万元（上年同期为 -17 532.21 万元）；归属于母公司所有者净利润 1 224.11 万元（上年同期为 -15 861.27 万元）。

威海华东数控股份有限公司

（证券代码：002248　证券简称：*ST 东数）

我国机床工具行业在经历连续十多年的高速增长后，当前正处于相对困难的调整转折期，自 2011 年以来连续下滑，国内同行业企业均面临严峻挑战。

2014 年，威海华东数控股份有限公司机床产品经营特点是数控机床产品特别是加工中心产品需求增加，普通机床产品及配件产品需求下滑较大。2014 年度实现营业收入 34 549.97 万元，同比增长 2.89%。主营业务收入占营业收入比重 96.88%，其中机床产品及配件销售 29 589.28 万元，占比 88.40%，报告期内公司主营业务范围未发生重大变化。

2014 年度归属于上市公司股东的净利润为 389.03 万元，扭亏为盈。主要是公司在 2014 年第四季度处置控股子公司威海华东重型装备有限公司和全资子公司威海华控电工有限公司股权取得转让收益所致。

公司自成立以来，一直坚持自主创新，立足高起点，以国家重点工程为依托，以替代进口为目标，重点发展大型、高速、高精、多轴、复合、环保数控机床产品，形成了系列数控龙门机床、大型立卧式加工中心、落地镗铣床、数控立式车床等大型机床产品。经过近十年的发展，大型数控机床产品设计、制造工艺日趋成熟，加工设备基本完备，产品逐渐形成系列化，质量日益稳定，公司逐步成为能同时掌握多种大型、重型、精密机床设计与制造的企业之一。

公司在 2014 年度行业不景气、需求持续低迷的形势下，工作重点仍紧紧围绕年初董事会制定的公司发展战略规划，坚持扭亏为盈的经营目标不动摇，通过主业改善提升、企业管理及产品档次转型升级、加快资本市场融资及资产处置等重点工作，取得了良好的成果。

当前，我国正处于大有作为的重要战略机遇期，我国经济长期向好的基本面没有改变，工业 4.0、《中国制造 2025》等都为机床工具产业发展提供持续的市场需求。公司将紧紧围绕发展战略规划，坚持主业经营不动摇，继续完善配套措施，加快开展并购重组工作，推进企业管理及产品档次的转型升级步伐，增加企业核心竞争力。

武汉华中数控股份有限公司

（证券代码：300161　证券简称：华中数控）

2014 年，武汉华中数控股份有限公司报告期内总体经营情况如下：营业总收入 58 623 万元，期间费用 20 752 万元，营业利润 -5 782 万元，归属于上市公司股东的净利润 1 071 万元，经营活动产生的现金流量净额为

3 277 万元。

报告期内经营活动的变化主要在以下方面：本期营业总收入同比增长 17.26%，主要是机床、电机及红外产品收入增加；期间费用同比增长 33.47%，主要是研发投入加大导致管理费用增加；收入和费用的变化致使归属于上市公司股东净利润同比增长 6.55%；经营活动现金净流量受采购商品支付现金增加的影响，较上年同期减少 56.05%。

浙江日发精密机械股份有限公司

（证券代码：002520　证券简称：日发精机）

2014 年，受发达经济体运行分化加剧、发展中经济体增长放缓的影响，世界经济复苏之路艰难曲折，我国机床工具行业下行压力进一步加大。

浙江日发精密机械股份有限公司在细分市场和差异化战略中不断突破，报告期内取得了优于行业的经营成果。公司实现营业收入 55 163.87 万元，较上年同期增长 122.95%；营业总成本为 49 615.93 万元，较上年同期增长 107.75%；利润总额 6 087.81 万元，较上年同期增长 465.70%；归属于上市公司股东的净利润 4 855.80 万元，较上年同期增长 490.48%。

郑州华晶金刚石股份有限公司

（证券代码：300064　证券简称：豫金刚石）

2014 年，世界经济总体增长乏力，复苏进程缓慢，进入“新常态”的我国经济面临企业经营成本上升、市场竞争加剧的风险。面对复杂局面和严峻形势，郑州华晶金刚石股份有限公司董事会坚持以市场需求为导向，以推进产品结构转型升级为主线，加大主营及相关业务的市场拓展力度，强化公司治理，推动企业发展再上新台阶。2014 年，公司实现营业收入 63 760 万元，较上年同期增长 21.58%；截至 2014 年 12 月 31 日，公司总资产 282 941 万元，较年初增长 12.75%；归属于上市公司股东的所有者权益 145 924 万元，较年初增长 3.67%。

2014 年公司重点做好以下工作：

1. 优化产业布局，增强公司的行业竞争力

公司根据既定的发展战略，专注于人造金刚石及其制品的研发、生产和销售，充分利用公司现有技术、设备等优势，整合各方优势资源，加快推进自身项目建设和产业升级，加大市场拓展与宣传力度，实现公司协调发展。2014 年，随着高品级人造金刚石项目和金刚石砂轮项目的相继投产、微米钻石线项目产能的全面释放，公司在发展传统人造金刚石产品的基础上，实现了人造金刚石及其下游产业链条业务的进一步延伸，初步形成特点鲜明、具有一定规模和技术水平的产业体系。

2. 持续推进技术创新，实现创新驱动发展

2014 年，公司研发投入共 2 891.59 万元，占营业收入的 4.54%，同比增长 1.94%。公司新获授权专利 62 项，荣获国家知识产权局授予的“第一批国家级知识产权优势企业”荣誉称号；与郑州机械研究所等单位的合作项目——“金刚石工具钎焊技术及其应用”获得 2014 年度中国机械工业科学技术奖一等奖；公司“超硬材料及制品研发与检测技术平台建设项目”通过国家科学技术部火炬高技术产业开发中心验收。公司还参与主持多项超硬材料行业标准制修订工作，科研工作的推进，增加了华晶品牌的影响力与话语权，保证了公司稳健持续的发展。

3. 推动再融资工作有序开展，着力提升公司综合实力

2014 年 5 月，创业板再融资管理办法出台，借此资本市场发展契机，公司加快推进投资项目的建设，申请非公开发行股票 7 000 万股，建设年产 3.5 亿米微米钻石线项目，优化公司产品结构和战略布局，解决公司产能瓶颈，提升公司行业地位和市场竞争力。同时公司启动公司债券发行工作，拟非公开发行 5 亿元公司债券，优化公司债务结构，拓宽融资渠道，满足公司经营发展对资金的需求。通过上述战略措施的实施，提升了公司盈利水平，增强了公司核心竞争力，为给予股东更多回报奠定了基础。

2014 年是华晶发展史非同寻常的一年，公司实现了人造金刚石产业链的初步布局，形成了人造金刚石及其合成设备、大单晶、金刚石微粉、金刚石线锯、金刚石砂轮等多种产品的产业布局，开启了“点多、面广、线长”的产业格局。未来，公司将围绕人造金刚石产业链，通过对产品选择、研发、质量监管、售后服务等多个环节的有效管控，实现公司产业结构升级的新模式。

（资料摘编自上市公司年报）

附 录

公布2014年机床工具行业主要统计数据、行业反不正当竞争公约，发布全球金属加工机床消费及生产调查报告，记载2014年机床工具行业发生的重大事件

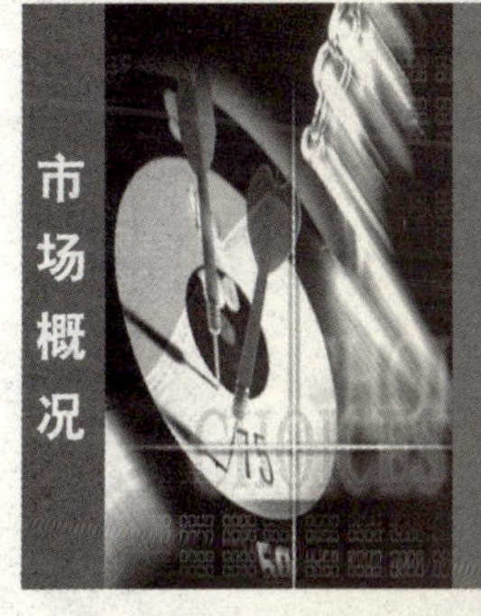

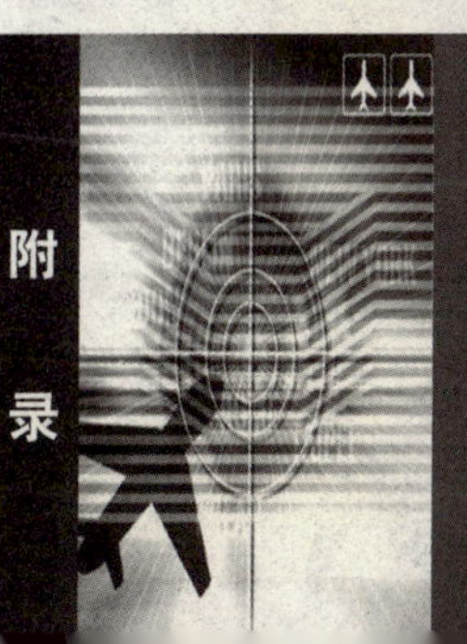

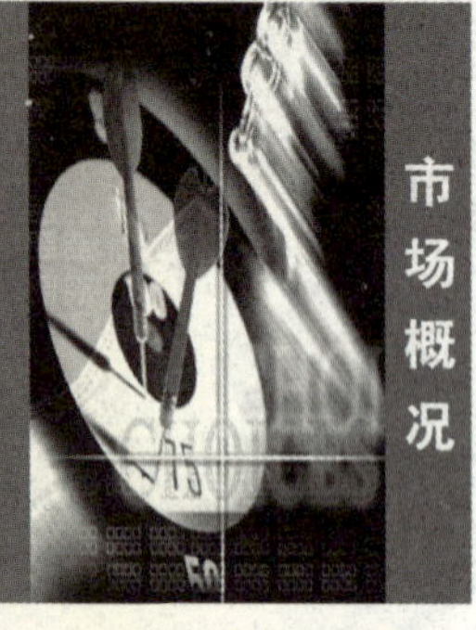

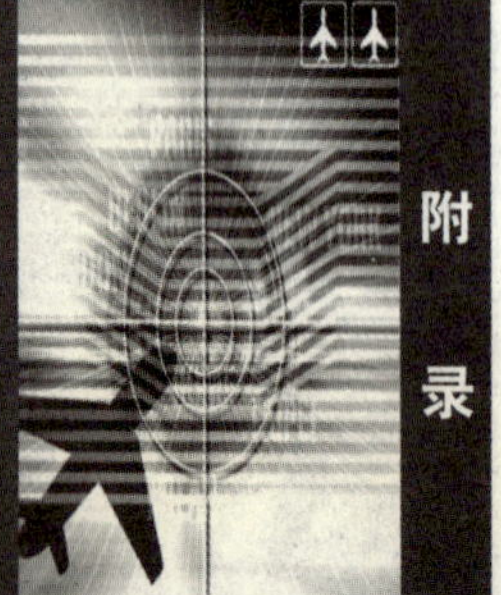

附录

2014 年机床工具行业主要经济指标完成情况

行业类别	企业数		主营业务收入			产成品存货	
	数量（家）	占比（%）	完成（万元）	占比（%）	同比增长（%）	完成（万元）	同比增长（%）
一、金属切削机床	731	100.0	17 100 677	100.0	9.9	1 520 296	10.8
国有控股	62	8.5	3 394 092	19.9	0.4	594 589	4.4
集体控股	17	2.3	189 779	1.1	5.0	52 308	16.9
私人控股	518	70.9	11 153 893	65.2	13.2	668 384	29.8
港澳台商控股	49	6.7	792 606	4.6	11.8	73 371	-38.4
外商控股	53	7.2	1 273 365	7.5	14.5	94 989	21.2
其他	32	4.4	296 942	1.7	-8.1	36 655	-20.0
二、金属成形机床	545	100.0	8 477 183	100.0	11.9	432 353	17.1
国有控股	18	3.3	711 179	8.4	1.1	84 243	7.9
集体控股	7	1.3	87 167	1.0	-3.7	18 358	-3.9
私人控股	431	79.1	6 247 210	73.7	15.6	229 862	17.2
港澳台商控股	25	4.6	444 405	5.2	17.9	34 313	57.1
外商控股	42	7.7	625 361	7.4	-0.1	22 513	5.8
其他	22	4.0	361 861	4.3	-3.4	43 064	31.8
三、铸造机械	617	100.0	9 750 203	100.0	11.3	332 377	20.1
国有控股	9	1.4	131 020	1.3	-22.8	14 128	34.1
集体控股	14	2.3	343 101	3.5	-19.7	21 994	-32.2
私人控股	528	85.6	8 271 410	84.8	15.6	222 522	20.9
港澳台商控股	19	3.1	495 539	5.1	7.7	21 283	14.5
外商控股	21	3.4	307 899	3.2	3.5	31 407	269.8
其他	26	4.2	201 234	2.1	-18.7	21 043	-7.3
四、木材加工机械	154	100.0	1 909 765	100.0	7.4	91 343	6.5
国有控股	2	1.3	15 869	0.8	-25.5	335	-71.9
集体控股	2	1.3	18 286	1.0	11.2	8 134	10.0
私人控股	125	81.2	1 620 972	84.9	10.2	57 235	36.6
港澳台商控股	11	7.1	122 838	6.4	5.6	16 690	-31.8
外商控股	10	6.5	100 576	5.3	-11.5	7 555	-23.6
其他	4	2.6	31 224	1.6	-21.2	1 394	55.2

（续）

行业类别	企业数		主营业务收入			产成品存货	
	数量（家）	占比（%）	完成（万元）	占比（%）	同比增长（%）	完成（万元）	同比增长（%）
五、机床附件	392	100.0	5 698 976	100.0	9.4	159 830	9.8
国有控股	15	3.8	118 884	2.1	-2.0	48 747	11.4
集体控股	5	1.3	111 564	2.0	25.5	671	-35.5
私人控股	326	83.2	4 983 878	87.4	7.8	93 926	11.3
港澳台商控股	19	4.9	215 591	3.8	35.7	5 839	6.1
外商控股	19	4.8	189 737	3.3	28.9	8 020	-10.6
其他	8	2.0	79 322	1.4	12.3	2 627	33.1
六、工量具及量仪	680	100.0	9 429 975	100.0	14.8	586 477	14.8
国有控股	19	2.8	529 791	5.6	-1.3	133 360	-1.8
集体控股	15	2.2	198 312	2.1	12.0	6 333	3.3
私人控股	505	74.3	7 025 976	74.5	17.1	296 421	19.4
港澳台商控股	32	4.7	407 476	4.3	5.5	33 703	19.8
外商控股	84	12.3	997 386	10.6	15.0	93 290	27.0
其他	25	3.7	271 034	2.9	11.5	23 370	22.8
七、磨料磨具	1 618	100.0	27 873 320	100.0	14.1	873 957	15.6
国有控股	46	2.8	815 674	2.9	4.5	73 619	-20.9
集体控股	43	2.7	788 396	2.9	10.3	23 520	15.8
私人控股	1 362	84.2	23 752 399	85.2	14.4	649 966	18.5
港澳台商控股	45	2.8	585 342	2.1	10.3	22 068	1.5
外商控股	58	3.6	954 692	3.4	10.3	34 354	3.6
其他	64	3.9	976 817	3.5	25.9	70 430	78.5
八、其他金属加工机械	663	100.0	11 527 871	100.0	11.0	331 369	45.8
国有控股	16	2.4	1 861 166	16.2	14.2	72 174	84.0
集体控股	12	1.8	127 044	1.1	-10.4	1 396	9.1
私人控股	559	84.3	8 373 320	72.6	10.1	206 082	27.7
港澳台商控股	20	3.0	141 597	1.2	22.8	8 028	17.3
外商控股	31	4.7	675 228	5.9	13.8	14 647	37.3
其他	25	3.8	349 516	3.0	15.3	29 042	268.9
九、行业合计	5 400	100.0	91 767 969	100.0	12.0	4 328 000	15.6
国有控股	187	3.5	7 577 673	8.3	3.2	1 021 195	5.1
集体控股	115	2.1	1 863 648	2.0	1.4	132 713	0.2
私人控股	4 354	80.6	71 429 059	77.8	13.6	2 424 397	22.5
港澳台商控股	220	4.1	3 205 395	3.5	12.3	215 296	-12.6
外商控股	318	5.9	5 124 245	5.6	10.9	306 773	25.6
其他	206	3.8	2 567 949	2.8	8.0	227 626	33.5

注：数据来源于国家统计局。

2014 年机床工具行业主要经济指标分行业按地区完成情况

行业及地区名称	企业数（家）	主营业务收入			产成品存货		
		完成（万元）	同比增长（%）	在全国占比（%）	完成（万元）	同比增长（%）	在全国占比（%）
金属切削机床行业	731	17 100 677	9.9	100.0	1 520 296	10.8	100.0
辽宁省	72	4 568 780	-5.2	26.7	352 246	17.1	23.2
山东省	118	3 185 774	28.2	18.6	133 457	34.7	8.8
江苏省	123	1 967 296	20.4	11.5	129 714	22.7	8.5
浙江省	89	1 398 063	15.6	8.2	146 001	7.4	9.6
陕西省	12	718 411	1.6	4.2	79 375	15.2	5.2
广东省	49	592 447	30.2	3.5	33 680	30.0	2.2
云南省	20	484 844	1.2	2.8	47 702	-52.7	3.1
河南省	21	473 008	17.4	2.8	17 679	9.8	1.2
安徽省	33	452 715	37.3	2.6	29 087	10.9	1.9
四川省	18	436 148	10.0	2.6	24 796	38.9	1.6
北京市	13	424 608	47.2	2.5	147 257	52.5	9.7
湖北省	33	396 610	14.9	2.3	94 083	27.6	6.2
上海市	30	370 586	-7.0	2.2	46 964	-18.6	3.1
福建省	18	226 941	3.6	1.3	17 870	41.1	1.2
江西省	12	218 196	23.0	1.3	13 422	23.3	0.9
河北省	15	189 814	46.2	1.1	17 234	12.9	1.1
黑龙江省	7	185 760	-9.9	1.1	64 665	-17.7	4.3
湖南省	14	144 218	1.2	0.8	17 610	65.8	1.2
甘肃省	2	130 579	-25.2	0.8	8 805	-45.5	0.6
重庆市	5	116 646	14.8	0.7	14 756	-17.5	1.0
青海省	2	116 054	-0.7	0.7	26 270	-0.1	1.7
宁夏区	4	113 409	-10.2	0.7	19 445	11.0	1.3
贵州省	5	74 120	-9.4	0.4	3 836	26.3	0.3
天津市	7	43 428	13.9	0.3	7 327	10.5	0.5
吉林省	4	40 174	-35.8	0.2	1 446	47.9	0.1
广西区	3	19 331	-42.5	0.1	17 439	-0.2	1.1
山西省	2	12 714	-9.3	0.1	8 131	-15.3	0.5

（续）

行业及地区名称	企业数（家）	主营业务收入			产成品存货		
		完成（万元）	同比增长（%）	在全国占比（%）	完成（万元）	同比增长（%）	在全国占比（%）
金属成形机床行业	545	8 477 183	11.9	100.0	432 353	17.1	100.0
山东省	100	2 378 282	18.7	28.1	96 033	17.8	22.2
江苏省	136	2 111 430	16.3	24.9	84 017	-3.9	19.4
安徽省	56	687 567	7.9	8.1	29 339	27.1	6.8
辽宁省	36	627 147	-9.3	7.4	16 641	-18.9	3.8
广东省	32	469 010	18.2	5.5	34 795	69.8	8.0
浙江省	52	395 708	0.7	4.7	41 099	16.1	9.5
上海市	21	264 491	-2.4	3.1	21 962	138.6	5.1
湖北省	20	253 979	12.6	3.0	13 073	-12.6	3.0
湖南省	8	224 640	32.3	2.6	7 705	60.5	1.8
河南省	14	207 308	39.1	2.4	7 369	17.4	1.7
福建省	10	152 525	19.8	1.8	10 149	-1.2	2.3
河北省	16	139 736	7.8	1.6	3 969	92.5	0.9
重庆市	7	126 607	22.4	1.5	9 143	27.6	2.1
吉林省	6	106 532	10.2	1.3	7 824	11.9	1.8
天津市	4	84 346	-7.9	1.0	33 610	17.1	7.8
四川省	8	67 552	-32.0	0.8	3 884	354.2	0.9
北京市	2	44 059	-19.0	0.5	337	45.9	0.1
广西区	3	35 559	18.0	0.4	2 259	-14.9	0.5
云南省	2	27 149	30.5	0.3	986	149.3	0.2
陕西省	6	26 784	7.9	0.3	1 615	22.8	0.4
甘肃省	1	25 251	-11.2	0.3	6 000	33.3	1.4
江西省	1	8 144	48.9	0.1	364	39.9	0.1
山西省	2	5 755	10.1	0.1	182	455.5	0.0
黑龙江省	1	4 118	-11.5	0.0	0		0.0
贵州省	1	3 506		0.0	0		0.0
铸造机械行业	617	9 750 203	11.3	100.0	332 377	20.1	100.0
山东省	147	3 088 895	16.7	31.7	68 516	-2.9	20.6
江苏省	101	1 609 062	12.1	16.5	54 436	11.3	16.4
湖南省	50	964 065	21.2	9.9	5 690	34.1	1.7
辽宁省	41	694 301	-8.9	7.1	22 223	28.0	6.7
河南省	49	667 795	7.8	6.8	15 135	12.7	4.6
广东省	34	543 858	13.5	5.6	37 126	110.5	11.2
湖北省	24	391 586	11.4	4.0	4 797	7.2	1.4

（续）

行业及地区名称	企业数（家）	主营业务收入			产成品存货		
		完成（万元）	同比增长（%）	在全国占比（%）	完成（万元）	同比增长（%）	在全国占比（%）
四川省	31	278 283	-4.1	2.9	10 605	-16.0	3.2
安徽省	26	252 113	18.6	2.6	3 657	-13.4	1.1
河北省	17	243 643	16.5	2.5	45 022	13.8	13.5
陕西省	5	173 479	31.2	1.8	618	-19.9	0.2
浙江省	27	160 154	10.4	1.6	13 417	42.3	4.0
吉林省	12	142 551	-5.8	1.5	8 699	18.1	2.6
广西区	3	110 687	26.5	1.1	9 904	108.3	3.0
江西省	7	106 482	18.6	1.1	604	20.5	0.2
福建省	14	105 970	1.4	1.1	5 430	47.4	1.6
重庆市	5	58 503	10.5	0.6	5 976	203.5	1.8
上海市	6	57 175	-14.7	0.6	3 468	27.8	1.0
云南省	3	27 177	-5.7	0.3	4 669	16.2	1.4
贵州省	1	24 209	-29.7	0.2	2 116	6450.5	0.6
天津市	4	24 207	0.9	0.2	1 213	-4.5	0.4
内蒙古区	3	12 983	-37.4	0.1	6 046	34.9	1.8
山西省	5	10 363	-21.9	0.1	3 009	7.6	0.9
黑龙江省	1	2 247	-20.9	0.0	0	-100.0	0.0
青海省	1	416	73.5	0.0	0		0.0
木工机械行业	154	1 909 765	7.4	100.0	91 343	6.5	100.0
山东省	52	679 475	28.7	35.6	18 343	4.8	20.1
辽宁省	9	167 719	-11.5	8.8	2 682	153.7	2.9
广东省	16	155 348	0.9	8.1	21 152	-9.1	23.2
吉林省	3	134 416	5.0	7.0	2 883	2395.7	3.2
江苏省	14	121 643	14.4	6.4	6 792	-7.2	7.4
上海市	8	117 118	-2.5	6.1	17 320	-5.1	19.0
湖北省	8	112 680	0.4	5.9	3 571	59.9	3.9
福建省	10	100 316	9.7	5.3	1 575	22.6	1.7
河南省	6	64 006	34.7	3.4	1 436	35.6	1.6
河北省	5	61 499	11.1	3.2	1 828	-10.6	2.0
湖南省	2	58 519	-5.0	3.1	1 087	-44.1	1.2
浙江省	5	33 186	-13.6	1.7	1 325	31.7	1.5
安徽省	3	28 057	15.1	1.5	112	243.9	0.1
四川省	4	22 515	-40.2	1.2	690	15.9	0.8

（续）

行业及地区名称	企业数（家）	主营业务收入			产成品存货		
		完成（万元）	同比增长（%）	在全国占比（%）	完成（万元）	同比增长（%）	在全国占比（%）
黑龙江省	2	13 270	-43.5	0.7	7 821	5.6	8.6
江西省	1	12 309	-15.2	0.6	604		0.7
天津市	1	11 488	-57.5	0.6	1 706		1.9
北京市	2	9 523	13.6	0.5	414	8.3	0.5
重庆市	1	4 091	0.7	0.2	2	-11.5	0.0
广西区	1	2 590	18.3	0.1	0	-100.0	0.0
陕西省	1	0	-100.0	0.0	0	-100.0	0.0
机床附件行业	392	5 698 976	9.4	100.0	159 830	9.8	100.0
山东省	108	2 061 961	19.8	36.2	39 395	33.1	24.6
辽宁省	64	1 371 443	-13.3	24.1	10 191	-20.0	6.4
江苏省	85	858 404	24.5	15.1	27 203	-2.4	17.0
湖北省	12	244 400	59.2	4.3	9 305	9.4	5.8
广东省	17	151 846	60.0	2.7	7 057	88.3	4.4
河北省	11	149 258	-18.1	2.6	1 114	24.1	0.7
浙江省	20	133 981	10.8	2.4	14 571	19.2	9.1
安徽省	11	126 074	31.5	2.2	3 989	41.5	2.5
黑龙江省	7	106 116	-27.2	1.9	1 910	-37.9	1.2
四川省	9	104 508	7.9	1.8	2 267	220.8	1.4
福建省	6	65 565	2.3	1.2	972	35.2	0.6
湖南省	5	57 088	4.2	1.0	1 396	-34.1	0.9
云南省	4	40 232	4.9	0.7	650	26.7	0.4
上海市	7	39 390	21.6	0.7	2 157	-20.5	1.3
重庆市	4	34 921	134.7	0.6	839	67.1	0.5
陕西省	4	30 905	27.8	0.5	2 544	-41.8	1.6
北京市	6	29 858	28.1	0.5	4 502	2.7	2.8
内蒙古区	2	27 201	-12.2	0.5	25 845	6.6	16.2
贵州省	1	19 935	704.2	0.3	537	78.9	0.3
天津市	4	18 478	33.6	0.3	1 230	-2.2	0.8
河南省	2	15 992	-11.4	0.3	323	462.8	0.2
宁夏区	1	5 437	8.7	0.1	199	12.0	0.1
甘肃省	1	2 999	32.2	0.1	951	-28.4	0.6
山西省	1	2 985	-5.0	0.1	685	-13.3	0.4
量仪行业	170	2 487 879	26.4	100.0	126 293	16.7	100.0
河南省	30	640 633	76.1	25.8	23 035	-4.5	18.2

（续）

行业及地区名称	企业数（家）	主营业务收入			产成品存货		
		完成（万元）	同比增长（%）	在全国占比（%）	完成（万元）	同比增长（%）	在全国占比（%）
山东省	27	453 722	25.0	18.2	4 985	24.1	3.9
浙江省	27	265 305	12.9	10.7	20 930	7.8	16.6
湖南省	9	217 012	16.0	8.7	2 585	32.4	2.0
江苏省	18	156 148	17.0	6.3	13 516	41.2	10.7
广东省	9	153 136	23.4	6.2	8 919	78.4	7.1
河北省	7	131 820	37.6	5.3	312	−7.4	0.2
江西省	8	85 740	22.0	3.4	3 996	30.5	3.2
上海市	5	68 320	5.8	2.7	6 461	141.9	5.1
广西区	4	52 841	8.1	2.1	4 487	18.8	3.6
黑龙江省	1	46 568	−7.2	1.9	26 017	−0.5	20.6
辽宁省	3	45 194	7.7	1.8	250	10.0	0.2
陕西省	3	37 114	121.1	1.5	2 919	65.5	2.3
重庆市	2	35 618	14.6	1.4	3 313	46.3	2.6
四川省	4	35 402	−19.2	1.4	1 176	−17.9	0.9
安徽省	6	32 521	−50.0	1.3	1 594	30.7	1.3
青海省	1	8 586	−18.2	0.3	1 445	91.2	1.1
湖北省	3	6 962	−24.5	0.3	12	−87.3	0.0
天津市	1	6 946	3.0	0.3	0		0.0
福建省	1	6 366	62.1	0.3	68	9.3	0.1
北京市	1	1 925	−42.4	0.1	273	−25.9	0.2
切削工具行业	510	6 942 096	11.2	100.0	460 184	14.3	100.0
江苏省	112	1 601 949	8.2	23.1	88 781	1.1	19.3
山东省	50	1 011 860	28.1	14.6	36 798	24.0	8.0
广东省	36	733 282	18.8	10.6	33 753	16.1	7.3
浙江省	74	471 953	7.2	6.8	40 331	0.8	8.8
湖北省	39	468 729	20.1	6.8	20 128	1.2	4.4
河北省	26	406 934	12.5	5.9	34 467	24.4	7.5
辽宁省	21	390 023	4.6	5.6	39 301	1 015.6	8.5
上海市	24	287 394	17.4	4.1	20 223	2.2	4.4
福建省	20	274 413	−4.8	4.0	11 172	22.0	2.4
湖南省	12	258 259	4.9	3.7	33 952	−9.3	7.4
四川省	19	205 243	9.2	3.0	18 844	−15.3	4.1
河南省	12	187 414	12.4	2.7	10 859	26.7	2.4

（续）

行业及地区名称	企业数（家）	主营业务收入			产成品存货		
		完成（万元）	同比增长（%）	在全国占比（%）	完成（万元）	同比增长（%）	在全国占比（%）
安徽省	24	167 091	-6.2	2.4	3 177	-10.4	0.7
江西省	5	131 531	-4.4	1.9	4 728	115.5	1.0
贵州省	3	80 414	0.1	1.2	32 470	18.5	7.1
陕西省	7	59 949	-3.0	0.9	9 440	35.7	2.1
广西区	4	46 851	24.1	0.7	2 204	-11.5	0.5
北京市	3	37 186	0.3	0.5	1 046	-65.3	0.2
吉林省	3	34 802	26.4	0.5	1 423	-39.8	0.3
天津市	5	32 641	-14.8	0.5	2 891	50.1	0.6
黑龙江省	4	24 462	-5.1	0.4	10 937	-25.2	2.4
重庆市	5	18 049	-26.6	0.3	476	-71.1	0.1
内蒙古区	1	9 178	24.1	0.1	83		0.0
山西省	1	2 492	7.2	0.0	2 700	61.5	0.6
磨料磨具行业	1 618	27 873 320	14.1	100.0	873 957	15.6	100.0
河南省	322	9 419 829	19.9	33.8	239 003	7.1	27.3
江苏省	208	3 206 863	19.0	11.5	66 535	4.2	7.6
山东省	148	3 161 746	13.1	11.3	47 342	22.1	5.4
辽宁省	77	1 474 549	11.3	5.3	24 849	-2.6	2.8
江西省	50	1 232 718	27.0	4.4	17 327	3.4	2.0
湖南省	80	1 231 538	-4.2	4.4	18 894	20.6	2.2
湖北省	95	1 142 807	3.0	4.1	58 698	-2.7	6.7
广东省	92	985 200	12.5	3.5	70 006	26.8	8.0
四川省	70	712 001	19.2	2.6	26 749	32.8	3.1
安徽省	87	632 830	5.4	2.3	28 514	16.3	3.3
河北省	56	615 500	-13.7	2.2	25 554	3.9	2.9
福建省	33	456 328	7.0	1.6	23 951	33.1	2.7
黑龙江省	24	426 974	2.9	1.5	22 681	92.6	2.6
广西区	37	381 060	1.6	1.4	16 210	23.1	1.9
吉林省	14	348 886	11.4	1.3	9 433	8.8	1.1
北京市	18	304 382	15.0	1.1	4 684	-15.7	0.5
浙江省	44	289 511	14.1	1.0	17 348	16.3	2.0
内蒙古区	12	280 854	22.1	1.0	3 818	24.0	0.4
贵州省	29	247 944	30.7	0.9	33 514	78.2	3.8
陕西省	16	243 734	32.5	0.9	12 804	30.6	1.5
新疆区	9	235 582	64.4	0.8	33 021	104.4	3.8

（续）

行业及地区名称	企业数（家）	主营业务收入			产成品存货		
		完成（万元）	同比增长（%）	在全国占比（%）	完成（万元）	同比增长（%）	在全国占比（%）
甘肃省	22	205 789	-0.3	0.7	25 690	4.3	2.9
山西省	27	193 699	13.8	0.7	19 888	2.4	2.3
上海市	15	147 912	11.3	0.5	4 195	-36.8	0.5
重庆市	8	101 055	17.6	0.4	1 404	-36.7	0.2
宁夏区	8	98 992	4.9	0.4	4 746	-7.6	0.5
天津市	12	78 947	-18.5	0.3	12 304	159.0	1.4
云南省	5	16 092	-39.2	0.1	4 796	-3.0	0.5
其他金属加工机械行业	663	11 527 871	11.0	100.0	331 369	45.8	100.0
山东省	141	3 579 058	14.2	31.0	96 348	280.9	29.1
安徽省	22	1 488 138	18.3	12.9	34 949	30.6	10.5
江苏省	100	1 109 170	10.9	9.6	32 116	16.7	9.7
湖南省	45	943 883	19.8	8.2	24 919	17.0	7.5
广东省	60	574 846	11.0	5.0	18 524	-3.8	5.6
辽宁省	41	557 120	-22.4	4.8	18 956	308.4	5.7
湖北省	23	544 317	15.8	4.7	23 615	20.0	7.1
四川省	42	518 371	4.8	4.5	12 969	-17.3	3.9
河南省	22	392 379	19.7	3.4	4 367	5.0	1.3
北京市	5	336 272	13.0	2.9	11 535	-14.4	3.5
江西省	10	176 275	42.0	1.5	2 318	-32.4	0.7
吉林省	7	176 249	-3.3	1.5	3 319	-6.4	1.0
上海市	28	170 418	8.7	1.5	8 967	16.7	2.7
陕西省	11	167 495	32.0	1.5	687	28.7	0.2
天津市	21	137 929	-2.0	1.2	5 040	245.0	1.5
浙江省	26	122 732	-1.7	1.1	10 849	20.4	3.3
福建省	15	121 733	11.1	1.1	2 411	40.3	0.7
河北省	15	118 170	11.7	1.0	4 008	-3.8	1.2
广西区	4	92 574	24.2	0.8	1 471	-69.1	0.4
山西省	4	70 095	10.3	0.6	6 389	-2.5	1.9
重庆市	7	62 837	29.5	0.5	3 656	17.2	1.1
黑龙江	7	26 586	-69.6	0.2	11	332.0	0.0
贵州省	3	23 264	2.2	0.2	167	5.0	0.1
宁夏区	2	9 004	144.1	0.1	194	42.5	0.1
内蒙古区	2	8 957	11.9	0.1	3 582	9.2	1.1

注：1. 表中数据由于四舍五入，合计数有微小出入。

2. 数据来源于国家统计局。

2014年机床工具行业中金属切削机床产品产量分地区完成情况

地区名称	金属切削机床					其中：数控机床				
	企业数（家）	2014年产量（台）	2013年产量（台）	同比增长（%）	2014年产量占比（%）	企业数（家）	2014年产量（台）	2013年产量（台）	同比增长（%）	2014年产量占比（%）
北京市	15	16 846	10 548	59.7	2.0	13	13 890	6 973	99.2	5.3
天津市	8	922	1 148	-19.7	0.1	6	657	788	-16.6	0.3
河北省	6	12 906	1 570	722.0	1.5	2	514	525	-2.1	0.2
山西省	2	165	466	-64.6	0.0	1	79	108	-26.9	0.0
辽宁省	48	114 473	115 469	-0.9	13.3	12	63 328	51 055	24.0	24.3
吉林省	2	161	1 976	-91.9	0.0					0.0
黑龙江省	7	990	3 980	-75.1	0.1	4	255	234	9.0	0.1
上海市	28	47 036	50 692	-7.2	5.5	18	3 756	3 732	0.6	1.4
江苏省	83	101 546	105 452	-3.7	11.8	31	19 290	25 211	-23.5	7.4
浙江省	103	152 268	150 662	1.1	17.7	52	50 976	46 118	10.5	19.5
安徽省	31	82 121	77 531	5.9	9.6	11	2 298	1 872	22.8	0.9
福建省	15	5 961	6 788	-12.2	0.7	5	1 609	1 391	15.7	0.6
江西省	11	5 775	5 452	5.9	0.7	5	1 475	1 391	6.0	0.6
山东省	73	165 076	151 741	8.8	19.2	32	41 711	34 629	20.5	16.0
河南省	14	11 426	9 877	15.7	1.3	8	3 197	3 686	-13.3	1.2
湖北省	21	4 048	3 610	12.1	0.5	9	944	917	2.9	0.4
湖南省	11	6 298	4 359	44.5	0.7	6	1 894	502	277.3	0.7
广东省	36	25 351	25 232	0.5	3.0	18	9 323	9 498	-1.8	3.6
广西区	4	2 214	3 765	-41.2	0.3	4	23	98	-76.5	0.0
重庆市	9	4 760	4 462	6.7	0.6	6	2 207	2 241	-1.5	0.8
四川省	11	19 162	18 492	3.6	2.2	6	1 262	1 330	-5.1	0.5
贵州省	6	2 071	1 715	20.8	0.2	5	1 380	1 318	4.7	0.5
云南省	20	51 683	55 366	-6.7	6.0	11	28 216	21 908	28.8	10.8
陕西省	13	20 660	16 862	22.5	2.4	8	10 022	8 786	14.1	3.8
甘肃省	2	2 331	2 935	-20.6	0.3	1	327	371	-11.9	0.1
青海省	2	376	458	-17.9	0.0	2	258	321	-19.6	0.1
宁夏区	4	2 715	3 222	-15.7	0.3	4	2 043	2 329	-12.3	0.8
合计	585	859 341	833 830	3.1	100.0	280	260 934	227 332	14.8	100.0

注：数据来源于国家统计局。

2014 年机床工具行业中金属成形机床产品产量分地区完成情况

地区名称	金属成形机床				
	企业数（家）	2014 年产量（台）	2013 年产量（台）	同比增长（%）	2014 年产量占比（%）
北京市	4	608	761	-20.1	0.2
天津市	4	1 464	1 481	-1.1	0.4
河北省	5	14 779	13 253	11.5	4.3
山西省	3	6 705	1 501	346.7	1.9
辽宁省	15	5 493	4 776	15.0	1.6
黑龙江省	1	1	12	-91.7	0.0
上海市	13	2 509	3 538	-29.1	0.7
江苏省	72	102 484	102 001	0.5	29.6
浙江省	34	27 287	27 708	-1.5	7.9
安徽省	40	34 780	49 638	-29.9	10.0
福建省	7	9 802	7 165	36.8	2.8
江西省	1	1 394	1 099	26.8	0.4
山东省	33	22 090	21 384	3.3	6.4
河南省	5	11 557	8 987	28.6	3.3
湖北省	13	41 699	38 076	9.5	12.0
湖南省	3	26 519	14 714	80.2	7.7
广东省	20	16 641	13 178	26.3	4.8
广西区	1	608	582	4.5	0.2
重庆市	4	2 637	2 207	19.5	0.8
四川省	2	8 686	7 451	16.6	2.5
贵州省	1	463	0		0.1
云南省	2	1 721	2 078	-17.2	0.5
陕西省	5	6 122	4 458	37.3	1.8
甘肃省	2	429	337	27.3	0.1
合计	290	346 478	326 385	6.2	100.0

注：数据来源于国家统计局。

2014 年全球金属加工机床消费及生产情况

一、总体情况

对于当前竞争日益激烈的全球制造业，提升生产力是关键。提升生产力的途径之一就是雇佣更高技能的劳动者，另一个途径就是使用更高效的设备，比如机床。随着竞争日益激烈，这两种提升生产力的方法都被经常采用。由于机床广泛应用于制造业的各个方面，所以各个国家在机床方面的投入水平已成为评价其对未来高技术投资前瞻性的一种标志。机床购置趋势表明，越是制造强国，越是重视对先进机床技术的投入。

2013 年全球机床消费额 753 亿美元，2014 年仅同比增长 0.3%。上述数据涵盖全球几乎全部的机床消费国家和地区。其中，前十大机床消费国家和地区，基本也是全球前十大经济体，2014 年机床消费额同比增长 1.7%。而另外 15 个国家和地区 2014 年的机床消费额却同比下降 7.9%。由此可见，制造业基础雄厚的国家正在通过投资不断提升生产力，以拉大领先优势。

近三年来全球机床生产持续下行，2014 年全球机床生产 812 亿美元，同比下降 3.1%。由于机床制造商减少库存使得供需达到了更好的平衡，目前总体下行的速度正在放缓，这也预示着全球机床价格将会回升。预计 2015 年全球机床消费 750 亿美元，同比下降 0.4%。其中，全球前十大机床消费国家和地区的消费将同比下降 1.1%，其他 15 个国家和地区的消费将同比增长 3.7%。

二、机床消费

中国是世界上最大的机床消费国。然而，2011—2014 年，中国的机床消费额同比下降 22%，从 2011 年的 408 亿美元下降到 2014 年的 318 亿美元。由于在过去的二十多年，中国货币供应量的增长速度已降至有史以来最低，工业生产增长率也自 2012 年 1 月起逐年降低，因此，预计 2015 年中国机床消费额将进一步缩减至 286 亿美元。美国作为第二大机床消费国，机床消费基本维持在 81 亿美元左右。预计其 2015 年机床消费额将增至 104 亿美元。德国是第三大机床消费国，其 2014 年的消费额同比下降 10.8%，下降幅度在下降前十国中位列第二。德国的货币供应、工业生产和产能利用率的增速都在减缓。因此，预计 2015 年德国机床消费将同比下降 8%。

日本和韩国是机床消费前五位以内的国家。2014 年日本上升至第四位，而韩国则跌至第五位。2014 年日本机床消费额同比增长 39.4%，预计 2015 年日本机床消费仍将有所增长，但增长幅度会大幅下降。2014 年韩国机床消费额同比增长 13.2%，预计其 2015 年仍会有小幅增长。

印度和巴西的机床消费出现了大幅下降。2011 年两个国家的消费额均接近 25 亿美元，分别位列第六位和第七位。但 2014 年印度机床消费额下降至 14 亿美元，巴西则仅为 10 亿美元。目前，印度的状况有所好转，预计会在 2015 年实现增长。而巴西工业生产和产能利用率都急剧萎缩，预计其 2015 年机床消费额将减少至 7 亿美元。

三、机床生产

自 2009 年起，中国就是全球最大的机床生产国。但其机床生产已从 2011 年巅峰时期的 295 亿美元降至 2014 年的 238 亿美元。考虑到中国机床市场将随其经济放缓而自然回落，预计其 2015 年的机床生产可能会进一步减少。

近两年来，德国一直是全球第二大机床生产国，也是全球最大的机床出口国，但其 2014 年的机床生产同比下降 20%。2011—2013 年，日本的机床生产同比下降将近 50%。2014 年略有回升，增长到 128 亿美元，仅比德国少 1 亿美元，居全球第三位。韩国升至第四位，意大利则跌至第五位。两个国家的机床生产均超过了 50 亿美元。自 2011 年以来，巴西的机床产业就受到了毁灭性的打击，其机床生产总量从 9 亿美元下降至 3 亿美元，降幅近 70%。

四、关于分析数据说明

关于机床生产和进出口的数据均来源于各个国家和地区的官方资料，涵盖了全球机床生产和消费的 27 个国家和地区的贸易协会和政府机构。消费额计算方法是消费额等于生产额加上进口额再减去出口额。各国和地区的数据一般是以当地货币为单位，再转换为美元。在所有的数据都转换成美元后，2014 年还进行了通胀调整，以期提供更准确的历史比较。

2014 年度选取机床生产和消费分别居前 25 位的国家和地区，其机床产销总量基本能达到全球总量的 95% 左右。

2014 年全球机床消费情况见表 1。2014 年全球机床生产情况见表 2。2014 年全球机床进口情况见表 3。2014 年全球机床出口情况见表 4。2014 年全球机床贸易差情况见表 5。2014 年全球机床人均消费量情况见表 6。美元对报表币种汇率见表 7。

表 1　2014 年全球机床消费情况　　（单位：百万美元）

序号	国家（地区）	2013 年	2014 年	2015 年*
	总计	75 269	75 508	75 198
1	中国	31 900	31 700	28 600
2	美国	8 049	8 056	10 412
3	德国	7 573	6 758	6 233
4	日本	3 696	5 150	5 428
5	韩国	4 320	4 891	4 960
6	意大利	2 098	2 267	2 341
7	俄罗斯	2 055	2 030	1 730
8	墨西哥	1 924	1 709	1 884
9	中国台湾	1 629	1 687	1 877
10	印度	1 338	1 417	1 507
11	加拿大	1 342	1 235	1 362
12	土耳其	1 261	1 227	1 267
13	英国	1 078	1 087	1 362
14	瑞士	1 126	1 082	1 030
15	巴西	1 465	1 015	661
16	法国	1 114	977	1 019
17	奥地利	734	664	665
18	西班牙	426	535	606
19	捷克	436	464	568
20	澳大利亚	375	333	357
21	荷兰	343	304	311
22	比利时	190	221	230
23	阿根廷	210	196	137
24	葡萄牙	210	167	209
25	瑞典	194	161	242
26	芬兰	122	116	133
27	丹麦	63	60	66

注：*2015 年数据为预计数。

表2 2014年全球机床生产情况 （单位：百万美元）

序号	国家（地区）	金属切削机床占比（%）	2013年	2014年
	总计	—	83 883	81 313
1	中国	59	24 700	23 800
2	德国	71	15 269	12 957
3	日本	83	11 334	12 832
4	韩国	74	5 150	5 631
5	意大利	51	5 476	5 075
6	美国	75	4 956	4 900
7	中国台湾	82	4 537	4 700
8	瑞士	84	3 243	3 112
9	奥地利	51	1 217	1 101
10	西班牙	60	1 285	1 083
11	英国	77	1 007	932
12	土耳其	27	719	722
13	法国	61	797	699
14	印度	83	576	645
15	捷克	82	697	626
16	加拿大	—	685	571
17	荷兰	—	429	381
18	巴西	81	418	280
19	比利时	—	318	254
20	俄罗斯	—	211	234
21	芬兰	—	192	170
22	墨西哥	—	141	144
23	澳大利亚	—	160	143
24	瑞典	9	163	136
25	葡萄牙	75	119	102
26	丹麦	—	49	45
27	阿根廷	59	36	38

表3　2014 年全球机床进口情况　　（单位：百万美元）

序号	国家（地区）	2013 年	2014 年	2014 年消费中的进口占比（%）
1	中国	10 100	11 200	35
2	美国	5 268	5 242	65
3	德国	3 013	2 784	41
4	俄罗斯	1 922	1 869	92
5	墨西哥	1 908	1 655	97
6	韩国	1 386	1 496	31
7	意大利	992	1 021	45
8	土耳其	1 037	989	81
9	比利时	858	912	412
10	加拿大	900	902	73
11	巴西	1 264	901	89
12	英国	903	893	82
13	法国	982	876	90
14	印度	797	811	57
15	中国台湾	640	740	44
16	日本	745	716	14
17	瑞士	684	583	54
18	捷克	477	508	109
19	奥地利	461	417	63
20	西班牙	325	405	76
21	荷兰	452	401	132
22	澳大利亚	286	265	80
23	瑞典	288	239	148
24	阿根廷	195	166	85
25	葡萄牙	155	122	73
26	丹麦	119	108	182
27	芬兰	110	97	84

表4　2014年全球机床出口情况　（单位：百万美元）

序号	国家（地区）	2013年	2014年	2014年消费中的出口占比（%）
1	德国	10 708	8 983	69
2	日本	8 383	8 397	65
3	意大利	4 370	3 829	75
4	中国台湾	3 548	3 753	80
5	中国	2 900	3 300	14
6	瑞士	2 800	2 613	84
7	韩国	2 216	2 236	40
8	美国	2 176	2 086	43
9	西班牙	1 184	953	88
10	比利时	985	944	372
11	奥地利	944	855	78
12	英国	833	738	79
13	捷克	739	669	107
14	法国	666	598	86
15	土耳其	495	484	67
16	荷兰	538	478	126
17	加拿大	243	238	42
18	瑞典	257	214	157
19	巴西	216	167	59
20	芬兰	180	152	89
21	丹麦	106	94	208
22	墨西哥	124	90	63
23	澳大利亚	71	75	53
24	俄罗斯	79	73	31
25	葡萄牙	64	57	56
26	印度	35	40	6
27	阿根廷	21	8	22

表5 2014年全球机床贸易差情况 （单位：百万美元）

序号	国家（地区）	2013年	2014年
1	日本	7 638	7 681
2	德国	7 695	6 199
3	中国台湾	2 908	3 013
4	意大利	3 377	2 808
5	瑞士	2 117	2 030
6	韩国	830	740
7	西班牙	859	548
8	奥地利	483	438
9	捷克	262	162
10	荷兰	86	77
11	芬兰	70	55
12	比利时	127	33
13	丹麦	-14	-15
14	瑞典	-31	-26
15	葡萄牙	-90	-65
16	英国	-70	-155
17	阿根廷	-174	-158
18	澳大利亚	-215	-190
19	法国	-317	-278
20	土耳其	-542	-505
21	加拿大	-657	-664
22	巴西	-1 047	-735
23	印度	-762	-771
24	墨西哥	-1 784	-1 565
25	俄罗斯	-1 844	-1 796
26	美国	-3 092	-3 156
27	中国	-7 200	-7 900

注：贸易差=出口总量-进口总量。

表6 2014年全球机床人均消费量情况

序号	国家（地区）	消费总量（百万美元）	人口总数（百万人）	人均消费量（美元/人）
1	瑞士	1 082	8.13	133.06
2	韩国	4 891	50.22	97.39
3	德国	6 758	80.82	83.62
4	奥地利	664	8.51	77.99
5	中国台湾	1 687	23.37	72.19
6	捷克	464	10.53	44.09
7	日本	5 150	127.02	40.55
8	意大利	2 267	60.78	37.30
9	加拿大	1 235	35.67	34.62
10	美国	8 056	318.86	25.27
11	中国	31 700	1 360.72	23.30
12	芬兰	116	5.47	21.12
13	比利时	221	11.20	19.75
14	荷兰	304	16.82	18.07
15	英国	1 087	64.31	16.91
16	瑞典	161	9.64	16.73
17	葡萄牙	167	10.43	15.96
18	土耳其	1 227	77.70	15.79
19	法国	977	66.02	14.80
20	澳大利亚	333	23.13	14.40
21	俄罗斯	2 030	143.70	14.13
22	墨西哥	1 709	122.33	13.97
23	西班牙	535	46.50	11.50
24	丹麦	60	5.66	10.53
25	巴西	1 015	202.77	5.00
26	阿根廷	196	41.45	4.72
27	印度	1 417	1 238.89	1.14

表7　美元对报表币种汇率

序号	国家	报表币种	2013 年	2014 年	变动率（%）
1	阿根廷	美元	1.000	1.000	0
2	澳大利亚	美元	1.000	1.000	0
3	奥地利	欧元	1.370	1.216	-11
4	比利时	欧元	1.370	1.216	-11
5	巴西	美元	1.000	1.000	0
6	加拿大	美元	1.000	1.000	0
7	中国	美元	1.000	1.000	0
8	捷克	克朗	0.050	0.044	-13
9	丹麦	欧元	1.370	1.216	-11
10	芬兰	欧元	1.370	1.216	-11
11	法国	欧元	1.370	1.216	-11
12	德国	欧元	1.370	1.216	-11
13	印度	美元	1.000	1.000	0
14	意大利	欧元	1.370	1.216	-11
15	日本	日元	0.010	0.008	-14
16	墨西哥	美元	1.000	1.000	0
17	荷兰	欧元	1.370	1.216	-11
18	葡萄牙	欧元	1.370	1.216	-11
19	俄罗斯	美元	1.000	1.000	0
20	西班牙	欧元	1.370	1.216	-11
21	韩国	美元	1.000	1.000	0
22	瑞典	欧元	1.370	1.216	-11
23	瑞士	欧元	1.370	1.216	-11
24	中国台湾	美元	1.000	1.000	0
25	土耳其	欧元	1.370	1.216	-11
26	英国	英镑	1.649	1.553	-6
27	美国	美元	1.000	1.000	0

说明：本文是根据美国加德纳商务媒体公司的《全球机床产业和市场年度调查报告》翻译整理而成，报告编写人是该公司市场情报部主任斯蒂夫·克莱恩和研发部经理南希·米勒。报告是在收集全球各国和地区每年机床生产和贸易数据的基础上，以美元为单位进行的分析。本文采用的是第50期报告。中国机床工具工业协会在该报告完成中提供了相应的帮助。该报告由美国加德纳商务媒体公司独立调查分析形成，其中的观点和结论与中国机床工具工业协会无关，仅供参考。

〔翻译整理：中国机床工具工业协会谷金花〕

中国机床工具行业反不正当竞争公约

第一章　总　则

第1条　为促进我国机床工具行业发展，保障机床工具市场健康有序发展，维护机床工具行业的共同利益，规范机床工具企业市场行为，表达最广大机床工具企业的共同意愿，中国机床工具工业协会特制定本公约。

第2条　本公约实行“遵纪守法、诚信自律、公平竞争、共同监督”的原则。

第3条　本公约所称机床工具行业企业是指从事机床工具技术的研究、开发，机床工具产品的生产、测试、销售，包括机床工具领域咨询、服务、培训及其他相关业务的企业。

第4条　本公约适用于在中国大陆注册的机床工具行业所有企业。本着自愿的原则，号召中国机床工具工业协会的会员参加，欢迎非会员企业积极参与，成为公约成员。

第5条　本公约由中国机床工具工业协会常务理事会表决通过后正式实施；中国机床工具工业协会常设机构为本公约的执行机构并全权负责组织本公约的实施。

第二章　遵纪守法

第6条　遵守国家法律法规，维护国家利益。

第7条　遵守国家颁布的机床工具市场的有关行政与技术法规。

第8条　遵守我国政府签署的有关国际公约。

第9条　积极参与中国机床工具行业的政策、方针、法规、条例等方面的建设工作，反映中国机床工具行业大多数企业共同的意见与诉求。

第10条　应政府有关部门要求，积极参与中国政府与国际组织及其他国家签订有关机床工具方面的国际公约等相关工作。接受政府有关部门委托，代表行业按政府有关部门要求参与和国外相关组织、企业进行国际规则等方面的交流和合作。

第三章　诚信自律

第11条　公约成员要建立严格的质量管理体系，在机床工具产品研发、产品生产、服务过程中全面贯彻质量管理要求，自觉接受国家质量技术监督部门的监督与管理。

第12条　公约成员要积极参与机床工具行业标准的起草、制订、实施和推广工作，推进机床工具行业标准体系的建设，自觉在产品开发、产品生产及服务的全过程中执行行业标准；积极贯彻和完善国家、行业、企业相关机床工具的标准；积极参与机床工具行业国际标准化组织的活动。

第13条　公约成员要坚持“用户至上”的原则，自觉维护用户的合法权益，严格履行用户服务承诺，实现与用户共同成长。

第14条　公约成员不允许生产、销售、提供不符合质量要求，损害用户利益的技术、产品和服务。

第四章　公平竞争

第15条　本公约以“公开、公平、公正”的原则鼓励竞争，反对不正当竞争，尤其是违反职业道德、恶性的不正当竞争。

第16条　鼓励公约成员之间进行技术交流与合作，谋求共同发展，推动机床工具行业的技术进步。保护公约成员知识产权与商业秘密，反对用不正当手段获取其他企业的技术秘密及情报。

第17条　鼓励企业在市场中的正常合作，杜绝以不正当手段，排挤其他竞争对手，获取商业利益或市场地位；杜绝通过媒体或其他方式对自身产品、技术进行虚假宣传；杜绝捏造、散布虚假信息，损害竞争对手的企业形象、商誉及其技术、产品的声誉；鼓励企业打造品牌产品，杜绝将他人注册商标作为企业名称中的字号，误导公众；支持企业间采取各种有效方式，开展机床工具科研、生产及服务等领域的协作，共同创造良好的产业发展环境。

第18条　公约成员企业应当自觉遵守有关价格的法律、法规，实行价格自律。坚决反对企业用远低于行业平均价格，甚至低于成本的价格提供产品或服务等不正当手段来获取市场份额的竞争方式。提倡遵循公平、合法和诚实守信的原则，依据生产经营成本和市场供求状况制定价格，维护消费者的持久合法权益，维护行业公平竞争秩序。

第五章　共同监督和监督程序

第19条　中国机床工具工业协会负责向公约成员传递机床工具行业管理的法规、政策及行业自律信息，及时向政府有关主管部门反映大多数公约成员的意愿和要求，维护公约成员的正当利益，并对公约成员遵守本公约的情况进行督促与检查。

第20条 本公约成员应自觉履行公约的各项自律条款，自觉维护机床工具行业整体合法权益。

第21条 公约成员单位有权维护本公约成员的共同利益，在市场、技术、价格等方面受到不正当竞争的损害，其利益应受公约成员的关注和保护。被损害者可以将不正当竞争的情况提交中国机床工具工业协会，经中国机床工具工业协会理事长、副理事长会议决定，本公约执行机构或执行机构的分支机构可以协助受损害者调查受损情况，调解企业之间的争议，必要时可提请国家有关部门依据相关法律法规给予处罚。

第22条 本公约成员如果发生违约行为，将承担违约责任。违约企业及当事人（或代表）有责任向受到损害的单位或其代表，在受到损害的范围内，通过一定的形式公开赔礼道歉；严重违约的企业，应在行业内（会议、媒体）公开检讨。

第23条 公约成员之间发生争议时，争议各方应本着互谅互让的原则解决争议，也可以请求本公约执行机构或分支机构进行调解和仲裁。

第24条 公约成员严重违反本公约的条款，且不承担违约责任者，经中国机床工具工业协会理事长、副理事长会议决定，可以采取必要的方式在社会媒体或产业界通报批评，并取消其参与相关行业活动的资格。情节严重的，由中国机床工具工业协会理事长、副理事长会议决定，向社会公布暂时中止或终止其公约成员资格；必要时可提交国家反不正当竞争主管部门处理、制裁。

第25条 本公约所有成员均有权对公约执行机构执行本公约的合法性和公正性进行监督，并有权向相关政府主管部门反映意见和诉求。

第26条 成员单位有权对本公约提出修改意见，并经中国机床工具工业协会理事长、副理事长会议讨论。中国机床工具工业协会理事长、副理事长会议决定不采纳修改意见的，应书面通知该成员单位；认为有必要修改的，应由常设机构进行本公约修改与完善。

第27条 中国机床工具工业协会应利用其各种传媒手段，积极宣传本公约，宣扬行业诚信自律典型，抨击恶性竞争现象，在社会上和业内形成强大的舆论氛围，加强行业自律。

第六章 附 则

第28条 本公约经中国机床工具工业协会常务理事会议批准同意后即由中国机床工具工业协会常设机构对社会公布。

第29条 本公约采取自愿原则。凡是愿意接受本公约自律条款的企业（含非会员企业），都可向中国机床工具工业协会申请参加本公约，经中国机床工具工业协会批准后在其相关媒体上予以公布，该企业即成为公约成员（具体申请办法详见附件）。

第30条 中国机床工具工业协会所属的分支机构（分会和专业委员会），代表中国机床工具工业协会为分行业会员企业服务，努力营造分行业公平竞争环境，规范分行业企业行为。

第31条 提倡中国机床工具工业协会下属各分支机构（分会和专业委员会）在本公约条款之下，根据国家法律法规和分行业的实际情况，发起和制订各分行业的自律公约细则，经分支机构理事会通过，报公约执行机构审核批复后，作为本公约的附件公布实施，并约束该分行业企业的市场行为。

第32条 本公约由中国机床工具工业协会负责解释。

第33条 本公约与国家颁布的法律、法规相悖之处，以国家法律法规为准。

第34条 本公约自公布之日起实施。

中国机床工具工业协会

2015年1月5日

2014年机床工具行业大事记

1月

7日 2014年中国机床工具工业协会用户联络网年会在北京召开。会议由中国机床工具工业协会执行副理事长王黎明、毛予锋主持。中国机床工具工业协会常务副理事长兼秘书长陈惠仁作总结发言。

来自航空、航天、汽车、船舶、核工业、化工、医药等20个行业企业，部分兄弟协会，大专院校，咨询机构，还有机床企业的一些代表，共计110人参加了会议。

会议总结了2013年机床工具行业的经济运行情况，并就2014年的发展进行了交流，汇报了CCMT2014展览会情况、重点展品及看点，还就中国机床工具工业协会开展用户工艺讲座情况以及世界机床最新发展动态和前景展望跟与会代表进行了交流。

与会行业企业代表介绍了工业机器人在机床行业的应用以及激光全闭环技术应用情况。来自汽车、兵器工业的用户代表分别介绍了汽车行业对机床的需求特点，以及兵器行业企业做工程设计和工艺设计时，对采用设备的关注点。

10日 中国机床工具工业协会在京召开了“海外企业及机床协会驻华代表联席会”。中国机床工具工业协会常务副理事长兼秘书长陈惠仁，执行副理事长王黎明、毛予锋等出席会议并讲话。会议由毛予锋主持。来自12个国家和地区34个海外企业和协会的代表，以及机床协会相关工作人员等共计60余人参加了会议。

会议交流了各个国家（地区）机床行业经济运行形势以及上述在华外资企业的运行情况。

★ 2013年度国家科学技术奖励大会在北京人民大会堂隆重举行。习近平等党和国家领导人出席大会并为获奖代表颁奖。济南二机床集团有限公司（以下简称济南二机床）“大型高效柔性全自动冲压生产线”项目获得国家科技进步奖二等奖。这是继2007年“2 500美吨闭式四点多连杆压力机”项目荣获国家科技进步奖二等奖之后，济南二机床又一个重大项目登上国家最高科技奖励领奖台。

14日 由齐重数控装备股份有限公司承担的“数控重型曲轴铣车复合加工机床”课题在山东省青岛市青岛海西重工有限责任公司（用户现场）通过了验收。课题验收组由中国机床工具工业协会、重型机床生产企业、研究相关课题的高校、船舶用户企业的专家组成。

月内 在上海通用汽车有限公司召开的第十六届优秀供应商颁奖大会上，济南二机床荣获上海通用汽车“2013年度供应商科技进步奖”。这是继2011年荣获“年度最佳供应商”、2012年荣获“技术创领奖”之后，济南二机床连续第三年获得上海通用汽车有限公司优秀供应商称号。

2月

23日 中国机床工具工业协会主办的“2014年机床工具制造业CEO国际论坛”在上海举办。中国机床工具工业协会当值理事长、北京北一机床股份有限公司董事长王旭，中航工业沈阳飞机工业（集团）有限公司总经理、党委副书记袁立为本届CEO国际论坛开幕致辞。中国机床工具工业协会常务副理事长兼秘书长陈惠仁担任论坛板块主持人，邀请中国机床工具工业协会轮值理事长、济南二机床集团有限公司董事长张志刚，中国机床工具工业协会轮值理事长、陕西秦川机床工具集团有限公司董事长兼党委书记龙兴元，四川普什宁江机床有限公司总经理姜华，武汉华中数控股份有限公司董事长陈吉红和北京发那科机电有限公司总经理景喜瑞作为访谈嘉宾，就论坛主题“新变化·新未来”与现场的50余位行业和用户领域CEO互动交流。

24日 在第八届中国数控机床展览会上，沈阳机床（集团）有限责任公司（简称沈阳机床集团）成功在全球首发i5系列智能机床。沈阳机床集团以“智慧制造”为核心，在展会上全球首发智能机床、首创平台化产品开发、首推智能控制技术，并呈现围绕产品全生命周期的全新工业服务模式。公司推出具有国际化水准的智能化、客户化产品，展示了新技术、新品类、新理念、新服务，标志着沈阳机床集团从传统制造商向现代工业服务商的战略转变。

24－28日 中国机床工具工业协会主办的第八届中国数控机床展览会（CCMT2014）在上海成功举办。展会主题为“新变化·新未来”。

CCMT2014展出面积10万m^2，创历届CCMT展会新高，共有来自中国境内外20多个国家和地区的910家机床工具企业参展，其中境外参展企业约占1/3。5天展期中到访的专业观众和参观团组达14.3万人次。

25日 由国家发展和改革委员会、工业和信息化部、国家能源局和国家国防科技工业局主办，中国机床工具工业协会和中国和平利用军工技术协会具体承办的“2014年军工行业与能源装备领域国产数控机床应用座谈会”在上海举行。

会议以“合作、创新”为主题，对长效合作机制10年总结与未来工作方向、机床工具行业发展状况、军工行业需求与长效机制年度计划等进行了交流和探讨，并表彰了国产数控机床应用先进单位和个人。来自主管部门、军工、能源和机床工具行业的代表200余人出席了会议。

原国家发展和改革委员会副主任、能源局局长张国宝，国家发展和改革委员会经济与国防协调发展司王树年司长、吴一亮处长，工业和信息化部装备工业司王卫明副司长，国家能源局能源节约和科技装备司王书强处长，国家国防科技工业局发展计划司宋宝丽副司长，中国机床工具工业协会陈惠仁常务副理事长兼秘书长、于成廷名誉理事长，中国和平利用军工技术协会李东海理事长、张力秘书长等出席会议。王树年司长主持会议。

★ 在合肥召开的安徽省科学技术奖励大会上，合肥合锻机床股份有限公司研发的“高品质多工况系列化液压装备关键技术与产品开发”项目荣获安徽省科技进步奖一等奖。

26日 由商务部主办、中国机床工具工业协会承办的“机床工具行业海外并购企业座谈会”在上海新国际博览中心举行。商务部对外投资与合作司陈林司长、曹亚伟副处长，产业损害调查局周华处长，机电和科技产业司出口处刘熠，原英国机床协会中国首席代表李虎城，美国GARDNER商业媒体集团市场预测与分析总监Steve Kline，德国法兰克福莱茵美茵经济区促进局中国代表Bertram Roth，EAC国际咨询公司邓俊等专家，中国机床工具工业协会执行副理事长王黎明、名誉理事长于成廷，北京北一机床股份有限公司等20余家机床企业代表出席会议。

围绕会议主题“如何通过并购企业开拓海外市场”，各位演讲嘉宾就海外市场开拓、投资战略和策略，从政策、法律法规以及实战经历等多个角度提供了非常有价值的信息。

月内 上海机床厂有限公司荣获由国家知识产权局评选的中国专利优秀奖。

中国专利优秀奖是国家为深入实施知识产权战略，引导和推进知识产权工作对优化产业结构及加快转变经济发展方式，鼓励和表彰为技术（设计）创新及经济社会发展做出突出贡献的专利权人和发明人而设立的。由上海机床厂有限公司和上海交通大学联合申请并获得的“一种重型尾架驱动装置”发明专利，荣膺了知识产权领域国家最高等级的奖项。

★ 南京工大数控科技有限公司与南京工业大学联合申报的“回转支承新型制造装备及工业应用”成果在由中国产学研合作促进会与重庆市政府主办的第七届中国产学研合作创新大会上，荣获中国产学研合作创新成果奖。

★ 国家工商行政管理总局商标评审委员会以商评驰字〔2014〕13号文件印发《关于认定山东普利森集团有限公司“ ”商标为驰名商标的通报》。《通报》指出，国家工商行政管理总局商标评审委员会在审理商标评审案件中，依据《商标法》《商标法实施条例》和《驰名商标认定和保护规定》，认定山东普利森集团有限公司“ ”注册商标为“驰名商标”。

近年来，普利森集团综合实力不断增强，企业连续10年荣登中国机械500强，产品行销全球40多个国家和地区。自1998年以来，普利森集团历经15年改革发展，以“普惠一方，利业利国，森茂发展”为企业核心价值观，以“诚信为本，品质至上；装备精品，服务社会”为企业道德，大力持续推进“质量、服务、交货期”三位一体品牌战略的实施，在行业内树立了良好口碑。

3月

14日 全国锻压机械标准化技术委员会/二辊工作组在江苏省锻压机械产品质量监督检验中心正式挂牌成立。“二辊卷板机行业标准”的起草单位——南通超力卷板机制造有限公司，是一家专业从事卷板机系列产品研发和制造的企业。

近年来，南通超力卷板机制造有限公司坚持科技兴企战略，先后与南京航空航天大学、淮阴工学院、常州工学院等6家高校院所开展产学研合作，加快技术研究和新产品研发，依靠科技进步提升企业实力。公司产品主要有液压数控全自动二辊卷板机，机械对称式、万能式、水平下调、弧线下调式三辊卷板机，直线、弧线四辊卷板机，型材弯曲机等。

19日 天水锻压机床（集团）有限公司与欧洲某客户签订购销合同，出口8台剪板机至欧洲。此外，双方还达成意向，天水锻压机床（集团）有限公司每年向该客户出口约100台（套）常规设备。

21日 北京第二机床厂有限公司研发制造的B2－K1018“双砂轮架随动式数控曲轴磨床”在浙江太阳股份有限公司通过用户终验收。

双砂轮架随动式（切点跟踪）数控曲轴磨床是北京第二机床厂有限公司承担的国家“863”项目、“高档数控机床与基础制造装备”科技重大专项及北京市科技计划等课题重要成果产品之一。该产品是针对汽车发动机曲轴连杆颈、主轴颈精密磨削研发的高效精密磨削设备，采用双砂轮架同步磨削、CBN高速磨削、C轴头尾架同步驱动等国际先进技术，具有敏捷、柔性、高效、精密等特点，能够一次装夹实现曲轴连杆颈、主轴颈的批量精密加工，适合于曲轴生产线成线配套使用；具有工件的在线测量装置与误差补偿功能；具有完善可靠的联锁、安全保护、故障报警、故障自动诊断等功能。

25日 北京北一机床股份有限公司、北京工业大学共同完成的“重型龙门数控机床大型结合面关键技术研究与应用”在2013年度北京市科学技术奖励大会上获得北京市科学技术奖二等奖。

获奖成果以国家重大科技专项课题“数字化设计——重型龙门数控机床大型结合面实验研究与应用”为依托，对重型机床大型结合面动静态特性进行研究。研究成果应用于北一机床的三台重型复合机床，使重型龙门从8m跨越至13m以上，并能开发出跨度超过10m的重型立式车床新产品。

26日 中国机械工业联合会四届一次会员代表大会暨全国机械工业劳动模范表彰大会在北京召开。会员大会选举产生中国机械工业联合会四届理事会理事181名，其中单位理事168名，在单位理事中，机床行业企业9家［包括沈阳机床（集团）有限责任公司、大连机床集团有限责任公司、北京北一机床股份有限公司、济南二机床集团有限公司、北京机床研究所、成都工具研究所有限公司、广州数控设备有限公司、宁波海天精工股份有限公司和江苏金方圆数控机床有限公司］，占企业类单位理事的15%。

四届一次理事会选举王瑞祥为会长，选举薛一平等33人为副会长。在新当选的33名副会长中，执行副会长7名。本届理事会新增选7名副会长，中国机床工具工业协会常务副理事长兼秘书长陈惠仁当选。

会上，人力资源和社会保障部、中国机械工业联合会对100个全国机械工业先进集体、409名全国机械工业劳动模范和37名先进工作者进行了表彰。机床行业中，汉川数控机床股份公司装配钳工吕国彦、山东普利森集团重机事业部装配工朱振雷荣获“全国机械工业劳动模范”光荣称号。

28日 中国兵器工业集团武汉重型机床集团有限公司与波兰拉法梅特机械工厂在武汉签署“战略合作协议”，双方以“合作共赢”为原则，在机床整机销售、安装、培训和服务等方面加强合作，建立长期的战略合作伙伴关系，利用各自优势，资源共享拓宽双方的销售渠道，共同探索新的商业模式。

31日 中国机床工具工业协会2014年第一次秘书长工作会议在北京召开。25个分会和1个专业委员会的秘书长、副秘书长出席了会议。协会常务副理事长兼秘书长陈惠仁，名誉理事长兼特别顾问吴柏林，执行副理事长王黎明、毛予锋，专务耿良志及总会各部门负责人出席了会议。

会议就加强分会建设和规范管理、积极发展会员工作、中国机床工具行业反不正当竞争法等多项议题进行了热烈的探讨。

下旬 沈阳机床集团承担的高档数控机床与基础制造装备专项课题“航空大型复杂结构件高效加工工艺应用试验研究”通过了数控机床专项实施管理办公室组织的专家组验收。

该课题由沈阳机床集团承担，参与单位有成都飞机工业公司、沈阳飞机工业公司和北京航空航天大学。课题组进行了“大型飞机结构件五轴联动加工工艺研究”“基于三维模型数控快速编程与仿真”“加工误差补偿和控制技术”“飞机结构件数控加工快速检测技术研究”“飞机结构件加工多轴机床改进”等研究工作，建立了五轴联动加工编程平台和数据库，开展了加工工艺验证，进行了国产五轴加工机床的结构改进。该课题部分成果在实际生产和制造中有所应用。

★ 齐重数控装备有限公司承担的高档数控机床与基础制造装备专项课题“用于港口和船用大型零件加工的数控重型卧式镗车床”通过了数控机床专项实施管理办公室组织的专家组验收。

该课题研制完成了一台ϕ6.3m×18m重型数控卧式车床，一台ϕ2.0m×18m重型卧式钻、镗、车床，一台ϕ5m×20m重型数控卧式镗车床，全部交付用户使用。

月内 中国合格评定国家认可委员会评审组对秦川发展计量理化检测中心实验室进行了初次现场评审。

评审组成员依据《检测和校准实验室能力认可准则》《检测和校准实验室能力认可准则在无损检测领域的应用说明》和《检测和校准实验室能力认可准则在金属材料检测领域的应用说明》等国家相关认可规则文件，深入该公司计量理化检测中心各个实验室，对实验室认可准则要求的全部要素和申请认可的全部技术能力进行了现场抽样检查评审。通过现场查看检测仪器，查阅检测记录，询问公司计量理化检测中心的日常监测工作情况，评审组一致认为，该公司计量理化检测中心从2012年12月成立以来，按照《检测和校准实验室能力认可准则》的要求，在一年多的实际运行中得到了有效的实施和运行，特别是通过组织对精密检测人员的专业操作技能培训和内审员的取证培训，中心的相关人员较好地掌握了质量手册程序文件的要求以及仪器的操作技能，能够圆满完成企业各种零件的检测任务。

4月

2日 在天水市推进质量和实施商标战略工作会议上，天水锻压机床（集团）有限公司“TSD”牌液压板料折弯机和“TSD”牌龙门移动式液压机两项产品获得“2013年度甘肃名牌产品”称号。

近年来，天水锻压机床（集团）有限公司积极贯彻落实《甘肃省质量发展纲要（2012—2020年）》和《甘肃名牌战略“十二五”发展规划》，全面深入推进质量振兴，在企业中进一步树立品牌意识，不断加强质量管理，提高自主创新能力，提升产品质量水平，发挥品牌效应，积极打造更多具有市场竞争力的品牌产品，增强天水锻压优势特色产品的市场竞争力。

9日 由共青团中央、人力资源和社会保障部共同组织开展的2012—2013年度全国青年岗位能手标兵和全国青年岗位能手评选揭晓。在综合技能竞赛、国家重点工程实施、全团“寻找最美青工”活动和日常工作实践等方面情况的基础上，经广泛发动、多种方式择优推荐和严格审核，决定授予30名同志“全国青年岗位能手标兵”称号，授予585名同志“全国青年岗位能手”称号。天水星火机床有限责任公司技术中心主任设计师黄玉明被评选为“全国青年岗位能手”，受到表彰。

17日 中国机床工具工业协会滚动功能部件分会第八届会员大会暨八届一次理事会在青岛召开。会议选举产生了滚动功能部件分会第八届理事会理事长单位、副理事长单位和常务理事单位等。

大会选举山东博特精工股份有限公司为第八届理事会理事长单位，该公司董事长李保民为理事长；陕西汉江机床有限公司、广东高新凯特精密机械股份有限公司、南京工艺装备制造有限公司、北京精密天工滚珠丝杠股份有限公司为第八届理事会副理事长单位。以上五家单位组成新一届的秘书处，大会推荐山东博特精工股份有限公司副总经理刘宪银为秘书长人选。上述五家单位与山东华珠机械有限公司、北京霹西自动化技术有限公司、江苏启尖丝杠制造有限公司、广州市敏嘉制造技术有限公司共九家单位形成新一届的常务理事会。

月内 国家工商总局（商评驰字〔2014〕10号）通报，认定芜湖恒升重型机床股份有限公司简称恒升公司注册商标为中国驰名商标。

恒升公司是一家具有几十年生产铣镗床系列产品历史的知名企业，是铣镗床制造标准制定和参与制定单位，公司有多项产品获得国家级新产品证书。企业的技术中心“安徽省数控切削机床工程技术研究中心”已承担了多个省市科学技术创新攻关科研项目，研制的产品多次获得省市科技进步奖。恒升公司也被评为“国家高新技术企业”和“安徽省创新型企业”。自2007年以来，恒升公司连续三次获得中国机床工具行业综合经济效益十佳企业称号。

★ 汉江机床有限公司召开职工代表大会，进一步明确了2014年工作目标，提出了促进企业产品结构升级的5项措施。一是深化企业改革，提高发展质量和效益；二是加快自主创新，增强核心竞争力；三是在机床产业优化升级方面寻求新突破；四是滚动功能部件产业要聚焦高端价值链，谋划赶超；五是发挥产业基地作用，加快转子产业发展。

★ 齐二机床集团有限公司（简称齐二机床）承担的高档数控机床与基础制造装备科技重大专项课题“大型复合材料筒形构件铺带机”在北京航天材料及工艺研究所顺利通过专家组终验收。

该课题由齐二机床主承担，南京航空航天大学、北京航天材料及工艺研究所、清华大学参与研发。通过全方位合作及技术攻关，该项目攻克了大型复合材料构件高效铺带机设计制造成套关键技术，完成了装备研制和应用；突破了手工成形，效率和质量保障难度大的瓶颈；实现了筒形复合材料构件自动化高速成形。应用于航天装备制造中可降低制造成本30%，提高生产效率4倍以上。

★ 济南二机床集团铸造有限公司成功浇注单件净重90t特大型工作台铸件，实现了技术突破，同时为进一步开拓大型、特大型铸件市场奠定了基础。该工作台直径达到9m，毛重90t，浇注重量97t，出铁重量114t，共由3台熔炼炉、1台保温炉同步顺序浇注。

★ 合肥合锻机床股份有限公司“20000kN数控闭式四点多连杆压力机研制及产业化”项目通过了安徽省经信委和安徽省财政厅组织召开的安徽省重点产业技术攻关项目验收会。该项目主要进行了多连杆机构动力学分析，开发了多连杆压力机专用软件平台，设计了压力机主传动、机身、滑块、移动台、气垫、润滑、气动、电气控制等部件及系统；攻克了多连杆传动、大吨位闭锁气垫、大流量双回路叠加阀液压控制等关键技术，保证了压力机在拉深、冲裁、弯曲、翻边、压印等工序的精度，提高了工作效率。该项目总体技术水平达到国内领先水平。

5月

4日 成都市科协、市经信委、市科技局、市人社局、市工商联等五部门联合发文，同意四川普什宁江机床有限公司（简称普什宁江公司）等18家单位设立“院士（专家）创新工作站”。四川大学教授殷国富、胡晓兵，普什宁江公司总经理姜华博士、总工程师刘雁，普什宁江国家博士后科研工作站2014年进站博士胡瑞飞等成为公司院士（专家）工作站核心团队成员。

院士（专家）创新工作站设立后，普什宁江公司将把“精密卧式加工中心整机设计技术研究”作为2014年度重点研究项目。在后续的研发试制过程中，该公司院士（专家）创新工作站将和四川大学强强联合，对精密卧式加工中心整机结构、热稳定性及动静刚度进行深度分析，建立关键功能部件和整机的数字化模型，构建卧式加工中心虚拟样机，进行运动学分析和仿真试验，进一步提升企业形象和产品核心竞争力。

9日 中共中央政治局常委、中央书记处书记刘云山来到宝鸡机床集团有限公司中高档数控机床研发生产基地视察。

在生产车间，刘云山听取了该公司党委书记、董事长李强关于企业改革发展、生产经营、产品研发、职工收入、党建及党的群众路线教育实践活动开展等情况的汇报，详细了解了公司产品的工艺流程和性能特点，对公司近年来自主创新和党建工作取得的成效给予了充分肯定。

17日 第三届中国工业大奖表彰大会在北京人民大会堂举行。大会对评选出的41家企业和24个项目予以表彰，其中授予11家企业、4个项目中国工业大奖，授予14家企业、9个项目中国工业大奖表彰奖，授予16家企业、11个项目中国工业大奖提名奖。重庆机床（集团）有限责任公司荣获中国工业大奖提名奖。

22日 国务院总理李克强在内蒙古自治区党委书记王君、自治区主席巴特尔的陪同下，到华中数控股份有限公司参与建设的内蒙古赤峰市工业职业技术学院考察调研。李克强走进数控实训车间与师生们亲切交流，并询问同学们的学习情况、就业情况、生活情况。交谈中，李克强说，技不压身，有技能就有就业，走遍天下都不怕，是一辈子都打不破的铁饭碗。内蒙古赤峰市工业职业技术学院张吉国院长向总理介绍了蒙东地区最大的数控机床实训车间的基本情况。

内蒙古赤峰市工业职业技术学院是华中数控股份有限公司的重要合作伙伴，双方在数控实训基地建设、数控技能大赛、师资培训、校企合作等方面开展了成功合作，双方合作建设了内蒙古东部地区最大的数控机床实训基地，培养的高技能人才受到了社会和企业的欢迎。

27－28日 中国机床工具工业协会工具分会六届八次

常务理事会议在浙江宁海召开。分会15个常务理事单位以及分会秘书处共21名代表出席了会议，中国机床工具工业协会组织联络部张彦君主任到会指导工作。

工具分会当值理事长、哈尔滨第一工具制造有限公司刘毅董事长主持会议并致开幕词；工具分会常务副理事长、成都工具研究所有限公司罗勇董事长主持大会交流。

会议研究确定了工具分会理事会换届方案，确定了工具分会第七届理事会建议名单，讨论了《分会工作条例》修改草案。

与会代表们通过大会交流达成了共识：尽管2014以来工具市场与上年同期相比呈现缓慢回暖，但行业低端产品产能过剩、市场总需求减少的形势并未发生根本转变，各会员企业一方面要继续在产品结构调整上面下工夫，加强研发，争占中高端市场；另一方面要通过传统产品的“升级”，提高质量控制标准，坚持在“品质”和“服务”方面下大力气，同时用好价格杠杆，保证企业和行业的经济运行质量。

28日 “2013年度中国机械工业百强企业、汽车工业三十强企业信息发布会暨十年发展回顾”大会在北京隆重召开。中国机械工业联合会会长王瑞祥、执行副会长蔡惟慈、中国汽车工业协会常务副会长董扬等行业领导、百强企业以及多家新闻媒体代表参加了会议。济南二机床集团有限公司再度入围“中国机械工业百强”企业，排名从上年的85位上升至75位。

29日 哈尔滨量具刃具集团有限责任公司（简称哈量集团）承担的2012年度国家东北老工业基地调整改造专项“高档精密螺纹刀具”项目，顺利通过了哈尔滨市国家投资项目评审中心验收。

验收专家组对哈量集团在项目建设期所取得的成果和各项指标完成情况给予了充分肯定，一致同意该项目通过生产能力验收。同时建议今后应加强市场推广力度，根据不同用户需求，提供不同材质的螺纹刀具及各种切削刃具几何参数，以满足用户实现高精度螺纹加工对刀具的要求。在扩大国内销售的基础上，努力开发国际市场，以获得最佳经济效益。

30日 中国机床工具行业信息统计重点联系企业网络会议在京召开。来自中国机床工具行业协会各分会以及会员企业代表近160人参加了会议。中国机床工具工业协会常务副理事长兼秘书长陈惠仁，执行副理事长王黎明、毛予锋出席了会议。

会议强调了行业信息统计升级工作的重要性，在总结协会前期信息统计工作的基础上，介绍了行业信息统计业务升级的工作进展情况、升级方案的特点以及升级工作的原则。升级工作强调责权一致，兼顾全面和发展，要进行信息产品分级发布，使积极参与重点联系企业网络的会员单位获得更多、更快、更有价值的信息产品。

★ 陕西秦川机床工具集团有限公司（简称秦川集团）牵头申报的“工业机器人关节减速器生产线”和陕西秦川机械发展股份有限公司（简称秦川发展）牵头申报的“大型、高精度数控成形砂轮磨齿机”两个项目，获2014年国家“高档数控机床与基础制造装备”科技重大专项立项。

秦川集团承担的“工业机器人关节减速器生产线”重大专项课题，将开发并研制工业机器人关节减速器5个关键零件生产线和1条装配检测生产线。

秦川发展承担的“大型、高精度数控成形砂轮磨齿机”重大专项课题，是公司在已完成的2009年重大专项课题“大型、高速、精密、数控圆柱齿轮磨齿机”基础上开发的更大规格、更高精度圆柱齿轮磨齿机（1m规格磨齿机，精度达到DIN标准2级；4m规格磨齿机，精度达到DIN标准3级）。

月内 桂林机床股份有限公司承担的“XK2935S/10－5X五轴联动双龙门移动式铣床”项目通过了广西壮族自治区工信委组织的专家鉴定。专家认为，项目总体技术达到国内先进水平。

该项目主要采用五轴联动双龙门移动式结构，满足了大型复杂结构件的一次性装夹加工需求；采用大传动化、高精密无间隙星形减速装置，缩短A/C轴传动链，提高了传动刚性，满足了电主轴A/C双摆角铣头高刚性、高精度的需求；采用实时系统位置数据读取技术，实现了双龙门防撞控制；采用电消隙力矩控制法和镜像光栅尺全闭环控制，实现了高精度定位和双边同步。独创了大型机床床身装配定位方法、模块化长距离组孔镗削法和机床行程自动控制碰销解锁机构等专利技术，达到了大型机床装配及零件加工的要求。项目产品获3项发明专利授权，独立起草了4项国家标准并已发布实施。

6月

6日 济南二机床集团有限公司（简称济南二机床）承担的高档数控机床与基础制造装备国家科技重大专项——“大型伺服压力机”项目在大连通过了由工信部和中国机械工业联合会组织召开的验收和鉴定。鉴定专家组认为，该大型伺服压力机主要技术性能指标达到同类产品国际先进水平。

该项目依托为奇瑞汽车大连工厂提供的国内首台25 000kN大型伺服压力机，实现了国产冲压技术的新突破，对打破国外高端市场垄断、推动国产汽车工业装备自主化具有重要意义。

借助国家重大专项的推动作用，济南二机床在国内率先开展了伺服压力机技术的研究和应用。此次验收的25 000kN大型伺服压力机，在主传动系统动力学分析、伺服驱动及控制系统设计、伺服运动曲线仿真模拟优化、数控模垫开发设计、设备故障自诊断及远程监控等关键技术上取得重要进展，能够满足汽车制造高强度钢板、铝合金板等新材料的成形加工。它的研制成功，是济南二机床在掌握和运用单双臂快速送料冲压技术、大型多工位压力机技术的基础上，在冲压技术领域的又一新突破，同时也标志着国产汽车冲压技术与国际最新技术实现了全面接轨和同步发展。

8 日 江苏佰易机电有限公司携手沈阳机床，在泰州设立沈阳机床优尼斯（泰州）特许销售服务中心，并举行了"同路同心，泰然前行"为主题的开业庆典。沈机机床股份有限公司副董事长夏长涛，总裁王鹤出席了开业庆典。泰州是长三角中心城市之一，作为江苏省十三个地级城市之一，十年前便跃升为"中国综合实力百强城市"，制造业在近年也得到了长足发展。沈机 4S 店落户泰州，有利于改变之前外区辐射泰州销售机床的复杂局面，并提升沈机服务质量。截至目前，沈阳机床在全国已开设了 34 家 4S 店，进一步完善了沈机全国营销网络格局。

28 日 国务院发展研究中心副主任刘世锦一行 4 人，在甘肃省政府政策研究室副主任蒋江川，天水市政府常务副市长郭奇若等相关领导的陪同下深入天水星火机床有限责任公司参观调研。刘世锦一行在公司领导的陪同下参观了工业园重点装配生产现场。参观过程中，公司董事长李维谦向国务院发展研究中心领导汇报了星火机床总体发展情况。刘世锦认为，星火机床的确已经做得很大，但要适应未来的市场需求，还需要进行求变、求异，向更高层次的方向转变。

月内 江苏省经济和信息化委员会组织相关部门对南京工大数控科技有限公司开发的 SKMC－3000、SKMC－1200 数控成形磨齿机进行了新产品鉴定。

鉴定专家组认为，该新产品采用有限元分析方法，建立了机床整机刚－柔耦合模型，优化了整机的动态特性；利用微分流形建立基于物理性能驱动的修形齿面拓扑映射关系，并运用数字化共轭理论进行砂轮反求，实现了五轴联动刀位轨迹优化；建立动态精度灵敏度矩阵，克服了传统方法对单个精度组成环要求过高的不足，可用于主动精度分配与补偿；自主研发了砂轮修形、参数化编程等多项软件，集成于数控系统，实现内、外直齿及斜齿端截形单调连续的任意螺旋面的加工。

★ 济南二机床集团铸造与切割设备公司研制的"汽车纵梁平板数控等离子切割线"在郑州宇通客车股份有限公司通过验收，并交付用户使用。

7 月

7 日 在德国埃森阿尔托剧院举行的国际红点设计颁奖晚会上，武重集团与沈阳梵天工业设计有限公司联合设计的武重机床 WHCQ1600 卧式加工中心从全球 4 662 件参评产品中脱颖而出，成为中国首例装备制造业类工业设计获奖产品。

10－11 日 中国机床工具工业协会工具分会 2014 年统计工作会议在四川成都召开，来自行业 20 余家主要骨干企业的统计工作负责人员以及分会秘书处工作人员参加了会议。工具分会胡红兵秘书长主持会议。

会议听取了沈壮行名誉理事长代表分会秘书处做的题为"工具行业 2014 年中期发展形势分析"的报告；传达了中国机床工具工业协会信息统计重点联系企业网络会议的有关精神。分会秘书处总结了 2013 年工具行业月度快报、季度报表和年度分类统计报表的统计和反馈情况，与会代表充分交流各企业统计工作经验。会议表彰了 2013 年工具分会统计工作先进单位和个人。

分会秘书处希望各会员企业能够更加重视行业信息统计工作，共同努力，推动行业信息统计工作的升级。

11 日 由中国工程院院士徐志磊、项目综合组副组长孙守迁教授带队的重大项目"创新设计发展战略研究课题组"一行 20 余人，在甘肃省天水市工信委相关人员的陪同下，深入到天水锻压机床（集团）有限公司、星火机床有限责任公司调研创新设计等工作。

调研组一行分别听取了企业关于公司基本情况及创新设计的汇报，并参观了企业相关生产现场。徐志磊院士表示，工程院组织知名高校的专家来企业调研，就是通过企业具体设计创新的实物，为项目的关键共性技术及其重点领域的发展战略，提出促进创新设计的保障措施与政策建议，进一步助推我国转型升级走向创新型国家。

14 日 由中机联科技成果奖励办公室组织的北京第二机床厂有限公司"曲轴柔性、精密、高效磨削加工关键技术与成套装备"项目成果鉴定会在浙江太阳股份有限公司生产现场召开。谭建荣院士、王黎明、杨京彦、姜怀胜、李宪凯、李先广、桂林、袁巨龙、蔡英、刘明耀、田沙等作为行业专家参会。

北京第二机床厂有限公司研发的"曲轴柔性、精密、高效磨削加工关键技术与成套装备"在浙江太阳股份有限公司生产现场已经运转 9 个多月，实现了止推面、主轴颈、连杆颈、法兰端面、皮带端面、轴颈抛光、止推面抛光成套技术装备的应用。设备运行情况良好，得到用户的较高评价。

鉴定专家组在听取完成单位的技术总结报告，进行现场测试，考察现场使用情况后，经讨论一致认为：该成果综合技术达到同类技术国际先进水平，其中随动式（切点跟踪）磨削机床达到同类产品国际领先水平，同意通过鉴定。建议进一步加快推广应用。

16 日 武重集团与中铁工程装备集团有限公司签订战略合作协议，建立全方位、深层次的战略合作关系。双方将围绕各自产业与战略发展规划，充分发挥自身优势，通过业务合作模式共同建设武汉本土化盾构加工制造基地，联合开展盾构生产业务。同时，双方将共同致力于湖北省内铁路、公路、市政、供水、供热、燃气、电力、通信等地下管线市场开发合作，着力引导湖北省内重大基础设施工程项目优先选用“武重制造”的盾构装备系列产品。

17日 桂林广陆数字测控股份有限公司、广西大学和桂林星辰科技有限公司共同承担的广西科学研究与技术开发计划项目“数控加工装备及其专用数控系统开发——高档柔性钣金加工中心及专用数控系统、激光切割系统的联合研发和应用”项目通过了广西壮族自治区科学技术厅组织召开的验收与科技成果鉴定会。专家组认为，该项目技术成果达到国内领先水平。

23日 秦川集团公司与中国船舶重工集团公司第十二研究所（简称十二所）签订战略合作协议。协议约定：秦川铸造厂作为十二所的优质铸件生产基地，优先为其提供最优质的铸件产品，并做好铸件加工及售后服务等；秦川铸造厂根据十二所要求尽快启动船级社认证程序；在满足技术、生产要求和性价比的条件下，十二所优先采购秦川铸造厂的铸件产品；在产品开发过程中，十二所为秦川铸造厂提供全面的技术支持。

秦川铸造厂作为中国西北地区最大的铸造基地，其硬件和软件方面完全能满足船用铸件的制造要求，秦川牌铸件也经过了美国GE和德国劳氏船级社、中级社等认证，铸件远销德国、日本、美国等国家和地区。中船重工十二所在多方考察后选定秦川铸造，也是基于对秦川铸造技术和工艺能力的认可。

25日 由中国机床工具工业协会主办的“装备制造业工业机器人应用座谈会”在北京举行。工信部装备司副调研员苏铮，中国机床工具工业协会常务副理事长兼秘书长陈惠仁，名誉理事长兼特别顾问吴柏林，执行副理事长王黎明、毛予锋，及近20家机器人企业和相关机床工具企业代表参会。其中参会企业包括机床工具行业的排头兵企业沈阳机床（集团）有限责任公司、大连机床集团有限责任公司，国际知名机器人企业瑞士ABB公司、日本发那科公司，国内知名机器人企业沈阳新松机器人自动化股份有限公司、广州数控设备有限公司、南京埃斯顿机器人工程有限公司和固高科技（深圳）有限公司等以及一些集成商和机器人零部件供应商。

此次座谈会主要集中探讨工业机器人与数控机床的集成应用，旨在为两个行业的深度融合搭建平台。

26日 中国机床工具工业协会第七届理事会轮值理事长沈阳机床（集团）有限责任公司董事长关锡友接替北京北一机床股份有限公司董事长王旭，担任第七届理事会第二年度理事长职务。

月内 经重庆市科学技术委员会组织专家评审和公示，重庆机床（集团）有限责任公司所研发的Y3132CNC5数控滚齿机、Y3140CNC5数控滚齿机、YDZ4232CNC5数控自动剃齿机和YBS3120A滚齿机4种产品被认定为重庆市高新技术产品。

8月

1日 由重庆机床（集团）有限责任公司（简称重庆机床集团）研制成功的首批高效精密磨齿机正式交付重庆青山工业有限责任公司。

重庆机床集团自主研制的YW7232CNC高效精密磨齿机，攻克了高速直驱、高速主轴自动动平衡、砂轮自动修整、高速自动对齿、砂轮寿命自动检测等10多项关键技术难题；通过对磨齿算法及软件、人机对话控制软件（HMI）进行研发，掌握了磨齿主要软件功能；对磨削工艺进行了研究及验证。该机床采用蜗轮砂轮磨削，最大加工直径为ϕ320mm，最大加工模数为8mm，砂轮主轴最高转速达10 000r/min，工作台最高转速达1 000r/min，砂轮线速度最高达80m/s，精密磨削齿轮精度现达到GB/T10095—2008的3级；整机技术水平达到世界先进水平，已获授权发明专利1项，实用新型专利4项，荣获2014年中国数控机床展“春燕奖”。

7日 中国机床工具工业协会重型机床分会第六届三次理事会暨2014年年会在大连召开。本次会议由瓦房店机床有限公司承办，12家重型机床分会会员企业代表参会。中国机床工具工业协会常务副理事长兼秘书长陈惠仁出席会议，重型机床分会理事长、武汉重型机床集团有限公司董事长兼党委书记杜琢玉出席会议并致辞。

会议听取了重型机床分会秘书长徐宁安做的2013年工作总结，并对行业关注的市场、政策等热点问题进行了深入探讨。与会企业代表分别介绍了各自企业应对市场危机采取的相关举措，以及取得的成效。

19日 第六届全国数控技能大赛湖北省选拔赛、湖北省第四届技能状元大赛数控项目选拔赛暨湖北省第六届“华中数控杯”数控技能大赛在武汉华中数控股份有限公司正式开幕。本次数控大赛由湖北省人力资源和社会保障厅主办，武汉华中数控股份有限公司、武汉友龙精密机械有限公司等承办。来自湖北省各地、市、州的16支代表队、共130名选手参赛，选手们在数控车工、数控铣工、加工中心操作工3个职业工种的竞赛中各显身手。

21日 2014年度中国机械工业科学技术奖机床工具专业评审会在北京举行。中国机床工具工业协会作为中国机械工业科学技术奖机床工具专业评审的依托单位和秘书处，具体组织了此次会议。

来自全国机床行业企业、研究院所、大专院校等领域的20余名专家组成的评审委员会，按照公平、公正的原则对50个申报项目进行了认真负责的评审。评审结果上报中国机械工业科学技术奖评审委员会评审和审议，其结果在中国机械工业联合会、中国机械工程学会网上和新闻媒体上进行公示，最终经管理委员会批准，通报表彰和颁发证书。

25－31 日 株洲钻石切削刀具股份有限公司承担的"钛合金、高温合金加工用高效可转位刀具系列及超硬刀具"、浙江大学承担的"高档数控机床数字化设计关键技术与工具集研发及典型产品应用"、无锡油泵油嘴研究所承担的"电控共轨柴油机喷射系统制造技术与关键装备研发及应用"高档数控机床与基础制造装备科技重大专项项目，通过了数控机床专项实施管理办公室组织的验收。

29 日 济南二机床集团有限公司（简称济南二机床）和长安福特团队在长安福特杭州工厂举行第二条高速冲压线设备交付使用仪式。随着优质冲压件的下线，济南二机床向长安福特提供的 71 000kN 和 61 000kN 高速（15SPM）两条高速冲压线已全部成功交付用户使用。

该项目于 2012 年 12 月启动。在不到两年的时间里，济南二机床先后于 2014 年 5 月底和 8 月底将两条双臂高速全自动冲压线按期交付用户。项目执行过程中，济南二机床得到了长安福特团队的大力支持与合作，用业绩兑现了自己的承诺，证明了用户的正确选择，获得了长安福特"冲压车间优秀供应商"的殊荣。

9 月

10 日 合肥合锻机床股份有限公司与哈尔滨工业大学材料科学与工程学院签订战略合作伙伴协议，建立"大型内高压合模压力机设计与制造基地"。

该基地旨在系列化大型合模压力机的设计与定型，大型合模压力机的制造，新型内高压成形设备研发，适应批量制造大型内高压成形装备的需求，进一步扩大内高压成形技术在工艺生产中的应用范围，有效填补了国家在该领域的空白，对我国航空、航天事业的发展具有重要战略意义。

10－24 日 由国家科技部和湖北省科技厅主办、武汉华中数控股份有限公司（简称华中数控）承办的 2014 年发展中国家数控技术国际培训班在武汉华中数控股份有限公司成功举行。来自阿尔及利亚、埃及、巴基斯坦、印度尼西亚、哥伦比亚、赞比亚、朝鲜等 12 个发展中国家的 29 名学员参加开幕式。举办发展中国家数控技术国际培训班的目的，是为了加强与发展中国家数控技术交流与合作，促进中国国产高性能数控产品的出口。

目前，华中数控与哥伦比亚、肯尼亚等国家教育部门建立了合作关系，在其全国范围内建立了几十个数控培训中心。华中数控的数控系统产品已经销售到哥伦比亚、印度、巴基斯坦、越南等发展中国家，并得到了广泛的应用。

11－12 日 中国机床工具工业协会数控系统分会 2014 年度理事扩大会议在长春召开，来自全国 25 家会员企业的近 40 名代表参会。数控系统分会理事长陈吉红介绍了华中数控多年来参与 04 专项申报和实施工作的一些体会。肖明秘书长做了数控系统分会 2014 年度工作报告和 2015 年工作计划介绍。会议通过审议和投票，一致同意吸收昆山森力玛电机有限公司为正式会员单位。

与会会员企业代表围绕提升行业发展水平，共享行业研究资源和成果，开发数控系统硬件平台，加强产品可靠性，开拓海外市场等议题进行了深入的交流和探讨。

15 日 重庆机床集团银河铸锻公司环保搬迁工程——机床精密铸件基地建设项目在重庆市江津区珞璜工业园开工。

机床精密铸件基地建设项目是银河铸锻公司推进产业结构转型升级的一项重大举措，是重庆机床集团整体搬迁工程的重要部分，也是践行重庆机电控股（集团）公司新"321"战略的又一有力支撑。该项目计划 2015 年完成，设计年产能 1 万 t，产值 13. 8 亿元。

18－20 日 全国金属切削机床标准化技术委员会仪表机床分会六届一次（扩大）会议在大连市召开。会议产生了全国金属切削机床标准化技术委员会第六届仪表机床分会委员会。普什宁江机床有限公司总工程师刘雁担任仪表机床分会委员会主任委员。

会议还传达了国家标准化管理委员会新的政策精神；听取并通过了第五届仪表机床分会工作总结及 2014 年仪表机床分会工作汇报；审查了仪表车床和数控仪表卧式车床等 9 项行业标准送审稿；通过了第六届仪表机床分会章程和秘书处工作细则。

会议还对普什宁江机床有限公司起草的《柔性制造系统》（行业标准讨论稿）进行了讨论；对 2015 年标准制修订计划和行业标准化工作的开展进行了研讨。

19 日 中国机床工具工业协会受中国轴承工业协会的委托，组织了 7 家机床企业参加了轴承协会举办的 2014 中国国际轴承及其专用装备展览会上的配套活动——机床和轴承两个行业技术发展对接交流会。机床行业的 7 家企业是大连机床集团有限责任、北京北一机床股份有限公司、北京第二机床厂有限公司、武汉重型机床集团有限公司、宝鸡机床集团有限公司、上海机床厂有限公司、青海重型机床有限责任公司。轴承行业有哈尔滨轴承集团公司、瓦房店轴承集团有限责任公司、洛阳轴承集团有限公司和舍弗勒公司等 10 余家企业。

交流会上，机床企业对轴承行业提出了一些问题和几点希望。而轴承行业企业在肯定机床行业进步的同时，也对机床行业提出了自身的诉求。

对于轴承行业的诉求，值得机床企业思考。在机械大行业中，轴承行业近几年经济运行形势相对较好，对中高端机床有一定的购买需求。满足轴承行业的需求，提供各种机床，特别是专用机床，应是行业产品结构调整的内容之一。

22 日 受机械科学研究总院邀请，中国机床工具工业协会高级顾问邵钦作参加了在北京机械科学研究总院举行的“机械制造业强基战略研究”软科学课题研讨会。参加会议的单位还有：中国机械工程学会、中国工程机械工业协会、中国液压气动密封件工业协会、中国机械制造工艺协会、中国热处理行业协会、中国锻造协会、郑州机械研究所、武汉材料保护研究所、北京机电研究所、北京机床研究所等。会议由机械科学研究总院李新亚院长主持。

23－24日 由成都工具研究所有限公司主办、工具技术杂志社和厦门金鹭特种合金刀具有限公司承办的第六届现代切削与测量工程国际研讨会（ISMCME2014）在厦门举行，国内外200余位专业人士参加了此次盛会。

两年一度的行业盛会云集了业内顶级的专家和学者，他们围绕精密微细切削技术研究与刀具的研制、弱刚性薄壁构件加工技术等20个主题进行了技术交流。研讨会为刀具制造与应用技术在产学研用方面的结合提供了领先技术和高端交流平台。

25日 2014年度中国机械工业科学技术奖揭晓，北京第二机床厂有限公司研发的“曲轴柔性、精密、高效磨削加工关键技术与成套装备”项目荣获2014年度国家机械工业最高科技大奖——中国机械工业科学技术奖特等奖，这是我国机床工具行业第一次，也是北京市企业第一次获此殊荣。

该项目通过采用基于非圆磨削原理的双砂轮架随动式（切点跟踪）磨削技术、六轴同步插补联动磨削技术，实现一次装夹双砂轮同步磨削曲轴连杆颈和主轴颈，将传统的曲轴磨削7道工序优化为4道或5道工序；成功研发出具有敏捷柔性特征的曲轴磨削生产线总体布局技术、随动式（切点跟踪）磨削技术、智能化无编程专家系统、连杆颈相位数字化自动测量识别技术、曲轴随动同步切磨＋纵磨技术、曲轴品种的智能识别与敏捷换型技术、超精密抛光、机床几何误差及磨削圆度与尺寸误差补偿、微进给传动与高响应驱动等关键技术。

该成套装备能够满足汽车、船舶等各类内燃机曲轴加工要求，为推动我国内燃机等相关领域技术与产业发展，提供了有力的工艺装备支撑。

★ 2014年度中国机械工业科学技术奖揭晓，武汉重型机床集团有限公司（简称武重集团）研发的“超重型高精度多功能复合数控机床”荣获中国机械工业科学技术奖一等奖。

武重集团此次获奖的超重型高精度多功能复合数控机床是重型核电转子、大型轧机支撑辊、大型船用柴油机曲轴等高精度复杂零件的核心制造装备。该机床独创性地复合了车、磨、大直径深孔镗、小直径深孔钻镗及深孔珩磨等多种功能，取得制造工艺与装备的重大突破；研制了具有静压托的主轴静压支撑，满足机床大承重和高精度的要求；开发了机床主轴箱等超大高精零件的制造技术，达到了此类箱体的铸造极限。

★ 2014年度中国机械工业科学技术奖揭晓，凭借国际先进的技术水平和优秀的经济效益，沈阳机床（集团）有限责任公司自主研发的TURNKEY32ntn汽车轮毂轴承自动生产线获得了中国机械工业科学技术奖二等奖。

该项目是我国第一条自主研发的用于加工第三代汽车轮毂轴承的自动生产线，主要用于汽车轴承轮毂圈和外圈的加工，整体布局设计合理。生产线通过机械手的自动上下料完成零件外圆、内孔、端面的全型面加工，并可进行精度的在线监测，做到了机床柔性生产、无人化加工、智能化管理。

25－26日 2014年度机械工业科技工作会议在北京召开。大会举行了行业工程中心和实验室授牌仪式，秦川集团公司“机械工业复杂型面数控磨床工程技术研究中心”获授牌。此次授牌标志着秦川集团公司在推进机械工业复杂型面精密数控机床行业科技成果的工程化和产业化方面，形成了面向社会开放服务的共性产业技术创新公共服务平台，为复杂型面精密数控机床行业的快速发展提供了一个有效的产学研联合技术创新的组织运行模式。

该工程技术研究中心以国家“发展大型、精密、数控装备和数控系统及功能部件”为方向，以复杂型面精密数控机床领域的核心、关键、基础技术和新产品开发为研究和发展目标。当前，依托公司研发的系列中大型、精密数控机床产品，已应用于我国航空航天、汽车、船舶、重型机械、机床、冶金、矿山、机车、印刷、军工等行业，为装备制造业的技术进步和快速发展提供了必要的高档加工设备和技术支持。

月内 合肥合锻机床股份有限公司自主研发的世界吨位最大双动充液拉深液压机（15 000t）整机吊装任务一次性完成，标志着2013年“高档数控机床与基础制造装备”国家科技重大专项——“航天大型复杂薄壁构件充液拉深装备与工艺研究”课题阶段性完成，同时也充分展示了公司在超大型压力机设计、加工、装配能力等方面拥有的雄厚基础。

该项目的实施，可以促进充液拉深装备的快速发展，提高航天产品和国防武器领域的大型整体薄壁构件的整体制造能力和水平，达到大型航天钣金零件的精确、高可靠性制造，满足新型号运载火箭、飞行器、战略武器装备的性能要求，对打破国外技术封锁，提高国家技术竞争力具有重要意义。

★ 南京工大数控科技有限公司应用自主研发的数控成形磨齿机SKMC－3000，完成了硬齿面双圆弧啮合齿轮的成形磨削加工，经检测精度达到5级，国内首次实现采用成形磨削技术完成该种齿轮精加工的解决方案。该精加工工艺的成功验证，是硬齿面双圆弧齿轮加工技术上的一次重大创新，磨齿软件技术已达国际先进水平。

10 月

10－14 日 全国量具量仪标准化技术委员会五届一次会议在青岛召开。新一届全国量具量仪标准化委员会由25名委员构成，其中主任委员1名，副主任委员5名，成都工具研究所有限公司董事长罗勇任主任委员。此外，聘请4名顾问，吸收了5名观察员。新一届全国量具量仪标准化委员会委员主要来自全国知名的量具量仪生产企业、全国性的社团组织、计量研究机构、高校等。其中来自量具量仪生产企业的委员占一半以上。

全国量具量仪标准化委员会下设量仪、量具、数显装置3个分标委会，分标委主任委员均由全国量标委副主任委员担任。

会议期间，新一届标委会委员分组对“定中心杠杆指示表”等6项标准送审稿逐条进行了认真的讨论和审查，并提出了审查结论。

11 日 湖北省军工保密资格认证委，对武汉重型机床集团有限公司（简称武重集团）进行武器装备科研生产单位二级保密资格审查认证现场审查。通过现场审查保密工作档案、检查保密要害部位、计算机技术检测、组织涉密人员考试等方式进行了全面核查和逐项打分，最终武重集团以474分的高分通过了现场审查，获准上报湖北省军工保密资格认证委批准为二级保密资格单位。

15－16 日 中国机床工具工业协会超硬材料分会第五届会员代表大会暨第十八届中国超硬材料技术发展论坛在太原市举行。来自全国各地近240名行业企业代表、专家学者参加了会议。中国机床工具工业协会执行副理事长毛予锋出席会议，超硬材料分会第四届理事会秘书长李志宏主持会议。

会议选举郑州磨料磨具磨削研究所有限公司任超硬材料分会第五届理事长单位，总经理邱丽花当选理事长，选举产生超硬材料分会理事会，由1家理事长单位、20家副理事长单位、22家常务理事和23家理事单位组成，通过由赵博担任秘书长的提名。会议还对过去四年对协会工作做出贡献的优秀企业进行了表彰颁奖，河南黄河旋风股份有限公司等43家企业获得表彰。

17 日 数控机床及其应用标准化咨询委员会在北京成立并召开了第一次工作会议。此次会议由国家标准化委员会组织召开。出席会议的有：国标委党组成员、总工程师殷明汉，工业一部副主任肖寒，工业一部装备处处长孙旭亮、副处长陆旭忠；中国机床工具工业协会常务副理事长兼秘书长陈惠仁、行业发展部主任郭长城；机械院原副院长屈贤明，中机联标准部副主任谭湘宁，以及14位重点用户和机床行业企业的专家。

20－21 日 中国机床工具工业协会小型机床分会理事扩大会议在成都召开，会议围绕“新变化、新未来”这一主题进行了交流和讨论。

与会代表认为，随着国家推进经济结构战略性调整的全面深入，企业应认清当前市场需求的变化，做好企业经营战略规划，控制好发展节奏，以在未来的市场竞争中取得优势。企业必须深入研究当前市场需求的结构性变化，坚持产品结构的持续调整，用高质量、高效率的机床产品去赢得用户，为用户创造赢利空间；企业要加强智能化、数字化、自动化技术的应用研究，大力发展数控机床，提高产品的自动化水平以降低产品使用中对操作者的依赖；各企业还应结合自身特点，开展市场的细分研究，作用户的工艺师，开发适应市场的特色产品和专家系统，走“专、精、特”的发展之路；针对当前的市场形势，企业还应该练好内功，开展人力资源结构调整和应用企业信息化技术，切实提高质量和效率，提高企业的经营绩效。

与会代表达成共识，今后一段时间将针对国内市场相对疲软和饱和的现状，重点关注欧美市场和俄罗斯市场的机床产品需求，大力拓展外贸业务。

21 日 国家科技部下达了2014年度国家重点新产品计划战略性创新产品立项项目清单。重庆机床（集团）有限公司的YZ3120CNC系列数控滚齿机从1 100余项国家重点新产品中脱颖而出，成为30项国家战略性创新产品之一。

31 日 济南二机床集团有限公司举办国家科技重大专项APM系列翻板卧式加工中心技术研讨会。成都飞机工业（集团）有限责任公司、沈阳飞机工业（集团）有限公司、西安飞机工业（集团）有限责任公司、哈尔滨飞机工业集团有限责任公司、洪都航空工业集团有限责任公司、上海飞机制造有限公司、天津航天长征火箭制造有限公司、上海航天设备制造总厂、泰安航天特种车有限公司、长征机械厂、清华大学、北京航空航天大学、山东大学等共计18家单位近50名专家学者，共聚济南二机床，进行研讨交流。

“APM系列翻板卧式加工中心”是济南二机床与成都飞机工业（集团）有限责任公司、西安飞机工业（集团）有限责任公司以及清华大学、北京航空航天大学合作的2013国家科技重大专项项目，于2014年完成样机试制。产品主要用于航空领域大型航空结构件的高速高效加工，应用了高速主轴技术、双丝杠驱动技术、高精度翻板定位夹紧技术等多种先进技术。这台产品的研制成功，对打破国外垄断，满足航空工业大发展对国产高档数控装备的迫切需求，起到积极的推动作用。

★ 大连机床集团有限责任公司、中国保利集团、俄罗斯国家技术集团机床工业股份公司在大连举行战略合作签字仪式。三方将在俄罗斯组建数控机床总装公司。这是中国机床企业首次凭借管理、技术、资本优势在海外建厂，开创了中国装备制造业“走出去”新模式，将推动我国高端装备制造业走向世界。

月内 上海机床厂有限公司成功研制出H402－AZ数控专用平面磨床和MK8220/SD双砂轮架数控切点跟踪曲轴磨床。

“H402－AZ数控专用平面磨床”，是一台超精密大尺寸光学玻璃平面磨床，也是针对“神光四号”需求而研发的具有国际先进水平的超精密加工关键装备。该产品可满足激光武器、航空航天等领域对超精密大尺寸平面玻璃的大批量需求。

MK8220/SD双砂轮架数控切点跟踪曲轴磨床是为上海通用汽车有限公司汽车发动机曲轴生产线度身打造，产品最大的亮点就是它能在一次装夹下用两个砂轮架同时磨削曲轴主轴颈和连杆颈，缩短加工节拍。其次，机床运用的CBN砂轮技术和随动磨削技术也是产品的一大特点。在此基础上，四台直线电动机驱动、闭式静压导轨、在线测量等各种技术的综合运用，使产品的高性能、高效率特性得到了进一步体现。

11月

4－8日 第六届全国数控技能大赛决赛在北京市工业技师学院举行。本次大赛分职工组、教师组和学生组3个竞赛组别，按照笔试、软件应用和实际操作三个部分进行比赛。共有来自28个省、市、自治区和第43届世界技能大赛国家集训队的811名选手参赛，其中，职工组选手274人，教师组选手226人、学生组选手311人。大赛将产生7个“全国五一劳动奖章”和46名全国技术能手，100多名获奖者将晋升职业资格。

7日 合肥合锻机床股份有限公司在上海证券交易所主板成功挂牌上市（股票简称：合锻股份，股票代码：603011）。公司主要从事各类专用、通用液压机和机械压力机的研发、生产和销售，是国内液压机行业的领先企业。产品广泛应用于汽车、家电、军工、航空航天、石化、新材料应用等领域，公司拥有大型龙门数控镗铣床、大重型数控落地镗铣床、大型数控外圆磨床、德国等离子切割机等先进精密设备，制造和装配能力处于同行业领先水平。

14日 沈阳机床股份有限公司与河北垚钥阀门股份有限公司签订战略合作协议暨4.6亿元设备合作协议。标志着垚钥钢制压缩阀门项目向智能工厂、数字生产这一当今最前沿的“工业4.0”应用技术迈出了一大步。

河北垚钥阀门股份有限公司项目设备的整体规划，由沈阳机床股份有限公司总裁亲自牵头设计，将全部采用由沈阳机床提供的生产工艺流程和2 400台（套）特制数控机床、机器人，产品可应用于中海油、中石油、核电设施等。沈阳机床为其量身定制了以i5智能机床为主的数字化、自动化、智能化的工厂，应用“云平台”“WIS车间管理系统”等智能技术，安装自动化生产线322条。建成后年生产钢制压缩阀门700万套，将成为全国最大的钢制压缩阀门研发生产基地。

19日 山东永华机械有限公司与德国知名机床制造企业ROTTLER公司在永华机械总部签署全面战略合作协议。

协议确定了永华机械作为ROTTLER公司在中国地区唯一战略合作伙伴，全面负责ROTTLER公司机床产品在华销售与技术支持，以及双方合作共建“ROTTLER·永华”品牌精密机床的一切经营活动，共同设立德国技术研发中心，互派技术人员参与新产品的设计开发和制造调试，共同拓展中国航空航天、船舶、汽车、轨道交通等领域高端机床市场，为双方创造更广阔的发展空间。

20－21日 由高档数控系统及其应用产业技术创新战略联盟、武汉华中数控股份有限公司和福建省嘉泰数控机械有限公司共同主办的“五轴数控技术发展与人才培养研讨会”在福建省泉州市成功召开。来自中航工业成都飞机工业（集团）有限公司、沈阳飞机工业（集团）有限公司等知名企业和全国各地的近20所高校、职业院校、数控和软件企业代表共40余人参加了这次培训班。期间，还组织了“五轴数控技术发展与人才培养座谈会”。正在泉州考察的中国工程院院长周济及部分院士、专家参加了座谈会，共同探讨五轴数控技术应用与人才培养。

25日 第四届全国非公有制经济人士优秀中国特色社会主义事业建设者表彰大会在北京隆重举行。中共中央政治局常委、全国政协主席俞正声出席表彰大会，接见了100位获奖人员并作了重要讲话。合肥合锻机床股份有限公司董事长严建文荣获“优秀中国特色社会主义事业建设者”荣誉称号并获得大会表彰。

26－28日 中国机床工具工业协会工具分会第七届会员大会在杭州市成功召开，中国机床工具工业协会常务副理事长兼秘书长陈惠仁及87家工具分会会员单位共106位代表出席会议。

会议审议了第六届分会秘书处工作报告，修改了分会工作条例和会员会费标准及缴纳办法；选举产生了由46个单位组成的工具分会第七届理事会、18个单位组成的工具分会第七届常务理事会和7位副理事长，决定理事长继续采用轮值制并确定轮值任期，推举长期从事行业协会工作，为行业发展做出重要贡献的沈壮行同志为名誉理事长；聘任了秘书处工作班子。与会代表总结交流了近年来各企业改革发展、转型升级的经验和思路，取得了发展共识。

29－30日 中国机床工具工业协会特种加工机床分会2014年年会在江西省宜春市召开，来自全国各地近80名代表参加会议。总会常务副理事长兼秘书长陈惠仁出席会议。会议由分会理事长叶军、秘书长陈德忠主持。

陈德忠秘书长在分会2014年工作总结及2015年工作打算的报告中，回顾了一年来特种加工机床分会在组织参加展览会、参与标准制定和宣贯、起草“反不正当竞争公约”、建设技术交流平台、参与04专项“十三五”发展规划制定、进行行业经济运行信息统计和组织建设等方面的工作，并对2015年分会主要工作提出了安排建议。会议邀请总会常务副理事长兼秘书长陈惠仁作了机床行业发展形势报告。

特种加工机床分会理事长叶军在“2014年电加工行业经营情况”报告中分析了行业运行特点，指出在行业持续不景气的情况下，企业不能寄希望于等待，要认识到高速发展已经过去，中、高速发展已成为“新常态”，唯有转变增长方式，转型升级，思想自觉，行动自觉，才能生存下来，争取更大发展。

月内 青海华鼎重型机床有限责任公司研发的新产品MCK8010/H门式摩擦传动车轮车床，在北京铁路局某作业现场顺利通过专家组技术审查。该产品主要用于铁路货车不拆卸前盖轮轴的轮缘、踏面车削加工，是铁路专用的新型车轮车床。

12月

6日 由中国通用技术集团齐齐哈尔二机床（集团）有限责任公司与德国哈格公司合作开发的高端重型25 000kN多工位自动冲压生产线研制成功，并在广东福迪汽车有限公司正式投入使用，同时交付用户的还有800t落料自动化生产线，另3 200t多工位自动冲压生产线正在调试中。

这条安装在广东福迪汽车有限公司的25 000kN冲压线，由板料拆垛系统、上料系统、板料喷油系统、多工位压力机主机、高速电子多工位传送系统、下料系统构成；配备可编程控制步距和节拍的高速电子三坐标传送装置，采用德国数控液压垫、湿式离合器；可代替由4～6台压力机组成的冲压生产线，压力机主机台面尺寸7 500mm×2 600mm（左右×前后），冲压节拍最高可达每分钟25次，可实现25 000kN满负荷工作，提高生产效率2～3倍；可大幅度降低冲压生产线的能耗，节省生产作业面积40%左右。

9日 济南二机床“机械工业大型精密复合冲压成形机床技术重点实验室”，通过了由中国机械工业联合会组织的专家验收。

济南二机床“机械工业大型精密复合冲压成形机床技术重点实验室”是25家机械工业重点实验室之一，是在山东省重点实验室基础上建设的，包括计量理化室、电气实验室、仿真实验室、自动化实验室和主机功能部件实验室等。主要用于模拟设计、运动曲线优化、仿真分析速度、有限元分析、理化性能分析、远程故障诊断分析等产品设计实验。实验室的建成将对推动济南二机床技术研发和技术进步发挥重要作用。

19日 中国机床工具工业协会第七届理事会第四次会议在北京召开，来自全国各地理事以上单位负责人共130多人出席了会议，特邀代表、协会各分会秘书长和副秘书长、常设机构各部室人员等共约60人列席了会议。全体大会由中国机床工具工业协会当值理事长、沈阳机床集团有限责任公司董事长关锡友主持。工信部装备司王卫明副司长、苏铮副调研员，国务院发展研究中心宏观经济研究部余斌部长，中国机床工具工业协会轮值理事长王旭、张志刚、龙兴元，常务副理事长兼秘书长陈惠仁，执行副理事长王黎明、毛予锋，名誉理事长吴柏林等出席会议并在主席台就座。

会议听取了工信部装备工业司王卫明副司长的讲话。王卫明分析了目前国际、国内制造业形势，阐述了在政府职能转变和改革、创新行业管理工作方面的有效尝试，并特别指出行业协会要更好地发挥贴近行业、熟悉企业和专家队伍的优势，加强自身能力建设，积极反映企业诉求，加强行业自律，更好地发挥联系政府、服务企业的桥梁纽带和支撑作用。

国务院发展研究中心宏观经济研究部余斌部长做了宏观经济形势报告，与代表们分享了刚刚结束的中央经济工作会议主要内容，介绍了中国经济总体形势和2014年中国经济主要特点，强调中国经济已经进入中高速增长的新常态，希望代表们正确理解新常态。对于2015年和今后长期发展趋势，指出经济发展方式正在从规模速度型粗放增长转向质量效益型集约增长；经济结构正在从以增量扩能为主转向调整存量、做优增量并存的深度调整；经济发展动力正在从传统增长点转向新的增长点。

常务副理事长兼秘书长陈惠仁代表常设机构做了工作报告，充分阐述了一年多来协会的主要工作和今后的主要目标及任务。指出协会新一届理事会和常设机构充分认识到所处环境的变化，找准协会定位，转变协会建设和发展理念，确立了新的方向目标，并反复强调协会要充分履行“提供服务、反映诉求、规范行为”三大核心职能。针对2015年的主要任务，陈惠仁提出，要以建设现代社会组织为目标，在建设三大服务平台、建立行业诉求反映机制和探索行业自律机制等方面进行积极的实践。

执行副理事长王黎明向大会说明了《中国机床工具行业反不正当竞争公约（草案）》的起草情况，并提交大会审议。王黎明指出，在行业快速发展的同时，行业存在的深层次矛盾愈发突显，其中以不正当手段扰乱市场竞争环境的行为愈演愈烈，广大守法企业对此深恶痛绝。为了保障机床工具市场健康有序发展，规范机床工具企业的市场行为，协会特起草该公约。

会议审议通过了关于设立协会信息统计部、组织联络部和IT管理部的议案。会议还围绕“行业结构调整、转型升级需着力解决的问题、对策及政策建议”“企业当前经济运行面临的突出问题及政策建议”“对编制行业‘十三五’规划工作的意见和建议”“反不正当竞争公约（草案）”等重点议题进行了分组讨论。

〔供稿人：中国机床工具工业协会符祚钢〕

广告

《中国机床工具工业年鉴》

(2002-2015)

未 来 是 不 可 预 测 的 ， 历 史 是 可 以 借 鉴 的

广告

专注智能装备制造业
助跑人类工业化进程

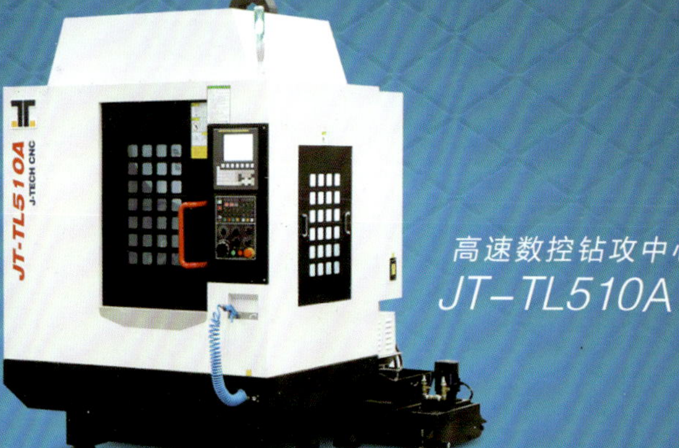

高速数控钻攻中心
JT-TL510A

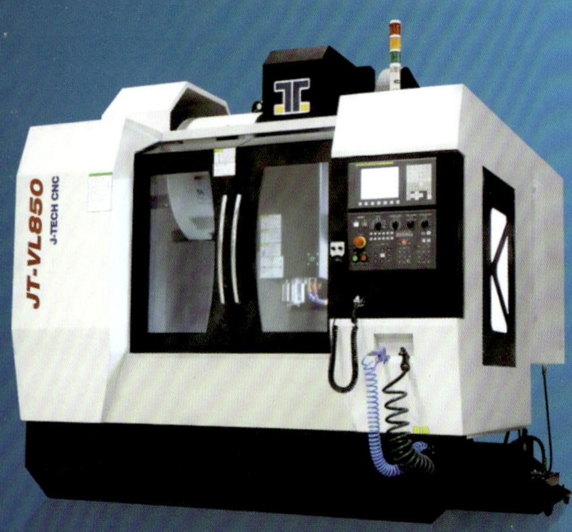

高速立式加工中心
JT-VL850

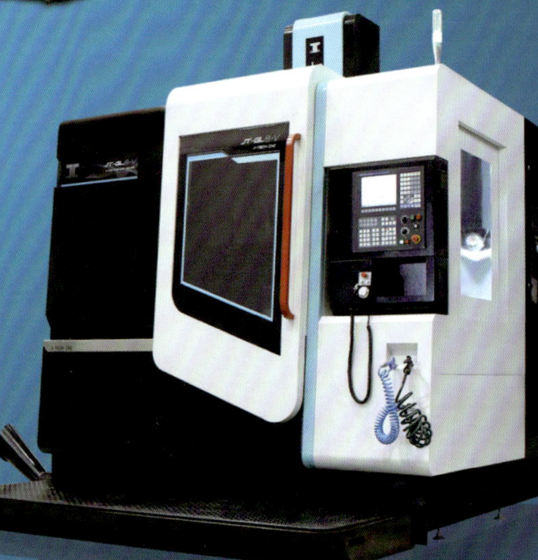

门型立式五轴加工中心
JT-GL8-V

龙门加工中心
JT-GL2317Z

嘉泰数控科技股份公司
J-TECH CNC TECHNOLOGY CO., LTD.

地址:泉州市洛江区双阳西环路朝阳片区嘉泰产业园
电话：0595-22388381　传真：0595-22397381
邮箱：jiatai_yxzx@163.com http://www.j-techcnc.com

免费服务电话
400 8385 881